另一個中央——
中央大學歷史所與臺灣的史學研究

皮國立◎編

中大出版中心 National Central University Press | 遠流

目　錄

導論
傳承展望：打造一個有故事的歷史所

皮國立

若以國立中央大學歷史研究所的創立與歷來研究爲主體，來進行擴大，審視整體臺灣歷史學的研究，將展現出何種可能性？臺灣史學的發展史，不能只有一種聲音，全臺的大學和研究單位，其實都曾貢獻心力，特別是，讀者更加不能忽略國立中央大學和其歷史研究所的研究聲量。何以見得？我想作爲一個獨立所，倒沒有必要膨脹自己，有多少能力做多少事；而令編者感到驕傲的，是這間歷史所之存在，具有很強的故事張力。編者驚訝的發現，如果就傳承的意義來看，細究中央歷史所的「歷史」，竟然可以算是全臺灣最爲悠久的史學研究單位，以下即就編纂這本書的意義，略述所見。

國立中央大學歷史研究所的前身，最遠可追溯到清光緒28年（1902）成立的三江師範學堂設立之歷史與地科（一說「國史科」）。但編者認爲，大概到1906年改制成兩江優級師範時，學制屢有更新；至1910年時，增設「地理歷史部」，較爲完整的移植日本高等師範學校的設置，而這個改制，也成爲後來南京高等師範學校的基礎。[1] 故在這個意義上，編者認爲1910年當爲具有現代意義的（中央大學前身）歷史科系之設立。

自晚清至民初，校名屢有更替，學系之間也屢有更名，從南京高等師範學校（南高）到東南大學，其史地並重之傳統更廣爲學界所知。[2] 這當中比較重要的年代，是1919年南高國文部改爲國文史地學部，意在以史地與國文並重，以因應當時學術之所需；至1920年，正式成立歷史系（一說爲1921年成立），[3] 而改制爲東南大學時，一度成爲「史地學系」，其學術香火一路延續，直至1928年始更改校名爲「國立中央大學」。新校名確立後，1928年（一說至1930年），文學院下正式成立「史學系」，[4] 由雷海宗（1902-1962）擔任系主任，正式獨立成爲中央大學內完整的歷史教學研究單位。至1938年又改「史學系」爲「歷史學系」，其演變大略如此。抗戰爆發後，高等教育因戰亂之因素，而凝聚力更顯強烈，1938年，爲培養國家高等研究人才，國立中央大學正式設置研究院制度，1939年先以5個研究所、7個學部公開招生。1941年，新設立了文科研究所和醫科研究所，文科研究所隸屬於文學院之下，已設立研究院歷史學部，

---

1 蘇雲峰，《三（兩）江師範學堂：南京大學的前身，1903-1911》（臺北：中央研究院近代史研究所，1998），頁47-48。

2 范今朝，〈「史地學派」在中國近現代歷史地理學發展中的地位與影響〉，《中國歷史地理論》31.1（2016），頁5-22。

3 尚小明，〈近代中國大學史學科系設置考察〉，《史學月刊》，第8期（2011），頁85-99。

4 羅玲、李禹階，〈民國時期國立中央大學的歷史教學與歷史研究芻議〉，《歷史教學》，第14期（2010），頁52-58。

主任爲柳詒徵（1880-1956）先生，[5] 即今日歷史研究所之碩士學制。[6]

整體而言，國立中央大學歷史系所這一系統，人才輩出，在民國期間，先後在中大（包括其前身東南大學）執教的著名史學家有羅家倫（1897-1969）、繆鳳林（1899-1959）、柳詒徵、沈剛伯（1896-1977）、朱希祖（1879-1944）、張貴永（1908-1965）、金毓黻（1887-1962）、顧頡剛（1893-1980，兼職並任出版部主任）、郭廷以（1904-1975）、賀昌群（1903-1973）、白壽彝（1909-2000）、鄭鶴聲（1901-1989）、陳訓慈（1901-1991）、蔣孟引（1907-1988）等諸位名家。而郭廷以、金毓黻、沈剛伯、蔣孟引、張貴永、賀昌群等人，則先後擔任過國立中央大學歷史系主任。[7] 上述多人被定位爲「南高派」，與當時「北大派」齊名。値得一提的是，也有如顧頡剛、沈剛伯和朱希祖等人，其學風或治學方法較似北大派，[8] 不過正如蔣寶麟指出

---

5 首屆研究生共招男女學生各一名，一說賀昌群、金毓黻、柳詒徵等先生先後擔任歷史學部主任，引自羅玲、李禹階，〈民國時期國立中央大學的歷史教學與歷史研究芻議〉，頁54。

6 另一說値得附記於此，其實早在1929年，中央大學歷史系已招收研究生。根據1930年的《國立中央大學一覽》記載：「本系卒業學生，有志深造者不乏其人，雖欲繼續研究，而苦無適當環境及指導者，故本系從18年度下學期，始設有研究生規章，即於是時招收此項學生。凡本系卒業者，由本系教師指導，如是則事半功倍而互得切磋之意義。」當時還謀畫擴增圖書室空間，以滿足研究生之研究需求。引自王應憲，《現代大學史學系概覽（1912-1949）》（上海：上海古籍出版社，2018），下冊，頁623。

7 羅玲、李禹階，〈民國時期國立中央大學的歷史教學與歷史研究芻議〉，頁53。

8 可參考劉龍心，《知識生產與傳播：近代中國史學的轉型》（臺北：三民書局，2021），特別是第2章、第3章、第6章。以及李帆，〈求眞與致用的兩全

的：「從歷史淵源上論，中央大學歷史系爲當代南京大學歷史系的前身之一，曾在中大歷史系兼課的顧頡剛及其『疑古精神』有時也被當作南大歷史系學術傳統中的一部分。」在我們考察一個單位的源流時，必須注意「究竟何爲源，何爲流，歷史上任何學術機構是否都存在『相容並包』。」[9] 在學術派別上，偶有融通之現象，並無可厚非，但無論如何，這兩派相加的影響力，其實大半主導了1949年之後臺灣的歷史學發展；可以說戰後臺灣史學的發展，幾乎承繼了渡海來臺文史學者之傳統，殆無疑義。[10] 有意思的是，包括郭廷以和中央大學地理系的沙學浚（1907-1998），來臺後皆任教於國立臺灣師範大學史地系，後來在民國51年（1962），歷史和地理才正式分系。而本所的賴澤涵老師，正是郭廷以的學生，當年還以第一名高分成績畢業。[11] 其後進入所上服務的吳學明、鄭政誠、皮國立等人，也都受業於郭或郭的弟子李國祁（1926-2016）和賴澤涵，更可見在現在的中央歷史所內，同時具有傳承和創新兩種意義的兩類師資在內，[12] 並

和兩難——以顧頡剛、傅斯年等民國史家的選擇爲例〉，《近代史研究》，第3期（2018），頁4-23。

9 蔣寶麟，〈「史學南派」：民國時期中央大學歷史學科的學術認同與「學派」分際〉，《史學史研究》，第2期（2014），頁55-66。

10 臺灣部分，可參考呂芳上的「文化跨海」論，出自氏著，《民國史論》（臺北：商務，2014），下冊，頁1667-1700。杜正勝，《新史學之路》（臺北：三民書局，2004），頁3-87。而整體臺灣史學發展概況，則可參考王晴佳，《臺灣史學史：從戰後到當代》（上海：上海古籍出版社，2018）。

11 成漢，〈賴澤涵，將卸下教職〉，《民生報》，2003年7月17日，第CR4版。

12 本所李力庸、蔣竹山、陳家豪等三位老師，皆與政治大學歷史系或臺史所的學術訓練有關、而李孝悌則具備臺灣大學歷史學系和美國哈佛大學歷史與東亞語文委員會等兩段學習經歷。

與中央研究院近代史研究所和國立臺灣師範大學歷史系，頗有共通之源流，這是我們感到榮耀之處。

民國51年（1962），國立中央大學在臺復校，民國82年（1993）1月24日，歷史研究所通過校務會議增設系所案，正式成立。（圖1）[13] 同時成立的還有電機工程研究所碩士班、藝術學研究所碩士班、工業管理研究所碩士班、物理學系增班等等學術單位。不過有意思的是，前述中央大學歷史研究所碩士班早在1941年就已成立，如果中央大學是在臺「復校」，歷史所當然也不是「新創案」，而應該是提出「復所案」，因爲它本來就存

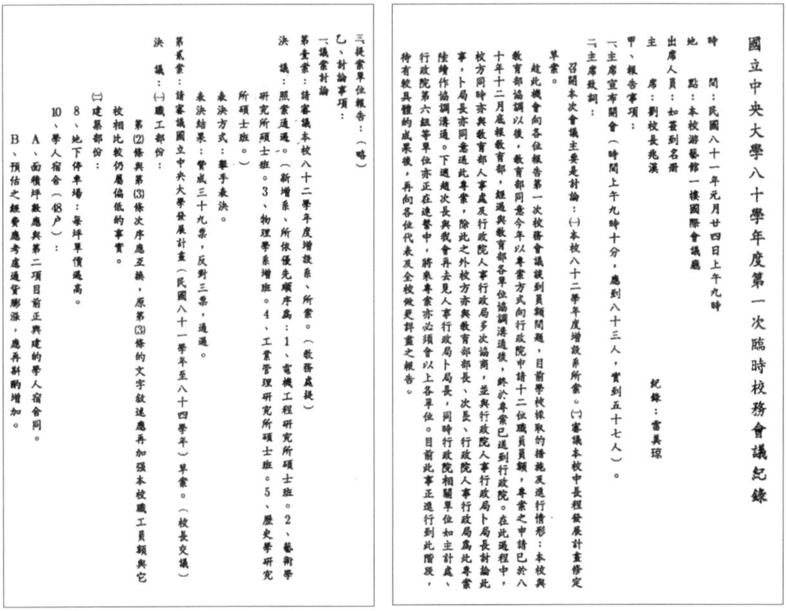
國立中央大學八十學年度第一次臨時校務會議紀錄

時　間：民國八十一年元月廿四日上午九時
地　點：本校游藝館一樓國際會議廳
出席人員：如簽到名冊
主　席：劉校長兆漢　　紀錄：雷美琼
甲、報告事項：
一、主席宣布開會（時間上午九時十分，應到八十三人，實到五十七人）。
二、主席致詞：
召開本次會議主要是討論：㈠本校八十二學年度增設系所案。㈡審議本校中長程發展計畫修定草案。
趁此機會向各位報告第一次校務會議談到員額問題，目前學校採取的措施及進行情形：本校與教育部協調以後，教育部同意今年以專案方式向行政院申請十二位職員員額，專案之申請已於八十年十二月底報教育部，經過與教育部各單位協調溝通後，終於專案已送到行政院。在此過程中，校方同時亦與教育部人事處及行政院人事行政局多次協商，並與行政院人事行政局卜局長討論此事，卜局長亦同意這此專案，除此之外校方亦與教育部部長、次長、行政院人事行政局爲此專案陸續作協調溝通。下週趙次長與我會再去見人事行政局卜局長，同時行政院相關單位如主計處、行政院第六組等單位亦正在連繫中，將來專案亦必須會以上各單位。目前此事正進行到此階段，待有較具體的成果後，再向各位代表及全校做更詳盡之報告。
三、提案單位報告：（略）
乙、討論事項：
一、議案討論
第壹案：請審議本校八十二學年度增設系、所案。（教務處提）
決　議：照案通過。（新增系、所依優先順序爲：1、電機工程研究所碩士班。2、藝術學研究所碩士班。3、物理學系增班。4、工業管理研究所碩士班。5、歷史學研究所碩士班。）
表決方式：舉手表決。
表決結果：贊成三十九票，反對三票，通過。
第貳案：請審議國立中央大學發展計畫（民國八十一學年至八十四學年）草案。（校長交議）
決　議：㈠職工部份：
第⑵條與第⑶條次序應互換，原第⑶條的文字敘述應再加強本校職工員額與它校相比較仍屬偏低的事實。
㈡建築部份：
8、地下停車場：每坪單價過高。
10、學人宿舍（48户）：
A、面積坪數應與第二項目前正興建的學人宿舍同。
B、預估之經費應考慮通貨膨漲，應再斟酌增加。

圖1：中央大學歷史所在臺灣通過重新創立之校務會議紀錄

---

13 感謝本校秘書室提供檔案。

在。因此，在這個意義上，中央大學歷史所即是中華民國歷史最悠久的歷史研究所。[14] 顯見若加上歷史的延續與傳承意義，中央大學歷史所的「歷史」，當不限於所謂「新創」意義，還有繼往開來之「傳統」基底。因篇幅所限，以下僅以1993年新創的歷史所來加以論述，其首任所長爲賴澤涵。他曾擔任過中央大學文學院院長、客家研究中心主任等職務，爲中央大學文學院的完善建置，付出不少心力。他也曾任行政院「研究二二八事件」小組委員兼總主筆、「二二八」紀念碑文總主筆。他深入研究「二二八」議題，剖析省籍糾葛與族群衝突的歷史，讓黨外人士、受難家屬一洗之前的負面印象，開創「二二八事件」學術研究風氣，被外界封爲「二二八先生」，確實對臺灣史重要論題之開發，貢獻卓著。[15]

至2023年爲止，我們已度過了三十個年頭。當年，在臺灣解嚴之後的自由化、本土化氛圍下，新創的歷史所一開始就以發展臺灣史爲主力，可以說是另一種「新創」的意義。當年（1993），中央研究院臺灣史研究所也正式成立籌備處，[16] 臺灣史研究逐漸開始熱門，中央大學歷史所率先廣納臺北各研究單位與大學的史學菁英蒞所授課，包括張炎憲（1947-2014）、王世慶（1928-2011）、吳文星、許雪姬等諸位前輩，創所之初聘任

14 清華大學國學院，可能是近代意義下最早的大學歷史研究所單位，但它並不屬於歷史系。清華大學歷史系至1926年方正式成立，而國立中央大學歷史研究所的前身，至少可追溯至1910年，爲具有現代意義的中央大學歷史科系之設立。

15 楊德宜、李青霖，〈小檔案，賴澤涵〉，《聯合報》，2012年6月23日，第A3版。

16 王麗蕉、李依陵、林文凱、林正慧、莊勝全、許雪姬、鍾淑敏，《旗展帆揚：臺灣史研究所三十年》（臺北：中央研究院臺灣史研究所，2023）。

到所專任的臺灣史師資則有張勝彥、戴寶村、康豹等教授；後來陸續加入的幾位老師，包括既有的齊茂吉，後來應聘上的吳振漢、王成勉、熊秉眞和汪榮祖等先進，則先後爲本所灌入了中國史的研究能量與國際視野。熊秉眞更是中大首任女性文學院院長，在她任內成立「人文研究中心」。[17] 此外，2009年歷史所還曾聘任美籍客座教授司徒琳（Lynn A. Struve），開設「西方明清文化史專題研究」學期課程，她能以流暢的中文授課，吸引不少外校學子前來所上修課。[18] 可以說在2000年之後，歷史所的整體課程發展，逐步採取中國史與臺灣史並重無偏之設計，追求授課之平衡與彙整，學風開放自由。

總體而言，本所融合新舊學風、傳承紮實訓練，旨在培訓研究生從事明清以來的中國史以及臺灣史等領域之研究，包括明清史、近現代中國史、當代兩岸關係史、臺灣教育史、臺灣經濟史等課程。近年來，更融入醫療科技史、公衆史學與應用史學的精神，研究方向也加以創新；強調理論與實作並重，既注重史學研究的基礎訓練，也培養學生對在地社會的認識與關懷，發展公衆史學特色，並編纂臺灣歷史學上第一本應用史學專書，[19] 更可見這些年來本所的活力與能見度，廣受學界矚目。其實，民國時期的中央大學歷史系，自始即在科目設置上標舉「注重實用」的原

17 不著撰者，〈中大四教授獲國家講座暨學術獎〉，《經濟日報》，2008年1月8日，第E3版。

18 楊德宜，〈美學者司徒琳，練太極拳健身〉，《聯合報》，2010年1月30日，第B2版。

19 皮國立、楊善堯主編，《史學玩應用——臺灣應用史學探究集》（新北市：喆閎人文，2024）。

則，主張「史為經世之學，固以實用為歸」，「較之時人之以考據空想為史學，或稱為史而學史者頗有不同」。[20] 即史學研究要求高深，也要回應當代社會的需求與挑戰，不能束歷史研究於空中樓閣之中，以致失去社會之信仰，這是本所非常重視的面向。早在2014年，時任所長的李力庸就和中央研究院臺灣歷史研究所共同舉辦「時空旅行特展．遙看桃仔園」展覽，並在中大藝文中心（現更名為「中大人文藝術中心」）舉行開幕茶會，除邀請地方耆老，也透過桃園歷史知名人物或家族故事，穿越時光長廊，利用遙測技術，呈現桃仔園行政區的歷史演變；[21] 鄭政誠也積極撰寫方志、宮廟志和機構史，創立「桃園學研究中心」、「臺灣文化事業發展協會」等單位或學術社團，與社會實際需求接軌；蔣竹山也辦理多項微策展、公眾史學展覽、文化走讀活動；現任皮國立所長，則為因應數位時代和AI浪潮的挑戰，並思索中央大學在科技研發上之特性，在葉永烜院士的倡議下，積極籌組「桃園數位文獻暨臺灣科技史研究中心」，以尋求既有知識的新定位；新聘的老師陳家豪，則具有歷史館舍的實際工作經驗，更可訓練學生多國語言導覽。這些本所教師們所做的事，其實都呼應了本所積極面向社會、重視學生將史學訓練至實際應用、培養學生就業能力，探索文史相關系所的出路。因此，本所畢業論文除了以研究論文為主外，也朝向多元的公眾史學方向改

20 李方來、李霞，〈中日戰爭與中央大學知識份子群體的國史研究——以學衡派、南高史地學派繆鳳林為例〉，《江西師範大學學報（哲學社會科學版）》46.3（2013），頁101-106。

21 康鴻志，〈穿越時空看桃仔園，新體驗〉，《中國時報》，2014年5月21日，第B2版。

革，例如：口述歷史、歷史小說、紀錄片、桌遊、田野調查等應用類別，幫助研究生適性發展，訓練實作能力，甚至可以用策展（展演）來完成學位，達到學術力與就業力並重之教育目標。

無論哪個系所的發展，還是歷史學的整體發展，都需要兼顧傳承與創新，往前看的時候別忘了也要向後瞻望，此爲歷史學研究之基本精神與必要視野。因此，我們在2023年先辦理了具有紀念創所三十週年性質的研討會，以本校與歷史所的歷史研究回顧爲主體，由小見大，一起書寫臺灣史學史的新頁。會後，承蒙諸位先進賜稿，主編集結稿件再加以編纂成書。這本專書，共收錄了十三篇文章，除了創所所長賴澤涵的專題演講論文，以及衛生福利部中醫藥司司長蘇奕彰（同時也兼任國家中醫藥研究所所長）的跨領域專題論文外，皆被歸納在「中央大學與中央歷史所史學專題」、「明史與民國史專題研究」、「醫療、科技與環境歷史」等三個大主題之下，這些主題大概也就是這三十年來中央大學歷史所師生所共同努力、耕耘的研究方向，故藉由這本書進行了一次整體的回顧，彰顯前人努力、展望未來研究方向。在這樣的意義下，中央大學歷史所的研究，不但和中央大學整體的歷史走在一起，也和整個臺灣史學發展的脈動相結合。過去，許多系所的紀念論文集都未和大的臺灣學術脈動結合，本次編纂，從一開始就考量到了這一理念，故本書在臺灣史學史的發展上，必定佔有一席之地。在這些意義之上，這本書就絕對不僅是一本論文集而已，它具有極強的，向過去致敬，並與當代學術鏈結的企圖心，這是編纂這本論文集最大的目的。

在新創意義之下，三十而立、三十不易，一個學術單位能經營三十年，實屬不易。要感謝校方與歷屆中央大學歷史所所長的努力經營和擘劃，和整個史學發展大傳統比較起來，三十年還是非常「年輕的」。期許下一個三十年，歷史所依舊能和國立中央大學創校的歷史與發展榮景站在一起，並肩同行；也期許歷史所全體師生，都能健康平安，無論在學界還是在社會上任何一個行業中，皆能發光發熱、貢獻所學，與歷史所的「歷史」同享榮耀。

最後，身為主編，我要感謝所有為中央大學歷史所付出心力的專兼任師長和同學，也感謝我們在舉辦三十年所慶時，所有蒞臨現場致詞的貴賓，包括林昭庚院士、周景揚校長、李瑞騰主任、蘇奕彰所長、陳潮宗醫師；還有無數到場、無法一一「點名」的各界人士，感謝你們，一同見證了歷史所的光榮時刻。未來，我們一定能在臺灣史學界和中央大學校方的支持下，繼續扮演科技與人文並重的那盞人文之光，讓歷史所的故事可以延續下去。

這本專書，名為《另一個中央——中央大學歷史所與臺灣的史學研究》，予國立中央大學出版中心出版，無論在歷史意義和情感上，都是最適合的。[22] 感謝王文俊教務長支持出版，也感謝

22 關於本書出版的背後意義，非常謝謝某位專書審查委員，依據其所陳述，錄之於下，以表謝意：中央大學，為中華民國建都南京時期建立的教學單位，與中央研究院、中央圖書館（現為南京圖書館）、中央醫院（舊址在南京中山東路305號）及其附屬「中央衛生實驗所」等等，同居「中央」之名，可見其在當政者心中之位置。遷臺以後，大陸地區原中央大學，已易名為「南京大學」；原中央圖書館則易名為「南京圖書館」，大陸官方顯然也明白「中央」一詞之意。而遷臺之中央大學與中央研究院、中央圖書館，同為當年規模與理想之繼承與遺緒。而此一規模與理想，當此海隅，綿延至今，可珍可歎，歷歷在目。以此觀之，不如強調此一規模與理想為宜。書名《另一個中央——中央大學歷史所與臺灣的史學研究》，一以追懷當年各中央機關與中央大學之規模與理

王怡靜高級專員細心編排、校對稿件，孫顯玲小姐幫忙和作者聯繫收稿事宜，也向兩位專書匿名審查委員和中大出版中心委員致上最高謝意，他們的建議與審讀，確保了本書的學術品質。這本「很有歷史」的學術專書，就是獻給臺灣史學、中央大學和中大歷史所最好的禮物。

國立中央大學歷史所教授兼所長 皮國立

2024.04.23

想，一以彰顯今日之學術成就。此名雖似託大，而實在自有其理據。所謂「另一個中央」，相對於原南京「中央」各機關而言，以明同為「中央」，同宗同源；相對於遷臺各「中央」機關而言，以明根株浮海、臺灣有承；相對於原中央大學而言，則以明薪盡火傳，弦歌不輟。

歷史實證研究

史學研究切忌抱有定見與過度解讀文本——以本人研究臺灣二二八事件爲例

賴澤涵

國立中央大學榮譽教授

中央研究院臺灣史研究所學術諮詢委員

哈薩克共和國國家院士

謹祝中大歷史所三十而立，年年茁壯成長。未來我們的考驗還很多，如世界性的少子化，將來大學面臨比以前更嚴峻的招生問題，但我相信歷史所的接棒人，都已年輕化，三、四十來歲、年輕力壯，有面對挑戰的決心與勇氣，相信未來會有光明平坦的大道，讓我們預祝中大歷史所永遠挑戰成功。

「所有的歷史都是當代史」、「歷史爲活人而寫」，這都是著名中外史家的名言，歷史研究與外在的大環境確有密切的關係，所以我們也常聽人說：歷史是隨時代變遷而改寫！在意識形態很強的極權國家，歷史研究的客觀性往往遭到質疑，由於這些國家要人民絕對服從黨的領導，致使人文學科和社會學科的研究，很難超脫黨的限制，個人的觀點很難凸顯，任何文史研究必須符合黨的指導，客觀性的要求是很難的。但是極權國家重宣傳教育，不斷洗腦百姓，所以特別注重歷史教育，因此，在歷史研究的機構，很多大學提高到院級，即歷史學院，此在中、俄等國尤為明顯。

臺灣在國民黨執政時代，也灌輸國民黨的教條三民主義，這種教條都是從國小開始灌輸，但國民黨的教條化還不像極權國家那麼強大，因為孫中山的三民主義是採中、外不同學說揉合而成，它的包容性就不會像極權國家那麼排他性。到民進黨執政，意識形態便比國民黨強得很多，一些人文學科的研究被強調要本土化和臺灣主體意識，因此，此種意識形態往往有可能成為批判學術成果很重要的指標，這在臺灣近現代史研究尤其明顯，如研究臺灣的近代化歸之於日本奠立的基礎的爭辯；人物研究如鄭成功是「開臺」？「復臺」的不同解讀；研究二二八事件，一定要把陳儀寫成貪污腐化、一無是處的軍閥；蔣中正是二二八事件的元凶等等，這就形成臺灣部分學者持有定見、以批評他人研究成果的現象。

我因早年對臺灣二二八事件感到好奇，一直想知道何以臺灣人痛恨國民黨和蔣家，自1981年起有空就閱讀一些有關臺灣史的著作，後來也曾在某大學的大學部開授「臺灣史」的課程，臺灣史是在本人留美主副修之外，後來會踏入臺灣史純粹是偶然。

大概1982年，馬若孟（Ramon H. Myers）教授來臺參加由國民黨文工會和中央研究院三民主義研究所（簡稱中研院三民所）主辦的三民主義的國際學術研討會，我是當時該會的秘書長，代表中研院三民所負責接待他。會後的一個晚上，在他住的中國大飯店（臺北市的館前路）與中山大學中山學術研究所（現為中國與亞太區域研究所）的魏萼教授三人閒聊，馬若孟提議三人合作，提個研究計畫，但課題必須三人都派得上場。當我還在思索時，馬提議臺灣的二二八事件，我一聽事涉敏感，資料不易取得而應之。魏萼乃說計畫不錯，的確事涉敏感；馬若孟乃言，可以試試看，他認爲魏萼做過黨、政官員（魏當過國民黨文工會副主任、金管會副主委等職），應可交涉看這些重要檔案。魏萼回答可以盡力試試，並可介紹二二八事件時重要當事人做口述歷史。（他後來介紹了葉明勳、王民寧、共產黨員洪幼樵等人。）三人既想試做此一敏感課題，加上馬若孟在學術著作上雖很學術，可是在政治立場上，他是支持國民黨的。而魏萼雖是黨政高官，但卻有一番抱負，希望中國能夠追求富強，他應該是屬於國民黨的開明派。我則因博士論文批評國民黨1920至1940年代派系政治及其腐化，論文寄回臺灣國科會送審，被列入「對先總統蔣公大不敬」的黑名單，不讓我到大學教書。（按：當時的規定，留學生回臺灣必須先通過論文審查，才能由青輔會推薦工作，並獲得機票補助。）我回臺後（1978年）經友朋多方奔走，才解決我的就業問題，但我只能在國際關係研究中心（當時是獨立機構，不附屬政大）和中研院三民所籌備處做選擇，我選了中央研究院，當單純的研究人員。而當時許多學者批判馬若孟支持國民黨的立場，我怕馬、魏兩人在研究二二八事件不能中立客觀，乃要馬、魏兩人務必要本學術立場做研究，不爲任何黨、派說話，三人贊同，這是我們三人研究二二八事件的共識。[1]

爲便於研究，乃略做分工，馬若孟是治日本經濟史、中國和臺灣經濟史的專家，因爲史丹佛大學胡佛研究所東亞圖書館所藏

1 賴澤涵（中研院近史所研究員謝國興訪問，陳南之小組紀錄整理），〈我參與二二八相關研究之經過〉，《近代中國史研究通訊》，第13期（1992年3月），頁98。

有關中國和臺灣資料相當豐富，此外，他負責這一研究的經費申請，研究室安排，文稿中有關日據時期經濟社會方面的修正，並交涉著名出版社；魏萼負責交涉警總、安全局檔案，介紹黨政有關人士的訪問以及戰後臺灣經濟社會的修正；我則負責全計畫的起草工作，閱讀有關檔案資料，以及做口述歷史。[2]

魏萼向安全局交涉，獲得同意，讓我去安全局看資料（原在石牌，後來遷到今仰德大道旁）。我幾乎一星期去三、四天，安全局由一姓葉的人員負責接待（此外，我也沒有見過該局任何人），這位臺籍的安全局人員可說人很隨和，有求必應，給予相當的協助，不過，在我未看完安全局所藏的資料前，他已奉派調到美國南部某城市工作，他調走後不久，我也大致看完安全局的資料。安全局當時影印了有關二二八事件的文章不少，但第一手資料可說不多，因此，我乃催魏萼交涉警總的檔案，但是幾年的交涉徒勞無功，警總幾經考慮仍認爲不宜公開。我當時認爲若沒有警總的檔案，研究的成果必大打折扣，這就是後來我出任前行政院「二二八事件研究小組」委員兼總主筆時，我提議小組召集人最好是總統李登輝或行政院院長郝柏村出任的原因，沒有他們兩位，我就知道要取得檔案資料，不可能會樂觀的。

有一年馬若孟教授說要到安全局看看資料的情況，我立即聯絡葉姓安全局人員向上面請示，獲得許可，馬若孟乃由我和魏萼陪同去參閱，我不記得還有其他人員。當天下午我又陪馬若孟到延平北路的商店，想問問他們是否還記得二二八事件的事，但很

2 賴澤涵，〈我參與二二八相關研究之經過〉，頁99-100。

多商店的人員卻推說不記得，他們大概看了老外有些戒心，因此，也不想回答，可見當時很多人還是有忌諱談二二八事件的事。

我爲求掌握二二八事件關鍵的一些議題，聘了兩位助理幫忙，一位是我指導的臺灣師範大學歷史系的研究生尤惠惠小姐，一位是臺灣大學歷史學系的葉姓研究生，尤小姐主要在內勤工作，葉姓助理專跑臺灣各大圖書館和影印資料，但他們兩人都不熟悉英文打字，所以我的初稿都是用中文打的，我當時想：反正馬、魏兩人都能看中文，應該無所謂，等三人討論定稿時再翻成英文，應該是沒有什麼問題。

我和魏萼每年暑假都會到胡佛研究所，除閱讀有關史料外，我們也常討論有關二二八事件大大小小的問題，我連續去了八、九年（直到1991年書出版），魏萼可能臺灣事忙，有幾年沒去，但都無損於大家的討論，他無法到時，他把問題傳眞給馬若孟，就由我們兩個人討論解決。

中文初稿至遲在1986年完稿，馬若孟建議將本書要點濃縮成三篇論文在國際的學術會議上發表，以測反應，這點可看出馬若孟認同本書需學術性。因此，這三篇有關二二八事件的論文於1987年在美國波士頓亞洲學會的會議上，組成「二二八事件」小組的討論會，我當時分配的題目是“Grievance, Social Tensions and Social Violence: October 15, 1946-May 15, 1947.”，我認爲這題目，對我要出國發表有相當的難度，因這論文必須討論二二八事件的起因、族群衝突和傷亡等問題，而二二八事件在當時的臺灣還是相當的敏感，要出國發表這論文，中研院的總幹事韓忠謨是國民黨在中研院的負責人，他看到這題目絕不會讓我出國的。

（我記得大概在1980年代初，澳洲國立大學和香港大學（簡稱港大）曾聯合邀請我到港大開會，討論有關國民黨1920's-1930's的問題，我提了〈廣東的分離運動，1931年〉的論文，韓就不讓我出席該會。）因此，我乃改提"The Analytical Framework: The War Years and Changing Japanese-Taiwanese Relations, 1940-1945"的論文，而將上面的論文交給馬若孟去發表，這是當時外面的人不知道有此一內幕。

此時，也可以看出馬和魏兩人已認爲研究二二八事件，應中立客觀的重要，所以才敢公開將論文供大家批評。如果沒有接受挑戰的勇氣，就沒有必要在國際會議上提論文供大家批評，而當時大會也安排兩位對國民黨相當有研究的田弘茂教授（Tien Hung-Mao）和易勞逸教授（Lloyd E. Eastman）（他是本人在美國伊利諾大學，香檳－歐本那校區的指導教授）擔任我們三篇論文的評論人。他們兩位的國民黨研究都有專著。

田著有：

1. *Government and Politics in Kuomintang China, 1927-1937*, Stanford, California: Stanford University Press, 1972.
2. *The Great Transition: Political and Social Change in the Republic of China*, Stanford, California: Stanford University Press, 1989.

易有很多著作，最重要研究國民黨的有：

1. *Seeds of Destruction: Nationalist China in War and Revolution, 1937-1949*, Stanford, California: Stanford University Press, 1984.
2. *The Abortive Revolution: China Under Nationalist Rule, 1927-1937*, Cambridge, Massachusetts: Harvard University Press,

1974.

他們對國民黨都有相當尖銳的批評。而出席這場會議的人不少除對國民黨有研究外，有的也相當關心臺灣問題，參加的人或許認爲我們可能會爲國民黨治下的二二八事件做辯護，但我們分析二二八事變的錯綜複雜問題，並不認爲二二八事件是共產黨引起，雖然與會者提了不少問題，但大體我們都能解答，只是我們認爲戰後臺灣的問題，不論誰來接收，事變都不可能避免，但這看法遭到易勞逸教授的嚴批，他說：「哪個事件是不可避免？歷史上沒有什麼是不可避免的。」[3]我們後來出版前將此觀點納入考慮，加以修改。而他們兩位對我們三篇論文都肯定「非常學術性」。[4]

這本書稿從1983年起到1990年完稿修正，期間不曉得修改多少次，我且印不少份文稿給不同人文及社會科學界的朋友，希望他們能指教修正，正如我在接受中研院近史所謝國興教授訪問時，我說：「我們秉持學術立場，也不怕人家批評，無論臺獨、傾共份子或國民黨都可以看，因爲不隱瞞什麼。」[5]

文稿修改完後，馬若孟就送史丹佛大學出版社審查，經數月後審查回來，根據審查人意見修改或說明審查人誤解的地方，三個審查回來的意見都寫得非常詳細，馬若孟能回答的，不用再討論，有不清楚的問題，我們再查資料，討論後再回覆。據說三位審查人是費正清（John King Fairbank）、易勞逸和畢仰高（Lu-

3 賴澤涵，〈我參與二二八相關研究之經過〉，頁101。

4 賴澤涵，〈我參與二二八相關研究之經過〉，頁101。

5 賴澤涵，〈我參與二二八相關研究之經過〉，頁102。

cien Bianco），我推測可能有費正清，因爲他在他去世前出的書也推薦《悲劇性的開端：台灣二二八事變》一書爲閱讀讀物。[6] 這本書後來遵Thomas A. Metzger教授的建議改爲*A Tragic Beginning: The Taiwan Uprising of February 28, 1947*，由史丹佛大學出版社於1991年出版。中文由著名作家羅珞珈翻譯，時報文化出版公司1994年出版，以下簡稱《悲書》。《悲書》出版後，我看到有兩個期刊有書評，[7] 書評都很正面。另外，耶魯大學講座教授史景遷（Jonathan Dermot Spence）在《紐約時報書目》也有文介紹。[8]

當時，馬、魏都很滿意這研究，我則比較感到遺憾的是二二八事件的檔案何時才有利用的機會？以補《悲書》無法利用的缺陷。《悲書》書版後，我們三人都很少聯絡，直到2013年和2014年我到史丹佛大學胡佛研究所看《蔣介石日記》，約馬若孟共進午餐，那時他們夫妻已住進Pala Alto市內的養老院，我就發現他似乎有阿茲海默症，很多事他記不起來，包括我問他子女何年出生？職業？等等的問題，他幾乎都答不出來。更糟的是，他的駕照被吊銷了。

美國治「中國近現代史」的學者對國民黨很少有好感，他們讀完此書，並未質疑它的學術性。另外，在臺灣這些意識形態很

---

6 John King Fairbank, *China: A New History, Cambridge* (Harvard University Press, 1992), p. 471.（但出版年代卻寫爲1990年，蓋他審完的時間爲1990年，所以他認爲本書應會在1990年出版。）

7 William Speidel在*The China Quarterly*, no132 (Dec. 1992), pp. 1180-1181; John F. Coppery在*Pacific Affairs*, 66:3 (Autumn 1993), pp. 416-417.

8 Jonathan D. Spence, "The Other China", *The New York Review of Books* (New York), Oct 22, 1992, pp. 12-16.

強的人可能認爲馬若孟是傾向國民黨，所以他參與此書是爲國民黨講話，但我們要知道馬若孟爲臺灣或爲國民黨講話，大都是他著作外的政論文字，而他的重要著作均非常學術性，故臺灣或大陸均有翻譯。

臺灣因二二八事件的討論或著述在1987年以前是禁忌，但私下民間的討論從未停過，我們《悲書》雖是英文，但報章雜誌摘譯者多，因此，引起不少人的重視。到1980年代的後期，臺灣各種社會運動不少，其中如客家界的「還我母語運動」，爲了二二八無辜犧牲的有「二二八事件平反運動」等等，而二二八事件的平反運動可以說已到表面化了。敏感的政府官員也感到社會壓力，如當時的行政院副院長施啓揚就認爲「『二二八事件』是臺灣人心中的痛，其負面影響極爲深遠，難以估計。」[9] 這迫使當時的執政黨不能不面對，而當時總統又是李登輝，他在二二八事件發生時已是臺大二年級學生，對該事件的嚴重性，自然相當的了解。1988年蔣經國去世，他繼任總統，權位不穩，不適合處理這一重大事件，到1990年他由民選而爲總統，已有相當的民意基礎，因此，他乃請當時總統府資政邱創煥（1925-2020）研究解決，邱創煥搜集不少有關二二八事件的報章和雜誌文章，以及有關書籍，他也博訪有關研究學者專家，本人亦被徵詢過，並給他建議處理方法供他參考，最後他乃向李總統提了四萬字的〈二二八事件初步研析〉的報告[10]。其中主要的，如：「成立專

9 施啓揚，《源：三十年公職回憶》（臺北：幼獅文化事業股份有限公司，2004），頁137。

10 邱創煥，《服務的人生，邱創煥八秩晉八自述》（臺北：作者自印發行，2012），頁674-675。

案小組研擬處理辦法」和「指定專人撰寫客觀、公正、完整的史實」。[11] 他且建議了學者名單，這些人選即後來前行政院「研究二二八事件小組」的成員。[12]

理論上「二二八事件研究小組」是在1990年年底成立，但眞正運作應是1991年的3月，當時對如何進行運作，行政院未有方案，還是由大老葉明勳先生提議，他認爲小組委員除了賴澤涵教授做過研究外，其他委員並沒有人做過這方面的研究，是否推賴教授爲總主筆，然後再設一工作小組，由賴教授負責找學者專家撰寫，他的提議獲出席委員的贊同，乃由賴澤涵編列所需的研究經費和聘請四、五位研究人員協助撰寫研究報告。

近來有某國立大學的一位女學者在網路上言，賴之出任總主筆，乃是國民黨授意，此大概出於意識形態的推理。而黃富三教授則以爲「因爲在那個時刻，正需要一位形象模糊，屬於灰色地帶的人出來。並且工作小組上面的專案小組、研究小組各有委員，盡是名人或國民黨重要人士，賴澤涵比較能讓官方接受且看重。」[13] 此推測亦是錯誤。蓋小組委員除中華文化研習所所長何景賢參加過行政院「二二八事件」處理小組的會議外，其他委員並未參加，而行政院1990年12月14日召開第一次小組會議時，我與何景賢先生和行政院副院長施啓揚兩人均爲第一次見面，可

11　邱創煥，《服務的人生，邱創煥八秩晉八自述》，頁675。

12　邱創煥，《服務的人生，邱創煥八秩晉八自述》，頁675；賴澤涵主編，《二二八事件研究報告三十週年論壇文集》（臺北：財團法人二二八事件紀念基金會，2022），頁41-44。

13　林玉茹、曾品滄、林正慧訪問；林建廷記錄，《學海悠遊：黃富三先生訪問記錄》（臺北：中央研究院臺灣史研究所，2023），頁381。

說非常陌生。當討論如何撰寫報告時，他們兩人均未發言，且也未提人選，國民黨不可能提名本人的，其理，本人的博士論文被當時國科會審查人批爲對「先總統蔣公大不敬」，因而導致政大拒聘本人任教，本人只好滯留美國一年多。其次，二二八事件一是涉蔣家，國民黨豈有搬石頭砸自己腳的道理？而葉明勳之所以會提名本人出任總主筆，因本人在作《悲書》研究時，曾於1986年6月20日於其聯廣董事長室訪問他有關二二八事件及陳儀等問題；其次他對二二八事件相當注意，1987年在美國亞洲學會的「二二八事件」小組會議，他也相當關注，並有文章提及此事。[14] 所以說國民黨內定本人出任總主筆，可能只是猜測之詞。另外，也有人造謠說政府當時屬意的總主筆是許倬雲院士，但因他不是研究臺灣史，且不常在國內，所以他婉拒。這是假消息，蓋1990年12月14日在行政院召開第一次研究「二二八事件小組」會議時，會中除葉明勳提賴澤涵教授外，並無出席人員提出另一個名單來。

本人受命爲研究報告總主筆時，面臨的壓力之大，有如排山倒海的潮水，其一，社會普遍不信任當時執政的政府，認爲這個報告應是爲國民黨粉飾；其二，受難家屬更難相信官方的研究小組，尤其本人當時是中央研究院三民所的研究員，他們認爲三民所就是黨棍的機構，如何能做出讓受難家屬相信的報告？其三，檔案資料是否眞如當時政府官員保證繳出？其四，時間的壓力，前後不到一年；其五，臺灣剛解嚴不久，言論尺度如何拿捏？等

14 賴澤涵主編，《二二八事件研究報告三十週年論壇文集》，頁34-36。

等問題，這一錯綜複雜在當時已經過四十四年，要在一年內完成報告。[15] 最難的莫若要如何能公正客觀的呈現二二八事件的面貌，讓學界、社會大衆及受難家屬接受？這也就是考驗撰寫報告的學者是否能被社會大衆認定是有訓練的歷史學者，也就關係著臺灣歷史學者的聲譽，責任重大由此可見。

我當時知道這是一件很艱鉅的工作，整個社會似乎充滿對執政黨的不信任，社會對立嚴重，尤其討論二二八事件時，它是被嚴批爲屠殺臺灣人的政府，在這環境下要做一件政府的報告，可說艱困之至。臺灣面積不大，中研院三民所在當時可說是學界公認爲最自由的地方，何以外界卻以有色眼光在看它？眞讓人大惑不解！而且在政府宣布要請學者撰寫研究報告時，還有部分學者因參加研究報告的執筆而被散布謠言，要學生不要修他們所開授的課，他們均被冠以官方學者或御用學者，整個社會環境是處於既要政府公布檔案說明事件的來龍去脈，又不相信這些學者。他們大都心裡早已抱著這些學者就是要爲政府開脫罪行。

在這惡劣甚或敵對的環境下，如果一個研究報告不公正客觀，不僅毀了治臺灣史學者的聲譽，更會讓社會大衆瞧不起臺灣的史學界。因此，在這挑戰下，我堅持研究報告要經得起海內外學者和社會大衆的檢驗。爲此，我乃設計將來報告完成公布前一定要請海內外聲譽卓著的社會科學及人文學者審查，我不只聘三個人（一般學術著作審查只二三人），我請了七位學者，而且我不問他們的意識形態，有無黨派，以及他們是否對當時政府有過

---

15 本人在第一次會議上提議至少三年，但施副院長認爲社會壓力不可能多於一年。

批判的學者，他們是：

許倬雲教授　中央研究院院士，美國匹茲堡大學講座教授

劉翠溶教授　中央研究院院士，中央研究院經濟所研究員

林　南教授　美國杜克大學社會學教授兼亞太研究中心主任（後亦當選中央研究院院士）

胡　佛教授　國立臺灣大學政治系教授（後亦當選中央研究院院士）

張富美教授　美國胡佛研究所研究員

戴國煇教授　國立政治大學歷史學系客座教授（長年研究臺灣史、二二八事件）

李筱峰副教授　世界新聞傳播學院（雖當時只出《二二八事件失去的菁英》一書，但研究臺灣二二八事件有相當長的時間）

其中李筱峰先生是以副教授資格審查教授們的著作。

除上述卓越學者審查外，「二二八事件研究小組」的委員有李雲漢、張玉法、陳三井、遲景德和何景賢等五位也參與了審查（本人爲總主筆迴避之），其中李、張、陳三人，更是中國近現代史相當著名的學者，所以這份研究報告審查人有十二人之多，審查的結果，他們都沒有人提到研究報告有偏政府的傾向，更無人提到報告有爲當時執政黨辯護的言詞。[16]

這一研究報告經前行政院新聞局在1992年2月22日公布，當然執筆者都想知道社會的反應，尤其受難家屬們的看法。平情

16 許雪姬，〈回首我們二二八研究，1991-2021〉，賴澤涵主編，《二二八事件研究報告三十週年論壇文集》，頁141-143。

而論，社會大衆接受者較多，至於受難家屬乃有所不滿的，不外乎以下問題：

（一）菁英份子誰下令逮捕？何時被殺？屍體何處？

（二）二二八事件全臺死亡多少？失蹤多少？

（三）中統、軍統、憲兵在屠殺的角色？

（四）財產不當被沒收，有無法收回或獲賠償？

（五）蔣介石、陳儀等人是否應列爲元凶？

這些問題其實也是當時執筆者想知道的事，但無檔案資料可印證，因此至今上述（一）、（二）項還是無解。

至於元凶問題，牽涉到歷史的解釋，在報告只檢討事件的責任。大陸有些學者認爲蔣應是元凶，因爲他未察二二八事件是臺灣人民要求的地方自治，即「臺人治臺」，而蔣被情治單位渲染共產黨的角色以及臺人要叛國，因而派兵來臺鎮壓，造成重大的死亡和失蹤，因此蔣應爲元凶。[17] 但也有不同意把蔣列爲「元凶」的意見，如知名作家孫慶餘，他有一篇〈二二八檢討已入歧途〉，他說：

> 就被害者而言蔣介石可以被解釋爲二二八「元凶」，但處委會激起準備叛亂事件也是事實，蔣介石派兵乃是「平亂」行爲。「平亂」而不波及無辜，是不可能的。除非人證物證顯示蔣介石下令屠殺無辜，否則「元凶」之說不可能成立。[18]

---

17 鄧孔昭，《二二八事件資料集》（臺北：稻鄉出版社，1991）。

18 孫慶餘，〈二二八檢討已誤入歧途〉，《蘋果日報》，2007年3月7日，第A19版。

可見立場不同，觀點易有很大的差別。不過，不論如何，蔣介石派兵來臺，雖有命令不得對臺人報復，但事實軍隊確有報復，先師郭廷以秉筆直書「政府調兵彈壓，登陸後肆行報復，臺人死傷，以千百計。」[19] 情治人員也向蔣介石報告軍隊報復之事，但他卻未處理，可見有人批評他爲元凶，也有相當的理由。

同樣的在經歷近四十年的二二八事件，我於1986年11月11日訪問二二八事件時，臺籍「半山」的警務處長王民寧將軍，我問他二二八事件時政府的處置有無可議之處？他不認爲政府處置有不當的地方，他還說即使現在有人到總統府拿槍對抗警衛，政府也一定會嚴厲制裁；不可能饒恕一樣。[20] 所以二二八事件如果牽涉解釋可能就有立場問題，就要看作者是站在政府立場或民衆立場，因而解釋就會有南轅北轍的情事發生。

事實上社會對二二八事件的研究報告，都只看是否公正客觀，對研究者所遭遇到的無數難題，從未爲他們著想，因爲執筆者所面對的檔案資料，操之在政府單位，他們如果不提供，學者也是無能爲力的，檔案最重要的是情治單位，即當時的臺灣警備總司令部，我在寫《悲書》時，一直催魏萼教授務必取得警總資料，否則研究就難以突破，警總最後的考慮就是不給，到前行政院成立了「二二八事件研究小組」我還是再提此事，但警總依然相應不理，他們以「基於國防機密考量還不宜公布」爲由拒絕提供。[21] 坦白說，沒有警總資料，很多二二八事件就無法全盤了解

19 郭廷以，《近代中國史綱》（香港：中文大學出版社，1989），頁758。

20 賴澤涵，《二二八事件研究報告三十週年論壇文集》，頁35。

21 盧德先，〈國防部官員：考量國防機密，不宜全部公開〉，《聯合晚報》，1992年2月23日，第3版。

的。爲了能取得這些資料，本人只好開記者會宣布要辭總主筆，希望以輿論逼迫警總非繳出不可。[22] 經報紙輿論施壓，軍方不得已在幾天內送兩箱文件跳號不連貫的資料給我，這已到了6月初了。[23]

其次，我們知道二二八事件資料不限於臺灣，如當時英國駐臺北淡水領事館，大陸南京第二歷史檔案館以及美國胡佛研究所檔案室George Kerr檔等等都有資料，爲使研究資料完整，我們執筆人員赴上述各地去影印資料，但大陸二檔資料因該館正與臺灣作家陳映眞合作編印二二八事件資料，所以交涉未成功。淡水領事館檔案則由黃富三教授與該館副館長交涉，影印寄回臺灣，幸獲允許，否則我們三人（本人、黃富三與吳文星），每人限影印5頁，且不得連續印，不是很大的缺憾？[24]

再者，當時臺灣省議會也要求臺灣省文獻委員會做二二八事件，他們得知我們從海外印了一批寶貴資料回來，也想利用。而民間學者知道我們徵集了官方檔案，他們也希望能夠看到，這就造成了我們不少的不便，我們是在跟時間賽跑，他們又參一腳，這當然造成執筆者的困擾，爲此，我乃被人批評，我不得不宣布等研究報告公布後，檔案資料一定開放供大家使用。

省文獻李〇鋒先生做事非常積極，到處打聽可利用的資料，

22 江中明，〈政院工作小組召集人賴澤涵萌生辭意〉，《聯合報》，1991年5月28日，第4版；謝英士，〈二二八研究小組成員續擔綱，打消辭意，要求軍方提供資料配合〉，《聯合晚報》，1991年5月28日，第4版。

23 賴澤涵，《行政院二二八事件研究報告與相關問題的參與》，頁48-50。

24 黃富三，〈參與二二八事件研究感懷：療癒歷史傷痕開創文明世紀〉，賴澤涵主編，《二二八事件研究報告三十週年論壇文集》，頁75。

他透過各方面的人事關係，居然把我們徵集到並放置於中研院近史所檔案館內的官方檔案及淡水領事館檔案，全部影印回省文獻會。而淡水檔案原黃富三教授向英國國家檔案局簽署的條件是"for personal use"（限於個人使用），且不得商用，但省文獻會爲了爭業績，不問我們就出版。[25] 未免讓人感覺爲達目的不擇手段了。

最後且最重要的就是受難人或家屬的口述歷史，我當時計畫列了200人左右，但想爲他們做口述歷史談何容易？因爲社會對立，加上一些惟恐天下不亂的人，到處爲我們散布官方的訪問，會扭曲訪問內容，勸受難家屬不要接受官方的訪問。另外也有受難家屬抱怨臺灣省文獻會已做過口訪，爲何又再要做一次等等不一而足。事實上在當時因解除戒嚴不久（1987年7月14日），受難人或家屬還是滿懷戒心，即使受難家屬阮美姝女士好意爲他們受難家屬做口述歷史，也遭到不少的困難。[26] 更何況受難家屬阮女士說，「一部分二二八關懷會的成員甚至阻撓計畫工作的進行。」[27] 如果沒有受難人或受難家屬的心聲，相信研究報告就不可能完整，但爲受難家屬所做的口訪工作的困難終於爲我們的誠意所克服，許雪姬教授一個人就做了300個人以上的口述歷史。

總之，這一件研究報告，時間太過匆促（正式開始在1991年3月，10月要完稿），執筆者還要赴海外重要機構搜集資料甚或口訪（如：到美國洛杉磯訪問柯遠芬、到夏威夷訪問George

---

25 黃富三，〈參與二二八事件研究感懷：療癒歷史傷痕開創文明世紀〉，頁92。

26 阮美姝，〈賴澤涵印象〉，氏著，《孤寂煎熬六十年》（臺北：前衛出版社，1992年初版一刷，2005年增訂版十刷），頁337。

27 阮美姝，〈賴澤涵印象〉，頁337。

Kerr），重要的檔案不全，又要做受難人或家屬的口述歷史，自己本身還要負責每週8小時的授課，期末的成績等等，可說每位執筆人忙至昏頭轉向，但我們還是一一克服難題，如期在10月完成初稿，大家心平氣和地討論修正，再送給審查人審查，可說分秒必爭，最後終能如期在1992年2月22日公布。

報告公布後我最關心的是讀者的反應，尤其受難家屬、學界和一般社會大衆，我更注意在報告公布前一些無的放矢，盲目批評我們的一些人的看法，但整體來說這份報告是「能爲社會大衆所接受。」[28]

至於受難家屬的看法，可以以受難家屬代表林宗義教授「肯定這份報告具有正面意義；並稱許研究人員的客觀公正。我們深信他們都秉著專業精神與科學立場說話。」[29] 他又說：「只要能客觀公正的研究與處理歷史資料，則歷史本身會說出最大可能的眞相。行政院專案小組（按應爲「研究小組」）以誠立史，基本上便値得大家信賴，誠之所至，金石爲開，但願二二八事件的悲劇，也由此化解。」[30] 受難家屬原對本研究小組沒有信心，他們大部分的人認爲報告一定會爲國民黨開脫責任、罪行或爲政府粉飾，但林宗義教授能就事論事，可見他不因其父親被國民黨所殺說出公正的批評。

另外，我們要舉蔣經國總統的前總統府副秘書長張祖詒對報告的看法，因爲他是少數看完《大溪檔案二二八事件》的政府官

28 陳重光、葉明勳，〈序〉（此「序」爲許雪姬教授代筆），賴澤涵總主筆，《二二八事件研究報告》（臺北：時報文化出版公司，1994），頁4。

29 〈以誠立史〉，《聯合報》，1992年2月23日，第3版，焦點新聞。

30 〈以誠立史〉，《聯合報》，1992年2月23日，第3版，焦點新聞。

員，我們要引他的話，主要是他曾奉蔣經國之令把《大溪檔案》有關二二八事件的內容仔細看過，不像一般人沒有看過第一手資料信口開河，他看完這個報告發表了他一些看法，他對執筆者說他們「本著忠於事實的態度和客觀超然的立場，對事件做了完整的綜述，把經過公諸於世，各方面對報告的平實公正，都予肯定。」[31] 接著他又說，這份報告：

> 能不厭其詳，旁徵博引，廣事搜集有關資料，且以忠於事實的態度和客觀超然的立場，做一完整平實的整理綜述，把事情的經過公諸於世，讓史料自己說話，使國人能從歷史的痛苦教訓中有所憬悟，不再因過去的許多歪曲、挑撥、誤解而陷於不幸糾結之中，希望從此解開，撫平創痛，實在是難能可貴，也令人敬佩。[32]

他又說：「研究報告『二二八事件』的肇因和背景做了非常平實、客觀的分析，對事件的釀成悲劇概括的歸於『人為疏失』亦稱允當。」[33] 最後他對這報告，做了綜合的評論，他說：「『二二八事件』固已盡到超然、公正、忠於事實的職責，國內外各方人士也大多予以肯定。」[34]

---

31 張祖詒，〈善未易明、理未易察：初讀「二二八事件研究報告」有感〉，原刊在《中國時報》，1992年2月27日，第4版，收入氏著，《帚珍集：那些年，還未褪色的感時與懷舊》（臺北：世界書局，2012），頁169。

32 張祖詒，《帚珍集：那些年，還未褪色的感時與懷舊》，頁171。

33 張祖詒，《帚珍集：那些年，還未褪色的感時與懷舊》，頁175。

34 張祖詒，《帚珍集：那些年，還未褪色的感時與懷舊》，頁178。

媒體報導這研究報告的很多，不在此一一列舉，其中有些記者感到好奇的是總主筆賴澤涵是否有爲國民黨或屈服於政府壓力？如《中國時報》記者林照眞（現爲臺大傳播所教授）在她寫的〈賴澤涵政治事件歷史觀學術研究留見證〉一文時，說有人批評賴澤涵會爲國民黨歌功頌德，但卻有人在「學術討論會的公開場合爲賴澤涵辯白。」[35]《自立晚報》記者陳翠蓮（現任臺大歷史系教授）問過學界人士及撰寫報告者之一有關賴澤涵與國民黨和政府之間的關係，這位學界人士說：「賴澤涵好名是有的，但批評他立場向國民黨則並不公允。」[36] 一位參與撰寫的學者告訴陳翠蓮，「在學術研究上，賴澤涵並未有先存立場，並充分尊重撰寫人。他也充分授權……基本上賴澤涵並沒有向官方妥協。」此外，另一參與撰寫者對陳翠蓮招出：「若不是賴澤涵熱心奔走，不厭其煩，沒有一般學者的固執性格，調查報告的工作，未必能順利完成。」[37]

另外有署名文大培的記者在〈人物臉譜：賴澤涵的兩個堅持：學術百無禁忌，食物吃的鄉土〉說賴澤涵：

> 就是對學術的好奇和投入。學術不能爲政治服務，無黨無派的賴澤涵說，解嚴後更當如此，早些年海外傾向臺獨主張

35 林照眞，〈賴澤涵政治事件歷史觀學術研究留見證〉，《中國時報》，1992年1月12日，第23版。

36 陳翠蓮，〈星期人物：二二八研究報告總主筆賴澤涵〉，《自立晚報》，1992年2月16日，第2版。

37 陳翠蓮，〈星期人物：二二八研究報告總主筆賴澤涵〉，《自立晚報》，1992年2月16日，第2版。

的，曾批評賴澤涵研究二二八是替國民黨搶歷史解釋權。賴澤涵無奈地批評說這種話的人「不是（毫無）學術就是垃圾」，令人好氣又好笑。[38]

「二二八事件研究小組」召集人之一的陳重光對媒體說：「這次最漂亮的是政府一句話都沒有摻在裡面，所以報告是非常公正。」[39]

曾派駐北京，獲兩次媒體大獎普立茲獎的《紐約時報》特派員Nicholas D. Kristof訪問本人時，亦問及政府有無干涉研究報告的調查和撰寫，本人亦據實以告，政府從未干預學者的研究報告[40]，因此，他認為這使臺灣打開更民主的大門，他對報告也予以肯定。英國的B.B.C.更派一組人員來臺灣訪問我，訪問談了三個小時，後來剪接成一個小時在英國及大英國協播放。此外，有名的報紙如法文的《世界報》、德文的《鏡報》、《洛杉磯時報》（*Los Angeles Times*）、《遠東經濟評論》（*Far Eastern Economic Review*）、《新聞週刊》（*Newsweek*）、比利時的*la libre belgique*、日本的《讀賣新聞》等重要媒體，因這報告的公正客觀，都給了相當大的篇幅加以報導，這是我們意想不到的事。

但最近有國史館協修吳俊瑩先生在中研院臺史所的集刊《臺

38 文大培，〈人物臉譜：賴澤涵教授的兩個堅持：學術百無禁忌，食物吃的鄉土〉，《聯合晚報》，1992年2月16日，第11版。

39 黃旭初，〈研究小組召集人陳重光看報告打80分未摻一句官話最漂亮〉，《聯合報》，1992年2月23日，第3版。

40 Nicholas D. Kristof, "The Nightmare of 2-28: Taiwan Rips Past Open", *The New York Time* (International) April 3, 1992, p. A4.

灣史研究》發表一篇〈拂塵專案與國民黨當局對二二八事件詮釋的學術轉向〉[41]，吳文舉三本著作：蘇僧（林衡道）、郭建成（鄭喜夫）合著《拂去歷史明鏡中的塵埃》（美國南華文化事業公司，1986，以下簡稱《拂書》）；第二本爲Tse-Han Lai, Ramon H. Myers, and Wei Wou, *A Tragic Beginning: The Taiwan Uprising of February 28, 1947* (Stanford: Stanford Univ. Press, 1991)；和賴澤涵總主筆的《二二八事件研究報告》（臺北：時報文化出版公司，1994）。他以這三書說明國民黨對二二八事件的解釋逐漸放棄原主張二二八事件是共產黨引起的主張，原來《拂書》一書吳君認爲「強調中共與臺共角色，仍延續國民黨向來強調『日本奴化遺毒』、『奸黨煽惑』當作事件主因。」[42] 因此，當時的暴動是臺灣人被有心人利用[43]，因而吳文認爲《拂書》「太過維護國民黨。」[44]

至於《悲書》因經費是由馬若孟和魏萼與安全局討論後支持，且魏萼曾參與《拂書》的有關會議，因此，吳君就認爲這《悲書》實與《拂書》無異，其經費均來自情治單位，觀點與《拂書》雖然有所不同，但《悲書》「顯然過於偏重官方善意，無視於最基本的時序問題。」[45] 因此，忽略了「主政者操縱與謀略，乃至栽贓做法」[46]，所以《悲書》討論的二二八事件「要挑

41 吳俊瑩，〈拂塵專案與國民黨當局對二二八事件詮釋的學術轉向〉，《臺灣史研究》，第29卷第4期（民國111年12月），頁173-230，以下簡稱吳文。

42 吳文，頁214。

43 吳文，頁214。

44 吳文，頁214。

45 吳文，頁219。

46 吳文，頁216。

明任何一個人或一個團體爲二二八負全責，事實上是不可能的，也就是不能全部歸咎於國民黨。」[47]

至於前行政院的《二二八事件研究報告》吳君認爲將文化衝突的觀點帶入事件背景的分析，此實來自《悲書》。[48]

《拂書》的確是國民黨和情治單位要導正當時二二八事件不利國民黨的解釋，但《悲書》與《二二八事件研究報告》係由本人所主導，因此，在這裡不能不加以說明。[49]

《悲書》經費，我由吳文得知，蓋在本人起草《悲書》將近尾聲時，聽聞臺灣捐贈胡佛研究所三百萬美元，因此，當時媒體或學界有人質疑國民黨資助的這筆經費是爲研究二二八，我也因此問過馬若孟此事，但他告訴我捐贈款項與《悲書》計畫無關，且文稿要送審前三人合寫的致謝詞亦提及胡佛研究所提供賴、魏經費，故我就未再追究。讀吳文方知眞相，但可能很多人不相信，馬、魏兩人至去世前均未曾對我說經費眞相，我更未看過他們簽約內容。我治史四十多年，從未考慮過站在黨派或政府立場過，我只服膺眞理，讓資料說話，所以吳君以爲馬、魏兩人與安全局人員的合作簽約勢必影響我的史學研究，但這是錯誤的推測，何況本人從未以國民黨學者或爲國民黨服務自居，國民黨高層亦從未與本人接觸過或指示過，所以本人亦不可能代表國民黨。本人所關心的是著作是否客觀中立並具學術性，所以與馬、魏合作前均言明中立客觀不爲黨派說話，故主張文稿在出版前都

---

47 吳文，頁216。

48 吳文，頁216。

49 請詳本人較有系統地批駁吳文之作。賴澤涵，〈賴澤涵來文：讀吳俊瑩一文的回應〉，《臺灣史研究》，第30卷第4期（民國112年12月），頁285-301。

會請不分黨派的學者提出修改意見，我給幾位臺灣學者請他們惠賜修改意見，但只有許雪姬教授和吳文星教授給了意見。[50]這就是學術自我的要求，如在臺灣我印了幾份分送不同派系學者，請他們批評，以便修改，但大部分的人都很客氣未回覆。

此外，本人爲何要求《悲書》一定要在著名出版社出版？因爲他們的要求較嚴，所以史丹佛大學出版前，請了三位審查人，他們回來的審查意見幾乎都超過三頁，要求修正或說明有不清楚文意的地方。

至於吳文提到在《二二八事件研究報告》一書我將《悲書》的事件背景的文化因素帶入研究報告一書內，文化因素爲事件複雜背景的重要因素之一，這一研究報告有十一、二位審查人都沒有人指出不當，吳君不以爲然，本人尊重他的看法。

研究報告的審查人有十二人之多，撰寫報告的專兼任亦有八位之多，吳君何以未曾訪問任何一人，以了解研究報告的撰寫人有無爲黨效力者？總主筆有無推薦《拂書》或《悲書》供撰稿人員參考或任何明示或暗示爲國民黨用字遣詞必須謹愼否？吳君一文似乎把《二二八事件研究報告》所有撰寫人均列爲國民黨效勞的人？不亦怪乎？這實在令人不能不懷疑吳君抱有意識形態治史，否則截至目前爲止，所有書評有關《悲書》和《研究報告》似乎無人否認兩書的學術性及公正客觀，何以吳君把《悲書》和《研究報告》與《拂書》並列？並認爲由《拂書》而《悲書》而《研究報告》爲國民黨對二二八事件研究態度因時代變遷與資料

50 許雪姬，〈回首我的二二八研究，1991-2021〉，賴澤涵主編，《二二八事件研究報告三十週年論壇文集》，頁131-132。

而逐漸走向開放，有無過度解讀後二書的嫌疑？

《悲書》和後來《研究報告》之所以會有差距，本人早在1992年接受中央研究院近史所謝國興教授訪問時已交代十分清楚，吳文亦引用此一訪問稿，何以會有如此大膽的推論說是國民黨對二二八事件學術研究的轉向？本人起草《悲書》可用的檔案資料不多，蓋當時臺灣大部分的二二八事件檔案不公開，雖由魏萼的交涉也無進展，到「二二八事件研究小組」成立，本人積極聯絡有關單位，並運用媒體施壓，重要檔案資料才逐漸出現，故在撰寫研究報告時，才有辦法突破過去研究的侷限。所以這證明本人治史數十年的態度：一分證據說一分話，沒有證據就不說話，以待來者的態度。而吳君是否犯治史之忌：抱有定見（意識形態）過度解釋文本之病!?

要把重大的歷史事件做得客觀中立著實不易，我們看過有的人研究歷史數十年，可能還是無法超脫黨派或意識形態。本人所主導的兩書就是本人史學訓練的成果，相信本人治史是否公正客觀，國內外的人文及社會科學界的學者一定檢驗過考驗過，但本人對治史時「抱持定見，過度解讀文本」，是不贊同且相當惋惜的，歷史研究者應時時提醒自己，惟有公正客觀的史學著作，才經得起時代的考驗，才有留傳參考的價值。

從SARS到COVID——現代中醫如何因應瘟疫

蘇奕彰
衛生福利部國家中醫藥研究所所長
蔡運寧
三軍總醫院中醫部主治醫師

一、前言

2002年秋冬之際，中國SARS（嚴重急性呼吸道症候群）爆發，2003年3月，疫情擴及臺灣，受限於臺灣並非世界衛生組織會員國，對於SARS這種「急性傳染病」（即中醫所稱「瘟疫」）的資訊不足，對疫情的反應與處理相當困難；隨著對SARS的病原（即「SARS病毒」）、傳播途徑逐漸被了解，疫情在2003年7月底結束，國際社會迅速回復正常的狀態。對於SARS的預防與治療，大眾的認知，都是以現代醫學理論與技術來治療，而傳統醫學能參與防治嗎？或者說「現代中醫」又該如何發揮所長，來防治瘟疫呢？在疫情期間，中國（含香港）及臺灣均有很少部分運用中醫藥治療SARS患者之經驗，而「中藥」對SARS這類新興傳染病是否真的有其效果？這些問號隨著來得快也去得快的SARS疫情，並沒有被嚴謹探討與證實的機會。

2019年12月，「SARS病毒」捲土重來，以「第二代SARS

病毒」（即「SARS-CoV2」）席捲全球，世界衛生組織將這波疫情，命名爲「2019冠狀病毒疾病；Coronavirus Disease 2019，縮寫爲COVID-19」，在臺灣稱爲「新型冠狀病毒病」，簡稱「新冠肺炎」；SARS-CoV2相較第一代SARS病毒呈現「傳染率較高、致死率較低」，因而迅速造成全球大流行。全球各國疫情指揮中心及各醫療機構在預防、檢驗、隔離與治療等各方面，無不嚴陣以待，除了防堵與平息疫情，避免醫療系統癱瘓、醫護人員耗損、以及減少染疫重症與死亡外，還包括對減少社會及經濟的嚴重損害。

不同於SARS時期傳統醫藥未能積極參與防治疫情，臺灣「國家中醫藥研究所」於COVID-19疫情萌芽初始，即擬定《新型冠狀病毒病中醫臨床分期治療指引》供國內中醫專業人士參考運用於防治新冠肺炎，加之後續研發成功治療新冠肺炎的「專病專方」——「臺灣清冠一號」（英文名：NRICM101），成功地協助染疫民衆之治療，並獲得國際社會的好評，其中成功的關鍵包括了：「應用傳統中醫治療瘟疫的學術理論」、「嚴謹的中藥品質控管」、「通過臨床回到實驗桌的學術檢驗」……等要素。

在多數民衆的觀念裡，認爲「中藥藥效慢」、「西藥藥效快」，中醫平時都要根據患者的體質來做調理，不同的患者需用不同的藥方，面對來勢洶洶的新冠疫情，一旦要治療大量湧現病症快速變化的新冠肺炎患者，中醫治療的速度能跟得上嗎？臺灣疫情指揮中心所公布的《新型冠狀病毒SARS-CoV-2感染臨床處置指引》，這份指引根據疫情的變化滾動式修正，內容主要提供給西醫參考運用，並未考慮將中醫藥納入防疫的醫療體系中，而衛生福利部國家中醫藥研究所因應新冠肺炎疫情發展之需求，迅速研擬《新冠肺炎患者中醫會診臨床分期治療指引》，以「扭轉病勢、搶救危重病患，縮短病毒轉陰及住院時間」，也於2020年5月6日獲得衛生福利部「研商中醫納入《新型冠狀病毒病臨床處置暫行指引》專家會議」之決議通過，並於2020年6月1日公告《新型冠狀病毒病中醫臨床分期治療指引》，從輕症、重症、危重症、恢復期各階段的病程，公布了明確的治療目標與包括劑型與建議劑量的處方用藥，可以在短時間內治療各不同嚴重程度的新冠患者。事實證明，中醫治療指引的公布發揮了極大的臨床效能，除了能縮短患者候藥與解隔的時間，也減輕了前線的醫師、護理師們的負荷，進而得以收納治療更多的新冠肺炎患者，還能確保其他的臨床醫藥業務能正常運行，協助維持了醫療量能的穩定性。

臺灣的醫療利用率以西醫較高，中醫較低，此種現象乃因國內的政策取向與全球醫學資源的分配是以西醫爲主體，本次新冠疫情，許多設立有中醫部門的醫院，與西醫專責病房的西醫師們合作，透過西醫「會診」中醫的過程，中醫師透過《新型冠狀病毒病中醫臨床分期治療指引》，及後續研發成功之清冠一號，成功協助新冠患者加速解隔、減少住院天數、減輕了輕症患者轉爲重症——需要「插管」或需要「轉住加護病房」的比率、降低了重症患者「死亡」的比率。這個中西醫師一起合作所達成的結果，是臺灣及國際醫療史上一個重要的里程碑。

此外，由於中藥材受到產地、品種、氣候、栽培方式、儲存、管理……等諸多因素的影響，藥材的品質管控一直是令人好奇的議題；爲了務必讓患者在服用之後儘速轉陰、截斷轉爲重症的病勢，清冠一號在製作上對於其生物活性的三大作用：「阻止病毒入侵細胞」、「阻斷病毒在細胞內的複製」、「減少肺損傷及肺纖維化的發展」，設定了嚴格的把關標準，同時也對不同藥廠所生產的臺灣清冠一號之藥物成分上要求達到一致性。這在中藥新藥開發的過程中是史無前例的，也值得作爲後續中藥新藥開發研究之品管標竿。

除了「臺灣清冠一號」，治療「新型冠狀病毒病」危重症患者之「臺灣清冠二號」也已取得實際臨床療效驗證，說明清冠一、二號之臨床效益是眞實存在的。受限於篇幅，本文以清冠一號爲主進行說明。本文資料主要引用自「衛生福利部疾病管制署」（以下簡稱衛福部疾管署）與「國家中醫藥研究所」官網，及其他相關已公告發表之資料，並均標明引用出處，以便讀者參考對照。

二、從SARS到COVID-19

（一）SARS

「SARS」（嚴重急性呼吸道症候群）是由「SARS病毒」（SARS-CoV）所引起的疾病，最早出現於2002年秋冬之際，在中國大陸廣東省一帶發生，一開始還未知病原體，直到2003年，才發現其病原體爲一種新的「冠狀病毒」，2003年4月16日，世界衛生組織（WHO）將其正式命名爲「SARS病毒」。因爲SARS病毒是新病毒，所以大衆皆無抗體，其傳播力、毒力、致病力，也比一般的呼吸道病毒強，感染特點爲發生「瀰漫性肺炎」及「呼吸衰竭」，嚴重時導致死亡。因較過去所知病毒、細菌引起的非典型肺炎嚴重，因此命名爲「嚴重急性呼吸道症候群」（severe acute respiratory syndrome, SARS）。根據WHO的統計資料，2002年11月1日至2003年7月31日間，全球共發現8,096例SARS可能病例，其中774例死亡，疫情主要集中於中國、香港、臺灣、加拿大及新加坡等國家。[1]

2003年3月，SARS疫情發生後，臺灣很快受到波及。在該病毒入侵臺灣之初，由於致病原、傳播途徑、防治方法均混沌未明，加上臺灣並非WHO會員國，無法獲得即時資訊及奧援，致使社會瀰漫著一股不安與恐慌的氣氛。在SARS致病原及傳染、防治方法逐漸明瞭，WHO及美國疾病管制局亦相繼派員協助後，我國政府隨即展開抗疫工作，當時疫情已由單純境外移入，發展成臺北市立聯合醫院和平院區院內感染的社區疫情型態，影響範圍更由北臺灣擴及中、南臺灣。防疫重責也由衛生署擴至行政院，整個行政院團隊包括內政部、國防部及經濟部等皆全力動員，再加上全民配合，終於在2003年7月5日使臺灣從WHO的SARS感染區除名。[2]

根據官方統計資料，臺灣SARS的可能病例數共346人，年齡介於0-93歲（中位數42歲），死亡人數37人，致死率11%；醫護人員罹病數68人（佔比20 %），第一位與最後一位可能病例發病日，分別是在2003年2月25日與2003年6月15日。[3]

---

1 衛生福利部疾病管制署官網：https://www.cdc.gov.tw/Disease/SubIndex/j5QtbRPVkmFMg9BwiGezZA，擷取日期：2023年1月3日。

2 《抗SARS關鍵紀錄：公衛紮根 防疫奠基》（行政院衛生署疾病管制局，2004），ISBN 9570175486，p. 2。

3 朱育增、石富元、許筱稜、吳宗樹、胡賦強、金傳春，〈由嚴重急性呼吸道症候群（SARS）2003年跨國流行疫情回顧院內感染預防措施〉，《疫情報導》，第21卷第7期（2005），表二，頁497。

2002-2003年臺灣SARS疫情的流行，讓政府首度檢討公共衛生與醫療系統在面對新興傳染病流行時，應該補強的工作，以因應未來可能的流行性傳染病；至2019年的這十七年內，包括在：中央的「疾病預防監測系統」、地方的「公共衛生系統」、學校與醫院的「醫學教育訓練制度」、「急診因應能力」[4]，乃至後勤的「防疫物資準備」[5]……等，均有持續的精進措施，以利提升緊急應變的體系量能，這些作爲，在2019年COVID-19開始肆虐全球、臺灣也無法倖免之時，發揮了正向的功用。

現代醫學對SARS病毒，並未有經證實確具療效的特效藥物，主要是依靠良好的支持性療法，來幫助病人度過難關。由於臺灣SARS疫情在四個月內平息下來，雖然當時衛生署並未納入中醫進入治療隊伍，不過，署立臺北醫院中醫科許中華主任已積極結合中西醫學治療SARS患者；而中國醫藥學院中醫學系蘇奕彰主任也配合中醫藥委員會規劃中醫參與治療SARS的計畫而擬定「SARS中醫分期治療指引」，這也是當2020年COVID-19流行之初，「國家中醫藥研究所」能夠立即提出《新型冠狀病毒病中醫臨床分期治療指引》與後續「臺灣清冠一號」中藥研發的背景條件。

---

4 Chen YC, Chen MF, Liu SZ, Romeis JC, Lee YT. SARS in teaching hospital, Taiwan. Emerg Infect Dis 2004; 10 (10): 1886-7；Chang WT, Kao CL, Chung MY, et al. SARS exposure and emergency department workers. *Emerg Infect Dis* 2004; 10 (6): 1117-9. 19；Chen WK, Cheng YC, Chung YT, Lin CC. The impact of the SARS outbreak on an urban emergency department in Taiwan. *Med Care* 2005; 43 (2): 168-72.

5 Tzeng HM. Nurses' professional care obligation and their attitudes towards SARS infection control measures in Taiwan during and after the 2003 epidemic. *Nurs Ethics* 2004; 11 (3): 277-89

（二）COVID-19

2019年12月，中國湖北省武漢市發現「不明原因病毒性肺炎」病例，2020年1月9日，中國通知世界衛生組織（WHO）：病原體初步判定爲新型冠狀病毒（WHO後來命名爲「2019冠狀病毒疾病：Coronavirus Disease 2019，縮寫爲COVID-19」，感染病毒爲「SARS-CoV2」）。其後疫情迅速擴散至全球，3月11日，WHO宣布疫情已構成「全球大流行」，依照美國約翰霍普金斯大學的即時資料，截至2023年3月10日，已有超過6.76億確診病例、688萬死亡病例，全球致死率超過1%。[6]

COVID-19是本世紀迄今最嚴重的公共衛生危機，不僅僅是個人健康及生命威脅，更對全球人類的生活形態、交通運輸、經濟產能、社會安全……等，產生全面性的影響，且持續時間還難以估計。因應疫情期間的各種困境，遠距教育、醫療及健康照護、居家工作，甚至服務業、製造業的全面轉變，被迫加速進行，可以預期在後疫情時代，人類會有新的生活型態。[7]

臺灣在2020年1月21日出現第一例境外移入的確診個案，2020年1月28日出現第一例境內傳染個案，根據衛福部疾管署截至2023年1月10日的統計資料，臺灣的確診病例數已超過907萬人，累計死亡病例數15,582人。[8]

---

6 美國約翰霍普金斯大學官網：https://coronavirus.jhu.edu/map.html，擷取日期：2023年3月25日。

7 蘇奕彰，〈新冠肺炎之中醫治療與藥物研發〉，《月旦醫事法報告》，第48期（元照出版公司，2020年10月）。

8 衛生福利部疾病管制署官網：https://www.cdc.gov.tw/，擷取日期：2023年1月10

從防治的觀點而言，「阻隔」是最有效的「主動抗疫」方法，臺灣防疫中心的積極作爲正顯示此策略的強大效能，其中政府與民眾同步地供應與配戴口罩，讓社區、公共空間，尤其大眾運輸傳播之機會下降。臨床上，無症狀及輕症患者除了對症治療外，基本上不用接受西藥抗病毒治療；而支持性治療，尤其氧氣供應，甚至氣管插管使用呼吸器，是目前重症、危重症患者的主要治療方法。在2020年上半年，世界各國製藥大廠積極研究約150種治療藥物，當時，較有潛力的藥物，有地塞米松（Dexamethasone）、瑞德西韋（Remdesivir）及干擾素 β；而其他的抗愛滋藥物——洛匹那韋（lopinavir）和利托那韋（ritonavir），與抗瘧疾藥物——氯喹／氫化氯奎（Chloroquine, Hydroxycholoquine），均未能證實可有效治療新冠病毒。[9] 2020年5月，衛生福利部食品藥物管理署有鑑於西藥「瑞德西韋（Remdesivir）」之療效及安全性在國內已有初步證據支持（國內有11名中重度患者，曾經參與臨床試驗），且國際間亦陸續核准該藥品之使用，基於國內公共衛生需求、醫療利益與風險平衡，依據藥事法第48條之2規定：[10] 有下列情形之一者，中央衛生主管機關得專案核准特定藥物之製造或輸入，不受第三十九條及第四十條之限制：「一、爲預防、診治危及生命或嚴重失能之疾病，且國內尚無適當藥物或合適替代療法。二、因應緊急公共衛生情事之需

日。

9 BBC，肺炎疫情：BBC盤點最新「解藥」及「療法」進度：https://www.bbc.com/zhongwen/trad/science-53590987，擷取日期：2023年1月10日。

10 全國法規資料庫官網：https://law.moj.gov.tw/LawClass/LawSingleRela.aspx?PCODE=L0030001&FLNO=48-2&ty=L，擷取日期：2023年1月20日。

要。……」有條件核准該藥品專案輸入使用於新冠肺炎的「重症」個案。[11]

直至2021年12月，美國食品藥物管理局（U.S. Food and Drug Administration，縮寫為FDA）核准輝瑞公司口服抗病毒藥「Paxlovix（倍拉維）」[12] 與默沙東公司口服抗病毒藥「Molnupiravir（莫納皮拉韋）」[13] 的使用；衛福部食藥署也分別於2022年1月12日、[14] 2022年1月15日，[15] 依據藥事法第48條之2規定，同意核准Paxlovid與Molnupiravir專案輸入，應用於輕度至中度COVID-19患者，以因應國內緊急公共衛生需求。

三、中醫如何從SARS的經驗治療COVID-19

「一人受之，則為濕溫，一方傳遍，即為疫癘。」[16] SARS的急性流行性傳染性，在中醫學的理論中，屬於「瘟疫」的範

---

11 衛生福利部食品藥物署官網：https://www.fda.gov.tw/TC/newsContent.aspx?cid=4&id=t589566，擷取日期：2023年1月10日。

12 美國食品藥物管理局官網：https://www.fda.gov/news-events/press-announcements/coronavirus-covid-19-update-fda-authorizes-first-oral-antiviral-treatment-covid-19，擷取日期：2023年1月10日。

13 美國食品藥物管理局官網：https://www.fda.gov/news-events/press-announcements/coronavirus-covid-19-update-fda-authorizes-additional-oral-antiviral-treatment-covid-19-certain，擷取日期：2023年1月10日。

14 衛生福利部官網：https://www.mohw.gov.tw/cp-5264-65537-1.html，擷取日期：2023年1月10日。

15 衛生福利部官網：https://www.mohw.gov.tw/cp-5264-65592-1.html，擷取日期：2023年1月10日。

16 中國哲學書電子化計畫收錄之清．周揚俊，《溫熱暑疫全書》：https://ctext.org/library.pl?if=gb&file=32033&page=44，擷取日期：2023年1月10日。

疇；如前所述，在2003年，中醫對於SARS的治療準則與藥物擬定完成，這也是治療COVID-19的基礎。在說明中醫如何治療SARS之前，需先瞭解中醫對於「瘟疫」在致病原因、病原特性、侵犯部位、病勢發展的看法。

明末，飢荒戰亂，疫病流行，崇禎十四年（西元1641年），山東、河南、河北、浙江、江蘇等地，疫情猖獗，沿門合戶皆相傳疫。江蘇太湖醫家吳有性（字又可），於西元1642年著成《瘟疫論》一書。書中提到了「雜氣」（包括「戾氣」）病原，及病邪入侵的途徑、傳變的方式等重要理論。吳氏認爲，除了風、寒、暑、溼、燥、火這六淫之邪外，天地間還存在著另一類致病因素——雜氣，如：大痲風、疔瘡、癧疽、丹毒、痘疹、霍亂、瘧、痢等內外科疾病，實乃種種「雜氣」爲患。在當時對於各種病原尚未能明確識別的時代，吳有性認爲這些雜氣是導致急性流行性傳染性疾病的主要病因。所謂「大約病偏於一方，沿門合戶，衆人相同者，皆時行之氣，即雜氣爲病也」，「疫氣者，亦雜氣中之一，但有甚於他氣，故爲病頗重，因名之厲氣」，[17] 這裡之疫氣或厲氣（癘氣），就是「疫癘之氣」，即患病者所感天地之毒氣。

根據癘氣進入人體所表現出來的症狀，又可將癘氣歸納爲「風寒」、「寒濕」、「風熱」、「溫熱」、「濕熱」、「寒燥」、「溫燥」之邪毒類型。

從SARS病人的臨床表現或徵象來看：

17 中醫笈成收錄之明．吳有性，《溫疫論》：https://jicheng.tw/tcm/book/%E6%BA%AB%E7%96%AB%E8%AB%96_1/index.html，擷取日期：2023年1月15日。

1. 症狀出現前2-7天：發燒（老年人的發燒溫度不高）、疲倦、寒顫、肌肉痛、頭痛、腹瀉，但沒有呼吸道症狀。
2. 症狀出現後2-7天：有呼吸道症狀，包括：沒有分泌物的咳嗽、呼吸困難；也可能完全沒有出現上呼吸道的症狀。
3. 實驗室檢查：正常或較低的白血球數目、淋巴球低下、血小板數目輕微降低……等（略）。
4. 肺部X光檢查：大多數的病人在生病的第二週，胸部X光均呈現不正常現象。

綜合上述，SARS爆發於2002-2003年冬春之際，至夏天消退，患者的症狀與徵象顯示，其病因歸屬於「寒濕毒邪」，進入身體後化熱、轉爲「濕熱溫病」；侵犯病位爲從體表快速進入肺部，病勢急驟、進展快速而有致命危險。因此，時任中國醫藥大學中醫學系系主任的蘇奕彰教授，即擬定中醫治療SARS的策略，分爲三大階段：

1. 預防期：預防性給藥；主要對象爲一線醫護人員；以「提升正氣、免疫功能，阻絕SARS病毒於體外」爲防護原則。
2. 初期：截斷病勢；主要對象爲感染SARS前2-7天之患者；以「宣肺解表、清熱利溼解毒、寬胸化痰」爲治療原則。
3. 後期：逆轉病勢；症狀出現2-7天後有呼吸道症狀，此時期爲醫學上所稱「細胞激素風暴期」，以「瀉火清熱和營」爲治療原則。

COVID-19的流行病學特點

COVID-19的流行病學特點包括：

1. 傳染源：新型冠狀病毒感染的患者；

2. 傳播途徑：包括飛沫、接觸、空氣、糞口傳播；

3. 易感人群：各年齡普遍易感，老年人及有慢性疾病者，感染後病情較重；

4. 傳染力：SARS-CoV2 ＞ SARS-CoV；

5. 致死率：SARS-CoV2 ＜ SARS-CoV。

COVID-19流行病學調查顯示：潛伏期1-24天，一般爲3-7天，中位數3天。以發熱、乏力、乾咳爲主要表現，其他症狀包括：肌肉關節酸痛、喉嚨痛、流涕、鼻塞、呼吸困難、胸痛、嘔吐、噁心、腹瀉、腹痛、尿量減少、下肢水腫、血尿、意識混亂躁動、頭痛、結膜充血、味嗅覺喪失或遲鈍等。大部分患者僅出現低熱、輕微乏力，而無肺炎表現，多數在一週後恢復。重症比例則低於20%，致死率約3-4%，多見於老年人和有慢性疾病者（如心腦血管疾病、慢性肺病、肥胖、糖尿病），常在一週後出現呼吸困難，嚴重者快速進展爲急性呼吸窘迫症候群、敗血性休克、難以糾正的代謝性酸中毒和凝血功能障礙。若是醫療系統無法應付大量患者時，死亡率會大幅提升。[18]

四、建立新型冠狀病毒病中醫臨床分期治療指引

因COVID-19病原（SARS-CoV2）亦爲冠狀病毒，也發作於冬春之際，疾病特性近似於SARS，然而SARS-CoV2之傳染力勝

18 蘇奕彰，〈新冠肺炎之中醫治療與藥物研發〉，《月旦醫事法報告》，第48期（元照出版公司，2020年10月）。

過SARS-CoV、毒性卻略微降低，因而認爲變異後之中醫病毒屬性也應該加以修正。

COVID-19病原的風邪特性明顯，故傳染力特強；寒邪特性次之，夾濕毒的特性不明顯；肺炎形成後的「痰熱阻肺」在中醫病機上應該是「風寒入肺造成營衛津液停滯」的病理結果。因此，大致上可以將COVID-19先行歸類爲「風寒毒邪」致病，傳化爲「溫病」，形成「痰熱壅肺症」。臨床上少數發展爲重症之患者，迅速表現短氣、喘促之呼吸窘迫症，進而造成敗血症、呼吸衰竭，昏迷厥逆，甚至導致死亡。

從東漢的張仲景治療傷寒，到清代的醫家治療溫病，已發展出透邪外達、截斷病勢、益氣涼血護陰等有效方法與方藥，中醫師可在不同病程階段，截斷或引導病勢朝向預防及康復之路。

依據目前流行病學資訊，COVID-19患者多數能康復，但少數患者病情嚴重時，將進展至嚴重肺炎、呼吸道窘迫症候群或多重器官衰竭、休克，甚至死亡，這些死亡個案多具有潛在病史，如糖尿病、慢性肝病、腎功能不全、心血管疾病等。報告指出，約14%的COVID-19患者，會出現嚴重症狀，需住院與氧氣治療，5%的COVID-19患者需加護病房治療。COVID-19患者以成人爲主，少數兒童個案多爲其他確診成人患者之接觸者或家庭群聚相關，兒童個案大多症狀輕微，但也有零星死亡個案，唯死亡原因與SARS-CoV-2相關性仍需進一步調查。[19]

因應疫情發展，衛生福利部國家中醫藥研究所在2020年1月

---

19 衛生福利部疾病管制署官網：https://www.cdc.gov.tw/Category/Page/vleOMKqwuEbIMgqaTeXG8A，擷取日期：2023年1月15日。

31日，依據中醫典籍文獻中，有關「急性感染性疾病」治療內容（漢代《傷寒論》與明清溫病學家分期治療方藥），以及2003年中醫治療SARS的策略為基礎，並參考COVID-19國際學術論文，擬定了《對治COVID-19的中醫臨床治療指引》草案，並依據疫情資訊進行滾動修正。

依據2020年5月6日衛生福利部「研商中醫納入《新型冠狀病毒病臨床處置暫行指引》專家會議」之決議，因應未來疫情可能再發展時之需求，國家中醫藥研究所於2020年6月1日公告《新型冠狀病毒病中醫臨床分期治療指引》，[20] 提供中醫會診的分期處方，以搶救危重病患、扭轉病勢、縮短病毒轉陰及住院時間。

依照《內經．刺法論》所述，瘟疫特性為「五疫之至，皆相染易，無問大小，病狀相似」[21]，為因應快速傳染與急性病情發展之特性，個體體質差異之病機辨證較不重要，依照病程轉變之病機辨證才是治療瘟疫的關鍵，因此擬定「分期治療處方」作為臨床診治大量病患之指引；如此，醫師就能依照患者實際病況，調整處方藥物，以適合當下的病情診治；若為急重症患者，為截斷病勢、扭轉病情，也可給予煎劑治療。

中醫分期處方，乃是遵循《內經》及《傷寒雜病論》之基本原理，透過調和身體的氣血循環量能，來達到驅除病毒的作用，中醫稱為「調和營衛以抗邪」，即「扶正驅邪」；處方的內容，

---

20 衛生福利部國家中醫藥研究所官網：https://www.nricm.edu.tw/p/404-1000-6141.php?Lang=zh-tw，擷取日期：2023年1月15日。

21 中國哲學書電子化計畫收錄之《內經．刺法論》：https://reurl.cc/Wq2E85，擷取日期：2023年1月15日。

包含：解表宣肺、和胃降氣、寬胸化痰、清熱解毒、補益強心、涼血活血……等治療法則與對應藥物。病況是動態式變化，因此具體用藥依照臨床症狀可再調整：

1. COVID-19是風寒濕邪氣入侵於肺經、肺系（鼻竅、口咽及上呼吸道）的輕症，至入侵下呼吸道的肺臟鬱熱痰阻之重症、危重症，因此驅邪與清熱解毒藥力需要依病程、病機（病情動態變化的機轉），而加重藥味與劑量。
2. 危重症或素體虛弱及有痼疾之患者，病機會擴及心、脾胃或肝腎，需適時扶正以預防多器官衰竭致命；從重症或危重症回轉之患者也需補益扶正兼活血涼血，以加速復原並預防肺纖維化。

為了使中西醫合作照護順暢，中醫處方採用複方，組成結構轉譯成現代醫學容易理解的內涵，包括三部分：

1. 抗病毒中藥：選定研究上對 SARS-CoV有作用之「板藍根、魚腥草、黃芩」。
2. 免疫調節中藥：以漢代及明清醫家常用之「石膏、綿茵陳、黃芩」。
3. 強化體質中藥：屬支持性治療，包括促進循環及腸胃功能。

（一）《新型冠狀病毒病中醫臨床分期治療指引》建議處方

各分期的建議處方如下：

1. 輕症方：

（1）對象：一般住院隔離病患（含無症狀帶原與初發作症狀者）。

（2）目的：阻斷病勢進入肺部明顯發炎。

（3）飲片：每日1劑，1,000 cc水煎成300 cc藥汁，三餐飯後半小時服，100 cc/次。魚腥草五錢、板藍根五錢、荊芥三錢、防風二錢、桑葉三錢、黃芩三錢、全瓜蔞五錢、厚朴三錢、薄荷三錢、炙甘草二錢。

（4）濃縮中藥處方：以下爲一日量，分3包，每包5 g。板藍根1.5 g、魚腥草3.0 g、黃芩1.5 g、全瓜蔞2.0 g、荊芥1.0 g、防風1.0 g、桑葉1.5 g、厚朴1.5 g、薄荷1.0 g、甘草1.0 g。

2. 重症方：

（1）對象：加護病房患者（肺炎發作，咳嗽、發熱症狀明顯者）。

（2）目的：阻斷病勢進入肺部嚴重瀰散性發炎。

（3）飲片：每日1劑，1,200 cc水煎成300 cc藥汁，三餐飯後半小時服，100 cc/次。魚腥草一兩、板藍根五錢、生石膏三錢、全瓜蔞五錢、荊芥三錢、薄荷三錢、桑葉三錢、炙甘草二錢、厚朴三錢。

3. 危重症方：

（1）對象：插管治療病患（肺炎嚴重發展者）。

（2）目的：逆轉嚴重肺炎發展、吸收炎液，降低呼吸窘迫與心肺衰竭。

（3）飲片：每日1劑，1,200 cc水煎成300 cc藥汁，三餐飯後半小時服，100 cc/次。製附子一錢半、玉竹三錢、炙甘草二錢、茯苓五錢、薑半夏三錢、魚腥草一兩、綿茵陳五錢、黃芩三錢、全瓜蔞五錢、厚朴三錢。

4. 恢復期：

（1）對象：嚴重特殊傳染性肺炎恢復期病患。

（2）目的：以促進肺功能及體能恢復、吸收發炎液。

（3）無明顯發展肺纖維化：

①飲片：每日1劑，1,200 cc水煎成300 cc藥汁，早晚餐後半小時服，150 cc。北沙參三錢、麥冬三錢、生地三錢、丹皮三錢、茯苓五錢、炒白朮二錢、全瓜蔞五錢、綿茵陳五錢、黃芩三錢、桑葉三錢、厚朴三錢、甘草二錢。

②濃縮中藥處方：以下爲一日量，分3包，每包5g。茯苓1.5 g、丹皮1.5 g、麥冬1.5 g、桑葉1.5g、綿茵陳2.0 g、全瓜蔞 3.0 g、黃芩1.5 g、厚朴1.0 g、甘草1.5 g。

（4）發展肺纖維化：

飲片：每日1劑，12,00 cc水煎成300 cc藥汁，早晚餐後半小時服，150 cc。炙甘草三錢、製附子一錢、桂枝二錢、北沙參三錢、全瓜蔞五錢、黃芩三錢、生地三錢、生玉竹三錢、綿茵陳五錢、丹皮三錢、枳殼三錢。

（二）臨床執行說明

1. 《新型冠狀病毒病中醫臨床分期治療指引》主要針對西醫隔離病房收治「新型冠狀病毒感染」患者。

2. 採中西合作照護，中醫會診模式。

（1）爲減少感染及防疫醫療物資消耗，中醫師不直接對患者身體進行診察。

（2）臨床實務上，未能執行之舌、脈診操作，可以臨床醫護資料替代。

（3）依照西醫臨床資訊分期，中醫進行確認後開立分期治療處方。

（4）針對具高風險因子患者（心腦血管疾病、肺病、糖尿病、肥胖等），臨床上爲截斷病勢，醫師得超前用藥（提前用更重分期處方）。

疫情期間，因爲《新型冠狀病毒病中醫臨床分期治療指引》公告於國家中醫藥研究所的官方網站上，除了設有中醫部門的醫院之外，全國各醫療機構的中醫師也都可以直接參考運用分期治療指引的內容來治療病患。

五、清冠一號的誕生與疫情期間發揮的功效

（一）臺灣清冠一號（NRICM101）的誕生緣起與開發目標

《新型冠狀病毒病中醫臨床分期治療指引》是在2020年6月1日正式公告，然而疫情在2020年1月即進入臺灣，雖然爲數不多，仍有需要住院的病患，爲了使中醫藥診治COVID-19患者之臨床經驗可以累積與發展，2020年4月3日國家中醫藥研究所與三軍總醫院成立「COVID-19患者中西醫共治模式」研究群組，採用中藥標準處方爲加護病房的重症病患進行診治。在中藥標準處方介入治療後，重症病患連日來的發燒症狀很快速地緩解，心跳、血壓及生理徵象也明顯地穩定下來，在第9天（平均中位

數）即能獲得「三採陰性」檢驗結果，且無任何副作用或中西藥交互作用，化解了許多西醫師對於中藥治療是否會有不良反應的疑慮；因治療成效顯著，在三軍總醫院的中醫會診也逐漸擴及到輕症的患者，隨後臺中榮民總醫院、高雄長庚紀念醫院也陸續加入中醫會診治療。

接下來，爲了能迅速、大量地提供標準化治療藥物，以利快速因應未來可能大量出現的患者，國家中醫藥研究所於2020年4月20日著手探討這個中藥標準處方，也就是這個國家中醫藥研究所命名爲「臺灣清冠一號（NRICM101）」的作用機轉及處方藥物之化合物，以便作爲品質控制之基礎。

（二）臺灣清冠一號的處方依據、方解與應用

「臺灣清冠一號」係以明代的張時徹所輯《攝生衆妙方》（明．嘉靖29年，西元1550年刊刻）中之「荊防敗毒散」爲處方基礎，原方說明如下：[22]

組成：荊芥、防風、柴胡、茯苓、桔梗、川芎、羌活、獨活、枳殼、甘草、前胡等量組成。

「荊防敗毒散」的功效：發汗解表、散風祛濕。

「荊防敗毒散」的主治：外感風寒濕邪、惡寒發熱、頭痛項強、肢體痠痛、腮腫、無汗、鼻塞、咳嗽有痰、苔薄白、脈浮或浮緊。

「荊防敗毒散」的方義：方中荊芥、防風爲君、取辛溫散風

---

22 衛生福利部國家中醫藥研究所官網：https://www.nricm.edu.tw/p/406-1000-6497,r61.php?Lang=zh-tw，擷取日期：2023年1月15日。

解表之功；羌活、獨活、川芎、發散風寒濕邪；柴胡，升清透表，散肌熱；前胡、枳殼、桔梗下氣化痰，治咳嗽胸悶；茯苓、甘草益氣健脾。

戴天章《廣瘟疫論》「時疫貴解其邪熱，而邪熱必有著落。方著落在肌表時，非汗則邪無出路，故汗法爲治時疫之一大法也。但風寒汗不厭早，時疫汗不厭遲。風寒發汗，必兼辛溫、辛熱以宣陽；時疫發汗，必兼辛涼、辛寒以救陰。風寒發汗，治表不犯里；時疫發汗，治表必通里。……辛涼發汗，則人參敗毒散、荊防敗毒散之類是。」[23]

依照新冠肺炎（COVID-19）全球大流行之臨床表現符合瘟疫，人參不宜使用，故選用「荊防敗毒散」爲基準方。並考量瘟疫治療臨床需求，依照病邪入肺化熱爲其主要表現，進行加減，而成爲治療新冠肺炎的中藥標準：

1. 患者病勢發展朝向瀰散性肺炎，屬中醫「肺熱痰壅」之證，故保留辛散解表之君藥「荊芥、防風」，以及使藥「甘草」。
2. 爲免增加化熱風險，減去發散風寒藥「羌活、獨活」。
3. 增加清熱宣肺解毒之「薄荷、桑葉、黃芩、板藍根、魚腥草」。
4. 增加寬胸祛痰藥「全瓜蔞」，及降氣平喘之「厚朴」。

因製劑品質控管需求，進行方藥精緻化：原方十一味，加減方十味藥。

23 中國哲學書電子化計畫收錄之清．戴天章，《廣瘟疫論》：https://ctext.org/wiki.pl?if=gb&chapter=129317，擷取日期：2023年1月16日。

1. 減去辛散行氣藥「柴胡、川芎」。

2. 減去寬胸祛痰藥「茯苓、桔梗、枳殼、前胡」。

考量瘟疫治療之臨床需求，依照「病邪入肺化熱」爲COVID-19患者臨床主要表現，進行組成調整與精緻化，重新組成十味藥材之新複方。原古方爲散劑，雖便於製備攜帶服用，但原製劑乃由藥材粉碎過篩使用，臨床效力低，爲求對抗疫情全球擴展之需求，務必達到「高效、便捷」，因此在國家中醫藥研究所成分及生物活性監控下，授權由GMP藥廠製成濃縮細顆粒劑，可直接以溫水沖服，個別患者依照病情需求，也可以由醫師加其他配方顆粒藥物調劑使用。

經過一系列分子及細胞層次的研究，以及P3實驗室[24]直接針對SARS-CoV2的細胞感染研究，證實清冠一號具有多靶點的作用機轉（如圖1所示），包括：

1. 抑制新冠病毒棘蛋白與宿主細胞膜上ACE2的結合，阻止病毒入侵細胞的「類疫苗作用」。

2. 抑制3CL蛋白的活性，阻斷病毒在細胞內的複製。

3. 抑制細胞激素TNF-α、IL6，來調控所產生的發炎風暴，減少肺損傷及肺纖維化的發展。

「臺灣清冠一號」之研發成果和實施方法於2021年1月刊登

---

24 國際上根據危險度等級，包括傳染病原的傳染性和危害性將生物實驗室，按照生物安全水平（Biosafety level，BSL）分爲P1（Protection level 1），P2，P3和P4四個等級。P1-P4實驗室可以承擔的工作也根據安全等級進行劃分，其嚴格等級從低到高。P3實驗室是防護實驗室，適用於處理對人體、動植物或環境具有高度危害性，通過直接接觸或氣溶膠使人傳染上嚴重甚至是致命的疾病，或對動植物和環境具有高度危害的致病因子，通常有預防和治療措施。資料來源：https://kknews.cc/science/x4erb5q.html，擷取日期：2023年3月25日。

並發表在頂尖國際期刊生物醫學與藥物療法（Biomedicine & Pharmacotherapy），標題爲：A traditional Chinese medicine formula NRICM101 to target COVID-19 through multiple pathways: A bedside-to-bench study。[25]

（三）與各大藥廠的合作

臺灣清冠一號先授權八家GMP藥廠順天堂、莊松榮、勸奉堂、立康生物科技、天一、漢聖、勝昌和華陀進行生產。爲了因應臺灣新冠疫情急遽上升，清冠一號需求量也隨之提升，2022年5月分別又授權六家GMP藥廠：天明、富田、科達、東陽、仙豐和港香蘭藥廠加入生產製造。

清冠一號外銷超過五十多國，分別於國內外取得外銷許可證、EUA、中成藥藥證，草藥、膳食補充品、各國輸入許可證等，如：臺灣外銷許可證、臺灣EUA證號、新加坡藥證、澳洲藥證、泰國草藥許可證、歐盟輔助食品註冊證書、菲律賓草藥顆粒登記、柬埔寨膳食補充品登記、英國輸入許可、美國輸入許可、加拿大輸入許可、南非輸入許可。[26]

（四）臺灣清冠一號的安全性評估與品質管控

中藥材受到產地、品種、氣候、栽培方式、儲存、管理……

25 Tsai KC, Huang YC, Liaw CC, Tsai CI, Chiou CT, Lin CJ, et al. A traditional Chinese medicine formula NRICM101 to target COVID-19 through multiple pathways: A bedside-to-bench study. *Biomedicine & Pharmacotherapy* 2021; 133: 111037.

26 衛生福利部國家中醫藥研究所官網：https://www.nricm.edu.tw/p/406-1000-6789,r61.php?Lang=zh-tw，擷取日期：2023年1月17日。

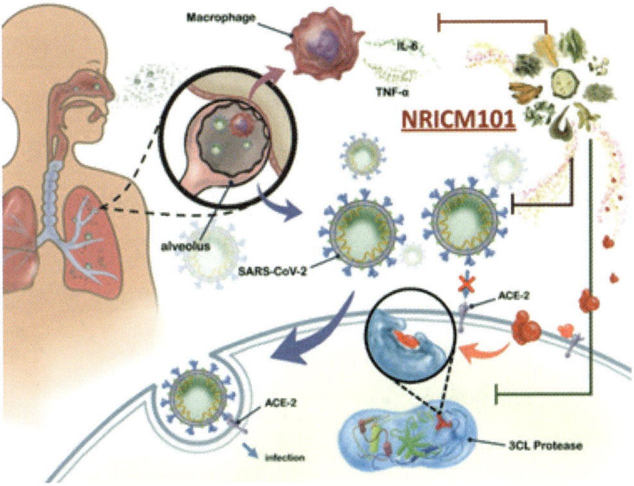

圖1：清冠一號多靶點的作用機轉

等諸多因素的影響，藥材的品質管控一直是令人好奇的議題；然而治療用藥是不容存在品質問題的，爲了讓患者在服用之後儘速轉陰、截斷轉爲重症的病勢，清冠一號對於「阻止病毒入侵細胞」、「阻斷病毒在細胞內的複製」、「減少肺損傷及肺纖維化的發展」設定了嚴格的把關標準，同時也對不同藥廠所生產的清冠一號之中的藥物成分，要求達到一致性。

清冠一號的十味藥物，其功能分爲四類，如下：

1. 宣肺解表，防護呼吸道：桑葉、薄荷、荊芥、防風。
2. 清熱解毒，抗病毒：魚腥草、板藍根、黃芩。
3. 寬胸降氣化痰，祛除病理產物：瓜蔞實、厚朴。
4. 補中益氣，協調各藥物：炙甘草。

臺灣清冠一號委託財團法人食品工業發展研究所（食工所）

試驗，通過安全性評估與基因毒性試驗。[27] 在品質控管（生物活性及指紋圖譜）部分，則是以國家中醫藥研究所與三軍總醫院合作研發治療COVID-19患者之水煎劑爲對照基礎。如圖2。[28]

每一家授權藥廠生產之「臺灣清冠一號」製劑，皆須先通過國家中醫藥研究所對其製造之產品進行高效液相層析「指紋圖譜」分析，確認其藥品成分，以及「抗病毒」與「免疫調節」作用之生物活性多重試驗，始作爲申請藥品許可證之送審資料文件，確保每家授權藥廠之「臺灣清冠一號」具有穩定可靠防治COVID-19之製劑品質。

「臺灣清冠一號」之生物活性品質控管有三項（皆須呈現劑量依賴性）[29]，包括：

1. 有效抑制病毒3CL蛋白酶之活性；
2. 有效拮抗ACE2膜蛋白與病毒棘蛋白之結合；
3. 抑制細胞激素泌IL-6和TNF-α之表現。

（五）緊急使用授權

因應新冠肺炎疫情需要，衛生福利部同意已取得「臺灣清冠一號濃縮製劑」外銷專用藥品許可證之藥廠，得依藥事法第48條之2規定，向衛生福利部申請專案製造，2021年5月18日核准

27 衛生福利部國家中醫藥研究所官網：https://www.nricm.edu.tw/p/406-1000-6855,r61.php?Lang=zh-tw，擷取日期：2023年1月17日。

28 Tsai KC, Huang YC, Liaw CC, Tsai CI, Chiou CT, Lin CJ, et al. A traditional Chinese medicine formula NRICM101 to target COVID-19 through multiple pathways: A bedside-to-bench study. *Biomedicine & Pharmacotherapy* 2021;133: 111037.

29 衛生福利部國家中醫藥研究所官網：https://www.nricm.edu.tw/p/406-1000-6500,r61.php?Lang=zh-tw，擷取日期：2023年1月17日。

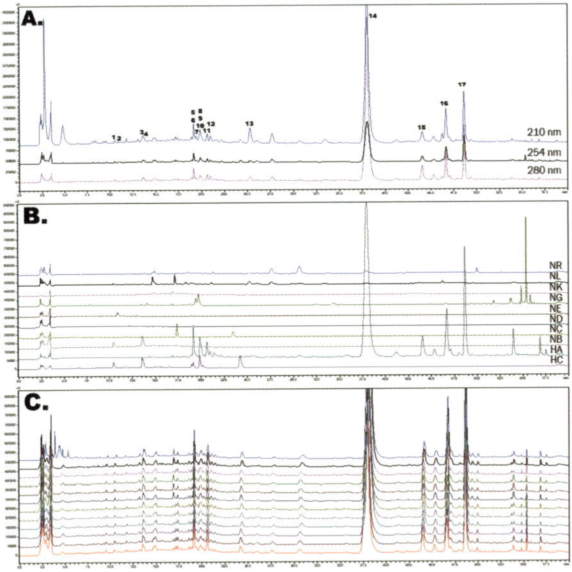

圖2：臺灣清冠一號之品質管控基礎

A：臺灣清冠一號藥材水煎劑，在不同波長下呈現之吸收光譜，呈現一致（藥材水煎劑由三軍總醫院中醫部提供）；B：臺灣清冠一號藥材水煎劑裡的十味藥之指紋圖譜，指標成分與A一致（藥材水煎劑由三軍總醫院中醫部提供）；C：十二位患者所服用的臺灣清冠一號藥材水煎劑（藥材水煎劑由三軍總醫院中醫部與臺中榮民總醫院傳統醫學科提供），指標成分與A、B一致。[30]

第1家藥廠「臺灣清冠一號濃縮製劑」的專案製造，並積極審查其他藥廠專案製造申請案。「臺灣清冠一號濃縮製劑」的藥品類別爲「須由中醫師處方使用」，核准使用時間爲製造期間至中央流行疫情指揮中心解散日止。民衆應由中醫師診斷臨床症狀後，

---

30 Tsai KC, Huang YC, Liaw CC, Tsai CI, Chiou CT, Lin CJ, et al. A traditional Chinese medicine formula NRICM101 to target COVID-19 through multiple pathways: A bedside-to-bench study. *Biomedicine & Pharmacotherapy* 2021; 133: 111037.

給予「臺灣清冠一號濃縮製劑」專案藥品。[31]

據此，民衆可依健保署所提「因應COVID-19之視訊診療調整作爲」方案進行，屬居家隔離、居家檢疫或自主健康管理者，由衛生局轉介至指定視訊診療之醫療機構，安排看診；若非屬前開三類人員，可撥打指定之視訊診療醫療機構視訊診療門診掛號專線，或上網至指定之視訊診療醫療機構網頁掛號，約定診療時間，以便利取得清冠一號及時治療。[32]

（六）發揮國際救援與醫療外交

總統蔡英文110年3月14日在臺北出席「第91屆國醫節慶祝大會暨第13屆臺北國際中醫藥學術論壇大會」開幕式表示，2020年疫情爆發，中醫藥界積極推行中西醫合作治療的模式，受到國內外關注，國家中醫藥研究所研發的「清冠一號」在歐美熱銷，讓世界看到臺灣！[33]

六、看現代中醫如何治療傳染病

「急性的」、「大規模的」傳染病，也就是中醫所說的「瘟疫」；「瘟疫」多屬病因強勢、傳播力強、患病者症狀相似的疾

31 衛生福利部中醫藥司官網：https://dep.mohw.gov.tw/DOCMAP/lp-5175-108.html，擷取日期：2023年1月20日。

32 衛生福利部官網：https://www.mohw.gov.tw/cp-16-60830-1.html，擷取日期：2023年1月20日。

33 中央通訊社：https://www.cna.com.tw/news/firstnews/202103140031.aspx，擷取日期：2023年1月20日。

病。中醫對於「一般疾病」與「瘟疫」的治療方式並不相同：對於「一般疾病」，需根據病人的體質差異、病程階段，進行「辨證論治」；對於「瘟疫」，由於患病者臨床症狀差異不大、且在短時間內有大量患者產生，所以必須迅速截斷病勢以避免傳播擴大、預防醫療系統的癱瘓，此時以「專病專方」的思維來對治「瘟疫」才能高效便捷。[34]

因此，了解現代流行性傳染病的病原特性、傳播途徑、臨床症狀、相關實驗室與影像學檢查，擬定標準處方，授權藥廠製造合乎標規的藥物，再透過政府防疫系統之作爲施用，對於現代流行性傳染病的防治，將會是有必要且可提供實質助益的工作。2020-2022年臺灣清冠一號對COVID-19的治療經驗可作爲重要參考範例。

臺灣清冠一號不僅在公衛與醫療系統中發揮了救治傷患的功效，其藥理作用、臨床效果，也獲得了國際學術期刊的肯定，包括：

1. A traditional Chinese medicine formula NRICM101 to target COVID-19 through multiple pathways: A bedside-to-bench study。此研究確認了清冠一號能使新冠患者儘速轉陰，並確認了藥理學上的三個機轉：減少病毒結合、減少病毒在體內複製、抑制細胞激素風暴。[35]

---

34 衛生福利部國家中醫藥研究所官網：https://www.nricm.edu.tw/p/406-1000-6512,r61.php?Lang=zh-tw，擷取日期：2023年1月20日。

35 Tsai KC, Huang YC, Liaw CC, Tsai CI, Chiou CT, Lin CJ, et al. A traditional Chinese medicine formula NRICM101 to target COVID-19 through multiple pathways: A bedside-to-bench study. *Biomedicine & Pharmacotherapy* 2021; 133: 111037.

2. Curbing COVID-19 progression and mortality with traditional Chinese medicine among hospitalized patients with COVID-19: A propensity score-matched analysis。此研究確認了臺灣清冠一號在多家醫院的眞實療效。[36]

除了「臺灣清冠一號」，治療「新型冠狀病毒病」重症患者之「臺灣清冠二號」（NRICM102）也已取得臨床療效驗證，說明清冠一、二號之具體臨床效益，受限於篇幅，本文以清冠一號爲主，有關清冠二號之效能可查閱相關已發表之論述。[37]

七、結語

從2002年的SARS到2019年底爆發的COVID-19，現代中醫對於急性傳染病，有其全面的防治策略與處方；由於2002年的SARS疫情在短時間內平息下來，中醫在當時尚未實際參與到國家治療隊伍中，2019年迄今（2023.01）的COVID-19防治，中醫透過建立「新型冠狀病毒病中醫臨床分期治療指引」，提供「中西合作照護」的COVID-19患者，經「會診中醫」的程序，能接受到中醫治療，過程中縮短了患者解隔時間、也加深了中醫

---

36 Tseng YW, Lin JS, Hou SM, Wang CH, Cheng SP, Tseng KY, et al. Curbing COVID-19 progression and mortality with traditional Chinese medicine among hospitalized patients with COVID-19: A propensity score-matched analysis. Pharmacol. Res. 2022; 184: 106412.

37 Wen-Chi Wei, Chia-Ching Liaw, Keng-Chang Tsai, Chun-Tang Chiou, Yu-Hwei Tseng, Wen-Fei Chiou, et al. Targeting spike protein-induced TLR/NET axis by COVID-19 therapeutic NRICM102 ameliorates pulmonary embolism and fibrosis. Pharmacol Res. 2022 Oct; 184: 106424. doi: 10.1016/j.phrs.2022.106424. Epub 2022 Sep 5.

與西醫的雙邊合作。經由中西醫師共同努力，開發出「臺灣清冠一號」，以治療無症狀、輕症的COVID-19患者，並與各大藥廠協力完成了艱難的品質管控，可為「新藥開發」的重要典範，除了印證臺灣在中西醫結合方面的卓越表現，這種研究模式也縮短了因應大流行爆發的反應與作業時間，並將在未來擴展到治療各種疑難雜症！

抗戰時期中央大學學術研究的發展及其成就

蔣寶麟

南京大學歷史學院教授

自南京高等師範學校時代起，中央大學的辦學模式以教學育人與學術研究並重，形成切實研究科學的傳統。在全面抗戰爆發前，該校文、法、理、工、農、醫等各學科的研究即已取得不少成就，在當時國內各高校中佔據重要地位。抗戰爆發後，雖受制於各項不利條件，不少研究工作遇到不同程度的困難，但中大的學術研究在總體上仍保持全國前列水準，並在很多領域及具體項目上取得較大的推進。在抗戰期間，中大的物理學、生物學、氣象學等學科的研究成績「尤為優異」，並在數學、化學、地理學、心理學、人種民族學、工學與農學等學科有較多貢獻。[1] 毫無疑問，在抗戰時期，戰爭爆發以及戰時環境對中大的學術研究造成重大影響，但其影響是多重性的。除了造成諸多限制條件之外，在戰時，國家加強了對中大理、工、農等實用學科政策與經費支持，以推動國防與經濟建設。此外，當時中大也加強了與各政府與科研機構的合作，使得科學研究的層面更加廣泛。此二者均影響中大學術研究的發展方向。本文詳細描述戰時中央大學學

1 國立中央大學學生自治會編印，《國立中央大學概況》（1944），頁6。

術研究的整體發展狀況，並展現若干重要研究成就。

一、戰時中大學術研究的延續與轉向

（一）戰時中大的院系設置與學術研究概況

在民國時期，大學或學院下設的學院（學門）、學系（學科）既是教學單位，也是研究單位。在當時，各大學校內很少有不承擔教學任務的獨立研究機構。因此，一個大學的院系設置就決定了其學術研究的基本格局。

在戰前，中央大學是在國內院系最爲完備的綜合性大學之一，各學科門類齊全。抗戰爆發後，該校各院系均順利內遷至重慶與成都，保持了院系架構的完整性，且在戰時還有擴展。到1941年，中大增添了一個師範學院（除由教育學院原有的系維持和改隸以外，還添設七系一科）。工學院添了航空工程、水利工程兩個系，電機工程系和土木工程系從單班加開雙班，機械工程系從單班加到三班，又加了一個低級的技工訓練班。醫學院增添了四個年級（從三年級到六年級）。農學院增添了一般畜牧獸醫專修科。[2] 1942年9月，社會學系恢復建制，隸屬於法學院。[3] 1944年8月，氣象學組從地理學系析出，建立氣象學系，隸屬於理學院。[4] 不過，在當時許多人的心目中「不免有著這樣一種觀

2 羅家倫，〈炸彈下長大的中央大學——從遷校到發展〉，1941年6月16日，《羅家倫先生文存》，第1冊，頁597-598。

3 〈孫本文學術年表〉，周曉虹主編，《孫本文全集》，第10卷（北京：中國社會科學文獻出版社，2012），頁283。

4 黃士松等，〈我校氣象學系孕育創建紀事〉，朱慶葆主編，《我的大學》（南

念：說得好聽一點罷，中大是一個平均發展的大學；說得不好聽一點罷，中大實在是並無專長的。」因爲「中大院系雖多，門類頗繁，但沒有一個學院是特別傑出的，沒有一個學系是特別有名的。」但是反過來理解，「中大之所以爲中大，正唯如此。所以能顯示出它的『中』和『大』。」[5] 在當時，中大相對完整且龐大的院系設置決定其有較爲廣泛的學術研究範圍。正如校方所言，「本校院系最稱齊備，教員人數既多，研究範圍自廣。」[6] 據1946年底中大校方在復員回南京後的統計，當時中大的院系設置情況如下：

文學院（歷史學系、中國文學系、外國語文學系、哲學系）
理學院（數學系、物理學系、化學系、地質學系、生物學系、心理學系、氣象學系）
法學院（法律學系、政治學系、經濟學系、社會學系、邊政學系）
師範學院（教育學系、體育學系、藝術學系、體育專修科）
農學院（農藝學系、農藝經濟學系、森林學系、園藝學系、農業化學系、畜牧系、獸醫系、畜牧獸醫專修科）
工學院（土木工程學系、電機工程學系、機械工程學系、建築工程學系、航空工程學系、化學工程學系、水利工程學系）

京：南京大學出版社，2012），頁20。
5 金易，〈抗戰中的中央大學〉，王覺源編，《戰時全國各大學鳥瞰》，頁41。
6 〈國立中央大學要覽（1939年）〉，《南大百年實錄》，上卷，頁493-496。

醫學院（解剖學科、生物化學科、生理學科、病理學科、細菌學科、寄生蟲學科、公共衛生部、法醫學科、內科、皮膚花柳病科、小兒科、神經精神病科、放射科及物理治療科、外科、耳鼻喉科、眼科、產婦科、檢驗科、牙本科及牙醫專修科、護士師資專修科、高級醫事檢驗職業科）[7]

由於內遷時期中大的院系設置一直處在微調狀態中，以上統計資料可大致反映其內遷末期最新的院系設置情形，從中窺見全校學術研究的大致格局。從院系設置角度而言，全面抗戰爆發前後，中大學術研究的基本格局體現較強的延續性。在當時最難能可貴的是，中大內遷後，校方不僅未裁撤院系，反而逐年有所擴充。1937年全面抗戰爆發後，當時許多大學的心理學系紛紛停辦或併入其他院系，而獨立成系且維持正常教學與科研的差不多只有中央大學心理學系。[8] 中大心理學系內遷後，從未停止研究工作，在內遷後不到一年期間，該系就完成了「小學入學智慧測驗」、「大學入學心理測驗」、「學習方法之研究」等專案的研究，並正進行「大學生心理健康狀態之研究」、「中小學生情緒測驗之研究」、「教師能力傾向測驗研究」等專案的研究，而且在事實上與心理學系「合為一體」的教育心理學部於1940年3月在重慶創辦《教育心理研究》雜誌（1945年6月之後停刊）。[9]

---

7 〈國立中央大學概況（1946年）〉，《南大百年實錄》，上卷，頁493-496。

8 閻書昌，《中國近代心理學史（1872-1949）》（上海：上海教育出版社，2015），頁203-204。

9 〈國立中央大學教育學院心理學系近況〉，（漢口）《教育通訊》，第19期

1938年，中大正式設立研究院，1939年起招收研究生。[10] 民國時期，大學的研究院是招收研究生的專門機構，獨立於院系之外。研究院下設各研究所，研究所又下設各研究部。抗戰前，中大設算學和農藝兩個研究部。[11] 到1944年，中大研究院共設7個研究所，17個研究部。[12] 在中大，研究所與學院平行，研究部與學系平行（但並非所有學系均有相應的研究部），研究院院長由校長兼任，各研究所所長基本由各院院長擔任，各研究部主任基本由各學系主任擔任，研究部的教師亦爲各學系教師。所以研究所、部又與相應的院系有很強的關聯。研究院的設置，不僅發展了研究生培養事業，也加強了各相應院系的學術研究力量。

（二）儀器設備、圖書與研究的進展

學術研究依賴的物質條件主要是儀器設備與圖書。在全面抗戰爆發後，中大在南京校內的儀器設備與圖書較爲完整地完成內遷，連農學院農場的各種供實驗用的牲畜也經歷千難萬險後大部分完成遷移，所以中大的儀器設備與圖書在內遷各校中是最齊備的。（詳見本卷第1章）儀器設備與圖書的完整，成爲原先在南京時期各項研究工作得以延續的最重要保障。

在內遷之初，正是由於儀器設備較完整遷移，中大理工農醫

（1938年7月30日），頁4。

10 國立中央大學學生自治會編印，《國立中央大學概況》，頁33。〈國立中央大學要覽（1939年）〉，《南大百年實錄》，上卷，頁415。

11 〈國立中央大學研究所招生簡章（25年度）〉，《南大百年實錄》，上卷，頁359。

12 國立中央大學學生自治會編印，《國立中央大學概況》，頁31-33。

等各項實驗工作得以迅速恢復。1938年春，化學系在沙坪壩校區的各研究室照常進行實驗工作。[13] 時任中大醫學院生物化學教授的鄭集，在1937年春剛布置完生化科學實驗室後不久即逢內遷。他與助手成功將實驗室器材拆散裝箱後內遷。這個研究室很快在成都恢復工作，還添設一些實驗房間。同時，鄭集原先的研究工作也得以繼續進行。在抗戰時期，他和他的研究團隊繼續研究大豆蛋白質和其他豆科種籽蛋白質的化學和營養價值，穀類組分的有效度和穀類的加工問題，並在成都繼續寫作《營養講話》的系列科普文章。[14] 在內遷初期，中大不僅沒有損失太多儀器設備，反而有其他學校的儀器設備併入，從而增強了研究的物質條件。如1938年夏，國立山東大學的大部分物理儀器併入中大物理學系。[15]

雖然儀器設備基本完整地遷入新辦學之地，但戰時學校艱困的經濟狀況使得各系常絀於儀器設備與實驗材料的添置。據1944年重慶國民政府教育部之檢討，在戰時，「各級學校一切設備均嫌簡陋，圖書儀器尤感不足。年來本部雖曾疊向國外購置圖書儀器，其量固不足以應實際需要，且尚有一部分猶滯留海外，不易運到。自製儀器雖可適用，但以經費支絀，出品數量亦甚有限」。[16] 這大致說明當時國統區各級學校設備簡陋之狀況。

---

13 〈理學院化學系概況〉，1944年2月，中大檔648-772。

14 鄭集，《我的回憶錄》（出版地不詳，鉛印本，1980），頁29-31、54。

15 〈物理學系概況〉，1944年，中大檔648-772。

16 《中國國民黨五屆十二中全會教育部工作報告（民國三十三年五月二十日）》，杜元載主編，《革命文獻》，第58輯（臺北：中國國民黨中央委員會黨史史料編纂委員會，1972），頁367。

1944年，中大化學系的情況是「儀器損壞不能復用，藥品消耗，難於補充，實驗方面，在然感覺不少困難。」[17] 當時，中大物理學系的儀器設備尚齊備，但這並不代表有多麼優良。有一段時間，因爲避免空襲，物理學系的圖書儀器大部分藏於防空洞中，所以研究工作開展較少。[18] 據1946年在物理學系畢業即留校任教的馮端回憶，抗戰時期物理系的儀器設備主要是爲學生實驗配置的，僅有少數是爲研究工作配備的，但系裡的許多老師利用有限的儀器設備進行研究，取得不錯的研究成績。如趙廣增教授從國外回來，利用系內的攝譜儀來進行研究，自己親手來吹製放電管，最後完成了一篇題爲〈氣體放電的溫度分布〉的論文，於1945年7月在*Phys. Rev.*上發表；系內張宗燧教授也埋首研究，他原先在劍橋大學從事統計物理合作現象理論的研究，到中大後轉向量子場論的研究。[19] 所以，除了儀器設備之外，教師個人的精神力量也是其從事研究工作的重要因素。

醫學院的科研與臨床教學均依賴相關儀器設備。1938年初，學院在成都開課後，尚有大量設備和化學藥品滯留重慶、武漢甚至上海等地。[20] 面對此種局面，生物化學科在鄭集教授的一再努力下，與華西、齊魯合作，實驗工作得以照常進行。生理學科在主任蔡翹的領導下，自設了一座小規模的機械廠，自製儀器，除滿足本校教學、實習需求外，還能爲本院其他科及外校代

17 〈理學院化學系概況〉，1944年2月，中大檔648-772。

18 施士元，《施士元回憶錄及其他》（南京：南京大學出版社，2007），頁90。

19 馮端，〈松林坡往事〉，施士元，《施士元回憶錄及其他》，頁181。

20 《報告關於現與華西大學合作辦法詳述經過情形及將來計畫〉，中大檔648-2325。

制。不過，對於藥理學、病理學這個抗戰爆發之後才逐步建立的學科，設備問題更爲突出。1939年，藥理學科從英國訂了一批設備，運至越南時全部損失，只能借用生理學的儀器進行教學。同年，病理學得到中英庚款委員會的資助，從美國購得顯微鏡、切片、染料等，教學實驗才勉強得以維持。外科、骨科和泌尿科的器械更加短缺。1941年，醫學院得到美國洛克菲勒基金會資助，從國外訂購了一批器械，但因戰事影響，直到1944年還未能運抵成都。當時，放射科僅有一台X光機，是從上海醫學院借用的。[21] 耳鼻喉科的情況也不容樂觀，據當時在四川省公立醫院工作的姜泗長回憶，耳鼻喉科的手術台和器械都是自製的，連吸引器都是用打氣筒改裝的，一次扁桃體手術只能用5-6個棉球，手術後包紮用的棉墊是用紗布包粗紙做的。只有一套美國援華的手術器械，每次用完都要擦乾淨放在太陽底下晾乾，以免生銹。[22]

至於文學院與法學院教師的研究主要依賴圖書，當時中大的圖書完整內遷，亦使得文史哲等學科的研究未受影響。文法兩學院教師們的研究領域受戰爭及環境變化的影響不似理工農醫科這般大。中大人文與社會科學領域的許多知名學者在抗戰時期延續之前個人的研究，並取得許多成就。例如社會學家孫本文，他在抗戰時期完成《中國社會問題》、《現代中國社會問題》（共四冊）、《社會學原理》、《社會思想》、《社會心理學》等重要

21 國立中央大學學生自治會編印，《國立中央大學概況》，頁91。

22 姜泗長口述、張晶平執筆，〈我的回憶〉，楊偉炎等主編，《姜泗長院士集》（北京：人民軍醫出版社），頁4-5。

著作，發表論文四十餘篇。[23] 而對於一些青年學者而言，他們在抗戰時期進入中大任教，在艱難的大後方環境中取得不易的學術業績，並由此奠定其未來的學術之基。1940年10月，青年哲學學者唐君毅進入中大哲學系服務。他於1943年出版第1本專著《中西哲學思想之比較》，其後兩年又連續出版《人生之體驗》、《道德自我之建立》、《愛情之福音》等著作。[24] 在中大，他奠定了自己的學術理路。有學者認為，唐君毅在寫《人生之體驗》前後，他的儒家傳統思想方向已基本確立。[25] 史學系教授郭廷以的著作《近代中國史》第1冊與第2冊，分別在1940年與1941年出版。這兩本書在早期中國近代史學科形成過程中具有指標意義，亦奠定郭廷以個人在該學科中的權威地位。[26] 更難能可貴的是，許多教師不僅有個人從事學術研究的自覺，而且還起到學術引領與組織作用。中大外國語文系主任范存忠，不僅個人係哈佛大學博士，有很強的研究能力，成果豐碩，而且他在抗戰時期擔任該系系主任時，經常鼓勵青年教師除了教學外，應多做研究，多開展學術活動，並組織他們撰寫論文，推薦發表。[27]

---

23 〈孫本文著作年表〉，周曉虹主編，《孫本文全集》，第10卷，頁271-273。

24 〈唐君毅先生學術年表〉，楊明、張偉編，《唐君毅新儒學論集》（南京：南京大學出版社，2008），頁347-348。

25 劉國強，〈唐君毅先生之生命垂範〉，何仁富主編，《唐學論衡：唐君毅先生的生命與學問》，上冊（北京：中國文史出版社，2005），頁46。

26 詳見戴海斌，〈「中國近代史」學科史之一頁：郭廷以早期學行述略〉，上海社會科學界聯合會編，《中國百年學術路——古今中西之間（1911-2011）》（上海：上海人民出版社，2011），頁45-55。

27 趙瑞蕻，〈夢回柏溪——懷念范存忠先生，並憶中央大學柏溪分校〉，王守仁、侯煥鏐編，《雪林樵夫論中西——英語語言文學教育家范存忠》（南京：南京大學出版社，2002），頁68。

在當時，在范存忠的領導下，該系於1941年設立專門的「外國語文研究室」，目的在於「集中各教授課餘精力，推進學術上之研究」，該研究室成爲該系學術研究工作的核心。[28] 民國時期，各大學之理工農醫等學院及下屬各學系多內設專門的研究室，而文法等學院及下屬各院系內設之研究室則不多見。

在抗戰時期，中大的許多教師不僅深入研究領域，保持個人的研究風格，而且一些學系形成有年的學術特徵（學術傳統）亦得延續。從南京高等師範學校一直到中央大學時代，該校的中國語言文學系的教學與治學始終強調文言文、反對白話文，重視古典文學文獻研究、輕視新文學創作，推崇固有文化、排斥西學新學，在當時，其與北方的「新文化派」形成鮮明的對照。在抗戰時期，中大中國文學系的這種風格並未改變，胡小石、汪辟疆等重要學者在該系發揮領軍與示範作用。[29] 當時，有人評價中大中國文學系的教師們，「皆繼事前業，終始不變；而研究學術之方法，或更縝密」。[30]

然而，由於文法等科學者的研究富於個人性，除了圖書館的大宗圖書外，他們有時更依賴自己的藏書以及平時積累的各種資料。又由於戰時使得中大的教師無法赴當時中國圖書資料最豐富的北平、南京與上海等城市，而四川省內圖書資料又相對匱乏，亦使部分研究受限。人文社科學者的藏書往往數量龐大，相較於金錢細軟，成批的書籍不宜長途搬遷或來不及搬遷。在內遷之

28 國立中央大學學生自治會編印，《國立中央大學概況》，頁37-38。

29 詳見蔣寶麟，〈文學．國學．舊學：民國時期的南方學術與學派建構——以東南大學—中央大學中文系爲中心〉，《社會科學》，第3期（2012）。

30 國立中央大學學生自治會編印，《國立中央大學概況》，頁34。

際，孫本文在南京的住宅與書籍等物全毀於戰火。[31] 他感慨在戰時，參考資料缺乏，新書所見不多。[32]

中大史學系教授金毓黻，於1938年在重慶撰寫《中國史學史》一書，1944年由重慶商務印書館正式出版。在撰寫過程中，令他最感苦惱的就是可參考的資料不足。1938年2月23日那天，他開始撰寫此書，感到「無可依傍，以意為之」。他知道梁啓超的《歷史研究法續篇》中的「中國史學史作法」可資參考，但「語焉不詳」，獲悉衛聚賢著有一本《中國史學史》，已由《大公報》出版，「亦未之見」。[33] 金毓黻的「無可依傍」即指可參考的資料不足。3月2日，他又在日記中寫道：「撰《史學史》稿第一章『古代之史官』竟，取材不豐，筆不達意，殊未愜心。」[34] 儘管如此，這本書是他個人最重要的一部著作，更在中國史學史學科的形成與發展歷程中具有重要意義。有學者認為金的《中國史學史》有較高的水準，「這部著作不僅代表了著者個人的史學史研究水準，也代表了那個時期史學史達到的水準。」[35]

相較孫本文家中藏書毀於戰火，史學系教授朱希祖要幸運得多。鑒於南京形勢危急，朱希祖於1937年8月將其藏書十餘萬冊

---

31 陳定閎，《孫本文研究》，周曉虹主編，《孫本文全集》，第10卷，頁188。

32 孫本文，《社會心理學》，周曉虹主編，《孫本文全集》，第2卷，頁3。

33 《金毓黻文編》編輯整理組校點，《靜晤室日記》，第6冊，1938年2月23日（瀋陽：遼沈書社，1993），頁4103。

34 《金毓黻文編》編輯整理組校點，《靜晤室日記》，第6冊，1938年3月2日，頁4106。

35 周文玖，《中國史學史學科的產生和發展》（北京：北京師範大學出版社，2002），頁111。

裝60箱，託人運送至安徽徽州保存。[36] 由於戰事關係，這批圖書並未隨朱氏運至重慶。[37] 相較於校圖書館的大宗圖書，他大量的個人藏書之於其研究可能更具重要意義。因此，他的個人研究在學校內遷後有一定的轉向。1938年3月，朱希祖在重慶的書店購得《華陽國志》。[38] 在這一年中，他通過對《華陽國志》的閱讀，撰寫了三篇關於古代巴蜀史的論文。[39] 在同一年，朱希祖在四川當地的古玩鋪搜集宋代鐵錢，查閱宋代鐵錢的史料，並開展關於宋代鐵錢的研究，撰寫出〈兩宋盛行鐵錢之因果〉一文。[40] 翌年，朱希祖的研究興趣又轉移到雲南民族史與戰國史領域。因在1938年12月接受教育部委託，審閱中山大學研究院文科研究所江應梁的碩士論文〈雲南僰夷民族研究〉而引發他研究雲南民族史的興趣，撰寫《雲南兩爨氏族考》與《雲南濮族考》。[41] 朱氏的雲南民族史研究，是在中國大一統歷史脈絡下進行的，他認爲濮族與華夏族「宜爲兄弟」，原百濮之地現在是「吾族郡縣，宜善爲振拔提攜，使吾兩族絲業，棉織之業，發揚光大，甲於世界。」[42] 朱氏在當時研究戰國史，是因他感到「避地山城無參考書，擬將戰國一代作爲實驗」，而且他認爲今日世界是「戰

36 朱元曙、朱樂川撰，《朱希祖先生年譜長編》（北京：中華書局，2013），頁541-543。

37 朱元曙、朱樂川撰，《朱希祖先生年譜長編》，頁588。

38 朱元曙、朱樂川撰，《朱希祖先生年譜長編》，頁555。

39 朱元曙、朱樂川撰，《朱希祖先生年譜長編》，頁567-568。

40 朱元曙、朱樂川撰，《朱希祖先生年譜長編》，頁570-571。

41 朱元曙、朱樂川撰，《朱希祖先生年譜長編》，頁596-597。

42 朱希祖，《雲南濮族考》，周文玖選編，《朱希祖文存》（上海：上海古籍出版社，2006），頁314-315。

國」。[43] 在中國斷代史中，上古史的傳世文獻較少，所以朱希祖在缺少圖書資料的情況下，研究戰國史或可揚長避短。他在戰國史領域完成《汲塚書考》書稿及多篇專題論文。[44] 可見，雖然學術與生活環境發生重大變化，但當地的書籍與新資料亦可激發學者新的學術興趣點。

上述朱希祖的研究的部分轉向多緣於其對圖書資料的「就地取材」，這代表一些教師研究富於地域色彩。又如胡煥庸從事人文區域地理學研究帶，1939年時就收集資料寫成《四川地理》，於1941年地理研究部開始招收研究生，此後三四年間招收四批共十餘名研究生，這些研究生主要從事四川省各地的小區域研究。[45]

（三）內遷新環境下中大學術研究方向的調整

在中國近代農林科學與農林教育發展史上，中央大學農學院具有舉足輕重的地位。在當時交通不便，資訊滯後的社會條件下，農業科學的研究工作在很大程度上受制於地域因素，大學農學院的實驗工作較依賴本校的實驗農場及周邊地區。儘管在內遷時，農學院將一些良種從南京帶到重慶。[46] 中大農學院內遷之後，其實驗、研究的重點就轉移到四川及西南地區。以該院下屬之森林學系爲例，在抗戰時期，該系的「調查及採集」工作有下列幾項：

---

43 朱元曙、朱樂川撰，《朱希祖先生年譜長編》，頁598。

44 朱元曙、朱樂川撰，《朱希祖先生年譜長編》，頁599-601。

45 胡煥庸，《胡煥庸回憶錄》（出版地不詳，鉛印本，1988），頁18-19。

46 《國立中央大學農學院事業概要》（鉛印本，1939年印行），頁20-22。

1. 調查四川全省森林概況；

2. 西康森林之勘測；

3. 川西、黔、湘、贛、閩諸省森林之測勘；

4. 標本採集（金佛山、縉雲山、峨眉山、歌樂山）；

5. 參加甘肅岷縣森林調查；

6. 搜集森林病蟲害標本（川康各地）。

「研究及事業」有下列幾項：

1. 四川主要造林樹種之研究；

2. 油桐品種栽培試驗（該項試驗在南京時期已從事四年，入川後又搜集各油桐名產地之種子約二十縣）；

3. 華山松之栽培試驗；

4. 香菰（廣西產種）之栽培試驗；

5. 重慶木市貿易概況之調查；

6. 木材解析圖說；

7. 森林土壤之研究；

8. 栽培森林植物及培育風景林木（重慶）；

9. 參加抗建墾殖社森林測勘園；

10. 金佛山墾區林場合作。

該系森林化學室的研究工作有下列幾項：

1. 峨邊峨眉採集木材；

2. 川西木材物理性試驗；

3. 川西木材力學性試驗；

4. 竹材物理性與力學性試驗（四川）；

5. 木材之吸濕性與膨脹性試驗（川西）；

6. 小型人工乾燥爐之設計及試驗；

7. 木材氣壓防腐試驗；

8. 木菌培養試驗；

9. 木材各種分子之解析；

10. 木材形態識別；

11. 各種木材纖維素定量試驗；

12. 中國十四省油桐子之分析；

13. 七省產桐各縣桐子之分析（四川、貴州、廣西、浙江、湖南、湖北、陝西）；

14. 桐油抽提試驗；

15. 桐油對於溫度之變性試驗；

16. 重慶各種木材乾餾試驗；

17. 研究木材乾餾產物與乾餾溫度之關係；

18. 冰醋酸製造試驗。[47]

此外，再列舉1944年統計之該院農業化學系的各項「研究及事業」如下：

（一）土壤與肥料

1. 四川紫棕土成分之分析；

2. 四川土壤中交換鹽基及交換鹽基之量研究；

3. 四川重要土壤對於燐酸吸收之研究；

---

47 〈國立中央大學農學院概況〉，中大檔648-766。

4. 貴州黑色石灰土之研究；
5. 黃壤成分之研究；
6. 代水泥原料之研究。
（二）農產製造與微生物
1. 酵母製造法之研究（用於軍用糧食之製造）；
2. 酒釀菌之研究；
3. 發酵法製造甘油之研究（一）（戰時及平時皆需甘油）；
4. 發酵法製造甘油之研究（二）；
5. 蠶蛹醬油製造法（速釀法）之研究；
6. Glycolic acid製造法之研究；
7. 無水酒精製造之研究（供戰時之需要）；
8. 酪膠製造法之研究；
9. 蓖麻油製造之研究；
10. 桐油乾燥性之研究；
11. 糧食加工之研究。
（三）生物化學及農產品分析
1. 國民營養與農業；
2. 酶之化學本性問題；
3. 十年來國人對於酶化學之研究；
4. 大麥與米穀糖化酶之研究；
5. 地瓜之分析；
6. 北碚縉雲山「甜菜」成分之研究；
7. 茶、煙、酒對於消化之影響；
8. 國產煙草之化學分析；
9. 藕粉之性狀及酶分解；

10. 中國食物之特性；

11. 軍糧營養價值問題之研究。[48]

從上列各項不難看出，抗戰時期中大農學院森林學系與農業化學系的研究及試驗項目多偏重四川本地及西南各省，研究物件多屬「就地取材」，呈現很強的地域特性，這是其研究工作的重要轉向之一。上列各項亦表明，兩系的研究工作具有相當強的應用性，許多專案直接服務於抗戰，如對戰時重要戰略物資桐油的研究，以及關於甘油、無水酒精、軍糧的研究等，這是研究工作與國防、經濟建設發生直接關聯。此外，這些研究項目大多受政府機關或其他研究機構委託或與進行合作研究。這種研究轉向，在全面抗戰爆發前即已存在，但在戰時，更加凸顯，意義也更加重大，而且不再限於應用學科（實科），更擴展到基礎學科（文法等學科）。

不管環境以及全校的整體學術方向如何變化，中大教師在各領域的學術研究中獲取不少優異的業績，獲獎狀況即可視作其重要的衡量標準。1939年3月，重慶國民政府教育部公布「全國最高學術審議機關應即設立以提高學術標準」案，隨即組織學術審議委員會。學術審議委員會是教育部最高學術審議機關，負責規劃統籌相關教育及專科以上學校的科研事業。[49] 作爲當時全國最高學術審議機構。1940年5月，學術審議委員會第一次大會通過

48 〈本校農學院概況（三十三年六月編擬）〉，中大檔648-766。

49 張劍，《中國近代科學與科學體制化》（成都：四川人民出版社，2008），頁404。

「補助學術研究及獎勵著作發明」案。旋由教育部頒行《著作、發明及美術獎勵規則》，規定獎勵範圍：「著作」分文學、哲學、社會科學、古代經籍研究四類；「發明」分自然科學、應用科學、工藝製造三類；「美術」分繪畫、雕塑、音樂、工藝美術四類。以上獎勵每年舉辦一次。在抗戰時期，從1941年度至1945年度共五屆，評選各學科範圍的獲獎者。學科範圍有：文學、哲學、古代經籍研究、社會科學、自然科學、應用科學、工藝製造、美術（繪畫、音樂）。每個範圍設一等獎、二等獎、三等獎若干名，另設獎助者若干名。[50] 這一獎項體現當時國民黨統治區內教育界的最高學術研究水準。其中，時任中央大學教師者獲獎者見表1。

表1：中央大學教師獲得國民政府教育部「著作、發明及美術獎勵」情況表

屆別	學科範圍	等級	獲獎者姓名	研究成果	備註
1941年度（第一屆）	文學類	三等獎	盧前	野玫瑰	此屆文學類無一等獎與二等獎
	社會科學類	二等獎	胡煥庸	縮小省區方案研究	此屆社會科學類無一等獎
	自然科學類	二等獎	張宗燧	對於合作現象之貢獻	

50 教育部編，《第二次中國教育年鑒》（上海：商務印書館，1948），頁866-867。

1942年度（第二屆）	自然科學類	二等獎	周鴻經	博氏級數論級	
	應用科學類	二等獎	周同慶	磁砷縮式自動化記錄回聲測深儀	此屆應用科學類無一等獎
	應用科學類	三等獎	鄒鐘琳	中國遷移蝗之變型現象及其在國內分布之區域	
1943年度（第三屆）	哲學類	三等獎	唐君毅	道德自我之建立	
	自然科學類	三等獎	趙廣增	高能電子穿越物質	
	應用科學類	三等獎	徐冠仁、盧浩然	栽培稻植物性狀之遺傳研究	
	應用科學類	三等獎	吳襄	中華民族之生理水準	
1944年度（第四屆）	文學類	二等獎	羅根澤	周秦兩漢文學批評史	此屆文學類無一等獎
	古代經籍研究類	三等獎	蔣禮鴻	商君書錐指	
	社會科學類	二等獎	張德粹	農業合作	此屆社會科學類無一等獎
	社會科學類	三等獎	孟雲橋	三民主義之理論研究	
	社會科學類	三等獎	褚葆一	保護貿易新論據	
	自然科學獎	二等獎	朱炳海	本國鋒之消長與氣旋	此屆自然科學類無一等獎
	自然科學獎	三等獎	李瑞軒	血漿抗溶血系統之研究	

	應用科學獎	二等獎	黃文熙	（一）地基之沉陷量及地基中之應力分布；（二）擋土牆土壓力之研究	
	應用科學獎	二等獎	柏實義	滑翔機之空氣動力持性	
	應用科學獎	三等獎	金善寶	中國小麥區域	
	應用科學獎	三等獎	鄭集	大豆蛋白質營養價值之研究	
	應用科學獎	獎助者	張宗燧	物質點在電磁場中之能量動量張量	
1945 年度（第五屆）	文學類	二等獎	姚薇元	鴉片戰爭史事考	此屆文學類無一等
	文學類	獎助者	吳蘊瑞	大肌肉活動用全部學習法與分段學習法效能之比較	
	自然科學類	三等獎	吳大榕	同步機常數之理論分析	
	自然科學類	獎助者	陳正祥	中國之霜期	
	自然科學類	獎助者	毛宗良	艾白之剖析	
	應用科學類	二等獎	郭祖超	醫學與生物統計方法上、下	此屆應用科學類無一等
	應用科學類	二等獎	徐冠仁	異型稻雜種不孕性之遺傳研究	

資料來源：教育部編，《第二次中國教育年鑒》，頁 867-872。

說明：原引資料未列獲獎者所屬單位，本文根據中央大學檔案全宗之教師名錄類資料及其他傳記資料確定獲獎者所屬單位。

據統計，從1941至1945年度，獲5屆「著作、發明及美術獎勵」者共計281人次（聯名獲獎者計一人次），其中中央大學教師計29人次，佔總獲獎人次之10.32%，且不乏獲各類獎項的最高等級者，比例不可謂不高。這一獲獎情況從一個層面反應抗戰時期中央大學學術研究的實力。

二、戰時國防、經濟建設與中大學術研究

（一）戰時中大各實科及各學科應用性研究的增強

全面抗戰爆發後，國民政府對高等教育的總方針是「戰時教育平時看」，故內遷後中央大學大體維持「平時」的教育方針。然而，在抗戰的大背景下，國民政府與中大校方仍有意識地加強該校的教學科研與國防、經濟建設、抗戰救亡等方面的結合。

1938年3月31日至4月1日，國民黨中央在武漢召開臨時全國代表大會，通過了教育部草擬的「戰時各級教育實施方案綱要」，包括「九大方針」與「十七項要點」。「戰時各級教育實施方案綱要」基本奠定抗戰時期國民政府的基本教育方針。其中「九大方針」中第7點規定「對於自然科學，依據需要，迎頭趕上，以應國防與生產之需要」；第8點規定「對於社會科學，取人之長，補己之短，對其原則整理，對於制度應謀創造，以求一切適合於國情」；在17點具體的實施準則中，第17點爲「爲謀教育行政與國防及生產建設事業之溝通與合作，應實施建教合作辦法，並儘量推行職業補習教育，使各級幹部人員均有充分之供

給，俾生產機構早日完成。」[51] 上述幾點明確表明教育適應抗戰的傾向，強調教育的應用性，是國民政府「重實抑文」教育政策的體現。

在全面抗戰爆發前，國民政府已大力推動「實科」教育。實科大致指偏於應用的學科，此概念主要流行於二十世紀二三〇年代，其與文、法、藝術等科相對，但範圍並不確定。按國民政府教育部的官方說法，實科指理、農、工、醫等四科；有時也專指農、工、醫三科。[52] 南京國民政府成立後，對高等教育進行了大規模的整頓和重新規劃，其中最主要的措施是裁撤合併大專院校、院系和推行實科教育。經過數年的努力，文實兩科大致達到平衡發展。以1934年入學新生爲例，文實兩部分學生人數基本已持平。南京政府推行實科教育，一方面由政府政策直接導致，另一方面也與社會經濟發展而實用學科人才緊缺等因素密切相關。[53] 發展實科的最大目的在於大學教育能直接爲國家經濟建設服務。正如在抗戰時期任教育部長的陳立夫所言，「唯工業如不先發展，文法科人才需要不多，國家要工業化才能強盛起來，故暫時應多培育理工人才，以應工業化實際建立之需要。」[54] 從某

---

51 《國民黨臨時全國代表大會通過之戰時各級教育實施方案綱要（1938年4月）》，中國第二歷史檔案館編，《中華民國史檔案資料彙編》，第5輯第2編，教育（一）（南京：江蘇古籍出版社，1997），頁13-16。

52 《十年來之高等教育》，杜元載主編，《革命文獻》，第56輯（臺北：中國國民黨中央委員會黨史史料編纂委員會，1971），頁198-199；朱家驊，〈九個月來教育部整理全國教育之說明（1932年11月25日）〉，王聿均、孫斌編，《朱家驊先生言論集》（臺北：中央研究院近代史研究所，1977），頁138。

53 詳見金以林，《近代中國大學研究》（北京：中央文獻出版社，2000），頁197-206。

54 陳立夫，《成敗之鑒——陳立夫回憶錄》，頁295-296。

種意義上講，大學實科從人才培養到科學研究實爲南京國民政府國家建構（State-building）的重要部分，這主要涉及國家政策和戰略層面。而大學方面，也通過實科教育與國家產生密切的聯繫，以求得發展。就中央大學論，羅家倫坦言：「我們應使一切科學的研究，能與外界發生關係，尤應特別注意使實用科學能與國防發生關係」，因而一方面政府要直接幫助學校實科的發展，另一方面「希望我們能直接幫助政府解決目前國家的生死存亡問題」。[55] 在全面抗戰爆發之前，中大校方相當重視實科，例如該校院系添設就集中在實科。如添設醫學院（1932年秋原中央大學上海醫學院獨立設置）和牙醫專科學校。其中，添設醫學院一方面是國民政府「鑒於我國醫學人材至感缺乏及國立醫學院之稀少」，特命令中大辦醫學院；另一方面學校「亦深感醫學教育對於民族健康及國防上之重要」。此外，中央大學還添設機械特別研究班、理科研究所算學部和農科研究所農藝部，以及擴充畜牧獸醫系之事業。[56]

1937年內遷後，中大校方對實科以及各學科的應用性研究更大力提倡。如時任校長顧毓琇上任之際強調：「大學教授均爲學者專家，除研究學術上之專門問題外，尤希望對現實政治經濟社會諸般問題，發表意見，以貢獻於國家而改善行政。」[57] 而各學系也在不同程度上強調研究工作的應用性。例如偏向應用科學

55 羅家倫，〈希望二十三年度的中央大學——民國二十三年九月在國立中央大學總理紀念周講〉，《羅家倫先生文存》，第5冊，頁404-405。

56 羅家倫，《中央大學之最近四年（廿五年七月一日）》，杜元載主編，《革命文獻》，第56輯，頁443-444。

57 〈顧校長發表教育方針（1944年9月）〉，《南大百年實錄》，上卷，頁442。

的工學院各學系，在這方面的努力最爲突出。當時「因困難時期之要求」，機械學系研究軍用有線和無線電報、電話機的製造與改良，並將研究「私密通訊方法」。[58]

物理學是理科中的基礎學科，應用性本不強。1944年時，中大物理系擬定未來發展計畫，定位本系是「一面應追隨世界潮流，探討眞理；一面擬儘量設法應用，贊襄國防，二者既不偏廢，亦不偏重。」[59] 在1937年前，中大物理學系教授施士元曾從事核譜學實驗、X光與光譜分析等方面的研究；在抗戰期間，他曾利用石墨坩堝製造氧化鉛，從而製造鉛蓄電池，還與人合作生產幾千張鉛板，供公路運輸之用，同時也涉及製造一些無線電收發報機。[60] 很明顯，施士元之前的研究偏於理論性，而之後的研究帶有很強的應用性與工科性。

屬於中大理學院的心理學系將本系研究的工作定位爲「對於心理學之理論及其應用同時並重」。[61] 在抗戰時期，該系系主任蕭孝嶸大力推進「技工適性訓練及心理測驗」、「人事心理學」、「軍事心理學」等專案的研究，直接服務於抗戰。[62]

歷史學的研究雖難體現直接的應用性，但其與抗戰仍能產生很大的關聯。1938年11月，時任中大史學系（歷史學系）主任朱希祖有搜集抗戰史料的設想，並與金毓黻商議此事。[63] 金毓黻

58 〈國立中央大學工學院各系最近概況〉，1941年，中大檔648-726。

59 〈物理學系概況〉，1944年，中大檔648-772。

60 施士元，《施士元回憶錄及其他》，頁99。

61 〈中央大學心理系概況〉，《讀書通訊》，第16期（1940年12月16日），頁14。

62 閻書昌，《中國近代心理學史（1872-1949）》，頁216-221。

63 朱元曙、朱樂川撰，《朱希祖先生年譜長編》，頁563。

擔任系主任後，繼續推動編纂抗戰史料，其曾在《新民族》上發表〈編纂抗戰史的重要〉一文，也曾於1939年2月時託參政員高惜冰向國民參政會提案此事，獲通過，轉送國民政府，請其實施。[64] 1941年4月，已離開中大的朱希祖編成《新得民國抗戰史料》的目錄。[65] 不過，該系最終未能出版抗戰史料。金毓黻的史學研究以考據見長，但在抗戰的環境中，含有特別的民族國家情懷。1939年他出版《宋遼金史》，該書可能是我國最早的宋遼金斷代史著作，書中金氏主張以宋爲正統，寄託了他在特定時代背景下的民族之情。[66] 1938年後，中大師範學院史地系主任、史學系兼任教授繆鳳林曾幾度應國民黨西北軍政當局的邀請赴西北講學與考察。1939年後，他陸續寫成《民族寶訓》、《中國民族文化》、《西北史略》、《漢武經略河西考》與《國史上之戰鬥觀》等小冊子。[67]

（二）中大學術研究中的國家導向

在抗戰時期，大學各學科學術研究更趨應用性以及加強與國家需要的聯繫，不僅是校方與教師的自發行爲，國民政府除了制定基本教育方針外，還運用各種方法切實推進之。時任教育部部

---

64 《金毓黻文編》編輯整理組校點，《靜晤室日記》，第6冊（1939年9月21日），頁4368。

65 朱元曙、朱樂川撰，《朱希祖先生年譜長編》，頁626。

66 胡正寧，〈導讀〉，胡正寧編，《金毓黻與〈中國史學史〉》（南京：南京大學出版社，2012），頁7。

67 繆鳳林，《中國通史要略》「自序」（北京：東方出版社，2008），頁1-2；張效乾，〈懷念繆鳳林先生〉，（臺北）《傳記文學》，第46卷第1期（1985年1月1日），頁102。

長陳立夫闡釋「戰時教育方針」時指出：「對於自然科學依據需要迎頭趕上以應國防與生產之急需」。他認爲，自然科學「有屬於理論的，有屬於應用的，固然二者不可偏廢，但爲著適應急需起見，我們不能不分別一個重輕緩急」，所以要偏重應用學科。[68] 1938年11月，教育部訓令中央大學，要求統計「各教師領導學生研究有關政治、經濟、國防、生產、交通、軍事以及民族文化等亟待解決之實際問題」，校方匯總後製成表格上報教育部。其具體內容見表2。

表2：教授姓名及研究問題表

院系	教授姓名	研究問題	備註
文學院史學系	張貴永	歐洲近代外交史、大戰國際關係	
理學院物理系	張鈺哲	關於飛機之流體力學	
理學院物理系	倪尚達	電阻線上之絕緣層	
理學院物理系	周同慶	超聲頻率音源之製造	
理學院化學系	趙廷炳	A New System of Qualitative Analysis without the use of Hydrogen Sulfide	
理學院生物系	歐陽翥	（一）中國人腦皮層之研究； （二）中國人頭顱形狀之研究	
理學院生物系	陳義	蚯蚓消化腺之作用及與土壤之關係	
理學院生物系	吳功賢	（一）神經生理及藥物之作用； （二）短波電對於生物現象	
理學院生物系	羅宗洛	有用植物根部之發育及氮之代謝	

68 陳立夫，《戰時教育方針》（1940），杜元載主編，《革命文獻》，第58輯，頁15-16。

理學院地理系	胡煥庸	（一）縮小省區問題； （二）中學地理課標準； （三）蘇聯經濟地理； （四）中學地理掛圖	
理學院地理系	丁驌	花粉分析	
理學院地質系	李學清	中國火成岩之分布與種類及其與礦產之關係	
法學院政治系	孟雲橋	如何改進中國人事行政	
法學院經濟系	朱偰	中國通貨管理及外匯問題	
法學院經濟系	褚葆一	戰時經濟問題	
教育學院教育系	常道直	學制及教育行政組織問題	
教育學院教育系	許恪士	抗戰建國之教育哲學	
教育學院教育系	張士一	（一）中學英語課程的系統化； （二）選擇中學英語教材的新原則——生活情景； （三）編制師範學院課程的基本原則； （四）師範學院英語系課程的編制； （五）師範學院英語系專業訓練科目的內容和方面	
教育學院心理系	蕭孝嶸	編制警士及警官能力測驗	
教育學院體育系	吳蘊瑞	教授運動技術用全部法或分段法之優劣問題	
農學院農藝系	鄒鐘琳	（一）重慶附近地蠶之防除； （二）重慶一帶小黑蠅之生活史及防除方法	
農學院農藝系	金善寶	（一）小麥氣孔之大小與產量之關係； （二）重慶附近農藝之調查	
農學院農藝系	謝哲聲	農業集體化	

農學院園藝系	毛宗良	（一）重慶芥菜之品種及其栽培； （二）圓羹之研究； （三）荸薺肥料試驗	
農學院畜牧獸醫系	汪德章	（一）四川省各種家畜之分布狀況； （二）屠宰場副產品之研究； （三）農民畜種之統制與供給； （四）純種乳牛及改良； （五）用各種油餅飼養乳牛之試驗； （六）用中外各種方法以醃肉而比較其成本之大小品質之優劣及貯藏時間之長短	
農學院農業化學系	陳方濟	（一）四川土壤沖蝕狀況之研究； （二）四川重要土壤對於燐酸肥料吸收及固定之研究； （三）四川土壤中置換鹽基	
農學院農業化學系	魯寶重	（一）蠶豆蛋白質之消化度及蠶豆粉用於製造斡量之初步試驗； （二）米及大麥在發芽時酵素之作用	
農學院森林系	李寅恭	森林病蟲害之研究	
農學院森林系	張福延	各省主要林木生產量之查定	
農學院森林系	李順卿	國內各林區主要林木之生產及利用	
農學院森林系	梁希	（一）峨邊各種木材機械的性質與物理的性質之檢定； （二）中國十六生油桐子分析試驗； （三）各種木材之乾餾試驗； （四）各種木材纖維分析試驗	
工學院土木系	白季眉	軍事地圖當用之經緯線繪法，又我國大地測量所當取用之地球原子	
工學院航空系	金仲奎	國產飛機材料之研究	
工學院水利系	沈百先	西南水道交通建設	

醫學院	鄭集	（一）軍糧之研究； （二）大豆蛋白質生理價值之研究； （三）米麥營養價值之研究	
醫學院	易見龍	對於引起高血壓反應之因素之檢討	
農學院農業化學系	沈學源	（一）國產蓖麻子油脂分解酵素力之研究； （二）發酵法甘油製造之研究； （三）無水酒精之製造方法研究及代汽油之配合問題研究	
理學院生物系	段續川	植物突變之研究	
理學院化學系	高濟宇	（一）利用四川土產製備無機藥品，如硫化鐵、氯化鈣、磷酸等急需用之藥品； （二）在苯環上在鄰及對位之活動元子團隊與甲基及鹵族元子之影響； （三）由氮元子相連之雙環有機化合物	
理學院化學系	袁翰青	（一）治瘧藥之試製； （二）國藥川石斛之有效成分； （三）含硫胺基酸之製備及其生理作用	
農學院畜牧獸醫系	許振英 陳之長	西康畜牧獸醫調查	
農學院畜牧獸醫系	許振英	養豬研究	
農學院畜牧獸醫系	羅清生	（一）雞瘟菌苗之製造； （二）Goat Virus Vaccine 之試驗； （三）Bean Extract 製造之試驗	
醫學院	張查理	四川土著之人體測量	
醫學院	蔡翹	國人之生理特性標準	

醫學院	童第周	（一）魚類之發長能力； （二）海鞘嵌合性（指發長時）之研究； （三）腎臟之移植與割除； （四）感應作用與雌雄性之決定； （五）纖毛運動之定位	
醫學院	郭紹周	兩種維生素之消長與疾病之關係	
醫學院	吳潔	（一）腳氣性心病之血循環時間； （二）維生素缺乏病之空胃時間	

資料來源：《國立中央大學呈教育部（特字第268號）》，1939年5月13日；《國立中央大學呈教育部（特字第373號）》，1939年6月28日，中大檔648-2446。

教育部給中央大學校方訓令，明顯是官方對大學研究工作的指引。從以上表格內容看，中大教師們在抗戰時期的研究多與「政治、經濟、國防、生產、交通、軍事以及民族文化等亟待解決之實際問題」有關。但是，也應注意到，這些研究題目均不脫離各位教師的學科領域，即使是基礎性學科，研究工作的理論性與應用性並不全然區隔。1940年，教育部制定《教育計畫與國防計畫之聯繫方案大綱》，要求各高等院校引導部分學生從事關於「最新式武器及有關國防工業」的研究。[69]

在此之前，中大校方還向教育部呈報與抗戰直接有關之各項工作情況：

一、中央大學與航空委員會合作辦理航空工程教育，除特射

69 《教育部制定教育計畫與國防計畫之聯繫方案大綱（1940年）》，中國第二歷史檔案館編，《中華民國史檔案資料彙編》，第5輯第2編，教育（一）（南京：江蘇古籍出版社，1997），頁126。

機械研究班與航空工程系三個年級之學生外，尙設專修科，爲航空委員會現在工作人員進修之教育設置。現計研習航空工程之員生總數爲一百二十三人，已畢業在航委會及各機廠場工作者爲七十一人。

二、工學院航空工程系代航空委員會研究敵機機翼性能。

三、工學院材料實驗室代兵工廠研究解決合金問題。

四、工學院電機工程系研究秘密無線電之構造。

五、工學院材料實驗室研究敵機炸彈鋼鐵成分。

六、農學院農業化學系研究製造軍糧。

七、師範學院心理系研究軍事心理測驗。

八、醫學院與衛生署紅十字總會合作組織救護隊，在河北、安徽爲傷兵施行手術。

九、工學院化學工程系與公路管理處研究植油代替汽油問題。

十、農學院農業化學系與新中國代汽油製造廠合作，改進代汽油。

十一、工學院化學工程系研究自流井煤氣壓貯問題。

十二、理學院物理系代經濟部製造回聲測深儀，以備測量川江水道。

十三、工學院水利工程系與經濟部合作研究製造水力發電機模型，並調查研究四川水力發電工程。

十四、理學院地質系、生物系、農學院農藝系、畜牧獸醫系擔任西康省政府主辦之科學調查團，調查西康地質金礦畜牧土壤等項。

十五、法學院經濟系與經濟部等合作西南經濟調查。

十六、醫學院主持中大、華西、齊魯三大學聯合教學醫院三所。

十七、醫學院與四川省政府合作辦理公共衛生事宜。

十八、理學院化學系研究利用四川土產製備化學藥品。

十九、理學院化學系研究製備治瘧藥劑。

二十、農學院農藝系與農產促進委員會合作辦理西南各省棉花檢定。

二十一、農學院畜牧獸醫系與生物系調查西南畜牧事業。

二十二、農學院畜牧獸醫系與四川省家畜保育所合作辦理全省獸疫防止與血清製造。

二十三、農學院與四川省建設廳合作研究蠶絲改良。

二十四、農學院與四川省建設廳合辦內江豬種改良場。[70]

1941年5月，教育部向中大發布訓令，要求檢發教員專題研究調查表及研究結果報告表。校方隨即將55位教員的專題研究調查表及研究結果報告表填報後呈報教育部。其具體內容見表3。

---

70 《陳立夫抄報中央大學對於抗戰直接有關之各項工作節略致行政院密呈（1939年2月15日）》，中國第二歷史檔案館編，《中華民國史檔案資料彙編》，第5輯第2編，教育（一），頁819-821。

表3：教員專題研究調查表及研究結果報告表

院系	姓名	研究題目	研究結果題目	備註
文學院中國文學系	汪辟疆	（一）水經注校釋；（二）管子集解	同左	
文學院中國文學系	黃淬伯	詩經覈詁	○	
文學院中國文學系	常任俠	中國原始的音樂與舞蹈	同左	
文學院中國文學系	李長之	中國文學中之哲學背境〔景〕	同左	
文學院外國語文系	范存忠	（一）英語教學問題；（二）語言學原理；（三）中英文學關係	（一）英語教學問題；（二）中英文學關係	
文學院外國語文系	華林一	初中英文教材	同左	
文學院歷史學系	張貴永	近代歷史思想	同左	
文學院哲學系	孫本文	現代中國社會問題	同左	
文學院哲學系	方東美	文化形態學	同左	
理學院數學系	周鴻經	冪級數與傅氏級數之可和性	同左	
理學院物理學系	周同慶	回聲測深儀研究製造及其應用	同左	
理學院物理學系	施士元	應用國產原料改良蓄電池製造之各種試驗	同左	
理學院物理學系	張宗燧	有一定對之排列注	關於合金之構造之研究	
理學院物理學系	李博	回聲測深儀製造	同左	

理學院化學系	趙廷炳	（一）包括鎢金鉬鈦釩鋰之陽離子分析系統； （二）以硫化氫之飽和溶液爲陽離子第二組之沉澱劑； （三）硫化銅沉澱對於陰離子之吸附作用； （四）草酸鈣沉澱對於陰離子之吸附作用	（一）陰離子之分析系統； （二）不用硫化氫之陽離子分析系統； （三）硫化銅沉澱對於陰離子之吸附作用； （四）草酸鈣沉澱對於陰離子之吸附作用	
理學院生物學系	歐陽翥	（一）猴脊髓之特點； （二）中國人腦之研究	同左	
理學院生物學系	耿以禮	中國禾本植物志	西康禾本植物之新屬及新種	
理學院生物學系	吳功賢	生理與藥理	同左	
理學院生物學系	龔建章	（一）川東雞腸之胵蟲初步報告； （二）川東鴨腸之鉤頭蟲初步報告	鱔魚輔助呼吸器官之研究	
理學院生物學系	伍律	中國人頭型（頭指數）之分布及其與體高體重年齡等之相關係數	蚯蚓消化道神經生理	
理學院生物學系	王建臨	沙坪壩野生植物之分類	同左	
理學院地理學系	胡煥庸	本國邊疆地理	縮小省區計畫	附著作二本、圖一張
理學院地理學系	丁驌	重慶附近地形	中國之森林之交粉分析	

理學院地理學系	朱炳海	四川之氣候	中國天氣俚諺匯解	
理學院地質學系	李學清	西康滎經縣大成岩之顯微鏡研究	同左	
理學院地質學系	張更	湖北咸豐及建始之銅礦	廣西南丹□箱蓋附件礦藏之帶狀分布	
理學院地質學系	馬鎮坤	魯甸鉛銀銅礦之成因與分布	同左	
理學院地質學系	孫鼐	◯	川東鹽產概要	
理學院心理學系	蕭孝嶸	（一）交通刑事員警特殊能力測驗之編制；（二）小學各級在蕭氏訂正非文字智慧固體測驗上之常模；（三）個人事實表格第二種之最後訂正	（一）非文字指揮團體測驗之訂正；（二）警官智力測驗之編制；（三）褒貶對於學習效率之影響；（四）蕭氏訂正個人事實表格第一種；（五）一種自由聯想測驗之編制	
理學院心理學系	艾偉	中等教育測驗	◯	
師範學院教育學系	張士一	中學英語教科書的活用問題	◯	
師範學院體育學系	吳蘊瑞	中學體育測驗程式	同左	
師範學院理化系	王恒守	混油選礦法及組合淘金機	同左	著作一份、圖二張
師範學院史地學系	蔣百幻（即蔣孟引）	咸豐朝中英外交史	◯	

師範學院博物學系	陳邦傑	（一）中國苔蘚植物志； （二）中國苔蘚植物分科研究	○	
師範學院公民訓育學系	許澄遠	中國教育變遷史之研究	○	
師範學院史地學系	柳定生	四川省鄉土小史	同左	
師範學院公民訓育學系	龔啓昌	（一）中學公民科教學研究； （二）中學訓育狀況調查	（一）中學生閱讀興趣調查； （二）戰時中學國文補充教材研究； （三）中學生錯字心理研究	
農學院森林學系	李寅恭	四川造林樹種之研究	各國林政研究	
農學院森林學系	郝景盛	松脂之採集	果松造林之研究	
農學院農業經濟學系	吳文暉	（一）陪都附近主要糧食生產成本之研究； （二）陪都附近農場大小與農民生活之關係	民生主義之土地政策	
農學院農業經濟學系	劉後利	農場管理之理論與實際	同左	
農學院農藝學系	趙倫彝	宿棉根之研究	數種人工處理對於美棉越冬之影響	
工學院土木工程學系	戴居正	舊法製造波德蘭水泥之試驗	天然水泥之創作	
工學院機械工程學系	陳大變	（一）小型蒸汽鍋爐之創作； （二）肘杆壓榨機之創作	同左	

工學院土木工程學系	史宣	投影幾何	○	
工學院機械工程學系	曹萃文	機車設計概要	○	
工學院土木工程學系	陳文禧	投影幾何	同左	
工學院土木工程學系	邢道謙	投影幾何	同左	
工學院航空工程學系	李壽同	飛機薄片結構	同左	
工學院航空工程學系	張創	轉缸式飛機發動機	同左	
工學院航空工程學系	柏實義	五呎風洞構造及試驗	○	
工學院航空工程學系	李登科	汽油酒精混合燃料	（一）飛機發動機複式聯桿之研究；（二）擺式動力阻震器	
醫學院	蔡翘	（一）抗溶血素與膽固醇及蛋黃素之關係；（二）膽固醇之抗毒作用	同左	附著作一本
醫學院	李瑞軒	抗溶血素與膽固醇及蛋黃素之關係	同左	

資料來源：《國立中央大學呈教育部（特字第726號）》，1941年8月8日，中大檔648-2446。

說明：（1）院系項係引者所列，並使用院系全稱；（2）原文中「○」之意疑指缺研究結果。

對照表2、表3以及1939年2月「中央大學對於抗戰直接有關之各項工作節略」，可以發現，教育部兩次對中央大學進行各項研究專題的統計，雖然前後提法並不相同，後者並未突出學術研究直接服務國防與經濟等方面的導向，但二者在內容上並沒有太大差別：一，表2中的許多項研究專題其實很多屬基礎理論研究，並沒有體現太多應用性；二，表3中的許多研究與表2中的有相關性，並分屬基礎理論性與應用性的研究；三，許多教師在戰時從事與國防、經濟直接相關的研究，亦在本學科範圍之內，且在戰前已有相關學術傳統。從總體而言，戰時中央大學教師關於與國防、經濟、工業等方面直接相關的應用性學術研究，本就植根於該校較爲紮實嚴謹的長時段、基礎性研究積澱之中，並緣於院系設置齊備的辦學規模。

三、中大學術研究中的「建教合作」模式

（一）戰時國民政府的「建教合作」政策

在抗戰時期，高等院校展開關於與國防、經濟等方面直接相關研究，主要採取「建教合作」模式。1938年4月，國民黨臨全大會通過「戰時各級教育實施方案綱要」規定，「爲謀教育行政與國防的生產建設事業之溝通與合作，應實施建教合作」。[71]時任教育部部長陳立夫對「建教合作」有如是解釋：「確定建教合作，爲實現這一方針起見，教育部在各級教育實施方案中，認爲社會各項事業需要人才之種類，與各學校畢業生之出路，在在有謀溝通求合作的必要。以建教合作的原則，確定建教的關係，其實施辦法，是由教育部約集中央有關經濟建設各機關，如財政、

---

71 《國民黨臨時全國代表大會通過之戰時各級教育實施方案綱要（1938年4月）》，中國第二歷史檔案館編，《中華民國史檔案資料彙編》，第5輯第2編，教育（一），頁15。

經濟、交通、內政、軍政各部組織中央建教合作委員會，詳密調查各方所需要專門人才的種類與數量，供給教育部作設置專科以上校院科系，選擇教材，進行實習研究以及籌畫畢業生服務的參考，總期政治建設的需要與人才培養的供給，收支相抵，出入平衡。」[72] 從另一個角度而言，「建教合作」體現在教育方面是所謂的「計畫教育」，即「配合政治進程，適應國防與生產建設等需要之教育，此種教育之過程爲事業發展與人才培養密切配合，並頭邁進，其鵠的則在完成抗戰建國大業之使命」。[73]

爲實現「建教合作」，教育部頒布各項實施辦法以推動之。1939年8月，教育部在與軍政、交通、經濟各部及航空委員會會商後，由行政院頒布《大學理工學院與經濟交通及軍備工廠合作辦法》，教育部與各部會令各大學理工學院及相關工廠遵辦。該辦法具體內容如下：

一、各大學理工學院與經濟、交通及軍備工廠之合作，適用本辦法。

二、校廠合作之事業，如下列各項：甲、學校得聘請工廠之技術人員，擔任教師、顧問或講演。乙、學校應分發高年級學生至工廠實地練習，廠方並應派員指導學生參加實際工作。但兵工廠收受實習生，以確具永久服務兵工事業志願及具有確實保證者爲限。丙、學校應擔任工廠各項問題之試驗、研究與推廣，其問題與材料應由廠方供給，並儘量協助之。丁、學校遇必要時，可變通正常

72 陳立夫，《戰時教育方針》，杜元載主編，《革命文獻》，第58輯，頁15。
73 中央建教合作委員會編纂，《三年來之建教合作》（鉛印本，1941），頁9。

課業，集中時間，協助工廠實際工作，以應國防上之急切需要。戊、工廠如需要特種技術人員，得商由學校代爲訓練。己、其他合作之事業。

三、學校與工廠因合作必須增加之經費，由雙方呈請各該主管機關，按照實際情形，會呈行政院酌予補助。

四、學校爲與工廠合作起見，得斟酌情形，移設其預備合作之部分子工廠附近或廠內，以資便利。

五、校廠之合作，由雙方商定後，擬具計畫，分呈各主管機關核准備案。

六、本辦法呈請行政院備案施行。[74]

1941年4月，教育部公布《農林技術機關與農林教育機關聯繫與合作辦法大綱》，規定：

一、教育機關所培養之人才與數量，應適合技術機關之需要，並應各秉承主管行政機關之意旨，會商詳細辦法，俾資適應。

二、技術機關需用之技術人員，以由教育機關負責訓練爲原則，但如有左列情況時，得暫由技術機關自行訓練。

（甲）教育機關之設備與人材尚無擔任是項訓練之準備時。

（乙）教育機關應添設訓練班次有妨礙本機關原有之工

---

74 《教育等部關於訂定〈大學理工學院與經濟交通及軍備工廠合作辦法〉的會呈（1939年8月9日）》，中國第二歷史檔案館編，《中華民國史檔案資料彙編》，第5輯第2編，教育（一），頁707-708。

作或其他原因不願擔任此訓練工作時。

三、技術機關或教育機關舉辦特種訓練班或講習討論會時，得交互派遣員生參加。

四、技術機關與教育機關所辦之試驗研究工作，應相互諮詢，供給材料，以資參考。

五、技術與教育機關所有關於研究或試驗工作之成績，應互相尊重承認，於必要時得由雙方技術人員開會評論或重加試驗，以確定其價值。經確定後，該項成績應公認爲該機關之特有供[貢]獻。

六、技術機關高級職員得在教育機關兼任教職，但以不妨礙本職及除必需之車馬費外，不兼領薪水爲原則。

七、教育機關高級教員得在技術機關兼任技術職務，但以不妨礙本職及除必要之車馬費外，不兼領薪水爲原則。

八、技術機關與教育機關之圖書儀器等設備，經雙方主管人員之同意，得指定範圍或人員互相利用，但此項設備以不移出原機關之所在地爲原則。

九、技術機關得邀請或接受教育機關於假期內派遣員生至該機關研究或實習，該機關應酌量免費供給各種研究或實習資料或器械，並派員指導督率考核其成績。

十、技術機關得於學校暑假期內延用員生，酌給津貼。

十一、農林高級技術機關如有特殊人才與設備，得因教育機關之請求，允許農學院研究員前往研究，給予學分，並由原教育機關予以承認。

十二、教育與技術機關之設立地點，應互相接近，俾教育與技術人員彼此兼顧。

十三、教育機關之假期，應設法與技術機關田野工作實施期間互相配合。

十四、技術機關對於某項技術研究認爲有委託教育機關辦理之必要時，得委託教育機關辦理，其研究所需費用一部或全部，應由技術機關補助。

十五、凡同一性質之工作其在同一區域時，技術機關與教育機關應相互協商，避免不必要之重複，其不在同一區域內時，應互相諮詢及供給有關材料，以資參考。爲實施前項辦法起見，應定期交換工作報告，並研討工作通行辦法。

十六、爲督促實施本辦法大綱起見，中央及各省政府得設置建教合作委員會，以資協助，其組織章程另定之。[75]

9月，教育部又公布《政府機關委託大學教授從事研究辦法大綱》。這一辦法規定，各大學教授在經原校同意後，可接受各政府機關委託從事研究，並接受其經費補助，而教授則仍在原校服務，支領原薪，校方須提供各種便利。[76] 這就意味著政府機關可繞過各大學，直接與教授本人發生「合作」關係。

以上各項法令表明，大範圍的「建教合作」使大學更深地捲

---

75 《教育部制定之〈農林技術機關與農林教育機關聯繫與合作辦法大綱〉（1941年4月5日）》，中國第二歷史檔案館編，《中華民國史檔案資料彙編》，第5輯第2編，教育（一），頁718-719。

76 《政府機關委託大學教授從事研究辦法大綱（1941年9月29日）》，中國第二歷史檔案館編，《中華民國史檔案資料彙編》，第5輯第2編，教育（一），頁724。

入國家政治之中，政府機構與大學在招生、教學、研究和畢業生錄用方面的深度配合也使實用學科在相對艱難的戰時環境中得以發展。以戰時中央大學工學院整體爲例，該院經費在學校經常費統籌支配之下按比例分配，但各學系開設的各項實驗科目種類繁多，所需材料和設備消耗甚多，故經費不敷，「幸賴教育部對於增設工科研究所及加開雙班另撥發專款」。此外，該院「本建教合作之旨，謀學術與事業在實際上配合推進，並彼此得以互相利用設備及人才起見，近數年來充分與政府各事業機關聯繫合作，分別進行實際之研究」，並獲得經費上的補助。[77] 具體到學術研究層面，「建教合作」使得大學在研究設備、經費上得到較爲有效的保障，並使其研究成果可能得到較快的應用轉化。

（二）戰時中大「建教合作」的各種模式

與中央大學建立全面合作關係、歷時也最長的是資源委員會。抗戰爆發前，資源委員會曾與中央大學商定合作計畫，與該校電機、機械兩系進行合作研究，專題爲無線電秘密通訊、絕緣油和齒輪製造，經費共8萬元，由雙方負擔各半。合作方案還規定：「會方所辦事業容納學生實習時，校方有優先派遣權利，校方所訓練人才，會方有優先選用權利。」[78] 但因戰事吃緊、學校內遷的關係，估計該計畫並未能實行。1941年11月，資源委員會與中央大學簽訂年度合作研究合約，由前者向後者提供補助經

77 〈工學院沿革（卅三年春擬）〉，中大檔648-762。

78 〈國民政府軍事委員會資源委員會公函（二六）密字第4887號〉，1937年7月12日，中大檔648-2461。

費30萬元。[79] 除此之外，資委會另提供專門獎學金和講座資助。

從1941年至1945年度，資源委員會每年與中央大學簽訂合約，由會方補助校方經費，會方則可利用校方設備或委託校方研究問題，合作單位主要以中央大學工學院機械、電機、化工和建築四個學系爲主，1944年度補助費提高至60萬元，1945年度提高至80萬元。[80] 以1943年度爲例，資源委員會與各大學研究專題分機械、電機、化工、礦冶、建築和會計六大類，共48個具體專案，其中，中大有「工具機割阻力之研究」、「動力油料廠所產潤滑油之研究」、「焊接法熱處理及金相學之研究」、「中國將來各高壓電器網初步研究」、「靜電容器之研究及試驗」、「國產絕緣材料之研究及試驗」、「避雷器之研究及試製」、「地氣箱代替品之製造」、「丙酮製造」和「煤膏之利用」，共十項。其他合作院校還有西南聯大、浙江大學、同濟大學、湖南工學院和西北大學等校。[81] 1944年度資源委員會與各大學技術合作研究專題分機械、電機、化工和礦冶四大類，共46項。其中，屬中央大學者爲「數種焊條之焊接比較試驗」、「代測阻器之製造」、「鉛丸避雷器之製造」、「模擬線路製造」、「國產絕緣材料研究」、「低溫煤膏之利用」和「丙酮研究」，共7

79 〈經濟部資源委員會快郵代電（資秘字第15935號）〉，1941年11月，中大檔648-2431。

80 詳見中大檔648-2431卷宗內相關檔。

81 〈本年度與各大學合作研究專題〉，（重慶）《資源委員會公報》，第5卷第3期（1943年9月16日），頁36-37。

項。[82]

資源委員會對於專門技術人員的需求甚多。從1936年開始經營重工業企業時起，每年均有100到400名大學畢業生進入資源委員會下屬工礦企業工作，[83] 中央大學就在其中之列。例如，1946年中大工學院有20名畢業生直接保送進入資源委員會所屬工廠服務，其中西京電廠2人、天津電力公司6人、天津煉鋼廠1人、臺灣煉鋼廠2人、廣州電廠3人、漢中電廠1人、北平電力公司2人、華中鋼鐵公司3人，大部分是機械、電機和土木三系的畢業生。[84]

相較於中大與資源委員會「全面合作」的模式，更多的情形則屬於委任某一或某些專題進行合作研究的模式。從1940年8月起，中央無線電廠與中央大學電機工程系進行技術合作，由中大電機系主任陳章主持指導，雙方都派員參加。到1941年2月止，進行中的試驗和研究計畫共十一項。通過這種合作關係，廠方撥贈電機系無線電器材料共價值3,600餘元，電機系也通過廠方在上海訂購電錶及其零件，免去運輸上的困難，同時電機系學生暑期可入無線電廠實習。[85]

1941年底，農林部中央林業實驗所林產利用組，爲節省設備起見，與中央大學農學院森林化學研究室確立合作試驗關係。

---

82 〈本年度與各大學合作研究專題〉，（重慶）《資源委員會公報》，第7卷第4期（1944年10月16日），頁41。

83 鄭友揆、程麟蓀、張傳洪，《舊中國的資源委員會——史實與評價》（上海：上海社會科學院出版社，1991），頁304-308。

84 〈中大壁報太公報〉，（南京）《中央日報》，1946年9月18日，第4版。

85 〈中央無線電器材廠、中央大學電機工程系合作工作報告（自二十九年八月至三十年二月止）〉，中大檔648-1007。

雙方工作人員各自任用或聘請，薪水也由各自負擔，設備儀器互相通用。為此，中林所林產利用組得以假中大場地添造實驗室和宿舍。[86] 但是，在進行了近兩年的合作之後，中林所方面由於行政集中的需要，準備將林業利用組遷出中央大學，故重新制定合作草案，研究人員和設備改由校方負擔，中林所承擔部分經費。[87] 對此，中大方面表示強烈反對，認為中林所更改合約，「則所有設備及人員勢必分散，不能集中，對於本校研究試驗固受相當影響，而中林所雖將少數設備收回，缺乏指導協助人員……對於研究試驗亦將無法進行，故雙方繼續合作，則相輔相成，事半功倍，中道分馳，則破碎支離，均蒙不利」，要求繼續維持。[88] 結果，雙方勉強按舊章繼續合作關係。雖然從1944年初起雙方繼續合作研究試驗，但是從前一年底起，中林所的經費一直沒能到位。1944年5月，中央大學致函農林部轉飭中林所撥款，[89] 此後雖得農林部的覆函，答應令中林所撥款，但直到9月底經費仍未撥到。[90]

目前尚無資料確定中大森林化學研究室與中央林業實驗所森林利用的合作是否得以順利進行，但中大森林系與中林所的合作

86 〈中央大學便函（特352號）〉，1941年12月26日，中大檔648-2423。
87 〈農林部中央林業實驗所公函〉，1943年9月24日，中大檔648-2423。
88 〈國立中央大學公函（特字第1484號）〉，1943年10月1日，中大檔648-2423。
89 〈國立中央大學便函農林部次長（沙文字第九六二號）〉，1944年5月5日，中大檔648-2423。
90 〈國立中央大學公函（特字第562號）〉，1944年9月28日，中大檔648-2423。

關係並未中斷。例如，抗戰勝利後雙方仍合作試驗商用木材。[91]

此類合作研究的模式具有很強的針對性和實效性，目的在於互相彌補研究設備和材料上的不足。不過這種合作也常受行政因素影響，有時並不穩定。

還有一種「研究支援」和「委託研究」的模式。大學實用學科的研究事業時常面臨的最大困難即缺乏經費，上述資源委員會補助中央大學工學院各系進行專題研究即爲國家對於大學研究事業的支援。當然，在投入一定經費的同時，政府方面也收取一定的實效。中央大學農學院畜牧獸醫系育有純種豬七種、雞四種和美麗諾羊一種，因校中經費支絀而無法維持。從1941年度起，由農林部每年補助經費3萬元，將該項禽畜作推廣之用。[92]

從1941年度起，農林部開始補助國內農業專科以上學校進行經濟調查研究，共有九所專科以上學校獲得資助。如中央大學農學院獲1萬元，中山大學農學院7,600元，金陵大學農業經濟研究所7,500元，浙江大學農學院7,500元。[93] 除農業經濟調查外，農林部對各校農業技術研究亦有經濟支援。1943年，農林部補助中央大學10萬元，支持中大農學院從事三項研究：（1）農作物檢驗分級研究（45,000元）；（2）雙季稻與螟蟲害關係研究（20,000元）；（3）國產藥材療治畜病研究（35,000

91 〈院系動態〉，《國立中央大學校刊》復員後第19期，1947年12月3日，第2版。

92 〈農林部公函（南漁字第6045號）〉，1941年8月5日，臺北中研院近代史研究所檔案館藏，農林部檔案20-04-195-05。

93 〈農林部公函各院校〉，1941年6月19日，臺北中研院近代史研究所檔案館藏，農林部檔案20-22-006-01。

元）。同時受助者還有金陵大學農學院、清華大學農科研究所和華西大學農科研究所。不過，此前中大農學院請求農林部補助時所列的預算計畫爲1,463,600元，但實得數不及預算數的1/14。[94]

各政府機構對中央大學實用學科的資助並非定制，具有很大的彈性。這同時也意味著如若有政治強勢力量的支持，補助力度也會增強。1944年8月，蔣介石辭去其名義上擔任一年有餘的「國立中央大學校長」之職，由顧毓琇繼任。顧毓琇上任後呈請蔣介石擔任中大名譽校長，並請求補助學校各項經費。蔣介石答覆，同意任名譽校長，並下令撥發中央大學「文化建設講座費」每月10萬元，另由軍政部兵工署和航空委員會每月撥給中央大學10至20萬元的研究費。[95]

可以說，這兩項經費是蔣介石離任後在中央大學留下的實利。「領袖旨意」既有效又有力。航委會隨即決定從當年8月份起每月撥給中央大學20萬元，用於進行航空方面的研究，從9月份起由中央大學制定研究科目領取經費。該月中央大學提交題目爲「熱波偵察儀之研究」等19項。[96] 後因其中5項專題研究限於器材不易獲得而暫緩外，中大校方決定將其餘14項專題研究分三期進行。[97] 翌年3月，中大將各項專題研究的第一期報告送交

94 〈農林部趙連芳簽呈〉，1943年3月5日；〈農林部公函（章丙業字第4236號）〉，1943年4月3日，臺北中研院近代史研究所檔案館藏，農林部檔案20-04-198-07。

95 〈軍事委員會來函（侍秘字第23802號）〉，1944年8月21日，中大檔648-2477。

96 〈國立中央大學公函航委會（特617號）〉，1944年10月10日，中大檔648-2477。

97 〈航空委員會致國立中央大學公函（機制第2633號）〉，1944年11月，中大檔

航委會。[98] 8月，又送交第二期研究報告。[99]

軍政部兵工署亦須每月撥付中央大學20萬元，爲此雙方商定三項辦法：「（一）由本署擬研究題目交與中大，視其設備情形選定題目從事研究，同時由中大擬定題目交由本署斟酌輕重緩急分定次序交還中大從事研究。（二）中大於工學院增設造兵軍用化學二講座以備有志兵工事業之學生選讀。（三）凡選讀上項二種學科之學生如成績優越，中大得由軍政部所撥經費內發給該生等獎學金以資鼓勵。」雖然兵工署經費預算緊張，但「國防科學研究實爲政府當前要圖，惟有於萬難之中勉爲照辦」。[100] 兵工署能「於萬難中照辦」，蔣介石個人權力所起到的作用明顯。爲此，中大報送兵工署「金屬粉制稱機件之製造及應用」等8項專題研究。[101] 兵工署同意這些題目，並自擬「大量純鋅簡便製造法」等7項研究題目，交中大進行研究。[102] 雙方最後商定，因兵工署擬定的第7項研究需用純鎂塊10磅，但兵工署無法供給，所以暫停；而第1、2、3項研究人員尚待落實外，其餘各項研究即進行。[103] 1945年8月，中大向兵工署送交第一期的3份研究報

648-2477。

98 〈航空委員會致國立中央大學公函（研秘6926）〉，1945年4月10日，中大檔648-2477。

99 〈國立中央大學致航空委員會公函〉，1945年8月17日，中大檔648-2477。

100 〈軍政部兵工署公函〉，1944年11月7日，中大檔648-2477。

101 〈國立中央大學致兵工署公函（特字第965號）〉，1944年12月29日，中大檔648-2477。

102 〈軍政部兵工署公函（技事第19號）〉，1945年1月16日，中大檔648-2477。

103 〈國立中央大學致兵工署公函（第126號）〉，1945年2月3日；〈軍政部兵工署公函（技事第689號）〉，1945年2月24日，中大檔648-2477。

告。[104]

蔣介石當時指定航委會和兵工署兩個機構撥款，中大校長顧毓琇援此例，又向農林部求款，期望該部從1945年1月起每月向中大撥發研究補助費10萬元。[105] 農林部對此並未拒絕，請中大據1943年8月制定的「農林部農業問題特約研究辦法」將農學院1945年度各種研究計畫於年底前送部。[106] 之後，中大農學院各研究主持教授依照農林部辦法之規定，擬定各項研究計畫書，計有關農藝者2種、森林者7種、園藝者4種、畜牧獸醫者4種、農業經濟1種、農業化學3種，共計請撥補助年度研究費120萬元。[107] 農林部即答覆研究計畫已交予專家審核，補助經費正在統籌支配中。[108]

上述三種模式，在「建教合作」大背景下推行，揭示抗戰時期政府研究機構和廠礦團體與大學間的合作關係亦加深。而中大學術研究的經費、技術應用、推廣正得益於此。

中大內遷之後，各院系的研究工作不同程度受到負面影響。但中大的學術研究在總體上仍保持全國前列水準，並在很多領域及具體項目上取得較大的推進。在抗戰期間，中大的物理學、生

---

104 〈國立中央大學致兵工署公函〉，1945年8月16日，中大檔648-2477。

105 〈國立中央大學公函（沙文字第二〇二四號）〉，1944年10月14日，臺北中研院近代史研究所檔案館藏，農林部檔案20-04-199-03。

106 〈農林部公函〉，1944年10月30日，臺北中研院近代史研究所檔案館藏，農林部檔案20-04-199-03。

107 〈國立中央大學公函（沙文字〇一五七號）〉，1945年1月31日，臺北中研院近代史研究所檔案館藏，農林部檔案20-04-199-03。

108 〈農林部公函〉，1945年2月27日，臺北中研院近代史研究所檔案館藏，農林部檔案20-04-199-03。

物學、氣象學等學科的研究成績「尤爲優異」，並在數學、化學、地理學、心理學、人種民族學、工學與農學等學科有較多貢獻。[109] 抗戰時期中大的研究工作，一方面，延續戰前既有的趨向，各優勢領域繼續得以保持；另一方面，也呈現服務抗戰與服務國家經濟建設、國防需要的新特徵。

109 國立中央大學學生自治會編印，《國立中央大學概況》（1944），頁6。

中央大學對近代農業現代化及農業史的推動與影響[1]

李力庸

中央大學歷史研究所教授

一、前言

在臺灣復校的中央大學並未恢復農學院，但是在中國近代史上，中央大學農學院（以下簡稱中大農學院）與金陵大學農學院齊名，無論在設備、人才培養與農學研發推廣，中央大學與金陵大學農學院皆在伯仲之間，號稱爲近代中國兩所最具規模且影響力最大的農學院，因此，其成立、發展與對中國農業現代化的推展值得研究。

近代以來，中國有大批學者投入農業技術科學化的推動，中大農學院在農作品種改良也有其代表之作，而在技術推廣上有哪些作爲？中日戰爭爆發後，中央大學遷校至重慶沙坪壩，成爲西南聯大的一員，農學院在搬遷的過程頗爲艱辛，他們如何讓好動的牲畜與珍貴的植物避開戰火，在西南地區重新開始繁殖？在農糧需求恐急的戰爭期間，農學院的師生除了研究試驗，對大後方的農業增產如何發揮學用功能？

---

1 本文爲國科會計畫「傳承與創新：戰後臺灣農業發展中的中國、美國、日本技術人才與知識交會」計畫編號：NSTC 112-2410-H-008 -050 -MY2之部分成果。感謝林昀皜同學整理本所學位與期刊論文資料。

1949年之後，中大農學院諸多師生跟隨中華民國政府來臺，因爲中大復校較慢，復校後也未設置農學院。這些農學院的師生都四散到各層級的農企單位，因爲四散，對臺灣農業發展有哪些多元的影響？復校後的中央大學未設置農學院，但文學院得以恢復，其中歷史研究所（以下簡稱歷史所）自創所以來，精研明清以降之中國與臺灣史，在這個方向下自然會討論到中國與臺灣農業發展，其師生如何論述近代中國與臺灣的農業政策、技術與社會關係，又透過什麼管道將研究成果流傳廣播？

本文主要討論中大農學院成立過程、對農業人才的培育、農業試驗研究成果與推廣，西南大遷移，對大後方所扮演的軍糈民糧增產功能。戰後，在農業接收與復原所扮演的角色。歷史所所耕耘的農業史有哪些內涵與特色？

本文所運用的資料包括中央研究院近代史與國史館檔案、中大農學院出版品與民國時期農業刊物、報紙、回憶錄、傳記與中央大學歷史所碩士論文及出版品等。對中央大學歷史所師生學術出版時間斷限於2022年。

二、農學院的成立與農學推展

近代中國受到西力衝擊後，有識之士感受到農業改良的必要，朝野大力提倡以科學改良中國農業已臻富強中國之目的，農業教育制度因而建立。中央大學農學院（以下簡稱中大農學院）濫觴於1905年（光緒31年）的兩江師範學堂的農業博物科，1915年兩江師範學堂改爲南京高等師範學校，1917年設農業專修科（三年制）。1923年南京高等師範學校合併於國立東南大學，農業專修科擴充爲農科。1927年，東南大學改爲第四中山大學，農科改爲農學院，並合併江蘇省立第一農校，就第一農校爲院址。1928年改爲國立江蘇大學農學院，同年5月改爲國立中央大學農學院。[2]

（一）師資與培養農業專才

東南大學農科時代，科之下設有生物、園藝、農藝、蠶桑、病蟲害、畜牧等系。改爲農學院之後，曾將系改爲門，設有作物、園藝、蠶桑、畜牧、農產製造等門，其下設森林組、昆蟲組、農藝化學組、植物病理組、農業工程組等。1928年之後，再恢復系的名稱。設有農藝（分農業經濟與病蟲害兩組）、森林、園藝、畜牧獸醫、農業化學等系，系之下設有若干研究室，並隸以附屬農場、牧場。

南京高等師範學校成立後，鄒秉文爲農科科長。他廣攬當時的名師，諸多教授係留美歸國學者，如唐啓宇爲康乃爾大學農業經濟學博士，秉志爲康乃爾大學博士、胡經甫爲康乃爾大學博士，胡先驌爲哈佛大學碩士和植物分類學哲學博士，過探先爲康乃爾大學農學碩士，鄒秉文畢業於康乃爾大學農科，陳煥鏞爲哈佛大學森學碩士，張海珊爲加州大學農學碩士，凌道揚爲耶魯大學林學碩士，孫恩麐爲路易斯安那大學農學碩士，袁頌周留美。留法者有葛敬中。其教學多採美式，尤其是康乃爾大學農學院模式。[3] 鄒秉文有領導之才，擔任科長、院長達十年之久，爲農學

2 尹良瑩，《國立中央大學農學院誌略》（出版年不詳）。

3 朱斐編，《東南大學史》（南京：東南大學出版社，2012年第2版），頁99。

院奠下良好根基。之後，先後由蔡無忌、王善佺、劉運籌、鄒樹文、薛培元、馮澤芳、羅清生等人擔任院長。後來曾在中大任課者皆爲當時才學兼具、名聞遐邇的學者，如過探先、葛敬中、趙連芳、程紹炯、毛雝、李先聞、沈宗瀚、唐啓宇、管家驥、潘簡良、湯惠蓀等。據謝國興的統計，1917至1937年間，曾任教於中大農學院之教授共83人，其中28人獲得學士學位，包括留美5人，留法8人，留英2人，留日11人，國內（金陵）大學2人；得碩士、博士學位者55人，其中留法7人（碩士2，博士5），留德1人（博士）、留美47人（碩士28，博士19）。留美出身者共52人（含學士畢業），佔總人數（83人）的62.7%，留美者以就讀康乃爾最多，計12人（博士4 ，碩士7，學士1），愛荷華大學6人（博士3，碩士2，學士1），哈佛大學4人（博士2，碩士2），威斯康辛大學4人（博士2，碩士2），伊利諾、明尼蘇達大學各3人。[4]

中大農學院歷史悠久，歷經44載，作育英才無數。1917年之前缺乏統計資料，但自1920年7月農業專修科第一屆畢業班算起，至1948年7月，共計畢業31班，學生1,237人。這其中，包括南高農科77人，東南大學、中央大學農科1,160人（農藝系314人，農業經濟系188人，畜牧獸醫系162人，園藝系142人，農業化學系133人，森林系110人，生物系有42人，蠶桑系23

李力庸，〈中大農學院與中國農業現代化〉，《中大八十年》（桃園：國立中央大學，1995），頁120。

4 謝國興，〈一九四〇年代中國農政機構之專技人員〉，《抗戰建國史研討會論文集，1937-1945》，下冊（臺北：中央研究院近代史研究所，1985），頁636。

人，植物病蟲害系25人，農科研究所碩士21人）。從這些科系或可了解近代中國農業人才培育的重點。此外，又舉辦專修科、講習班及訓練班等短期訓練課程，以培養基層技術人才，其課程具實用性，計303人結業。是故，有一說法，中央大學與金陵大學所培育的農業人才數爲全國最多的兩所學府。[5]

（二）試驗與研究

農業改良首須試驗研究，近代中國最重要的試驗機構是中央農業試驗所，但各大學除了教學外，也著重試驗，其成果不容忽視。

中大農學院在試驗研究方面成績最著者爲生物學、植物分類、育種與栽培、蠶桑改良、作物病蟲害研究、牛瘟豬瘟等。其中，尤以植物育種聲名最著。1919年南高農科即開始進行水稻育種研究，中國早期水稻改良品種多由該科育成。趙連芳於1929至1935年在中大任教時，專研水稻育種，育成江東門水稻，[6]而嶄露頭角。加上在中大兼課的沈宗瀚2905小麥品種，鼓舞了當時各農學院師生對育種的興趣。中大農學院曾育成之稻、麥、棉良種如下表：

5 劉淦芝，〈抗日勝利前大陸農業概況〉，《東方雜誌》復刊第12卷第2期（1978年2月），頁33。

6 趙連芳，《趙連芳博士回憶錄》（出版地不詳：趙張肖松出版，1970）。

表1：中央大學農學院育成稻、麥、棉良種一覽表

品種名稱	特性	適應區域	較當地種增收百分率	育成時間
帽子頭	分蘗力強	蘇、皖、湘	10	-
Ⅲ-16-346（水稻）	米質優、豐產	太湖流域	-	-
中大Ⅲ-23-2419	早熟、抗病力強、	長江上游	26	-
Ⅲ中大南宿州（小麥）	粒大、皮薄、早熟	長江下游	18-30	24
中大武進無芒（小麥）	早熟、皮薄、桿健不易折倒	-	-	-
中大東江門（小麥）	早熟	長江流域	-	16
中大2419（小麥）	早熟、豐產、桿健、抵抗病力強	四川	59	21
中大2905（小麥）	早熟、豐產、桿健、抵抗病力強、質優	四川	40	23
愛子棉	絨長、鈴大、纖維潔白	長江流域		12
脫字棉	早熟	黃河流域	-	12
江陰白字棉	絨長	長江下游	-	-
孝感長榮棉	絨長	鄂、川	-	-
青莖雞足棉	早熟、抗捲葉蟲	江蘇	-	-
海門小白花	-	-	-	-

資料來源：李力庸，〈中大農學院與中國農業現代化〉，《中大八十年》，頁122。

近代中國的作物改良中，棉花、菸葉、稻米與小麥的改良成果較爲顯著。其中，棉花與菸草的成果尤爲特出，兩者皆爲工業原料。棉花之改良透過紡織業之力收購，農工合作，推廣快速，1936年中央棉產改進所成立後，進展尤速。米麥品種改良為中央大學與金陵大學之貢獻，兩種作物為中國百姓之主食，研究改進儼然有「水稻中央，小麥金陵」之美譽。尤其中大趙連芳的帽子頭水稻與金大沈宗瀚的2905小麥，產量均高，是近代中國作物改良的代表佳作。可惜戰爭使實驗室不斷遷移，影響種植與推廣面積。另外，擔任蠶桑系主任的葛敬中一邊主持蠶桑系務課程，一方面創辦改良蠶種製造場，附設鎮江女子蠶業學校，中大蠶桑系同學都赴鎮江蠶種場實習。[7]

（三）農業推廣

農業科學之所以能發揚推展端賴三部曲，除了教育、試驗研究外，還有推廣，稱為三位一體，缺一者無以發揮農學性能。這也是目前臺灣的農業發展體系仍然奉行的圭臬。1926年中大農學院即成立推廣部，主要任務為推廣改良的棉、麥、稻、蠶、種苗、農具，發售自製醬油、牛乳、酒等農製品，[8] 並作演講、農產展覽。身為農學研究的高等學府，農學院亦出版諸多學術刊物，包括《農學雜誌》[9]、《中央大學農學院旬刊》[10]，研究報

---

7 尹良瑩，〈感念葛敬中師〉，《中央大學七十年》（桃園：國立中央大學建校七十周年特刊委員會，1985年5月），頁166。

8 〈本院農產製造門出售農產品醬油啓事〉，《國立中央大學農學院旬刊》，第10期（1928年11月11日）。

9 《農學雜誌》一年出四冊，由商務印書館代售，每冊四角。

10 《中央大學農學院旬刊》1928年9月5日開始發行，約十天出1冊。因此，每年約出30冊。

告[11]、《農學叢刊》、《農學淺說叢刊》及各式深入淺出的刊物、宣傳品。《中央大學農學院旬刊》是一本學術與時事特色兼具的刊物，刊載農學試驗成果，調查報告及中央大學農學院院聞等，也可以從中看到中大農學院教授對當時農村社會的看法。每期旬刊封面皆刊有總理遺訓中對習農者的期許：

> 農政有官則百姓勤，農務有學則樹畜興，耕耨有器則人力省，人能盡其才則百事興，地能盡其利則民食足，物能盡其用則材力豐，貨能暢其流則財源裕。[12]

此外，農學院曾興辦探先鄉村小學。[13] 1930年8月，農學院與實業部中央農業實驗所於江蘇省江寧縣合辦中央模範農業推廣區，後將區址遷至湯山附近，擴大規模。[14] 除推廣中大改良種帽子頭、江東門早稻，金陵大學的2905號小麥、26號小麥等良種，並以中國種豬、外國種豬與本地母豬交配，讓農民飼養第一代抗病力強的雜種豬；也推廣魚苗、特用作物、果樹、乳牛、羊等。中國的農村合作運動起步較晚，中大農學院與中央農業實驗所倡導組織「保證責任江寧自治實驗縣殷巷區信用生產合作社聯合會」，1932年在湯山創辦農產儲押倉庫，裨益糧食儲存、制

---

11 例如《作物研究報告》、《肥料試驗報告》、《推廣麥類報告》等。

12 〈總理遺訓〉，《國立中央大學農學院旬刊》第3期（1928年9月25日），封面。

13 過探先亦爲中大農學院教授。

14 〈遷移中央模範農業推廣區管理委員會及修改組織章程〉，中央研究院近代史研究所藏實業部檔案，17-21/25-8。

定農產品價格、透過儲押協助農村金融調節，減少高利貸剝削。[15] 後來中央農業試驗所也和金陵大學合辦烏江農業推廣區，但中大的中央模範農業推廣區是中國中央政府與農學院最早舉辦農業推廣事業的單位。

三、抗戰與內戰中的農學院

（一）動物長征與戰火中的絃歌

1935年抗戰前夕，中大農學院各系除設若干研究室外，並設有農場、林場、畜牧場、蠶桑場、農產製造所等二十多處，面積約1萬7千畝。且各系各自擁有所屬的系館，如農藝館、農政館、農業化學館、昆蟲館、蠶桑館、森林館、畜牧獸醫館、園藝館等。1937年8月，日軍進軍上海，南京也岌岌可危，中央大學接獲南遷指示，羅家倫校長選定重慶大學東北邊的沙坪壩，借用重慶大學校區內之松林坡一片山丘土地，建築臨時校舍。羅校長的搬遷計畫周詳，學校重要圖書儀器設備幾乎全部搬運後方。

在各學院中，損失最慘重的首推農學院。因爲農學院除農業化學系外，各系之實驗研究，多在農場土地上，僅能將種子、牲畜、材料運走，農場本身及地上固定設施，均無法遷移。[16] 畜牧獸醫系的困難最多，因爲多年的努力，已經育成諸多珍貴的禽畜品種，且中大牧場上有相當多的國內外品種，應當保留。校方和

15 國民黨中央黨部國民經濟計畫委員會編，《十年來之中國經濟建設》（臺北：學海出版社，1971年影印版），頁15-16。

16 尹良瑩，《國立中央大學農學院誌略》，頁4。

圖1：中央大學農學院之昆蟲館

資料來源：羅家倫，〈兩年來之中央大學〉，《申報》，1934年6月24日。

民生公司商量，改造了輪船的一層，將優良的品種每樣選一對，成了基督徒舊約中的諾亞方舟（Noah's Arc），幸運可以搭船的牲畜待在諾亞方舟中駛向重慶，肩負繁衍生命的任務。[17]

而大型或好動的牲畜卻無法運上船，只好步行逃難。遷校之際，羅家倫校長告訴中大畢業在牧場工作的王酋亭技師，牲畜能遷就遷，不能遷也不會責怪。11月13日日軍攻陷南京，王酋亭與部分助教學生將這些重要牲畜用木船過江，由浦口、浦鎮過安徽合肥、葉集，經河南邊境信陽，轉入湖北，到宜昌再用水運。

17 羅家倫，〈炸彈下長大的中央大學——從遷校到發展〉，《中央大學七十年》，頁105。

這些大型牲畜包括一部分是購自歐洲的純種牛、馬，以及部分的實驗動物，因無法購得運輸工具，所以只能像遊牧民族般西遷，到了1938年11月，這些牲畜長途跋涉，橫越千山萬水。諸多農學院人像牧羊人般引領動物，帶著獵槍，由大型動物的牛、馬開道，豬、羊跟隨在後。當時擔任助教的戈福江也徒步負責趕牛、豬，經過安徽、河南、湖北入川。歷經寒暑，部分動物折損，但具有生命韌性的牲畜在抵達重慶時，有的已經沿途繁衍下一代，壯大增產報國之陣容。動物們相互扶持，澳洲老馬背著美國火雞，英國約克夏豬背著北京鴨，荷蘭牛馱著長毛兔，每天走十幾里路。[18] 離開南京第二年的11月中，翻山越嶺來到重慶的師生衣衫襤褸，有如乞丐。羅家倫校長回憶說：

> 我於一天傍晚的時候，由校進城，在路上遇見牠們到了，彷彿如亂後的骨肉重逢一樣，眞是有悲喜交集的情緒。領導這個牲畜長征的，是一位管牧場的王酋亭先生，他平時的月薪不過八十元！[19]

抗戰期間，農學院仍絃歌不輟，與中央大學農學院齊名的金陵大學遷至成都，在重慶的農學院師資可說是菁英雲集，他們在資源有限的環境下熱情地投入農經建設。例如實習方面，失去南京時代之廣大土地，除農藝系在簡陽有一小型農場，其餘各系均

18 李力庸，〈中大農學院與中國農業現代化〉，《中大八十年》，頁120。
19 羅家倫，〈炸彈下長大的中央大學——從遷校到發展〉，《中央大學七十年》，頁105-106。

信陽
宜昌
重慶

HUMAN
HORSE
PIG
COW
SHEEP
GOAT
DUCK
HEN
TURKEY
浦口
合肥
南京
中大農學院動物西遷圖

圖2：中大農學院的種羊

資料來源：抗戰時期，中央大學「動物大軍」西遷背後的民族苦難史！
原文網址：https://kknews.cc/news/nm8vya8.html，瀏覽日期：2023 年 10 月 1 日。

圖3：中大農學院的乳牛

資料來源：抗戰時期，中央大學「動物大軍」西遷背後的民族苦難史！
原文網址：https://kknews.cc/news/nm8vya8.html，瀏覽日期：2023 年 10 月 1 日。

沒有自己的專用農場。不過，當時四川的農業技術改良機構幾由中大農學院師生包辦，如農科生物系畢業的曾省主持四川大學農學院，農藝系畢業的陳讓卿主持甘蔗改良場，爲文元主持棉花改良場，蠶絲系畢業的尹良瑩主持蠶絲改良場，園藝系畢業的周宗璜主持病蟲害防治所，畜牧系教授程紹炯主持家畜保育所，趙連芳教授主持農業改進所，李先聞主持稻麥研究所。[20] 這些改良場與研究所的場地與設備皆提供給中大農學院師生使用，在更現代化的試驗場學習，反而得到戰爭時期的農業增產經驗。另外，羅家倫校長也積極建設新的農學院教室與設備，例如當時將數以萬計品種的種子搬遷至重慶，爲了保存這些珍貴品種，另建設了種子室；也新建昆蟲研究室。[21]

另外，戰時的農學院編制並未緊縮，1942年從農藝系的農業經濟組中獨立成立農業經濟系，專門培育農業經濟建設人才，雖然經費拮据，但對於四川盆地的農業改良、作物路線運送與農業加工都有幫助。[22]

而在南京淪陷區，汪精衛政權在1940年4月通過設立南京中央大學，該校仍設有農學院。

（二）拿飯來吃——520事件

1945年，農學院隨政府勝利還鄉，經過二年復員，大致恢復戰前規模。八年苦戰，並未換得和平，不久國共內戰。另外，

---

20 尹良瑩，《國立中央大學農學院誌略》，頁4-5。

21 〈中央大學現況：兩年來之中央大學（一）（二）〉，國史館藏抗戰史料，入藏登錄號131000007134M。

22 葉振富總編輯，吳振漢等撰，《中大校史》，頁70。

大陸時期中央大學之發展、變遷受政治時局影響甚鉅，師生關心時局、民生頗爲熱烈，亦常批判、介入校務。早在1920年代，東南大學就是南京地區中國共產黨黨團的活動重鎮。1928年中大農學院曾發生學生要求更易張乃燕校長風波。[23] 農學院中不乏「革命志士」，例如農藝系學生吳致民是中共南京地委書記，曾參與五卅慘案，發動罷工。[24] 1938年春天，西遷的中央大學在中共沙磁區委員幫助下，重建了重慶中央大學共產黨地下支部，11月在柏溪成立黨分部。1945年8月，黃可和劉晴受中共地下黨的支持，成立「新民主主義青年團」，與中國國民黨的「三民主義青年團」相對抗。[25] 再遷回南京的中央大學成立「中大校友聯誼會」，吸收教師以支持學運。1947年5月，因爲物價暴漲，而公費學生的飲食費並未調高，因此學生於12日開始罷課，串聯其他學校組成「學聯」，舉行「反飢餓、反內戰、反迫害」爲口號的一系列群眾運動，5月20日遊行引發軍警衝突，多名學生受傷、被捕。中大校友聯誼會舉行記者會，譴責政府，引起社會輿論。[26]

1949年，中共軍隊渡過長江，這次的農學院並沒有渡過臺灣海峽東遷，諸多農學院師生也選擇「建設新中國」。例如，響譽卓著的小麥專家金善寶，[27] 曾經受到國民政府重用的王善佺、

23 〈中大農學院學生要求易長〉，《新聞報》，1928年9月8日。張乃燕校長任期1927-1930年，張校長共辭職三次，其原因是經費問題。

24 朱斐編，《東南大學史》第一卷，頁147。

25 葉振富總編輯，吳振漢等撰，《中大校史》，頁99。

26 中央大學520血案處理委員會編，《五、二〇血案畫集》（南京：中央大學520血案處理委員會，1947年6月）。

27 金善寶在小麥的研發上頗具盛名，抗戰期間，與中大師生一起對3,000多個小麥

圖4：1947年520事件反飢餓宣傳

資料來源：中央大學520血案處理委員會編，《五、二〇血案畫集》。

梁希、鄒樹文、韓培光、馮澤芳、羅清生等中大農學院院長全都選擇爲中華人民共和國服務。「解放」後的中大校園一度成爲

品種進行深入鑒評，選出適於四川盆地和長江中下游地區種植的「碧玉麥」、「中大2509」（Ardit，又名「矮立多」）和1939年選育出的「中大2419」（1949年後改名爲「南大2419」）等優良品種，從1942年在四川省開始推廣，1950年後在南方冬麥區推廣。其中，「中大2419」是中國小麥推廣史上面積最大、範圍最廣、時間最長的一個良種；「南大2419」（「中大2419」）推廣面積最大的年份曾達7,000多萬畝，種植達四十多年，並且其後衍生品種約有100個，分布在中國七大麥區。支持左派的金寶善替中國大陸培養諸多農業人才，在1944年組織民主科學座談會，此會在1946年發展成九三學社。金善寶，https：//zh.wikipedia.org/zh-tw/%E9%87%91%E5%96%84%E5%AE%9D，瀏覽日期：2023年4月30日。

「白毛女」話劇定期演出的場所。[28] 或者，這些農學院教授們長期投入農業現代化及農村社會問題研究，了解農民的苦楚，認爲換了新領導與新體制，農業就可迎刃而解！筆者不禁想，換從中華民國政府的角度視之，實在不勝唏嘘！這眞不是換個政權就可解決的，畢竟是抗戰加內戰，雪上加霜的千瘡百孔課題。後來，中央大學雖然被拆解，多位跟隨毛澤東的教授們卻也獲得學術院士或各種學術的光環，例如獲中科院院士的金善寶、馮澤芳、秉志、陳煥鏞、胡經甫、梁希、鄭萬鈞……，而他們對1949年之後的中國農業也作出貢獻。

在臺復校的中央大學並未恢復農學院，耕耘四十四年的中大農學院教育就此畫下句點。最後少數農學院學生來臺借讀臺灣大學，始完成學業。[29]

四、中大師生與戰後臺灣的農業復原、重建

（一）臺灣農業之接收、復原

國民政府接收臺灣，農業經營旨在恢復生產，故主要發展策略有修護水利設施、增加化學肥料供給、改進農業生產制度等。1947年來臺投身於農業重建的中大農學院師生有67人。其中，包括任職臺灣省農林處的趙連芳處長、臺灣農林處主任秘書曾寬樸、臺灣山林所所長王汝弼、臺灣鳳梨公司副主任郝敏昌、臺灣

28 〈中大與解放軍定期合作定期演出「白毛女」招待文化界人士〉，《民主日報晚刊》，1949年4月27日。

29 尹良瑩，《國立中央大學農學院誌》，頁6。

農林處檢驗局局長葉聲鐘、臺灣省農林處農業試驗場農藝系主任湯文通、臺灣糖業公司何家泌等。其中，趙連芳在1945年即奉命爲農林部特派員，兼臺灣省行政長官公署農林處處長、臺灣省農林公司董事長。趙連芳率領15位農林專家來臺辦理農林行政、公司企業機構試驗研究之接收管理，以及策畫農業復原生產事宜。曾擬定農業政策，包括如何復興臺糖、重建水利、輔導農會等。1960年發表「農業政策綱領及實施原則」爲日後研擬農業基本法的重要依據。亦曾參與臺灣農林公司、臺糖、菸酒公賣局的試驗研究工作。對於臺灣農業穩定發展基礎的奠定功不可沒。[30]

其後，農業師生陸續來臺，迄1968年約有137人。其中，服務於農業界有72人，分布於農業復興委員會、臺糖公司、農林廳、林務局、菸酒公賣局、臺鹽公司、大雪山林業公司、農林公司、或遠赴非洲進行農業外交。任職臺糖最多。[31]

也有的接收人員在任務結束後，回到中國，在中國的農業發展上貢獻所長，例如畢業於農藝系的何家泌應趙連芳的邀請擔任臺灣行政長官公署農林處技正，在1936年5月1日至1937年10月任臺糖農務室主任、[32] 農業推廣委員會技正之職。1948年，任福建農學院教務長兼病蟲害系主任、教授。中華人民共和國成立後，任河南省農業科學研究所研究員，於1950年加入九三學

30 國立中央大學農學院院友會編，《國立中央大學農學院院友錄》，1947年5月。

31 國立中央大學校友會編，《國立中央大學旅臺校友通訊錄》，1968年6月。

32 臺灣糖業股份有限公司，《臺糖五十年》（臺灣糖業股份有限公司，1996年5月），頁57。

社，任九三學社中央委員和九三學社河南省委員會副主任委員、河南省政協常務委員。此外，他還先後任過中國植物病理學會理事，中國植保學會理事、顧問，河南省農學會常務理事、顧問，河南省植保學會理事長，河南省微生物學會副理事長、名譽會長等多種職務。[33]

（二）運作農復會

農復會於1947年成立於南京，旨在協助政府，運用科技及創新制度來復原戰後的中國農村。1949年隨政府遷臺，繼續推動其中心工作。臺灣在戰後的農業重建大致得力農業政策的領導成功，如土地改革、改組農會、生物性農業科技之改進及推廣、靈活運用美援。以上因素多以農復會爲主幹來推動，居間聯絡政府與民間執行機構，有效實行各計畫。而農復會的成功則得力於其良好的組織、人事與堅強的領導。中大農學院師生先後服務於農業界者不少。在此僅列舉沈宗瀚、朱海帆、歐世璜、謝森中等人，簡列其事功。

沈宗瀚是金陵大學教授，曾擔任中央大學兼任教授、農林部中央農業實驗所所長，農復會成立時的五位委員之一。農復會隨中華民國來臺後，主任委員爲蔣夢麟，沈宗瀚的輔佐委實重要。1964年蔣夢麟去世後，沈宗瀚執掌農復會，適逢美援中止，臺灣經濟轉型，農村勞工大量轉業工商。在面臨農業工業工資高漲，農業成本提高的情況下，沈宗瀚將臺灣農業機械化，並撥經

33 何家泌，百科知識，https://www.jendow.com.tw/wiki/%E4%BD%95%E5%AE%B6%E6%B3%8C，瀏覽日期：2023年3月11日。

費近四億元推動農村建設，維持農民收益。在蔣夢麟及沈宗瀚的領導下協助並推動業務的中大人，如農化系畢業的朱海帆，任農復會技正，推動肥料換穀制，以蓬萊米換取日本肥料，解決肥料供不應求的問題。

謝森中畢業於農經系，1950年任農復會技正，1954年任農經組組長，1960年任秘書長。任內協調糧價問題，研究調查農產品價格、產銷、市場、市場加工，以利臺灣農產品在國際市場的競爭。協助完成石門水庫、曾文水庫周邊環境調查、提高水庫效益之評估。該年，亦任臺灣省農林廳的農業普查副主任委員，成就戰後臺灣的第一次農業普查。

中央大學與金陵大學農學院的同僚彼此間對臺灣農經發展的規劃具有其聯繫與默契性。例如，經濟安定委員會的第四組第一任執行秘書長是金陵大學畢業的張憲秋，負責農業的生產計畫，當時的農業生產計畫非常重視生產目標，尤其美國大使館和安全分署的經濟顧問道森（Owen Dawson）要求甚高。第二任執行秘書長鞏弼，第三任執行祕書長是謝森中。前兩任皆學農業技術，謝森中學農業經濟。對於擬定生產目標，經安會採用農業生產技術生產每一種作物，把每一種作物的生產條件、單位產量、市場先了解清楚，有所把握後，才決定生產目標。如增產稻米，先計畫增加稻作面積、單位產量、各縣市的第一、二期稻作，加強肥料、品種、病蟲害防治。同樣地，糖和鳳梨的四年生產計畫也事先規劃才推行。此外，加上其他經濟條件與國外需求，農工合作製造農業加工品。因此，沈宗瀚、李國鼎、謝森中、尹仲容四人常連袂至鄉下考察。[34] 對於美國來說，亞洲的農業生產是穩定國際局勢重要的條件，1960年11月，透過聯合國亞青會及糧農組織聯合邀請這些亞洲地區國家的農業經濟專家在泰國首都曼谷討論農業發展的設計問題。[35]

歐世璜畢業於農藝系，來臺後任農復會植物生產組技正，負責作物病蟲害之防治。其業務遍及全省農業試驗所、改良場、農學院及各研究單位。其膾炙人口的事蹟是從日治以來曾肆虐宜蘭礁溪水稻，讓農業專家們束手無策的鹽水蜈蚣，歐世璜以香菸蒂所浸泡的水灌溉而杜絕蟲害。[36] 此外，農村的田鼠肆虐，田鼠啃噬了甘蔗與水稻根莖，影響產能，1950年代末期農村展開滅鼠運動。歐世璜設計的滅鼠辦法，乃將菜油炒糙米、拌糖鹽與毒餌，放在蔗田與稻田中，香送四野，田鼠八方來食。事後為統計死鼠數字，鼓勵農民將鼠尾剪下拌石灰曬乾，每千條裝一塑膠袋，送各縣農會集中統計，以縣為單位舉行競賽。這樣的方法，在東南亞也引為效仿，美援安全總署因此致函讚許。[37]

（三）協助臺糖公司復原

臺糖公司在日治時期全盛時期有糖廠46所，年產140多萬噸。二次世界大戰末期因盟軍轟炸而損失慘重。戰後接收的42

34 卓遵宏訪問，吳淑鳳記錄整理，《謝森中先生半世紀專業經驗 謝森中先生訪談錄》，頁52-59。

35 謝森中，《農業發展計畫的設計問題》（臺北：國際經濟合作發展委員會，1963年），頁1。

36 李力庸，〈中大農學院與中國農業的現代化〉，《中大八十年》，頁124。

37 張憲秋，《農復會回憶》，頁91-92。

廠中，堪稱完整者僅8所，加上日籍技術人員返國，面臨復原的困難。1947年，加入臺糖復原行列的中大人有13人。由何家泌任農務室主任、農務處處長，而擔任廠長的有2人，課長4人，其他多爲工程師。1949年，臺糖產糖量已恢復至63萬噸。據葛錦昭的回憶，迄1992年止，中大農學院畢業生曾先後參與臺糖工作行列者有32人，若包括其他中大各學院的師生有66人。曾擔任總廠長的有王舜緒、譚履平，擔任廠長的有袁吉、黃良才、錢輝寧、陸慰慈、金貞觀、唐瑞生、愈學仁等，任臺糖研究所所長的有戈福江、桑祥麟。[38]

（四）推動臺灣畜產與養豬企業化

在抗戰時陪同農學院動物走過千山萬水的畜牧獸醫系助教戈福江，在戰後隨趙連芳來臺辦理接收工作，原本服務於行政長官公署農林處，整理日本人留下來的大小畜產業，成立省營畜產公司，擔任協理，擴大戰後臺灣畜產資源。後來轉任臺大畜牧獸醫系教師，1952年創辦臺糖的養豬事業，因爲面臨多重困難，而辭去臺大教授之職。起初，其養豬用意是有爲補充蔗田有機質之目的，但在運用新科技改良豬種、飼料配方及飼育管理、規劃臺灣山坡地畜牧生產與試驗及人才培育後，豬產有顯著突破，帶動民間養豬技術發展。1970年更創辦臺灣養豬科學研究所，推展臺灣企業化養豬，強化養豬試驗與國際科技交流，同年亦創辦文化大學畜牧系，打破過去農家將養豬作爲副業且將廚餘廢物利用

---

38 葛錦昭，〈中大校友與臺糖〉，《中大校友通訊錄》，第9、10期（1992年1月）。

之格局，使臺灣養豬事業走向企業化。[39] 戈福江創辦臺灣養豬協會，兼任理事長，曾任多屆中國畜牧學會及臺灣畜牧獸醫學會理事長，有「臺灣養豬之父」的美譽。

（五）海內外推廣蠶絲業

葛敬中、尹良瑩等中大蠶桑系學者來臺後，得中國農村復興聯合委員會錢天鶴之贊助，在大湖、竹東、埔里、枋寮創辦四個養蠶推廣實驗區，並創立香雲紗廠。但因臺灣人無穿著香雲紗之習慣，產品滯銷，香雲紗廠併入中紡公司。後來尹良瑩又創辦經緯絲織廠、臺灣蠶絲公司。而葛敬中則應聯合國糧農組織之邀聘，前往阿富汗主持該國蠶桑改良工作。後又至巴西創辦蠶種製造廠、繅絲廠、織綢廠，開發蠶村新社區。期間，葛敬中數度從香港、日本、阿富汗蒐集蠶種，運至臺灣保存。當時臺灣所用之家蠶品種，常是葛敬中輾轉運來的。[40]

（六）投身教育界

中大農學院師生在臺灣教育界作物英才者衆。1968年，服務於農事學校者有42人，在大學農學院執教24人，以臺大最多，如張德粹、湯文通、王啓柱、沈百先、馬春祥、馬春暉、陳正祥、汪厥明、澎濟生等。其次是中興大學，如金肇源、陳國榮等；文化大學如尹良瑩；在農業專科學校3人，高級職業學校15

---

39 戈故教授福江先生追悼會籌備會，《戈福江教授紀念專集》（臺北：戈故教授福江先生追悼會籌備會，1983年），頁7。

40 尹良瑩，〈感念葛敬中師〉，《中央大學七十年》，頁168-169。

人。[41]

張德粹畢業於農南大學農學院。來臺後，任臺大農業經濟系教授、系主任及研究所所長，春風化雨達三十年，成就不少新秀，如王友釗、許文富與毛育剛。透過他的推薦而獲獎學金或國外深造者達十人之多。張德粹教學之餘，也勤於研究，著有《臺灣土地之研究》、《臺灣的農業合作》、《農產運銷學》、《人口問題要義》等書。

尹良瑩畢業於蠶桑系，來臺後經營臺灣蠶絲公司，又爲文化大學創辦蠶桑系，任主任及研究所所長。除了發展蠶絲事業，培育蠶絲人才外，也致力弘揚蠶桑學術，著有《中國蠶桑史》、《蠶理生理學》、《家蠶微粒子病檢查法與防除法》、《四川蠶業改進史》等書。

來臺後的農學院師生雖然沒有中央大學這個學校可以鑽研學問，培育人才，但也因此打散投入中央地方單位，協助接收、復原，農業建設的政策規劃、執行，有的以農業爲基礎，投資工商業，對臺灣的由農轉工有所助益。他們有的仍在大學任教或兼課，對農學的薪傳並未間斷。

五、復校後歷史所的兩岸農業史研究

1950年代，雖然有許多大陸時期的大學申請復校，但政府對高等學校的申請極爲嚴謹。該年代能順利復校的有1954年的

---

41 李力庸，〈中大農學院與中國農業的現代化〉，《中大八十年》，頁125。

政治大學、1956年的清華大學、1958年的交通大學。中央大學遲至1962年才復校，且一時之間並未受到政府支持。所提出復校的理由是地球科學物理，背景是美、蘇進行太空科學的競賽，1957年蘇聯發射人造衛星成功，當年亦爲百年來太陽黑子面積最大的一年，地球物理與太空科學蔚爲風潮。戴運軌以此爲契機向政府提出地球物理研究所的復校申請。[42] 復校後的中央大學陸續恢復理學院、文學院、工學院、管理學院，但未恢復農學院。若從經濟發展角度看，1960年代的臺灣已有臺灣大學農學院、中興大學農學院，這兩個學院在日本統治時期已經有長足的發展；而政府最憂心的糧食問題在1950年代中期已經足夠，如何由農轉工，才是當時的課題。

至於南京的國立中央大學經歷了複雜的分割變遷，在1949年更名爲國立南京大學，隔年逕稱南京大學。1952年中國大陸高校院系調整時，南京大學文、理學院與金陵大學文、理學院合併，搬遷到金大鼓樓校址，成爲新南京大學；以工學院爲主體在原中央大學四牌樓本部組建南京工學院（後更名東南大學）；農學院與金大農學院合併成立南京農學院，校址最初設在原中大丁家橋二部，後遷往城外。

之後，中央大學在農業課題上的延續不在農藝研究，而是在歷史所的論述中。歷史學在南京時期的中央大學本就獲譽卓著，史家輩出。復校後的教育政策中，大學必修中國通史、中國現代史等，中央大學的歷史必修科由共同學科中心負責，後改組共同

42 葉振富總編輯，吳振漢等撰，《中大校史》，頁105、106。

學科，籌組歷史研究所，以提供專業的歷史教學，繼承南京中央大學的史學傳統。1993年成立歷史研究所，2003年成立碩士在職專班。成立之初的研究方向爲中國近代經濟社會史、臺灣史、東南亞華人社會移民史。[43]

（一）學位論文

在上述發展方向下，研究所學生投入農業史研究者，有的以農業技術、農業推廣的課題出發，有的透過地方開發史討論農業在拓墾過程中的農作物發展，農業與社會、文化關係。這些論文多以臺灣農業發展爲主題。文章大致可分成技術、農業與聚落發展、農業與社會。關於農業知識與教育2篇，農業技術有3篇，產業7篇，農業與聚落社會9篇，兩岸糧食貿易1篇，農地1篇，水利4篇。農業知識、教育與技術主要討論茶葉、稻作、高山植物與農校。茶葉雖發展歷史悠久，茶飲是當今社會普遍的大衆飲食生活，但臺灣茶業一直面臨海外市場競爭問題，例如印度、錫蘭、爪哇等產茶國家大規模生產的威脅。而臺灣茶業內部也面臨「小規模茶園經營模式」的困境。如何進行臺灣茶業改良？關於此課題有兩篇論文，邱顯明〈日治時期臺灣茶業改良之研究〉及蕭淑文〈臺灣六十年來茶業技術研究與發展變遷——以「茶業改良場」爲中心（1945-2005）〉。稻作方面有黃俊銘的〈近代日本農場試驗與稉稻在臺開展之研究〉。

產業是農業史的基礎研究，關於各項產業的論文包括糖業、

43 葉振富總編輯，吳振漢等撰，《中大校史》，頁228。

林業、茶葉、漁業、檳榔、養蜂與蜂蜜。看起來觸角多元，也挖掘罕見課題，例如臺灣的養蜂事業，討論到蜂王漿的外銷問題。有的學生提出很好的問題，但受限史料，只能階段性詮釋，但隨著檔案的漸次開放得有再深入探討之機會，例如美援與臺灣遠洋漁業的發展。但整體說來，臺灣農業的產業琳瑯滿目，顯然仍有相當闊寬廣的園地等待耕耘。

在農業與地方社會關係，莊天賜的〈日治時期屏東平原糖業之研究〉，論述在臺灣總督府糖業改革下，屏東平原由傳統糖業生產變遷到新式糖業。亦討論傳統糖業的空間分布、產銷過程及發展特色，地方糖業者對總督府糖業改革的反應，屏東平原傳統業者、新式製糖業者以及日資臺糖會社三者在屏東平原的聯屬、互斥關係，最後臺糖取得屏東平原糖業的獨霸局面。

這些學位論文最大宗的是關於農業與聚落發展的關係。如蕭景文〈平溪地方經濟之歷史考察〉，劉厚君〈新莊社會變遷的研究〉，翁安雄〈虎井：一個澎湖離島社里發展之研究（1715-1950）〉，李進億〈蘆洲：一個長期環境史的探討（1731-2001）〉，王和安〈日治時期南臺灣的山區開發與人口結構：以甲仙六龜爲例〉，陳良圳〈臺北盆地內湖、南港地區的拓墾與產業發展（1748-1945）〉，黃柏松〈退輔會榮民安置與梨山地區的農業發展（1956-1987年）〉，廖珠伶〈西螺——一個農業市鎮的社會經濟變遷（1895-1945）〉，張益和〈終戰前楊梅地區社會經濟發展研究〉。在討論的地域上，分布在北中南與離島，也從平原到高山農業。黃柏松的梨山農業算是高山農業的學術探究先鋒，隨著原住民、戰後山地原漢互動、環境永續等話題，高山農業後來吸引相當多學者投入研究。

糧食與水利、農地政策是農業史上重要的問題，但這方面的論文無論是中國史或臺灣史未來都有再突破的空間，尤其是山地保留地與土地重劃。歷史學界對治水研究不多，馬鉅強的論文算是先行者的角色。專對機關水利史研究的論文有3篇，都集中在北部，針對桃園、新竹農田水利會組織發展與石門水庫的美援經費與技術。這幾本論文皆有其寫作上的優缺點，但可貴之處在運用機關所典藏的檔案，碩士生能取得研究單位提供檔案且信任其撰述，頗爲不易。

中國史關於農業的研究論文不多，許子珩的〈崇禎朝「遲漕」之探究〉討論糧食的輸運問題。廖心慧〈「農業學大寨」運動之研究（1964-1980）〉研究山西省太行山麓的百戶的農村，於1960年代初期成爲山西省的農業典範。

表2：國立中央大學歷史所與農業發展相關論文

類別	畢業年度	姓名	題目	指導老師
農業知識	2005	王琦蕙	踏寫山林：臺灣山區植物知識的建構與傳布（1684-1945）	鄭政誠
與教育	2009	蘇虹敏	臺灣農業職業教育研究——以國立關西高農爲例（1924-1968）	吳學明
農業技術	2003	邱顯明	〈日治時期臺灣茶業改良之研究〉	吳學明

	2006	蕭淑文	〈臺灣六十年來茶業技術研究與發展變遷——以「茶業改良場」爲中心（1945-2005）〉	吳學明
	2009	黃俊銘	〈近代日本農場試驗與稉稻在臺開展之研究〉	朱德蘭 鄭政誠
產業	1999	陳伯炎	〈日治時期官營林業——以八仙山爲例（1915-1945）〉	張炎憲
	2000	莊天賜	〈日治時期屏東平原糖業之研究〉	張勝彥
	2006	黃佐君	〈檳榔與清代臺灣社會〉	賴澤涵
	2006	吳淑娟	〈戰後臺灣茶業的發展與變遷〉	吳學明
	2010	吳靜宜	〈臺灣山林與開發——以大漢溪中上游流域爲例〉	戴寶村 吳學明
	2011	吳柏勳	〈美援與臺灣遠洋漁業之發展（1951-1965）〉	李力庸
	2017	林玉琪	〈蜂與蜜：臺灣養蜂事業之興衰（1895-1990）〉	李力庸
農業與聚落	2001	蕭景文	〈平溪地方經濟之歷史考察〉	張勝彥
	2001	劉厚君	〈新莊社會變遷的研究〉	賴澤涵
	2002	翁安雄	〈虎井：一個澎湖離島社里發展之研究（1715-1950）〉	張炎憲
	2003	李進億	〈蘆洲：一個長期環境史的探討（1731-2001）〉	戴寶村
	2006	王和安	〈日治時期南臺灣的山區開發與人口結構：以甲仙六龜爲例〉	康豹 賴澤涵
	2006	陳良圳	〈臺北盆地內湖、南港地區的拓墾與產業發展（1748-1945）〉	賴澤涵

	2006	黃柏松	〈退輔會榮民安置與梨山地區的農業發展（1956-1987 年）〉	李力庸
	2009	廖珠伶	〈西螺——一個農業市鎮的社會經濟變遷（1895-1945）〉	吳學明
	2010	張益和	〈終戰前楊梅地區社會經濟發展研究〉	吳學明
糧食	2001	邱欣怡	〈清領時期臺閩地區米穀貿易與商人（1685-1850）〉	賴澤涵
土地	2017	王婉怡	臺灣山地保留地政策的制訂與執行：以復興鄉爲例（1945-1966）	李力庸
	2020	林玉穎	〈戰後臺灣第一期農地重劃的實施與影響——以桃園新屋蚵殼港地區爲例〉	李力庸
水利	2005	馬鉅強	〈日治時期臺灣治水事業之研究〉	戴寶村
	2010	劉曉明	〈戰後桃園農田水利會組織之探究（1945-2002）〉	李力庸
	2010	鄧佩菁	〈美援與石門水庫之興建——以經費、技術爲中心（1956-1964）〉	李力庸
	2013	郭瑋凡	〈新竹農田水利會與地方社會（1945-1982）〉	李力庸
中國農業	2011	廖心慧	〈「農業學大寨」運動之研究（1964-1980）〉	齊茂吉
	2019	許子珩	〈崇禎朝「遲漕」之探究〉	吳振漢

資料來源：中央大學歷史所 1996-2022 年碩士論文。林昀皜同學整理。

這些論文有時發揮了拋磚引玉的效果。例如前述桃園農田水利會與石門水庫研究，後來李力庸教授帶領數位歷史所學生，進一步完成桃園農田水利會委託的《臺灣省桃園農田水利會會志》，所參與的同學有王世駿、林煒舒、鄭巧君、邱業超等。十年後，參與該計畫的在職專班林煒舒同學接受桃園農田水利會之委託，編纂《臺灣桃園農田水利會百年誌》，[44] 可見中大歷史所對桃園的農田水利發展史有其重要貢獻。

而有的學生在其碩士論文的基礎上，也逐漸建立其地位，例如莊天賜後來取得國立師範大學博士，其學位論文爲〈臨時臺灣糖務局與臺灣新製糖業之發展（1902-1911）〉，[45] 之後不斷經營糖業，近年出版《山本悌二郎奠基的臺灣糖業時代》，[46] 在糖業史有其一席之地。李進億以地方發展與環境史爲研究的基礎，之後在水利史的研究上有其地位。

（二）期刊論文

《史匯》自1996年創刊，係由中央大學歷史所師生共同參與編務之學術性刊物，乃歷史所之學生刊物，偶有老師應主編邀請擲稿發表。2006年在五年五百億經費的挹注下創辦《兩岸發展史研究》，乃以校外學者和本所教師學術專著爲主，與《史匯》區隔分明，學術功能之定位亦有所不同，相輔相成，具體呈現歷史所多年來教研實力和成果，同時也結合校外志同道合之學者專家，開創兩岸研究新領域。創刊時，擔任所長的吳振漢教授在發刊詞上寫道：「當代兩岸問題，研究者眾多，相關期刊亦不少，但對兩岸發展及互動做史學探討之專刊，則由我們首發其

44 黃金春主修，林煒舒等撰稿，《臺灣桃園農田水利會百年誌》（桃園：桃園農田水利會，2019）。

45 莊天賜，〈臨時臺灣糖務局與臺灣新製糖業之發展（1902-1911）〉（臺北：國立師範大學博士論文，2011）。

46 莊天賜，《山本悌二郎奠基的臺灣糖業新時代》（高雄：高雄市立歷史博物館，2022）。

端。」[47] 其中，關於中國農業有4篇，臺灣農業10篇。討論主題有糧食產銷、食鹽生產、果樹栽培、養馬、棉花產銷、動物養殖、高山農場、農業推廣、水資源利用、移民村、農業刊物之印行等，這些論文有的開啓研究先河，例如陳鴻圖的〈知本溪水利用資源的變遷〉討論日治時期知本溪從傳統的水稻灌溉轉向溫泉功能，戰後大量開發使集水區水量枯竭，呈現了水資源史的多元運用研究視角與環境史關懷。有的與前述中國近代農業發展及抗戰農業史有關，例如李力庸的〈走出實驗室——抗戰時期農產促進委員會的農業推廣事業（1938-1944）〉，討論抗戰前中國的中央與地方，研究、教育與推廣機關權責未能清楚劃分，所以農業機構仍維持清末以來各行其是的狀態。抗戰後，國民政府雖在1938年成立「農產促進委員會」專司農業推廣工作，協助地方建立完備的推廣機構，但因僅補助地方經費、派駐人才，並提供推廣材料，並不干涉地方。這種柔性輔導在戰爭時期過於理想，導致地方各級推廣機構存在質量趕不上數量的現象。此或可對前述中國抗戰時期政府雖對著力於農業科學化，但卻未能解決農村問題做一點補充。李力庸的〈臺灣農業．農業臺灣：戰後初期農業雜誌之刊行與功能（1947-1953）〉討論《臺灣農林》、《臺灣農業推廣通訊》、《臺灣農業》、《中華農學會報》之刊行與論述，這幾種雜誌中不乏來臺的中央大學農學院師生對臺灣農業接收與復原的想法與作爲。

有的論文也嘗試跨地域的農業發展比較，例如李力庸的〈日

47 吳振漢，〈發刊詞〉，《兩岸發展史研究》創刊號（2006年8月）。

治時期臺灣與朝鮮的米作——生產體系的比較〉，透過米作生產體系比較日本在臺灣與朝鮮的殖民策略與效果。從生產面透過日本在臺灣、朝鮮殖民期間的米穀政策、投資、生產模式、技術、米穀流通結構等課題的比較，分析日本對殖民地的資源布局，農村社會組織差異性，米穀生產、移出與殖民地自身的糧食供應情形，以及對社會經濟結構的影響。[48] 透過此研究可解釋臺灣與朝鮮對殖民統治的不同反應。

表3：《兩岸發展史研究》、《史匯》農業史相關論文一覽表

作者	篇名	期刊	期數	出版時間	頁數
王淑芬	〈清代整治河湖之環保論述分析——以兩湖平原爲中心〉	《兩岸發展史研究》	期1	2006年8月	137-168
李力庸	〈戰爭與糧食：太平洋戰爭前後臺灣的米穀統制〉	《兩岸發展史研究》	期2	2006年12月	103-137
陳鴻圖	〈知本溪水利用資源的變遷〉	《兩岸發展史研究》	期2	2006年12月	67-102
陳鴻圖	〈農業環境與移民事業——臺東廳下私營移民村的比較〉	《兩岸發展史研究》	期4	2007年12月	35-80
李力庸	〈走出實驗室——抗戰時期農產促進委員會的農業推廣事業（1938-1944）〉	《兩岸發展史研究》	期6	2008年12月	25-70

48 李力庸，〈日治時期臺灣與朝鮮的米作——生產體系的比較〉，《史匯》，第24期（2022年6月），頁128-154。

顏昌晶	〈戰後臺灣糧區制度之研究（1947-1983）〉	《史匯》	期3	1999年4月	73-87
陳鳳虹	〈清代臺灣食鹽的生產〉	《史匯》	期11	2007年09月	1-28
黃柏松	〈退輔會於梨山地區設置農場安置榮民之研究〉	《史匯》	期11	2007年09月	129-149
湯陳盛	〈家屋旁的果樹——果物與臺灣社會文化〉	《史匯》	期13	2009年10月	59-79
郭永發	〈明初山東養馬政策之研究〉	《史匯》	期16	2012年12	49-74
鄭麗榕	〈動物養殖的文化史：以近代臺灣大家族園林與田園生活爲例的探討〉	《史匯》	期17	2014年02月	21-37
李力庸	〈臺灣農業・農業臺灣：戰後初期農業雜誌之刊行與功能（1947-1953）〉	《史匯》	期21	2018年11月	156-177
李輝	〈跨出區域——全國棉花市場下的荊沙社會（1914-1936）〉	《史匯》	期22	2019年12月	117-147
李力庸	〈日治時期臺灣與朝鮮的米作——生產體系的比較〉	《史匯》	期24	2022年06月	128-154

資料來源：林昀皜同學整理自《兩岸發展史研究》、《史匯》。

說明：《史匯》的出版蒐集斷限於2022年之前。

在學術研究與筆耕的園地外，歷史所也致力於兩岸發展史領域的研究成果推廣，舉辦系列演講，並記錄出版成爲演講集。這些演講集中，關於農業部分有時田浩的〈田野調查與中國農村——調查目的與方法〉[49]、黃富三的〈糖倉變糧倉：清代臺灣水田化運動的社會經濟意義〉[50]、程朝云的〈國民黨政權遷臺後首次修改〈農會法〉研究（1972-1974）〉[51]。

雖然，中大歷史所在近代農業史有其研究成果，在地方拓墾、水利、糧食領域奠定基礎，但整體論文的產出量與課題的研發仍有待耕耘，而地域範圍也有延展比較的空間。

六、結語

中國大陸時期的中央大學農學院師資陣容堅強，學生表現優異。在試驗研究上成績最著者爲生物學、植物分類學、育種與培育、蠶桑改良、作物病蟲害研究、牛瘟豬瘟等。其中在植物育種方面最顯著。趙連芳在1928至1935年在中大任教時，專研水稻育種，育成江東門水稻品種而嶄露頭角，致使其他農學院學生對育種掀起熱潮。與政府合辦中央模範農業推廣區，是中國大陸政府與農學院最早舉辦農業推廣試驗的單位。

---

49 石田浩，〈田野調查與中國農村——調查目的與方法〉，《兩岸發展史學術演講專輯》第一輯（桃園：國立中央大學歷史研究所，2006年5月），頁59-71。

50 黃富三，〈糖倉變糧倉：清代臺灣水田化運動的社會經濟意義〉，第二輯（桃園：國立中央大學歷史研究所，2007年5月），頁47-60。

51 程朝云，〈國民黨政權遷臺後首次修改〈農會法〉研究（1972-1974）〉，第六輯（桃園：國立中央大學歷史研究所，2009年6月），頁161-181。

抗戰時，中央大學遷校至四川，農學院遷離過程中，折損最鉅，因其諸多研究試驗與土地不可分離，僅能遷走化學器材、種子、牲畜。大型好動的牲畜無法運送上船，只好步行逃難，被形容爲動物長征。在重慶的農學院越挫越勇，其師資可謂爲西南最優，因此負責了西南大後方諸多試驗與推廣單位的工作。而其系所也因此擴大陣容。但農業研究與農村工作，也是提供中國共產黨運作的溫床。

中大農學院經歷過戰爭洗禮，努力突破困境，研究戰爭時期的生產，在戰後的農業接收與穩定復原扮演重要角色。來臺接收的趙連芳也帶來一批中大師生規劃復原，在諸多單位嶄露頭角。而戈福江帶領臺糖轉型養豬事業，帶動臺灣養豬企業化，譽爲「臺灣養豬之父」。

1949年，中大歷任農學院院長大多選擇新中國。中華民國來臺後，中央大學復校較慢，復校時的經濟重點並非農業增產，故未恢復農學院，來臺農學院的師生四散在各農政單位與各大學任教。但隨政府來臺的農學院師生或在各教育機構繼續作育英才，或在農業核心規劃政策，或在地方農業前線耕耘地方，對臺灣的農業建設有多方面影響力，而不僅侷限於高等教育。

雖然復校後沒有農學院，但近代兩岸的農業史發展透過歷史所師生的史筆得以記載流傳。另外，無論是《兩岸發展史研究》、《史匯》與《兩岸發展史學術演講集》，皆由老師帶領一群群團隊學生收稿、審稿、校對、排版、出版，並未假手校外出版社，可說是一個小型的中大歷史所出版社，雖然出版品看起來非常「誠樸」，但內容紮實，實有參考之價值。

1949年中央大學變局的再思考

曾冠傑

國史館助修

一、前言

1949年的中國變局，具有多元的歷史意義：既是中華民國在大陸時期的尾聲，對二戰後的臺灣社會帶來深遠影響，又是中共成立新政權的開端，其結果至今深刻牽動東亞局勢的發展。另一方面，學界開始注意到1949年的大遷徙，具有世界史的離散（diaspora）意涵。[1]

因此，探討1949年的中國變局，首先要跳脫過去常見的國共雙方成王敗寇立場，[2] 並注意這段歷史的複雜性。1948年9月至1949年1月間，共軍在遼西會戰、平津會戰、徐蚌會戰等三大戰役取得勝利，國軍在前線戰場苦嚐敗果，國府迫於形勢開始「轉進」，林桶法指出：「當時政府機關的遷移既非完全沒有計畫，也不是計畫周詳，是根據時局的轉變做策畫，進行調整。」1949年的大遷移，中央政府的多數機關從南京、廣州、重慶到

---

1 楊孟軒著，蔡耀緯譯，《逃離中國：現代臺灣的創傷、記憶與認同》（臺北：國立臺灣大學出版中心，2023）。

2 如胡素珊（Suzanne Pepper）著，啓蒙編譯所譯，《中國的內戰：1945-1949年的政治鬥爭》（*Civil War in China: The Political Struggle 1945-1949*）（北京：當代中國出版社，2014）。

臺灣，但有些機關並未遷往臺灣，學校甚至皆未遷臺。[3] 總體來說，現有研究多關注上層人物的去留抉擇，[4] 但對機關去留的個案研究仍不足。[5]

在中央大學校史館網站，可見對1949年的校史描述：「1月23日（筆者按：應爲1月21日），校務會議決定以不遷校爲原則，另組織應變委員會，周鴻經校長派員先赴福州與臺灣接洽遷校事宜。因時局急轉直下，遷校計畫無法實現。4月中國共產黨接管南京，國民政府遷臺，原中央大學改爲南京大學。」[6] 實際上，學界對1949年的中央大學變局，已有相當細緻的認識，這個歷史過程包括：1949年1月27日周鴻經校長因故離校，隨即成立校務維持委員會，直到同年4月23日共軍進入南京，軍事接管中央大學，8月8日改名爲南京大學，8月15日校務維持委員會移交給校務委員會。相關研究以公布或出版的時間先後排序，分別以曾冠傑、蔣寶麟、李伶伶三人的研究爲代表，綜合來看，三者的核心史料皆爲中國第二歷史檔案館的國立中央大學檔案，搭配相關史料，對關鍵的歷史細節有大致的共識，然而三者的關注角度不同：

---

3 林桶法，《1949大撤退》（臺北：聯經出版事業公司，2009），頁154、160。

4 如紀實文學作品：岳南，《南渡北歸》（臺北：時報文化出版公司，2021）。

5 有一個值得關注的案例，是陳鴻明對上海商業儲蓄銀行遷臺的研究，觀點新穎並有啓發性，他指出該行於1952年在中國大陸成爲公私合營銀行，因此透過在香港註冊及曲折的過程，1965年在臺灣復業，參見陳鴻明，〈政治巨變與企業因應：上海商業儲蓄銀行遷臺與復業的曲折發展（1950-1965）〉，《國史館館刊》，第60期（2019年6月），頁89-138。

6 國立中央大學校史館網站，「大事紀要」，http://140.115.197.16/history/event，檢索日期：2023年4月22日。

2010年公布的曾冠傑碩士論文〈國共戰爭下的中央大學（1945-1949）〉第四章〈「淪陷」或「解放」——1949年的變局〉，[7] 有別於過去的研究對象多爲1949年的機關遷徙，作者強調跨越1949年政權更迭的歷史連續性，包括中央大學在周鴻經校長離校後的權力過渡階段，以及之後中共的軍事接管，這樣的研究視角在當時較罕見。

2016年出版的蔣寶麟專書《民國時期中央大學的學術與政治（1927-1949）》，[8] 由博士論文修改而成，該書特色爲長時段的中央大學校史，第七章〈走向南京大學：1949年中央大學的「應變」與抉擇〉，作者應用的史料相當詳實豐富，修正中共過去的政治宣傳說法。

2020年出版的李伶伶《南京1949》，[9] 作者爲非虛構文學作家，本書亦非學術專書，但引用原始史料並註明出處，値得參考。本書主要關注1949年南京市內的整體情況，書中多處討論中央大學的情況，並將蔣寶麟的研究往前推進一步，是較新穎的研究成果。然而，本書封底折口標示「中共南京市玄武區委宣傳部特別出品」，須注意本書的官方宣傳色彩。

本文以曾冠傑碩士論文第四章爲主體加以修改，採用蔣寶麟、李伶伶的研究成果，並與他們的觀點對話，展開進一步的討論，以便重新思考1949年中央大學變局的意義。

---

7 曾冠傑，〈國共戰爭下的中央大學（1945-1949）〉（臺北：國立政治大學歷史研究所碩士論文，2010）。

8 蔣寶麟，《民國時期中央大學的學術與政治（1927-1949）》（南京：南京大學出版社，2016）。

9 李伶伶，《南京1949》（南京：江蘇文藝出版社，2020）。

二、周鴻經校長的「應變」與離校

1949年1月21日的校務會議，決定以不遷校爲原則，周鴻經校長隨即於1月27日因故離校，當時傳言他「捲款潛逃」，引發校內恐慌。根據南京大學的校史記載，周鴻經「攜款棄職離校」，[10] 成爲該校校史上一位負面評價的校長。然而這個傳言已被打破，一個有力的證據是身爲中共黨員的劉敬坤校友，在2003年接受臺灣的電話訪問時表示：「當時，我擔任學生報的總編輯，在報紙上造謠：『周鴻經捲款潛逃』，其實周鴻經並沒有捲款潛逃，只是把校印帶走而已。對當時製造這個謠言，我在此特別鄭重致歉。」[11]

不過，蔣寶麟認爲「周氏捲去7,000萬元潛逃自屬無稽，但在學校已定不遷校的情況下，匯款未得追回，校長並非毫無責任，況且，在學校面臨重大變故的歷史關口，校長未能與全校師生共始終，也有失公信。」[12] 李伶伶則抱持較同情的態度，她表示：周鴻經「與其說，他是不辭而別，不如說，他其實是被逼走的。」[13] 實際上，周鴻經的離校有兩個背景因素：第一，由於局勢日漸緊張，他無法執行教育部的遷校政策，並面臨龐大的逼宮壓力；第二，周鴻經作爲部派校長，與當初任命他的教育部長朱

10 南京大學高教研究所編，《南京大學大事記（1902-1988）》（南京：南京大學出版社，1989），頁76-77。

11 沈懷玉訪問，簡佳慧記錄，〈劉敬坤先生訪問紀錄〉（2003年7月25日）；收入陳儀深等訪問，《郭廷以先生門生故舊憶往錄》（臺北：中央研究院近代史研究所，2004年），頁464。

12 蔣寶麟，《民國時期中央大學的學術與政治（1927-1949）》，頁279。

13 李伶伶，《南京1949》，頁215。

家驊關係密切，他最後決定離校，隨朱家驊來臺。

1948年底，前線戰事緊張之際，校內出現準備遷校的聲音：11月15日，醫學院第56次行政會議討論「如時局有所變動，本院應如何辦理」，決議「遵照校部決議辦理，並希能與上海、臺灣、福州、廣州、重慶、桂林、梧州、柳州等地之醫學院合作，並請校部代為準備木箱一千五百隻」。[14] 12月3日，行政會議商討同仁眷屬的疏散問題。[15] 12月10日，行政會議擬訂〈中央大學正式學生至他校院借讀暫行辦法〉，因為「本校學生因戡亂近在徐蚌間激戰，多數請假離校」。[16] 周鴻經表示：「中大遷校與否，亦非三日兩日可決。近來校中同仁意見頗為紛歧」[17]，並在1948年12月以「時局日趨嚴重，校務困難有增無已」為由，函呈教育部請辭校長，[18] 但未獲准。

1949年1月，由於國軍在徐蚌會戰的失利，中央政府迫於情勢預備遷移，行政院下達「國立院校應變計畫」，要求各國立院

---

14 〈醫學院第56次行政會議紀錄〉（1948年11月15日），中國第二歷史檔案館藏，中央大學檔案，案卷號：945，「醫學院召開大學醫院委員會有關文件（1947年）」。

15 〈國立中央大學第119次行政會議紀錄〉（1948年12月3日），中國第二歷史檔案館藏，中央大學檔案，案卷號：933，「中大還都行政會議紀錄（第七冊～十三冊原稿）（1946-1949年）」。

16 〈據呈送寄讀辦法核示知照由〉（1949年1月12日），檔案管理局藏，教育部檔案，檔號：0038/140.01-08/0001，「國立中央大學37年度在校生案」。

17 與周鴻經有師生關係的李新民，在回憶文章中摘要幾封周鴻經寫給他的親筆信；參見李新民，〈懷念周校長綸閣（鴻經）師〉；收入中大六十週年校慶籌備會等編，《國立中央大學六十週年紀念特刊》（桃園：編者自印，1975），頁96。

18 〈為才輕體弱不能勝任懇祈准予辭職由〉（1948年12月15日），檔案管理局藏，教育部檔案，檔號：0033/140.01-04/0001，「國立中央大學教職員工案」。

校擬定應變措施準備遷校，周鴻經隨即委派教務長羅清生與胡煥庸等教授，分赴廈門、臺灣等地尋覓校址，同時加緊準備物資與人員的疏散工作。[19] 郭廷以當時協助遷校，周鴻經與他商量要將學校一部分先搬到臺灣，一部分暫搬福建，最後目標還是臺灣，還帶了一筆教育部高等教育司撥發給中央大學買校地的公款，約值金圓券200萬元。[20]

不過，遷校政策遇到困難。浙江大學校長竺可楨在1月15日的日記寫道：「中大表面上雖云要遷福建，而實際甚難遷動，不過有少數人要移動而已。因醫、農、理、工各院多數教員均不願離京也。」[21] 周鴻經在1月23日表示：「在淮北戰事吃緊時，此間同仁主遷校者甚衆。教員學生疏散離京者在二分之一以上。嗣和平消息傳出，前線戰事沉寂，留校同仁又倡不遷校之論調」，他則「始終持重，未多作主張」，「惟近來校中有作用者造謠，謂學校辦行政者主遷，擬製造糾紛，甚可惡耳」。[22]

以當時的校內形勢來看，遷校派以周鴻經爲首，包括訓導長沙學浚、總務長戈定邦與江良規等校友派教授，掌握學校的行政部門，學生私下稱周鴻經是「凱撒」，沙學浚爲「沙皇」，相較

---

19 王德滋主編，《南京大學百年史》（南京：南京大學出版社，2002），頁283-284。

20 張朋園等訪問，《郭廷以先生訪問紀錄》（臺北：中央研究院近代史研究所，1987），頁220-221。

21 〈竺可楨日記〉，1949年1月15日條；收入竺可楨，《竺可楨全集・第11卷》（上海：上海科技教育出版社，200），頁351。

22 李新民，〈懷念周校長綸閣（鴻經）師〉，《國立中央大學六十週年紀念特刊》，頁96-97。

於吳有訓的民主作風，他們與學生的關係比較緊張。[23] 留校派不只有左傾教授，還包括各學院教授多人，譬如醫學院教授蔡翹，因爲他建立的生理學實驗室，經過三年經營才初具規模，不願因遷校而停頓研究工作，留校派有各學院助教與留校學生的支持。[24]

1月17日，教育部對中央大學發出訓令：「現値時局緊張，該校員生衆多，圖書儀器爲研究所需者，均頗珍貴，應善爲保存，茲爲免受戰事波及起見，仰即設法準備儘早疏散，以期安全。」[25] 因此，1月21日舉行校務會議，這是一次決定中央大學前途的會議，周鴻經等65人出席，韋仲殷等14人列席。首先是各處室的報告事項，總務處針對「應變之措施」進行報告：「爲免臨時倉卒措手不及起見，預裝木箱一千隻，供各單位裝置重要圖書、儀器、公文等用」，可見面對戰事逼近，校方有如同中日戰爭時期的遷校打算，總務處「另儲備食米四百石，煤炭六十噸，菜油十擔，汽油二十桶，煤油四大桶，木柴五百擔，以備萬一之需」。[26]

接下來是討論事項，以第二案最重要，即文學院提「議決以

---

23 本刊記者海鷗，〈中央大學易長側聞（續）〉，（南京）《中國新聞》半月刊，第2卷第10期（1948年9月1日），頁14。

24 馬梁，〈中大校長周鴻經臨危脫逃記〉，（南京）《展望》週刊，第3卷第15期（1949年2月25日），頁10。

25 〈教育部訓令：高字第01949號〉（1949年1月17日），中國第二歷史檔案館藏，中央大學檔案，案卷號：926，「中大召開校務會議紀錄、決議、通知及有關文件（1946-1949年）」。

26 〈37年度第一次校務會議總務處報告〉（1949年1月21日），中國第二歷史檔案館藏，中央大學檔案，案卷號：926，「中大召開校務會議紀錄、決議、通知及有關文件（1946-1949年）」。

不遷校爲原則」案，雖然討論過程沒有文字紀錄，但可想見會場有激烈的討論，最後決議「以不遷校爲原則」。於是周鴻經交議「奉教育部令，現值時局緊張，本校教職員學生及圖書儀器應儘量疏散以策安全等因，應如何辦理」。工學院則提案「時局日趨緊張，本校應變辦法宜早決定，茲擬應變辦法三項，是否有當，請公決」。校長與工學院提出的兩案合併討論，決議：學校從速籌措應變經費；文卷冊籍、圖書儀器應將不急用者儘量裝箱，並擇要運送上海暫行存儲；儘量儲備食糧燃料以資急需，並在上海成立辦事處，辦理疏散接運等事宜。[27]

1月27日，周鴻經與沙學浚、戈定邦等人離校，原本的校務運作局面一夕瓦解，導火線是當天「工友因要求發放疏散費而包圍校長辦公室」。[28] 根據檔案管理局《教育部檔案》，周鴻經的說法是「校工聚衆強索疏散費一萬元，聲勢洶洶不可理喻」，「受其威脅，不得已姑允其請」，他在當天前往上海安頓家人，「學生因校中庫存用罄，將影響其膳食，大起恐慌，別具居心者遂利用機會製造蜚言」，甚至說他「準備大批款項與武力，意圖推翻校務維持會，解散全校應變機構」，[29] 周鴻經受到沉重壓力，成爲離校未返的主因。

---

27 〈國立中央大學校務會議37年度第一次會議紀錄〉（1949年1月21日），中國第二歷史檔案館藏，中央大學檔案，案卷號：926，「中大召開校務會議紀錄、決議、通知及有關文件（1946-1949年）」。

28 〈從苦難中所誕生的，中大應變前後〉，（南京）《中大人報》第1期（1949年2月26日），第2版；收入中國第二歷史檔案館藏，中央大學檔案，案卷號：2580，「中大人報（1949年）」。

29 〈周鴻經致陳雪屏函〉（1949年2月21日），檔案管理局藏，教育部檔案，檔號：0033/140.01-04/0001，「國立中央大學教職員工案」。

所謂的周鴻經「捲款潛逃」謠言，應該是指原本用於疏散的上海辦事處5萬元，用於準備遷校的臺灣200萬元、福建180萬元，[30] 這些款項其實都不在他的手上，最遲至2月5日，中央大學校務維持委員會分別去電催追，[31] 3月，郭廷以把這筆公款匯回中央大學，「中大領導份子爲此還寫了很長的信來恭維」。[32] 有意思的是，因爲臺幣升值，原本匯臺灣200萬元，此時匯回南京已漲至2,400萬元。[33]

如果欲理解周鴻經離校來臺的艱難決定，不可忽略朱家驊的影響。他當初擔任中央大學校長，係因1948年8月，吳有訓請辭校長獲准後，教育部任命教務長周鴻經接任。周鴻經畢業於東南大學算學系，取得英國倫敦大學理科碩士後，回國受聘於中央大學數學系，在校內屬於校友派人物，曾任系主任、訓導長等職。[34] 與周鴻經相交多年的郭廷以直言：周鴻經擔任中央大學校長，「一般認爲他分量還不大夠」，[35] 他的聲望不如吳有訓，政治色彩也比較濃。他接受教育部長朱家驊的邀請，於1945年至

---

30 蔣寶麟，《民國時期中央大學的學術與政治（1927-1949）》，頁278-279。

31 〈校務維持委員會爲已去電催追遷校經費函〉（1949年2月5日）；收入南京大學校慶辦公室校史資料編輯組等編，《南京大學校史資料選輯》（南京：南京大學，1982），頁432。

32 張朋園等訪問，《郭廷以先生訪問紀錄》，頁222。

33 〈校維會重大決議，休假教授勉請繼續執教，追回款項處理辦法決定〉，（南京）《中大人報》，第1期（1949年2月26日），第1版；收入中國第二歷史檔案館藏，中央大學檔案，案卷號：2580，「中大人報（1949年）」。

34 編（筆者按：原文如此），〈數學宗師周鴻經先生〉，（臺北）《臺灣教育》月刊，第304期（1976年4月15日），頁22、29。王治平主編，〈中外名人傳（82）：周鴻經〉，（臺北）《中外雜誌》月刊，第71卷第1期（2002年1月），頁60-64。

35 張朋園等訪問，《郭廷以先生訪問紀錄》，頁215。

1948年間任教育部高等教育司司長，外界認爲「這一次周鴻經之能繼任中大校長，完全是朱家驊所攤出來的王牌」。[36]

1949年4月25日，周鴻經與朱家驊夫婦等人，從上海同坐建國號飛機至臺北。[37] 周鴻經來臺後仍被朱家驊重用，6月受聘爲中央研究院總幹事，隨後兼代數學研究所所長。[38] 正因如此，《百年中大》校慶特刊對周鴻經給予正面評價，提及他爲中央大學遷臺煞費心血，可惜因校內左傾人士的阻撓而中斷遷校工作，也提到他對中央研究院遷臺與籌建南港新址的貢獻；今中央大學數學系館命名爲「鴻經館」，以及中央研究院設「周鴻經獎學金」，鼓勵有志研習數學的學生，都是爲了紀念他。[39] 根據國史館的官方說法，周鴻經「逝世後家人清檢舊篋，除書籍文稿外，僅餘爛西服三襲及破皮鞋兩雙而已」。[40]

三、校務維持委員會的運作

1949年1月27日周鴻經校長離校後，至4月23日共軍進入南京，中央大學處於政權更迭的過渡時期，有賴新成立的「校務維持委員會」，致力維持全校的穩定局面。校務維持委員會是特

---

36 本刊記者海鷗，〈中央大學易長側聞（續）〉，（南京）《中國新聞》半月刊，第2卷第10期（1948年9月1日），頁14。

37 胡頌平，《朱家驊先生年譜》（臺北：傳記文學出版社，1969），頁79。

38 黃麗安，《朱家驊與中央研究院》（臺北：國史館，2010），頁269。

39 李瑞騰主編，《百年中大校慶特刊》（桃園：國立中央大學，2015），頁185-186。

40 國史館編，〈周鴻經先生事略〉，《國史館現藏民國人物傳記史料彙編．第十一輯》（臺北縣：國史館，1994），頁152。

定時空下的產物，獲得師生員工群體的支持，各院助教會聯合會、職員應變會、工友應變會與同學應變會聯合發出聲明，校務維持委員會「是一種最民主、最合理的制度，因爲它徹底地符合著教授治校的原則，是充分地表現著師生員工的公意」。[41]

蔣寶麟評價：「在校內外局勢混亂之際，校務維持委員會的組織和行政呈現出特殊的『教授治校』意味。『教授治校』雖在很大程度上是近代中國大學史上的一大『迷思』，理想與現實從未完全契合，但仍具『道高於勢』的號召力。」[42] 其實，除了「教授治校」的理念與實踐，還有一個宏觀的時代背景：無論國府是否有誠意於1947年12月行憲，知識份子對於民主的長期追求，本身就是一種民主素養的培力（empower）過程。雖然在1947年7月以後，國府逐步建立動員戡亂體制，暫時壓制了這股民主風氣，但隨著1949年1月蔣中正下野，以及周鴻經校長離校，中央大學出現權力眞空階段，國共雙方皆無力派大員主導校務，短暫出現自由的空氣，於是校內組成集體領導性質的校務維持委員會。

同時期有一個性質類似的對照組，即1949年政權更迭過渡階段的「南京市治安維持會」，僅存在七天（4月23日至29日），被認爲是國府撤退前的布置，以一個營數百兵力的保安部

---

41 〈員工生上教授書〉，（南京）《中大人報》第2期（1949年3月5日），第2版；收入中國第二歷史檔案館藏，中央大學檔案，案卷號：2580，「中大人報（1949年）」。同〈各院助教會等給教授會的信〉（1949年2月2日）；收入南京大學校慶辦公室校史資料編輯組等編，《南京大學校史資料選輯》，頁434-435。

42 蔣寶麟，《民國時期中央大學的學術與政治（1927-1949）》，頁297。

隊，勉強維持南京秩序，不抵抗共軍接收，隨時準備投降，最後自動取消；[43] 相較而言，中央大學校務維持委員會可說是大陸時期最後一次的民主實驗，無論在形式與實質上皆是如此，4月中共接管中央大學後，依然承認該會，直到8月移交給新成立的校務委員會。接下來，我們討論校務維持委員會如何建立正當性，以及處理實際的校務難題。

1月27日周鴻經離校後，一時之間無人主持校務，許多師生擔心學校有瓦解之虞，教授會於1月30日召開理監事會，[44] 隨即在當天下午3點舉行全體教授大會，決議在校長返校前組織「臨時校務維持委員會」，[45] 票選教授代表11人爲委員。[46]

校務維持委員會並非依法設立，因此首先必須確立這個新組織的正當性。1月31日，以教授會名義發出成立校務維持委員會的通知，[47] 並以教授會常務委員鄭集、歐陽翥、梁希三人名義，備文呈報代總統李宗仁、行政院長孫科與教育部代理部長陳雪屛。[48] 學校公文函件的簽署，原議對外行文「仍用校印及周校長

---

43 李伶伶，《南京1949》，頁361-365。

44 〈教授會理監事會會議紀錄（37年度第一次聯席會議）〉（1949年1月30日），中國第二歷史檔案館藏，中央大學檔案，案卷號：977，「中大校務維持委員會抄送教授大會決議（1948-1949年）」。

45 該會成立之初，稱「臨時校務維持委員會」，經查閱該會會議紀錄，自2月2日的第四次會議起，即稱「校務維持委員會」，但在相關文件偶爾可見「臨時」字樣。感謝蔣寶麟學長的提醒。

46 〈國立中央大學教授會全體大會紀錄〉（1949年1月30日），中國第二歷史檔案館藏，中央大學檔案，案卷號：977，「中大校務維持委員會抄送教授大會決議（1948-1949年）」。

47 〈教授會關於成立校務維持委員會的通知〉（1949年1月31日）；收入南京大學校慶辦公室校史資料編輯組等編，《南京大學校史資料選輯》，頁428。

48 〈鄭集等關於成立校務臨時維持委員會致李宗仁等的呈文〉（1949年1月31

名義爲原則」，對內行文「銘蓋校務維持委員會名章」，[49] 隨即有更仔細的規定：傳票與支票「除仍蓋周校長名章外，加蓋值日常務委員名章」，對外的中文公文函件署名爲「校長周鴻經因故離京／校務維持委員會常務委員胡小石、梁希、鄭集」，西文函件則「由主任秘書代簽」。[50] 蔣寶麟指出，由於南京政局不穩，教育部並未照准周鴻經的請辭，亦無力委派新校長，在4月23日共軍進入南京之前，周鴻經在名義上仍是中央大學校長。[51]

在校務維持委員會的努力下，中央大學逐步恢復穩定，並保持基本的校務運作。校務運作的方式是：來文經收發登記後，由秘書先按其性質分交有關單位簽註意見，再送值日常務委員作最後決定，例如2月1日的值日常委是梁希，2日是胡小石，3日是鄭集，4日再輪到梁希，由三人輪值擔任。[52] 若是值日常委無法決定的重要大事，提交校務維持委員會處理。與各行政單位有重要關係之事，則提交校務維持委員會、行政單位主管人聯席會議處理。[53]

日）；收入南京大學校慶辦公室校史資料編輯組等編，《南京大學校史資料選輯》，頁428-429。

49 〈國立中央大學臨時校務維持委員會會議紀錄．第二次會議紀錄〉（1949年1月31日）；收入《南大百年實錄》編輯組編，《南大百年實錄（上）：中央大學史料卷》（南京：南京大學出版社，2002），頁534。

50 〈國立中央大學校務維持委員會第四次會議紀錄〉（1949年2月2日），中國第二歷史檔案館藏，中央大學檔案，案卷號：927，「中大校務維持委員會會議紀錄及有關文函（1949年）」。

51 蔣寶麟，《民國時期中央大學的學術與政治（1927-1949）》，頁284。

52 〈校務維持委員會常務委員輪值表〉，中國第二歷史檔案館藏，中央大學檔案，案卷號：980，「中大校務維持委員會會議紀錄（1949年）」。

53 〈校務維持委員會秘書室處理公文暫行程序〉（1949年3月7日），中國第二歷史檔案館藏，中央大學檔案，案卷號：980，「中大校務維持委員會會議紀錄校務維持委員會是中央大學在此過渡時期的權力核心，蔣寶麟指出，該會對教授會負責，而非向教育部負責。[54] 另外，具體的行政事務多交由應變委員會執行，並接受校務維持委員會的督導。周鴻經離校後，留校學生立即組成學生應變委員會，後續成立工友應變委員會、職員應變委員會等，[55] 之後成立全校性的應變委員會，由教員、職員、學生、工友、校警五方面代表共同組成，代表共41人，爲顧全大局，教員代表與學生代表同爲14人，[56] 顯示由師生共同合作主導應變委員會。該會分成儲備分配、消防、醫藥救護、聯絡、財務、組織、警衛、舍務、保管、事務、秘書、福利等十二組，譬如醫藥救護組由醫學院同仁詳細計畫，並組成緊急時期救護隊。[57]

周鴻經一度希望由羅清生教授暫代校務，但遭到婉拒。[58] 2月18日，周鴻經由上海去函向校務維持委員會表示：「即日飛穗，向教育部堅辭校長職務，在新校長未到校以前，仍請校務維持委員會諸先生維持。」[59] 2月21日，學生舉行系科代表大會，

（1949年）」。

54 蔣寶麟，《民國時期中央大學的學術與政治（1927-1949）》，頁280。

55 朱汝，〈中央大學應變前後〉，（長沙）《建設》週刊，第2卷第3期（1949年3月19日），頁9。

56 本刊讀者投寄，〈中大在苦難中站起來了！〉，（南京）《大學評論》週刊，第3卷第3期（1949年2月12日），頁14。

57 〈應變委員會工作總結報告〉（1949年6月1日）；收入南京大學校慶辦公室校史資料編輯組等編，《南京大學校史資料選輯》，頁423-428。

58 〈羅清生致教授會函〉（1949年2月5日）；收入南京大學校慶辦公室校史資料編輯組等編，《南京大學校史資料選輯》，頁433。

59 〈37學年度第二學期第一次教授大會會議紀錄〉（1949年2月18日），中國第二歷史檔案館藏，中央大學檔案，案卷號：975，「教授會有關會議錄（1948年）」。

決議「堅決擁護校務維持委員會，反對教部派任何人出長中大，並反對由教授會推出一人主持校政」。[60] 3月1日，教育部代理部長陳雪屏表示：尚未批准周鴻經請辭校長一事，學生應變會出版的《中大人報》認爲：陳雪屏「以政治手腕運用靈活見稱」，對中央大學校長一職絕不會輕易放手，「把新校長的『皇冠』加到某一位教授的頭上」。[61] 陳雪屏認爲校務維持委員會治校，在大學法上沒有根據，[62] 曾經屬意胡小石出任校長，但遭到拒絕。[63] 顯示周鴻經離校後，局勢日趨惡化，校長的重責大任已非單一領導人所能承擔，因此以集體領導的校務維持委員會運作。

學界感興趣的問題是：校務維持委員會與中共的關係如何？以三位常務委員的政治背景來看，他們均非中共黨員，卻都或多或少同情中共；胡小石「一生從未參加過任何黨派」，但被時人視爲進步人士；[64] 梁希被譽爲「國統區進步教授中一面不倒的紅

---

60 〈系科代表決議，反對教部派員長中大，校務由校維會主持〉，（南京）《中大人報》，第1期（1949年2月26日），第1版；收入中國第二歷史檔案館藏，中央大學檔案，案卷號：2580，「中大人報（1949年）」。

61 〈陳代部長邀晤校委，請教授代周「洗刷」〉，（南京）《中大人報》，第2期（1949年3月5日），第1版；收入中國第二歷史檔案館藏，中央大學檔案，案卷號：2580，「中大人報（1949年）」。

62 〈胡老師決不考慮陳雪屏「邀請」〉，（南京）《中大應變快報》，第2期（1949年3月7日），第1版；收入中國第二歷史檔案館藏，中央大學檔案，案卷號：2611，「中大應變快報」。

63 〈中大人空前團結，擁護校維會治校，反對部派校長〉，（南京）《中大人報》，第3期（1949年3月12日），第1版；收入中國第二歷史檔案館藏，中央大學檔案，案卷號：2580，「中大人報（1949年）」。

64 周勛初，〈我所了解的胡小石先生〉；收入許志英主編，《學府隨筆：南大卷》（濟南：山東文藝出版社，2007），頁267-268。

旗」，也是三人之中與中共地下黨聯繫最密切者；[65] 鄭集在晚年自稱當時是「左傾的思想，右傾的牌子」，他早年曾經加入國民黨，但是「敢講話，有膽量，做事頂得住」，當時知道校內有中共地下黨，但不知道是誰。[66] 實際上，當時中央大學教師的中共黨員只有七人，大多是助教，只有甘鐸一人是講師，沒有教授。[67] 換言之，中共黨組織並未直接進入校務維持委員會的權力核心，但透過對於左傾教授的統戰工作，與梁希等人建立聯絡管道。

中央大學放寬37學年度第二學期的到校截止日，教授會在1月30日開全體大會，僅到90人，[68] 然而根據3月15日的統計（見表1），到校教員已有321人，七成以上師生員工返校，亦可見校務維持委員會獲得眾人的信任。

表 1：國立中央大學1949年3月15日已到人數統計

	教員（含教授、副教授、講師）	助教	職員	工友	學生（含研究生）
已到人數	321 人	251 人	434 人	962 人	2,562 人
已到人數佔原有人數之比例	74%	79%	80%	83%	72%

資料來源：〈37 學年度第二學期第二次教授大會會議紀錄〉（1949 年 3 月 19 日），中國第二歷史檔案館藏，《中央大學檔案》，案卷號：975，「教授會有關會議錄（1948 年）」。

65 南京大學《當代中國教育》編寫組，〈中央大學的接管與改造〉，（南京）《高教研究與探索》，第2期（1984），頁98。

66 許莅華，〈中央大學教授會與五二〇運動——親歷者鄭集和許莅華對話錄〉，《中共黨史資料》，第2期（2007），頁103-105。

67 王覺非，《逝者如斯》（北京：中國青年出版社，2001），頁247。

68 〈37學年度第二學期第二次教授大會會議紀錄〉（1949年3月19日），中國第二歷史檔案館藏，中央大學檔案，案卷號：975，「教授會有關會議錄（1948年）」。

校務維持委員會主掌校務的時期，內憂外患不斷出現，面臨兩方面的難題：首先是惡性通貨膨脹，導致師生員工的生活艱困。其次是對政治問題的回應，尤其是「四．一」事件的衝擊，這部分在下一小節討論。由於戰事逼近，校園人心浮動，以及政府的幣制改革失敗，金圓券快速貶值，爆發嚴重的通貨膨脹，中央大學主要有三項應變措施：

第一，提高發餉金額。例如2月16日，數十名工友聚眾向校務維持委員會提出領款要求，[69] 到了隔天，該會提案設法改善工友生活，決議「調整工友底薪」、「清查工友空額，以空額薪餉作爲工友福利基金」等，[70] 工友問題暫獲解決。[71] 又如3月4日，將當月薪餉從原額的75倍，調高爲預借薪餉100倍，[72] 11日再預發薪餉400倍，[73] 雖然日後必須扣還，但是一週內兩度墊發薪餉，顯示金圓券的貶值速度遠遠跟不上物價。

---

69 〈工友昨又聚眾，向校維會要錢〉，（南京）《中大應變快報》，第16期（1949年2月16日），第2版；收入中國第二歷史檔案館藏，中央大學檔案，案卷號：2611，「中大應變快報」。

70 〈國立中央大學校務維持委員會第十五次會議紀錄〉（1949年2月17日），中國第二歷史檔案館藏，中央大學檔案，案卷號：980，「中大校務維持委員會會議紀錄（1949年）」。

71 〈工友問題已解決，民主傳統要維護〉，（南京）《中大應變快報》，第13期（1949年2月17日），第1版；收入中國第二歷史檔案館藏，中央大學檔案，案卷號：2611，「中大應變快報」。

72 〈國立中央大學校務維持委員會、各行政單位主管人聯席會議第四次會議紀錄〉（1949年3月4日），中國第二歷史檔案館藏，中央大學檔案，案卷號：979，「中大校務維持委員會各行政單位主管人聯席會議紀錄（1949年）」。

73 〈國立中央大學校務維持委員會、各行政單位主管人聯席會議第五次會議紀錄〉（1949年3月11日），中國第二歷史檔案館藏，中央大學檔案，案卷號：979，「中大校務維持委員會各行政單位主管人聯席會議紀錄（1949年）」。

第二，採購民生物資。由於金圓券快速貶值，中央大學將政府所發的儲糧專款，除了墊付所欠款項之外，儘快投入採購物資，包括糙米、豆油、煤柴及各項必需物品，[74] 減少惡性通貨膨脹造成的損失。

第三，發起生產運動。2月24日，中央大學舉行生產運動座談會，決定發起全校性的生產運動，利用校產空地作爲農場，並將組織分爲研究組、監督組與工作組，工作組負責直接從事生產工作，再分成耕植隊、飼養隊、加工製作隊、合作社等，各隊分成若干小組，以小組爲工作競賽單位，並聘請農學院師生指導。[75] 生產運動不只是爲了解決現實的生計問題，一些左傾學生也藉此認識體力勞動的價值，「爲了迎接一個歷史性的突變，我們要從具體的生活中，作到自我的改造」。[76]

四、學生運動「四．一」事件的前後

校務維持委員會的運作，至4月1日的「四．一」事件爲轉折點，原本的委員會受到沉重壓力，故全體委員請辭，改選爲新一屆委員會。「四．一」事件是國府撤離南京前夕的最後一次學生運動，中共的學運史論述有一套慷慨激昂的官方說法。然而，

---

74 〈37學年度第二學期第二次教授大會會議紀錄〉（1949年3月19日），中國第二歷史檔案館藏，中央大學檔案，案卷號：975，「教授會有關會議錄（1948年）」。

75 朱汝，〈中央大學應變前後〉，（長沙）《建設》週刊，第2卷第3期（1949年3月19日），頁10。

76 仲輝，〈中大底生產熱〉，（南京）《大學評論》週刊，第3卷第7期（1949年3月20日），頁12。

蔣寶麟注意到中共地下黨的上級（南京市委）不同意下級（大專分委）策動的這場學運；[77] 李伶伶對「四・一」事件的研究相當細緻，目前看不到國府高層預謀派軍人毆打學生的證據。[78]

換言之，這次學運並非中共有計畫地事前主導，國府高層原本亦無意血腥鎮壓，而是放任基層軍人所造成的悲劇。這次學運難以控制的性質，展現學生（甚至是基層軍警）的能動性，並非國共雙方所能完全掌握與預料，也讓我們重新思索呂芳上提出的——從學生自發的「學生運動」到政黨操控的「運動學生」，[79] 這個觀點之外的其他可能性。

4月1日，南京十所專科以上學校之學生共五千餘人，到總統府舉行「爭生存、爭和平」大遊行，向代總統李宗仁請願，遊行結束後遭到一批軍官收容總隊的軍人持兇器襲擊毆打，傷者在兩百人以上，中大共有47人受傷，其中兩名學生傷重不治。[80] 在中共方面，陳修良當時是中共南京市委書記，她表示：「後來查明這件事是大學分黨委（作者按：似爲大專分委）擅自發動群衆搞起來的，並未經過上級的同意。」[81] 根據中共黨史的官方說法，「學校黨組織見遊行之勢如同箭在弦上，不得不發，遂決定黨員跟群衆站在一起，隨時注意在遊行中引導群衆，保護群

77 蔣寶麟，《民國時期中央大學的學術與政治（1927-1949）》，頁268-269。

78 李伶伶，《南京1949》，頁286-298。

79 呂芳上，《從學生運動到運動學生》（臺北：中央研究院近代史研究所，1994）。

80 王德滋主編，《南京大學百年史》，頁285-286。

81 陳修良，〈戰鬥在敵人的心臟——南京〉；原載：上海《史林》季刊，第2期（1986）；收入陳修良，《陳修良文集》，頁173。

衆。」[82]

在國府方面，雖然事前動員憲警戒備，但此時正在進行國共和談，代總統李宗仁並不希望發生刺激中共的事件，因爲1948年12月至1949年1月間，隨著國軍的一再失利，以李宗仁、白崇禧爲首的桂系軍人密謀倒蔣，政府內部出現政爭。1月21日，蔣中正宣布下野；隔日，李宗仁代行總統職權，[83] 向中共求和，[84] 並採取一連串措施，包括：取消全國戒嚴令、釋放政治犯、撤銷特種刑事法庭等，[85] 原本肅殺的政治氣氛轉爲寬鬆。

依據侯鏡如（時任國軍第十七兵團司令）、覃異之（時任首都衛戍副總司令）等人合寫的回憶文章，他們指出，當時的國防部政工局長鄧文儀提議「學生遊行，軍官總隊也遊行」，然而軍官收容總隊的軍人，在此之前曾經與國立戲劇專科學校學生的活報劇宣傳隊多次產生衝突；首都衛戍總司令張耀明堅持雙方分別遊行，因此軍官收容總隊提前出發，避免衝突；4月1日，劇專學生受到這批軍人毆打，其他學校聞訊趕來營救的學生亦遭追打，國府對此感到震驚。[86] 另外，有學者以歷史檔案進行研究，

82 中共南京市委黨史辦公室，〈南京四一慘案〉；收入中共浙江省委黨史辦公室等編，《解放戰爭時期第二條戰線：學生運動卷（下冊）》（北京：中共黨史出版社，1997），頁477。

83 劉維開，《蔣中正的一九四九——從下野到復行視事》（臺北：時英出版社，2009），頁11-72。

84 楊奎松，《國民黨的聯共與反共》（北京：社會科學文獻出版社，2008），頁684-701。

85 中央社訊，〈李代總統出席致詞，表示決心謀和拯民水火〉，（南京）《中央日報》（1949年1月25日），第2版。

86 侯鏡如等，〈蔣介石在京滬杭最後的掙扎〉；收入中國人民政治協商會議全國委員會文史資料研究委員會編，《文史資料選輯．第三十二輯》（北京：中國

指出軍官收容總隊軍人對學生的攻擊行爲，「不是國民黨當局授意、預謀鎮壓的結果」，而是一次突發性的暴力事件。[87]

李伶伶對這次悲劇的起因提出一個有力的解釋：首先是地理因素，軍官收容總隊所在地靠近劇專，兩者都在大光路；其次，劇專的活報劇宣傳隊，常在街頭演出醜化國府形象的活報劇，而軍官收容總隊的軍人，多是被共軍俘虜後逃回或被共軍訓練數月而放回者，所以劇專學生的演出，引發這些苦悶的反共軍人氣憤。最後，監管軍官收容總隊的國防部政工局長鄧文儀默許這次暴行，因爲他的政治鬥爭策略是「以群衆運動對付群衆運動」。[88]

「四・一」事件對中央大學的校務運作造成衝擊。由於校務維持委員會成立後，不斷受到內外交迫的壓力，早在2月5日教授會第二次全體大會，便提案請求「全體委員辭職」，但決議仍請諸委員「繼續維持」，[89] 胡小石等教授是校務維持委員會的領導人物，因爲4月1日無力制止悲劇發生，使得該會受到重大打擊，以「維持校務已逾兩月，心力交瘁」爲由，聯名向教授會「堅決辭職」。教授會於8日決議「一致堅決慰留，並請校務維持委員會訂定校務委員會章則，再依此章則改選」。[90] 因爲「挽

文史出版社，2000），頁9-10。

87 孫宅巍，〈澄清南京「四一」血案的迷霧〉，（南京）《檔案與建設》，第4期（2009），頁41-43。

88 李伶伶，《南京1949》，頁294。

89 〈國立中央大學教授會第二次全體大會會議紀錄〉（1949年2月5日），中國第二歷史檔案館藏，中央大學檔案，案卷號：977，「中大校務維持委員會抄送教授大會決議（1948-1949年）」。

90 〈37學年度第二學期第三次教授大會會議紀錄〉（1949年4月8日），中國第二

留無結果」，12日召開教授會緊急會議，對於今後校務維持委員會的組織明確規定：仍然代表校長行使職權；委員名額規定為十一人，每院不得少於一人；委員任期最多不超過六個月；並隨即選出熊子容等人為新一屆委員，僅有劉慶雲一人連任委員，並推定孫本文、劉世超、熊子容三人為常務委員。[91]

4月中旬，南京情勢異常緊張，不斷傳來共軍隨時渡江的消息。中大校內謠言四起，有一種說法是「國民黨已擬定了同學的黑名單兩百人，準備即日前來逮捕，並立即處決」，後來又傳言「他們計畫從南京撤退之前派一批軍官把大量手榴彈扔到中大，不管是共黨份子或普通同學，一起炸死，玉石俱焚」。[92] 4月22日晚，長江以北砲聲隆隆不絕。次日，共軍進入南京，中大一些助教、職員、學生主動報名參加學校的警衛工作，維持校內秩序。[93] 25日，第二屆校務維持委員會決議，此後對外行文「專用校務維持委員會名義，由常務委員蓋章行文」，等待中共接管。[94]

歷史檔案館藏，中央大學檔案，案卷號：975，「教授會有關會議錄（1948年）」。

91 〈37學年度第二學期教授大會緊急會議紀錄〉（1949年4月12日），中國第二歷史檔案館藏，中央大學檔案，案卷號：975，「教授會有關會議錄（1948年）」。〈校務維持委員會為改選結果致李宗仁等的呈文〉（1949年4月15日）；收入南京大學校慶辦公室校史資料編輯組等編，《南京大學校史資料選輯》，頁435-436。

92 王覺非，《逝者如斯》，頁245-246。

93 〈本校師生員工積極參加應變工作〉，（南京）《中大人報》第9期（1949年4月24日），第1版；收入中國第二歷史檔案館藏，中央大學檔案，案卷號：2580，「中大人報（1949年）」。

94 〈國立中央大學第二屆校務維持委員會第三次會議紀錄〉（1949年4月25日），中國第二歷史檔案館藏，中央大學檔案，案卷號：980，「中大校務維持

五、中國共產黨的軍事接管

中國共產黨如何接管中央大學，改名爲南京大學，涉及校務決策體制與權力核心的變化，這是研究1949年變局的關鍵問題，過去長期被忽略；蔣寶麟對此並未多加著墨，李佫佫對中央大學的接管，僅簡單提及所謂「舊人員」三人飯五人吃的「包下來」政策，以及課程改革（如取消三民主義課程）等面向，[95] 缺乏完整的歷史脈絡化解釋。

中日戰爭結束前，中共長期在農村地區活動，在城市地區只有地下活動，缺乏城市管理經驗。但中共在戰後迅速擴張地盤，隨著國共戰爭的推進，陸續取得東北的大城市，以及華北、華中的中小城市；中共中央隨後決定對於城市採取軍事接管的方式，[96] 確立各大城市的接收程序，[97]「收復城市後對於原有大學的方針，應是維持原校加以必要與可能的改良」。[98] 如何「接管」與「改造」這些城市裡的大學，成爲中共即將面對的問題。[99]

委員會會議紀錄（1949年）」。

95 李佫佫，《南京1949》，頁421、427。

96 〈中共中央關於軍事管制問題的指示〉（1948年11月15日）；收入中央檔案館編，《中共中央文件選集．第17冊（1948年）》（北京：中共中央黨校，1989），頁487-488。

97 陳永發，《中國共產革命七十年》（臺北：聯經出版事業公司，2008），頁446-451。

98 〈中央宣傳部關於新收復城市大學辦學方針的指示〉（1948年7月13日），中央檔案館編，《中共中央文件選集．第17冊（1948年）》，頁240。

99 中共在北平對於公立大學的接管工作，分成準備、接收、管理三階段。一般的接收程序是：先對接管對象進行調查，確定無誤再由軍管會批准，並轉知傳作

4月23日，共軍進入南京。根據共軍在29日的內部報告，「南京破壞不大，房屋一般完好，僅國民黨部、特務機關、司法行政部、國防部等機關爲反動派撤退時自行破壞」，「最初兩三天發生一些搶案，從感日起市區已無搶案，但因我軍隊尚未能分散到四郊，故四郊尚有不少搶案」，「此次各機關保護尚好，秩序尚未大亂，主要得力於秘密市委，他們工作做得很好」。[100] 南京在「解放」前後沒有陷入混亂，南京的水廠與電廠，也確保供水供電不中斷，[101] 整座城市維持基本運作。一位中央大學校友回憶，他在「解放」當天去上課，「當走進工學院課堂時，學生竟無一缺席，且個個專心聽講」，[102] 這段回憶也許有些誇張，但顯示當時並未停課。

中共接管南京的工作，由地下黨幹部與南下幹部會合完成。在地下黨幹部方面，中央大學的中共黨員人數約242人，新青社

義的聯合辦事處，由軍管代表負責接管對象的人事、業務等方面管理，而聯絡員負責了解情況，協助軍管代表。其他地區公立大學的接管工作，大都是參照北平的接管方式；參見：蘇渭昌，〈高等學校的接管——公立高等學校的接管〉，（武昌）《高等教育研究》第1期（1987），頁109。學界有關中共「接管」與「改造」大學的研究情況，參見：劉穎，〈建國初中共接管和改造高等教育若干問題研究述評〉，（福州）《黨史研究與教學》，第195期（2007年2月），頁88-94。

100 〈人民解放軍總前委關於南京情況呈中央軍委之報告〉（1949年4月29日）；收入南京市檔案館編，《南京解放》（南京：江蘇古籍出版社，1990），頁105。

101 中共南京市委黨史辦公室編，《南京人民革命史》（南京：南京出版社，1991），頁368。

102 高良潤，〈在南京解放這一天〉，（北京）《中央大學校友通訊》第10期（2000年8月），頁154。

成員接近三百人。[103] 根據一位地下黨員的回憶，4月23日當天，他們在校內接到好幾通其他單位來電表示：「你們中央大學是共產黨總部」，請求派人接收。[104] 在南下幹部方面，爲了接管南京，從九個「解放區」調來兩千多人，1949年春天在安徽合肥組成「金陵支隊」，宋任窮爲主要負責人，下設政法、財經等大隊，文教大隊是第四大隊，任務包括接管當地學校，大隊長爲任崇高，政委爲徐平羽。這批南下幹部有不少人是第一次進入大城市的年輕幹部，又毫無接管經驗，可以想見接管工作的難度。[105] 金陵支隊奉命編撰《南京概況》，[106] 作爲接管南京的參考，資料來源除了公開的《中央日報》、《市政公報》、《南京市電話簿》等，也包括地下黨蒐集的情報，[107] 我們如今可藉以評估當時中共對國府的情報偵察能力。

鄧小平把南下幹部與地下黨的會師，當作接管南京「第一關鍵的工作」。5月1日，中共中央華東局舉行的會師大會，到場的南下幹部兩千多人，地下黨幹部七百多人，共約三千人。由於雙方過去的工作經歷與環境不同，接管過程因而發生「不夠協調的現象」，譬如有些南下幹部不了解祕密工作的習慣，而有些地

103 華彬清等主編，《南京大學共產黨人（1922年9月～1949年4月）》（南京：南京大學出版社，2002），頁60。

104 劉敬坤，〈南京解放親歷記〉，《南京黨史資料：紀念南京解放40週年專輯》，頁114。

105 戈平等，〈文教系統接管工作片斷〉，《南京黨史資料：紀念南京解放40週年專輯》，頁269-273。

106 書報簡訊社編，《南京概況（秘密）》（南京：南京出版社，2014）。

107 李侖侖，《南京1949》，頁414、416。

下黨幹部則對中央的政策認識不夠，[108] 鄧小平強調雙方應該互相團結與尊重，共同做好接管工作。[109]

南京市軍事管制委員會成立於4月28日，主任爲劉伯承，副主任爲宋任窮，[110] 下設文教接管委員會，主任爲徐平羽，大專部長爲趙卓。[111] 5月7日，南京市軍事管制委員會通知：中央大學由共軍接管，趙卓兼任軍事代表，並組成中大接管工作組。[112] 中共拉低姿態宣示：「軍管會派來的同志，在自然科學的知識水準很低，我們的工作知識和作風也都不夠，希望全體中大成員在工作中坦白、眞誠地提供意見，互相學習」，企圖消除全校師生的疑慮。在中共的動員下，全校師生職工「踴躍報名參加」接管工作，參加者有兩千九百人之多，達全校人數的78%。[113] 接管工作包括：把全校所有的圖書、儀器、檔案乃至於桌椅等清點登記造冊，以及收繳過渡時期從軍警機關搬來護校的槍枝彈藥。[114] 5月16日，中央大學接管工作組舉行第一次會議，確立其組織系統與職務，包括：秘書股、宣傳股、組織股、清點股、檢查股

---

108 〈中央轉發南京市委關於外來黨與本地黨會師情況的報告〉（1949年5月23日）；收入中央檔案館編，《中共中央文件選集．第18冊（1949年）》（北京：中共中央黨校，1989），頁290。

109 陸慶良，〈鄧小平解放初期在南京〉；收入《城市接管親歷記》編委會編，《城市接管親歷記》（北京：中國文史出版社，1999），頁437-439。

110 〈市軍管會成立布告（軍管字第1號）〉（1949年4月28日）；收入南京市檔案館編，《南京解放》（南京：江蘇古籍出版社，1990），頁131。

111 戈平等，〈文教系統接管工作片斷〉，《南京黨史資料：紀念南京解放40週年專輯》，頁272。

112 南京大學高教研究所編，《南京大學大事記（1902-1988）》，頁83。

113 〈接管工作在中大〉；收入南京市檔案館編，《南京解放》，頁325-333。

114 管致中，〈回憶接管中央大學前後幾位黨的幹部〉；收入高澎主編，《永恆的魅力——校友回憶文集》（南京：南京大學出版社，2002），頁18-19。

等，清點任務完畢後，清點、檢查兩股隨即轉爲學習或輔導單位。[115]

趙卓是中共接管中央大學的軍事代表，同時來的還有幾位軍事代表助理與軍事聯絡員。管致中當時是助教，他回憶趙卓「瘦小個子，一身土布軍服」，「外表樸素，很有學問」，是研究英語語言學的，「對英語單詞如何由拉丁文的字根演變而來很熟悉，並且還據此編過一本字典」，並對他的清苦生活印象深刻。[116] 王覺非當時也是助教，他的回憶可能更貼近真實：趙卓「外貌像個工農出身的幹部，在向教師講話時，口氣有點訓導的味道」，同時爲了顯示自己的學識，「在講話中也不時引用幾句《聯共黨史》中的話，或馬克思怎麼說，列寧怎麼說」，因爲「解放」之初，全校教師對馬列主義幾乎一竅不通，聽到他能引經據典，「並非不學無術之輩，自然產生幾分敬意」，但是「許多教師對趙卓的生硬作風和命令口氣有些反感，雖然口頭上唯唯諾諾，畢恭畢敬，但背後常皺眉頭」。[117]

中央大學教師的續聘與否，成爲一項迫切的工作，由文教接管委員會主任徐平羽直接掌握，召集大專部幹部，以及地下黨的教師黨員與學生黨支部書記，召開十幾次會議，針對全校五百餘位教師，包括正、副教授與講師、助教，大約各佔一半，按院系

115 〈軍管會中大接管工作組第一次會議記錄〉（1949年5月16日），中國第二歷史檔案館藏，中央大學檔案，案卷號：950，「中大各種委員會會議紀錄（1927-1947年）」。

116 管致中，〈回憶接管中央大學前後幾位黨的幹部〉，《永恆的魅力——校友回憶文集》，頁18-19。

117 王覺非，《逝者如斯》，頁249。

逐一討論是否聘任，「從政治、業務和社會影響等多方面因素考慮，作出決定」，「對於教授，討論得很仔細，政治上掌握尤其慎重」。雖然徐平羽對有些人了解，但大多數人的背景還是依靠地下黨的調查。最後「包括少數自動離職的，正、副教授解聘共十餘位人，講師、助教略多一些」，這些被解聘的教師大多安排去華東人民革命大學接受學習，再分配到其他學校工作。[118]

由於一些教師的政治立場，介於所謂的「進步」與「反動」之間，一時難以決定去留，於是宣布將聘書分批發放，沒想到引發風波。因爲同時把一些著名的「進步教授」也暫緩發放，「陪一陪」他們，譬如歷史系的左傾教授賀昌群就在暫緩名單上，不料造成這些「作陪」教授的誤解與不滿。[119] 中共中央於1949年在「舊人員」的處理問題上，「只要有一技之長而不是反動有據或劣跡昭著的份子，一概予以維持，不要裁減」，[120] 稱爲「包下來」的政策，[121] 中央大學也適用，直到1952年的思想改造運動，才有全面性的「組織清理」。[122]

中央大學的行政組織在中共接管後，略有變化。廢除所謂「國民黨統治學生」的訓導處後，校部機關調整爲兩處，分別是

---

118 管致中，〈回憶接管中央大學前後幾位黨的幹部〉，《永恆的魅力——校友回憶文集》，頁19-20。

119 王覺非，《逝者如斯》，頁248。

120 〈中央關於對舊人員處理問題的電報〉（1949年11月2日）；收入中共中央文獻研究室編，《建國以來毛澤東文稿（1949年9月～1950年12月）》（北京：中央文獻出版社，1997），頁115。

121 陳永發，《中國共產革命七十年》，頁489。

122 曾冠傑，〈高校思想改造運動及其前後（1949-1952）：以南京大學爲中心的考察〉，《政大史粹》，第18期（2010年6月），頁99-126。

秘書處下設總務科與秘書室，以及教務處下設圖書館、註冊組與講義室。[123] 同時取消若干所謂的「反動課程」，增加全校共同必修的政治課程，但此時尚未進行整體的課程改革，「從舊的中大到新的南大，除了在形式上有所改變以外，內容還是原封未動」，[124] 直到1950年才進行全校的課程改革。

中央大學的校務決策體制與權力核心，則有根本的變化。8月8日，南京市軍事管制委員會文化教育委員會通知中央大學校務維持委員會，原「國立中央大學」改名爲「國立南京大學」。[125] 8月10日，成立南京大學校務委員會，委員共21人，由教授代表17人、講師代表1人、助教代表1人、學生代表2人共同組成，梁希、潘菽、張江樹、涂長望、甘鐸、管致中、與學生代表1人爲常務委員，梁希任主席。[126] 梁希、潘菽、涂長望等人在國共戰爭期間是所謂的「紅色教授」，在4月間由於擔心受到國民黨在撤退前的迫害，中共地下黨將三人護送離開南京，前往「解放區」，等到共軍進入南京，返回中央大學參與校務工作。[127] 從校務委員會的成員背景來看，是由一批親共的左傾教

---

123 王德滋主編，《南京大學百年史》，頁297。

124 田欣，〈記南京大學的課程改革運動〉，（北京）《觀察》半月刊，第6卷第10期（1950年3月16日），頁22。

125 〈南京市軍管會文化教育委員會關於更改校名的通知〉（1949年8月8日）；收入南京大學校慶辦公室校史資料編輯組等編，《南京大學校史資料選輯》，頁492。

126 〈南京市軍管會文化教育委員會關於組織校務會的決定〉（1949年8月10日）；收入南京大學校慶辦公室校史資料編輯組等編，《南京大學校史資料選輯》，頁492-493。

127 張楚寶，〈梁希先生年譜〉；收入《梁希紀念集》編輯組編，《梁希紀念集》（北京：中國林業出版社，1983），頁167。

授與中共黨員（譬如甘鐸）所組成，顯示中共對南京大學進一步加強其控制能力。8月15日，在軍事代表趙卓的監交下，校務維持委員會常務委員會熊子容、孫本文、劉世超三人，移交給校務委員會主席梁希，[128] 南京大學進入下一個新階段。

六、結語

1949年初，徐蚌會戰結束後，共軍逼近南京，國府預備遷移，周鴻經校長遵照上級指示的應變措施，積極準備物資與人員的疏散工作，基本上以臺灣爲遷校目的地。然而在1月21日的校務會議，遷校派與留校派之間有激烈討論，最後決議以不遷校爲原則，顯示周鴻經已經無力控制學校局面。1月27日，周鴻經離校，一時之間無人主持校務。

1月31日，校務維持委員會成立。該會由教授會選舉組成，嚴格來說沒有法律上的根據，但受到周鴻經的追認，以及校內助教、職員、學生與工友各會的支持，與政府保持實質的互動關係，取得政府撥給中央大學的款項。校務維持委員會顧名思義，採取委員會制，具有高度的民主作風，獲得校內師生的支持。實際上，政府在此時自顧不暇，無力派任新校長，校務維持委員會得以實現「教授治校」的理想。

共軍的南下在此時已成定局，校務維持委員會作為全校的權力核心，與中共的互動關係是一個耐人尋味的問題。以常務委員

128 〈校務維持委員會和校委會交接文〉（1949年8月15日）；收入南京大學校慶辦公室校史資料編輯組等編，《南京大學校史資料選輯》，頁493-494。

來說，與中共地下黨聯繫最密切者應屬梁希，他是親共的左傾教授，因爲擔心受到國民黨在撤退前的迫害，在「解放」前夕被中共護送北上，並在中共建政後被重用，任南京大學校務委員會主席，隨即調任林墾部長。[129] 在中央大學的學生方面，中共活動已久，有群眾基礎，並有相當規模且嚴密的黨組織；在教師方面，中共吸收個別的助教與講師入黨，並建立統一戰線，積極拉攏左傾教授，與校務維持委員會建立間接的聯繫管道。

4月23日，共軍進入南京。中共接管中央大學，派趙卓任該校軍事代表，並由地下黨幹部與南下幹部共同合作。軍事接管是一種以軍隊爲後盾的強勢接管，挾共軍的勝利餘威，在校內並無有組織的力量敢公然與之挑戰。中共雖然有擊敗國軍的武裝力量，但受限於本身的知識水平，一時之間無力主導中央大學的校務運作，因此在軍事接管期間，中共積極動員全校師生從事接管工作，值得注意的是，這項接管工作帶有某種程度的群眾運動性質。另一方面，對於當時師生來說，有些人對中共的軍事接管恐怕還有疑慮，中共的接管工作上也有值得檢討之處，譬如在當時的教師聘任問題就鬧出風波，導致某些所謂「進步教授」的誤解與不滿。

8月8日，國立中央大學改名爲國立南京大學。15日，校務維持委員會移交給新組成的校務委員會。到此爲止，中共對南京大學仍以穩定局面爲主，校務委員會的組成是由親共的左傾教授與中共黨員爲主。這些師生已能感受到一個新時代的來臨，潘菽在1950年表示：「不久以前在四牌樓和丁家橋頗瀰漫著一種悲

129 中華人民共和國林業部編，《中國林業的傑出開拓者——梁希》（北京：中國林業出版社，1997），頁67-85。

觀的空氣，有不少先生和同學覺得南大的前途有了問題，甚至認爲南大是在沒落中」，原因在於「有人以爲南京已不是首都，南大地位的重要性大大降低，因此南大必然要沒落」。[130] 這是令人無奈的現實，中央大學更名爲南京大學，從此失去「首都大學」的光環。

總之，由本文對1949年中央大學變局的研究可知，相關史料的大量公開，有助於打破過去的政治宣傳，包括周鴻經「捲款潛逃」的謠言，或者對「四·一」事件慷慨激昂的說詞，以及釐清校務維持委員會的性質。由於中共作爲勝利者，不吝於公布當時地下黨的活動細節，以及出版當年的調查資料《南京概況》等史料，透過與昔日官方說法的比對，仍有諸多的討論空間。另一方面，除了周鴻經以外自行離校的中央大學師生，他們的遷徙過程與來臺後的經歷，也是未來研究1949年變局一個值得開展的方向。

130 潘菽，〈談談南大的前途〉，（南京）《南大生活》第31期（1950）；收入中國科學院心理研究所等編，《潘菽全集·第8卷》（北京：人民教育出版社，2007），頁409-410。

近代臺灣教育史研究的回顧與展望——兼論中大歷史所師生的研究成果

鄭政誠

國立中央大學歷史研究所特聘教授兼桃園學研究中心主任

一、前言

近代臺灣教育史的研究如同臺灣史的研究一般，自1990年代後期因政治環境的鬆動，政府解除戒嚴，國人發現自身歷史文化的重要，卻苦無可供參閱的素材著述因而投入研究才慢慢積累成果；近來更隨著教育檔案史料的整理與開放，教科書的整理復刻，個人日記與文學的創作，口述、回憶錄與傳記的書寫，加上各種影像文物的出現等，而加速臺灣教育史的研究效能；至於文化部對國家文化記憶庫的推動，各縣市政府對百年老校所展開的教育類文物普查，以及各級學校對自身校史的重視，開啓校史的研究與資料的整理等，也多是造就近代臺灣教育史得以有更多研究成果出現之要因。

有關近代臺灣教育史研究的論述，學界早有不少探索，如吳文星在2001年所發表的〈近十年來關於日治時期臺灣教育史研究之動向（1991-2000）〉中就指出，就指出臺灣自解嚴後至千禧年之十餘年間，至少出現相關專書10種、博碩士論文19篇、期刊論文41篇；研究課題則不再偏重政策制度，舉凡學科設計、教科書、教學活動、學校生活等教育內容更成爲新的研究重點。其次，資料的利用也更加周延，研究態度也更加客觀。[1] 至於另篇大作〈談日治時期臺灣教育史料的發掘與研究的深化〉，除再次提出歷來研究課題多元化之特色外，並呼籲要加強職業教育、高等教育、區域教育、個別教育、社會教育之研究，並期能重視口述史料之採擷與利用。[2]

除吳文星的先行研究外，何憶如的〈臺灣百年國小校史史料及其研究初探〉不但提出教育史可供研究之素材，更就臺灣學界在建構初等教育史的不足與缺失，指出須更重視史料，並注意教職員與課程變動、國家力量對教育的改造、學生健康、學校與地方關係、性別階層族群差異及校史溯源等課題。[3] 最後，許佩賢自2009年開始即在中央研究院臺灣史研究所歷年舉辦的「臺灣史研究回顧與展望的學術研討會」中，撰寫與發表有關教育史的言論，[4] 還有蔡秀美針對2020-2021年臺灣教育史所做的研究與回顧等，[5] 也多可得出臺灣教育史歷來的研究課題、成果、特

---

1 吳文星，〈近十年來關於日治時期臺灣教育史研究之動向（1991-2000）〉，《臺灣師範大學歷史學報》，第29期（2001年6月），頁221-238。

2 吳文星，〈談日治時期臺灣教育史料的發掘與研究的深化〉，《臺灣文獻》，第57卷第1期（2006年3月），頁311-322。

3 何憶如，〈臺灣百年國小校史史料及其研究初探〉，「第四屆教育哲史討論會」，臺北：國立臺灣師範大學教育學系主辦，http://www.ed.ntnu.edu.tw/~seph/1210-1.htm#_ftn1，點閱日期：2023年4月10日。

4 諸如許佩賢，〈2009年教育史研究的回顧與展望〉；許佩賢，〈2010年教育史研究的回顧與展望〉；許佩賢，〈2011-2013臺灣教育史研究的回顧與展望〉，《師大臺灣史學報》，第7期（2014年12月），頁113-146；〈臺灣教育史研究的回顧與展望（2014-2017年）〉；〈臺灣教育史研究的回顧與展望（2018-2019年）〉等。

5 蔡秀美，〈臺灣教育史研究的回顧與展望（2020-2021年）〉，收入《2020-2021年臺灣史研究的回顧與展望學術研討會會議資料》，國立臺灣歷史博物館、國

色、侷限與期待。[6]

本文為慶祝國立中央大學歷史研究所（以下簡稱本所）創所三十週年，除針對前人的研究成果加以歸納分析外，最主要就前人較為忽略者，即1998年所創立的「臺灣教育史研究會」，歷經二十年營運，其在機關刊物《臺灣教育史研究會通訊》上刊載共100期之192篇各類教育史文論加以綜整介紹，並兼論1993年本所創立迄今所產出有關臺灣教育史的碩士論文，就其課題、內容進行分析，期能彌補先行研究之不足，並看出與先行研究討論異同之處，也藉此窺看本所與臺灣教育史研究之脈動與連結。

二、臺灣教育史研究會的成果

歷來學界在探討臺灣教育史研究的成果、侷限與不足時，多從既有出版的專書、期刊論文或碩博士論文等進行選樣，然學界或坊間可能較不熟悉臺灣教育史研究會此一組織，由於研究該會對臺灣教育史研究的產出貢獻不小，故下文先行介紹該會在教育史研究的貢獻與成果。

1998年10月31日，時在國立臺灣師範大學歷史學系服務的吳文星與在中央研究院臺灣史研究所籌備處任職的周婉窈、淡江大學歷史系的蔡錦堂與仍在國立臺灣大學歷史系就讀博士班的許佩

立政治大學臺灣史研究所、國立臺灣師範大學臺灣史研究所、中央研究院臺灣史研究所主辦，2022年12月1-2日。

6 有關許佩賢與蔡秀美在歷年臺灣史研究回顧與展望學術研討會中所發表之論文大要，將在本文第三節中介紹。

賢等四位老師，[7] 於國立臺灣師範大學歷史學系會議室共同籌組臺灣教育史研究會，並邀集中央研究院研究員、各大專院校教師及碩博士生等多人與會，其中還包括日籍師生，此舉也使得該會得以成爲往後臺日學術交流的平臺之一。[8]

臺灣教育史研究會基本上以固定每兩個月在國立臺灣師範大學歷史學系的會議室召開例會（暑假除外），活動方式以先行指定兩位會員於例會中發表個人研究所得，與會成員提出各種意見與報告人互動後，再由主席吳文星進行講評結束。參與例會者，除專攻臺灣教育史之專家學者外，多數是歷史系所的碩、博士班研究生，亦可透過此一例會相互交流學習、修訂論文。該教育史研究會從創會伊始，即將每回例會的論文報告整編，而收錄在會員中流通但未出版的《臺灣教育史研究會通訊》上。[9] 各期通訊除報導發表者修訂後之論文內容外（有時因作者考量未予收錄），還有相關教育史的新書或史料介紹、研討會訊息、會員投稿之文章等，此通訊對於瞭解臺灣教育史之研究概況而言，可說是重要且專業的刊物。

臺灣教育史研究會從1998年10月創立，直到2017年12月宣告解散，共營運二十年，會員最盛時曾超過200名，就一個未立案的學術組織而言，實屬不易。其機關刊物《臺灣教育史研究會

---

7 許佩賢，〈回顧臺灣教育史研究會〉，《臺灣教育史研究會通訊》，解散紀念號（2018年4月），頁61。

8 許佩賢，〈研究會活動報導〉，《臺灣教育史研究會通訊》，第1期（1998年11月），頁1。

9 部分刊物會定期寄贈給中央研究院臺灣史研究所、國立臺灣圖書館與日本各學術機構與圖書館等單位典藏。

通訊》，從1998年11月的創刊號，至2018年4月的解散紀念號，共發行100期，收錄192篇論文（詳附錄）。據林玟君的統計分析，刊登於該通訊內的論著，若依年代區分的話，則荷蘭時期者有4篇、清領時期5篇、日治時期140篇、日治到戰後13篇、戰後26篇、朝鮮1篇，另有其他類別3篇。

荷蘭時期的論著主要是荷蘭人眼中的臺灣教育、神話故事與平埔族社會的討論；清領時期則是對廟學、明志書院、長老教會與府城教會報的討論。至於數量最多的日治時期，則橫跨教育政策、教育機構、各級教育、師資制度及各類學科，課題則涵蓋教育行政與政策（如臺灣教育令、衛生政策、殖民教育政策）、教育機關（如國語講習所、芝山巖學堂、國語學校）、學校教育、教科書、師資、體育運動、農業、教育制度（如公學校、書法科教師、農林學校）、教學科目（如國語、歷史、唱歌、消防、體育、修身、書法、實業、家政、技藝）等，可謂多元呈現日治時期的教育樣貌。

至於戰後的研究主題，則包括整體教育交流史、教育政策、國語教育、師資留用到教科書分析，其中又以教科書的研究最多，從教科書的出版，分析內容變遷及不同族群對教科書的使用。相較於日治時期，戰後部分的論著也有從社會教育及休閒活動入手者，如戲院、戲劇、娛樂稅法等。[10]

此外，值得一提的是，2003年臺灣教育史研究會與南天書局復刻全套日治時期公學校的國語讀本，在國立中央圖書館臺灣

---

10 林玟君，〈臺灣教育史研究會統計報告〉，《臺灣教育史研究會通訊》，解散紀念號（2018年4月），頁4-7。

分館（今國立臺灣圖書館）、國立臺北師範學院（今國立臺北教育大學）、日本玉川大學教育博物館及衆多私人收藏家的支持下，終於找齊五期共60冊的國語讀本，部分研究會成員還一起撰寫解題出版。[11] 此外，臺灣教育史研究會也曾在2015年協辦由國立臺灣師範大學臺灣史研究所主辦之「東亞的近代教育與社會」國際學術研討會，[12] 舉措不少重要的教育史議題（如學生的東亞旅行、體育史、教育思潮與教育變化）及新資料的使用（如校友會雜誌、公學校檔案等），揭露臺、日、韓三地在近代教育史的研究成果與側重。[13]

總結而言，《臺灣教育史研究會通訊》內所刊載的論著，基本上是以會員正在撰寫或剛出版刊登的論文爲主，透過例會中的討論、交流而後修訂，除將精簡版的內容刊登於通訊外，部分會員也會將此等修訂後的論著投稿於相關學術刊物中，或成爲報告人碩博士論文或專書的一部分，或成爲之後專書的篇章。由於不少會員即是專攻或選讀臺灣近代教育史之教師與碩博士生，是以課題與領域的選樣乃多擇定在日治時期。

11 周婉窈、許佩賢，〈臺灣公學校國民學校國語讀本總解說：制度沿革、教科和教科書〉，收於臺灣教育史研究會策劃，《日治時期臺灣公學校與國民學校國語讀本解說．總目錄．索引》（臺北：南天書局，2003年11月），頁43-44。

12 國立臺灣師範大學臺灣史研究所主辦、臺灣教育史研究會協辦，「近代東亞的教育與社會」國際學術研討會（臺北：國立臺灣師範大學圖書館國際會議廳，2015年11月13-14日）。

13 劉芷瑋綜合整理，〈「近代東亞的教育與社會」國際學術研討會紀實〉，《師大台灣史學報》，第8期（2015年12月），頁173-178。

三、中研院臺史所的回顧與展望：教育史類

除臺灣教育史研究會機關刊物《臺灣教育史研究會通訊》之論著外，中央研究院臺灣史研究所自2008年起，即與國立政治大學與國立臺灣師範大學二校之臺灣史研究所合作，以每年出版的《臺灣史研究文獻類目》為基礎，於年終之際舉辦前年度或前數年度之臺灣史研究回顧與展望，揀選成果較為豐富的課題，聘請專家學者執筆為文進行評析，希能藉此深入探討該領域的研究狀況並策勵將來。而自2014年起，隨國立臺灣歷史博物館加入此一籌辦團隊，也更加擴大參與的對象與範疇。[14]

在歷屆臺灣史的研究回顧與展望中，屬教育史領域者，在2008年舉辦第一屆時，由臺灣教育史研究先驅吳文星及蔡錦堂二位教授共同發表〈2007年臺灣史研究回顧與展望——教育、體育休閒、宗教、媒體傳播類〉；2009年改由吳文星單獨發表〈2008年臺灣史回顧與展望：教育史、體育休閒史、宗教史類〉。這兩篇回顧從較寬廣的視野，回顧以教育史為中心的相關研究，奠下日後教育史研究回顧的基礎。[15] 而自2009年起，歷經2010年、2011-2013年、2014-2017年、2018-2019年等多次的研究回顧，率皆由國立臺灣師範大學臺灣史研究所的許佩賢負責撰寫，直至2020-2021年，才改由在東海大學歷史系任教的蔡秀美負責。

14 中央研究院臺灣史研究所，「研討會緣起」，臺灣史研究的回顧與展望網站，https://thrrp.ith.sinica.edu.tw/about.php，點閱日期：2023年4月15日。

15 許佩賢，〈臺灣教育史研究的回顧與展望（2018-2019年）〉，頁1。

許佩賢在檢視2009-2019年這十年間的臺灣教育史研究成果時，大致提出了幾個重要觀察：一是研究課題的多元化，如日治時期的研究除重視各種教育政策制度與各級學校教育的發展外，也探討各初、中等教育中的學科發展（如國語、修身、國史、體育、理數、圖畫、書法等）、教育財政，甚至歷來較爲忽略的衛生教育、消防教育、工業教育、婦女教育、社會教育、義務教育與留學教育等，也多有文論產出。此外，還有探究諸如教師的讀書與教學、學校的營運與各種活動、師生的背景經歷等；也開始針對非人文學科產生研究興趣，如氣象、林學、工學、理數等，而新課題的出現其實也得力於新資料的露出與整理。至於戰後的研究，許佩賢也指出如針對學校校史、音樂類科、校歌主題、職業教育、教育人員、臺灣省教育會的介紹與討論，並針對教科書在國共內戰、中日戰爭、中共描繪等課題上進行析論。

二是材料使用的多元性：日治時期的研究者多注意使用《臺灣總督府職員錄》、《臺灣教育沿革誌》、《臺灣教育會雜誌》、《臺灣總督府學事年報》、教育統計要覽與學校出版品、報章雜誌、私人傳記文集、口述歷史與教科書。至於戰後研究所使用的史料，除官方文書、統計書、學校內部刊行品、口述、圖像等材料，也開始利用學籍資料簿、校友會誌、日記、回憶錄與小說等各項精細材料爲文。而值得注意的是，由於日本方面已經在2011年出版複刻《日本殖民地教育政策史料集成（臺灣篇）》大套叢書，但國內利用者較少，未來應大量使用，以提高研究質量。

三是論著水準參差不齊：如舉2011-2013年的校史研究爲例，認爲國立成功大學的校史專著在史料掌握與敘事的流暢度中有很好的平衡；臺北高等學校（今國立臺灣師範大學前身）的專著則重視史料蒐羅，凸顯臺灣精神史與社會史研究的意涵；至於臺南師範學院（今國立臺南大學）的研究，則補足歷來研究較缺乏的戰時體制下的學校發展；但如探討公學校五期國語教科書的博士論文，則未有新發現且多有聯想卻無法實際推論之舉；日治時期臺灣初等教育一書，則光利用口述歷史，且未標注口訪日期、受訪者的相關簡歷背景，更缺乏文字史料配合，是以多有不足；臺大校史稿一書，在日治時期的資料缺漏甚多，較屬於資料整編收集，且多歌功頌德，缺乏校史研究該有的寫作精神。[16]

四是研究時限多側重日治，清領時期則明顯不足：如2009年清領時期的研究僅有6種，且側重書院課題；[17] 2010年時更僅有一篇碩士論文產出，課題同樣是書院的儒學教育；[18] 2011-

16 許佩賢，〈臺灣教育史研究的回顧與展望（2011-2013）〉，「臺灣史研究的回顧與展望」，頁7-10，file:///C:/Users/Asingo/Downloads/%E8%A8%B1%E4%BD%A9%E8%B3%A2%EF%BC%8F2009%E5%B9%B4%E6%95%99%E8%82%B2%E5%8F%B2%E7%9A%84%E5%9B%9E%E9%A1%A7%E8%88%87%E5%B1%95%E6%9C%9B%20 (8).pdf，點閱日期：2023年4月16日。

17 許佩賢，〈2009年教育史研究的回顧與展望〉，「臺灣史研究的回顧與展望」，頁1，file:///C:/Users/Asingo/Downloads/%E8%A8%B1%E4%BD%A9%E8%B3%A2%EF%BC%8F2009%E5%B9%B4%E6%95%99%E8%82%B2%E5%8F%B2%E7%9A%84%E5%9B%9E%E9%A1%A7%E8%88%87%E5%B1%95%E6%9C%9B%20 (8).pdf，點閱日期：2023年4月16日。

18 許佩賢，〈2010年教育史研究的回顧與展望〉，「臺灣史研究的回顧與展望」，頁15，file:///C:/Users/Asingo/Downloads/%E8%A8%B1%E4%BD%A9%E8%B3%A2%EF%BC%8F2010+%EF%A6%8E%E8%87%BA%E7%81%A3%E6%95%99%E8%82%B2%E5%8F%B2%E7%A0%94%E7%A9%B6%E7%9A%84%E5%9B%9E%E9%A1%A7%E8%88%87%E5%B1%95%E6%9C%9B.pdf，點閱日期：2023年4月16日。

2013年有7種；[19] 2014-2017有8種，[20] 2018-2019年也僅有3種，[21] 明顯偏低。清領時期研究數量偏低，主因還是材料不足所限。至於多以日治時期爲主，除側重近代殖民統治模式與傳統社會文化競合下的結果外，另方面也是此時期的史料整理較爲完備，所以吸引學者與研究生競相投入。至於戰後的研究，雖然質量漸增，但仍需儘速進行史料的整理與研究，如此方能有效增進臺灣教育史的整體發展。

至於蔡秀美的專文，則指出2020-2021年的研究成果數量，雖然日治時期仍佔有一定比重，但已被戰後臺灣教育史研究所超越。日治時期所探討的主題主要是既有之教科書研究、學科教育、校園生活與校園文化；但戰後的研究課題，則涵蓋京劇教育、訓導教育、華語文教育、人權教育、檔案學教育、文化資產教育等，且多是碩博士論文的呈現，較具特色。而伴隨課題研究的多元化，除了有高比例是各校典藏之校史檔案開放外，對教育

---

19 許佩賢，〈臺灣教育史研究的回顧與展望（2011-2013）〉，「臺灣史研究的回顧與展望」，頁7-10。

20 許佩賢，〈臺灣教育史研究的回顧與展望（2014-2017）〉，「臺灣史研究的回顧與展望」，頁2，https://www.taih.ntnu.edu.tw/wp-content/uploads/2022/12/%E8%A8%B1%E4%BD%A9%E8%B3%A22014-2018%E8%87%BA%E7%81%A3%E6%95%99%E8%82%B2%E5%8F%B2%E7%A0%94%E7%A9%B6%E7%9A%84%E5%9B%9E%E9%A1%A7%E8%88%87%E5%B1%95%E6%9C%9B.pdf，點閱日期：2023年4月16日。

21 許佩賢，〈臺灣教育史研究的回顧與展望（2018-2019）〉，「臺灣史研究的回顧與展望」，頁1，https://www.taih.ntnu.edu.tw/wp-content/uploads/2022/12/%E8%A8%B1%E4%BD%A9%E8%B3%A22018-2019%E8%87%BA%E7%81%A3%E6%95%99%E8%82%B2%E5%8F%B2%E7%A0%94%E7%A9%B6%E7%9A%84%E5%9B%9E%E9%A1%A7%E8%88%87%E5%B1%95%E6%9C%9B.pdf，點閱日期：2023年4月16日。

人員或耆老的口述訪談等，也是造就課題多元化之要因。[22]

四、中大歷史所的教育史研究

在臺灣教育史研究的著墨，除上述各種先行研究外，國立中央大學歷史研究所的學生業績也值得一探。本所自1993年創立以來，即因多位專兼任師資具有師範教育背景，加以修課學生或因修習教育學程考量，未來想擔任中小學老師之故，多選定教育史相關議題撰寫論文，尤其是本所自2003年創立碩士在職專班以來，更有不少碩專班學生爲中小學教師，得教學環境與地利之便，也以教育史爲碩士論文之研究主題，開展諸如校史或各類教育史課題之探究。有關本所學生歷來在臺灣教育史上的專攻題目，可參閱下表1所示：

表1：國立中央大學歷史研究所歷年有關教育史之碩士論文一覽

年度	姓名	題目	指導教授
109	潘瓊玉	《臺灣教育》月刊中的九年國教與惡性補習論述（1951-1973）	鄭政誠
109	陳偉汎	港英時代小、中學師資搖籃——羅富國教育學院之研究（1939-1994）	鄭政誠
109	陳正一	陸軍士官之學校教育——以新制常備士官班爲例（1986年-2005年）	賴澤涵
108	李慧琦	從《師友》月刊看臺灣國中小教師專業的建構與實踐（1967-1987）	鄭政誠
106	鄭文棟	日治時期公學校臺籍教師之薪資研究	鄭政誠

22 蔡秀美，〈臺灣教育史研究的回顧與展望（2020-2021年）〉，頁1-14。

106	呂佳璇	戰後臺灣山地國民學校的發展——以制度面爲中心（1945-1968）	鄭政誠
104	方偵瑩	臺灣初等師資培育的困境與發展：以臺南師範學校爲例（1899-1987）	鄭政誠
104	苗延萍	美援與建教合作——以中工、雄工、南工爲例	李力庸
103	蔡靜月	日治時期苗栗山腳公學校之研究（1912-1945）	鄭政誠
103	陳弘傑	日治時期臺灣學童沙眼防治之研究——以體檢制度、衛生用水及醫療資源爲分析場域	鄭政誠
103	劉子瑛	桃園市新坡國民小學之研究（1923-2013）	鄭政誠
101	楊偉裕	戰後臺灣國編版高中地理教科書的編寫與分析	鄭政誠
101	胡博荏	日治時期桃園龍潭公學校之研究	鄭政誠
99	白鴻博	戰後臺灣初等音樂教育之研究——以音樂教科書爲分析場域（1952-1968）	鄭政誠
98	席玄遠	Modern Reform of Indonesian Islamic Education, the Case of Pesantren Suryalaya in West Java	林長寬 鄭政誠
98	蘇虹敏	臺灣農業職業教育研究——以國立關西高農爲例（1924-1968）	吳學明
98	鍾育姍	《臺灣民報》有關教育言論之研究（1920-1932）	吳學明
97	羅淑慧	日治時期的臺灣留日美術家——以東京美術學校爲研究中心	鄭政誠
97	陸敬忠	近代回族師範教育的發展——《月華》旬刊之研究（1929-1937）	王成勉
96	謝雨潔	高中歷史教科書「清領臺灣前期經濟」教材編寫的比較研究——以1999年和2006年審定本爲例	賴澤涵
96	陳義隆	日治時期臺灣武道活動之研究	戴寶村

95	戴佩琪	臺灣國民小學民俗體育發展之研究，1971-2000	賴澤涵
95	何宜娟	國民黨政府與反共抗俄教育之研究——以國（初）中歷史教材爲例（1949-2000）	齊茂吉
94	楊紫瑩	陸軍第一士官學校教育之研究——以常備士官班爲例（1965-1985年）	齊茂吉
94	田聖山	清代徽州鹽商子弟教育研究（1644-1840）	王成勉
94	彭德全	「審定本」高中歷史教科書比較研究——關於「國共關係」教材部分	齊茂吉
92	吳承穎	戰後臺東學校教育的發展（1945-1987）——以初等教育與中等教育爲例	張勝彥
91	李佳玲	日治時期蕃童教育所之研究（1904-1937年）	戴寶村
90	黃偉雯	砂拉越留臺同學會之研究（1964-1996）	黃建淳 吳振漢
90	謝仕淵	殖民主義與體育日治前期（1895-1922）臺灣公學校體操科之研究	戴寶村
90	李泰翰	黨國、軍事與教育1950年代學生軍訓進入校園之研究	戴寶村
88	江仁傑	日本殖民下歷史解釋的競爭——以鄭成功的形象爲例	康豹
85	江佩津	日治時代臺灣的農業教育	王世慶
85	陳淑媛	國立中央大學在臺「復校」之研究（1962-1990）	王世慶
84	曾芳苗	民國教會女子教育——「金陵女子文理學院」的個案研究（1915-1951）	吳振漢

資料來源：國家圖書館臺灣博碩士論文知識加值系統，https://ndltd.ncl.edu.tw/cgi-bin/gs32/gsweb.cgi/ccd=Vti1Bo/result#result，點閱日期：2023年3月17日。

就上表1統計可知，本所歷年在教育史課題方面的碩士論文共有35篇，從民國84年度到109年度，扣除各年度未有教育史論著出現者，共有18個年度，要言之，即每年度約產出2篇教育史的碩士論文。在35篇論文中也大致可歸納出幾個特色：一就時代區分而言：日治時期佔11篇，戰後16篇，另有橫跨日治與戰後3篇（皆爲校史研究），清代及近代中國的教育有3篇，另有香港教育機構及馬來西亞之伊斯蘭教育各1篇，可見戰後時期的研究量能佔最大宗。二是探討課題的多元化：日治時期計有公學校教師薪俸、農業教育、兒童衛生教育、知識份子的教育言論、體育、武道等學科教育以迄學校的校史等。至於戰後時期則有教育政策的介紹、多種教育專業刊物的分析、民俗體育的討論、教科書的研究、校史的探究，還有同窗會的課題等。三是校史探究仍是多數學生的偏愛：如中央大學的復校、金陵女子學校、苗栗山腳公學校、桃園新坡國小、龍潭公學校、關西高農、東京美術學校、山地國民學校、臺南師範學校、陸軍第一士官學校、香港羅富國教育學院的介紹等，也呼應前述因學生在教育職場之故，學生多選定與自身服務或相關之學校爲論文主題。

至於教師們的著作，舉筆者爲例，個人對日治時期臺南師範學校的研究，擇定1899年即設立的臺南師範學校，探究該校從三山國王廟創校伊始，及至1945年日本敗戰期間的課程活動、學生選用與表現、教師任用與流動、戰時體制下的南師，以及南師師生在嘉義奮起湖山區的學習生活等課題，建構校史寫作的新方向。[23] 至於《帝國殖民教育的逸出：日治臺灣教育發展論集》一書，則區分「校史與教科書」、「原民教化與教育團體」、「戰爭與教育」及「殖民教育的觀察」四大主題，分別探究日治

23 鄭政誠，《南臺灣的師培搖籃——殖民地時期的臺南師範學校研究（1919-1945）》（臺北：博揚文化事業公司，2010年12月）。

時期桃園公學校的創建營運與教育特色、臺灣公學校中的國語讀本編寫、臺灣原住民學生的日本認識、臺灣教育會的創立與發展、臺灣男子中等學校的軍事訓練、臺南師範學校校友與學生的二戰徵調及戰後追憶、二二八事件前大陸報刊雜誌中的臺灣教育現場、桃園各地志書對日治時期初等教育的書寫分析等，也爲近代臺灣教育史的研究補白了一些課題。[24]

五、結語

自1990年代解嚴以降，隨研究者對自身歷史文化的重視，加以各種新資料的出現與整理，臺灣教育史的研究也隨之增長邁進，無論在日治或戰後，多出現新異之課題，但在新史料利用與多元化課題之開發下，近代臺灣教育史研究也出現一些困境，値得提出討論與檢視：

一是應該更加周全史料的運用與學理的擴展：如日本學者能利用臺灣未公開的史料爲文，臺灣的研究者卻無法掌握，是以更應以此爲念，除對國內外典藏或已刊行的史料多有掌握外，也應有能力使用此等材料。而更値得注意的是，日籍學者多能嘗試擴大學理的解析與論述，然臺灣學者多停留在實證研究階段，雖然建構學理不易，但若能突破，將有助於臺灣教育史研究水平的提升。

二是對社會教育機構與組織的探究仍嫌不足：如圖書館、博

24 鄭政誠，《帝國殖民教育的逸出：日治臺灣教育發展論集》（臺北：秀威資訊科技公司，2021年9月）。

物館、動物園、植物園等各種社會教育機構的研究，仍待努力；而各種社會教化團體，如日治時期的同光會、向陽會、共榮會、青年會、處女會、教化聯合會、部落振興會等，歷來研究也多有不足，應儘速整理史料、鑽研探究。

三是校史研究的課題應繼續擴大加深：除總體的校史研究外，諸如系史、院史的研究、學校的社團活動、學校的內部刊行品、學籍簿、學校營運、師生的社會流動等課題，皆可持續強化，如此方能看到更爲動態的學校實景。

四是教育史的研究應重視跨域連結：意即教育史的研究與書寫不應只是教育與歷史二類科的學者或研究生所爲，各學科的師生與有志者皆可撰寫各科發展史，雖然非科班出身者在史料運用與史觀、史識上多有不足，但如法律、醫學、理化、工學等科，其本身專業知識較爲艱澀，亦難爲人文學科所能掌握，在強調科際整合的今日，若能與歷史學者一起共同合作書寫，對各類科的歷史研究應有高度補白效能，甚至是創舉。而許佩賢在回顧2018-2019年的教育史論著時，也提出許多非歷史學者在探討教育空間時，不再將議題限縮於學校之中，反而擴大到與地方社會的人口、都市和產業發展連結，因而深化了歷史解釋，[25] 可見他山之石，確實可以攻錯。

五須深化分析與觀看角度：如近來校史中較爲重視的校園生活與校園文化部分，非僅是平鋪直敘介紹相關知識內容，也應側

25 林東昇撰文，國立臺灣師範大學臺灣史研究所臉書，2020年12月15日，https://www.facebook.com/ntnu.taiwan.history/posts/3514846928611653/，點閱日期：2023年4月17日。

重國家政策從上而下灌輸的意圖，並觀察師生在此政策意圖中的表現或抗衡，如參與各種校內外活動或學生運動等。又如1920年代以降隨教育制度的推進，各地人士如何爲振興地方與謀學子之福，而向官方強化初、中等教育機構設置的需求與實踐。

最後，本文也就未來臺灣教育史研究的資料使用提出一些看法：一是利用各種檔案材料須注意史料的構成與弦外之音，並透過這些「發現」或「細節」，繼續深入教育史的探究。二是加強口述歷史的採集，除學校針對退休教職員或畢業校友進行有系統的收錄與整編外，研究生或學者在進行各項研究課題時，亦可針對各主題進行專題式的口訪，藉此加強與文獻的對比，強化論證。最後，歷史學界較少運用的問卷調查，也值得高度注意與使用，可設計相關教育場景問題，讓受訪者塡答，若回收一定的塡答數量，亦可進行統計分析，應能得出較史料與口述無法獲致的資訊與答案。

附錄：《臺灣教育史研究會通訊》各期論文及作者一覽

期數	出刊年月	作者	題目
1	1998 年 11 月	無	無
2	1999 年 1 月	許佩賢	日本時代公學校學藝會初探
		葉碧苓	日治時期臺灣師範學校書法教育之研究
3	1999 年 3 月	新井淑子	殖民地臺灣的女教員研究
		周婉窈	第三期公學校「國語」讀本的特色及其意涵
		藤森智子	1930 年代初期臺灣「國語講習所」之設立及其宣傳
4	1999 年 5 月	蔡蕙光	中日戰爭前後有關「國史」教育的議論——以《臺灣教育》、《研究評論歷史教育》爲例
5	1999 年 7 月	賀安娟	臺灣留日學生對教育改革的意見——以《臺灣青年》、《臺灣》爲例
		廖瑾瑗	日治時期臺灣的「日本畫」教學
6	1999 年 9 月	張妙娟	晚清臺灣長老教會的白話字教育——以《臺灣府城教會報》爲中心（1885-1895）
		陳郁秀	張福興與近代臺灣音樂之發展
7	2000 年 1 月	何義麟	戰後臺灣抗日運動史之建構——試析羅福星抗日革命事件
		胡文怡	清代臺灣廟學初探
8	2000 年 3 月	藤井康子	從問卷調查來看在臺日本人中學生的生活實態——以 1920、1930 年代的情況爲中心
		張志祥	高雄中學的學校生活（1922-1945）初探

9	2000年5月	林玫君	日治時期臺灣體育史料簡析
		中村平	原住民族耆老對日本式「教化」經驗的詮釋——以「泰雅」和「布農」族爲例
10	2000年7月	黃正安	臺灣日治時期中等學校體育的探源——以「中學校」爲中心
		榎本美由紀	日治時期臺灣家政教育初探
11	2000年9月	泉史生	1930年代後期公學校卒業生に對する聞き取り調查
		藤森智子	日治初期「芝山巖學堂」（1895-96）的教育——以學校經營、教學實施、學生學習活動之分析爲中心
12	2000年12月	陳培豐	日本統治下臺灣國語「同化」政策的特異性——以歐美統治下的「同化」政策和日本的近代史爲座標
		蔡蕙光	日治時期臺灣公學校歷史教育之成立與歷史教科書之分期
13	2001年2月	謝仕淵	日治前期（1895-1922）臺灣初等教育體操科內容之分析：以兵式體操的內容與普通體操的關係爲中心
		賀安娟	殖民地臺灣的漢文教育：同化政策中的另一個面向
14	2001年4月	蔡榮捷	臺灣干樂活動之歷史考察
		富田哲	統治者が被統治者の言語を學ぶということ
15	2001年6月	陳耀宏	三民主義青年團與中國青年反共救國團初期（1952-1961）體育活動之比較
		安後暐	工職教育「單位行業制」發展與分析（1950-65）
16	2001年9月	翁麗芳	我的幼教研究工作
		藤井彰二	臺灣における伊沢修二の音声教育
17	2001年10月	大濱照美	戰後日本歷史的教科書の変遷——神話教育をめぐって

18	2001年12月	陳虹彣	日本據台殖民教育政策之研究——以公學校國語教科書爲例
		鄭麗玲	「敝衣破帽」的天之驕子——臺北高校生與臺大預科生
		賴美鈴	淺談日治時期臺灣公學校歌唱教材之來源
19	2002年2月	張妙娟	清末臺灣南部長老教會的傳道師養成教育
		查忻	永代借地上的淡水中學與女學院
20	2002年4月	磯田一雄	日治時期臺灣的歷史教育——與日本內地及朝鮮的比較分析
		山崎直也	近幾年來台日教育改革的比較：以「教育本土化」爲中心
21	2002年5月	葉碧苓	日治時期中等學校書法科教師檢定考試之研究
		陳智爲	一個問題的提出——戰時日本文部大臣橋田邦彥（1882-1945）的「皇國民鍊成」教育政策
22	2002年8月	富田哲	臺灣總督府国勢調査による言語調査
		許瀛方	日治時期官方觀點之愛國歌曲與國家認同
23	2002年10月	蘇曉倩	殖民與身體：從日治實業實習看身體的形成
		余安邦	九年一貫課程之推動的根本問題與因應對策
24	2002年12月	川路祥代	殖民地臺灣文化統合與臺灣傳統儒學社會（1895-1919）「儒學」·「漢文」·「修身」
		吳文星	札幌農學校與臺灣近代農學的展開——以臺灣總督府農事試驗場爲中心
25	2003年2月	蔡錦堂	臺灣の忠烈祠と日本の護國神社・靖國神社との比較
		何憶如	桃園縣新屋國小校史之研究（1905-2003）

26	2003年4月	鄭政誠	探險與調查、學術與立法——日治時期臨時臺灣舊慣調查會的原住民調查（1909-1922）
		藤井彰二	伊沢修二と標準日本語音——「視話法」による発音矯正
27	2003年6月	李雄揮	荷據Pieter A. Overtwater議長時期關於臺灣教育跨洋爭辯探討
		林玫君	日治時期學生的登山活動
28	2003年8月	歐素瑛	戰後臺灣大學留用的日籍師資
		袁明道	日治時期臺灣建築教育體系發展概況初探
		袁明道	從日治到光復後十年間臺灣建築教育之研究（1912-1955）
29	2003年10月	張光輝	1951年《國民學校補充教材》之分析
		張榕庭	戰後臺灣民族精神教育研究
30	2003年12月	瀧澤佳奈枝	殖民地期台湾における「女性像」の形成——第三高等女学校における技芸教育からの考察
		墜如敏	『臺灣記事』に見る台湾出兵前夜——台湾における樺山資紀の活動から
31	2004年2月	泉史生	殖民地臺灣で日本語をどのように教えようとしたか
		葉晨聲	從淡水中學到純德女中——一個長老教會學校體育活動的發展（1914-1969）
32	2004年4月	歐素瑛	戰後臺灣大學的接收與改制——以師資的留用與招聘爲中心
		都通憲三朗	國府種武與日據時期中臺灣的日語教育
33	2004年6月	宋秀環	日治時期的殖民政策：原住民青年團的發展
34	2004年9月	王麒銘	臺灣日治時期國勢調查的學術意涵

35	2004年10月	許楓萱	明志書院與清代北臺文教發展
		葉晨聲	光復初期的淡江中學與純德女中（1945-1956）
36	2004年12月	林玫君	從「臺灣山岳會」論臺灣人的登山活動
37	2005年2月	金湘斌	日治時期臺灣公學校運動會之研究
		賀安娟	Tales of Dutch Formosa ——臺灣荷蘭時期的故事
38	2005年4月	津田勤子	台湾日治世代の親日態度と自己概念
		藤井彰二	台湾での伊澤修二評価についての考察
39	2005年6月	王厚匡	總督府臺南中學校校史影像中的教育活動與歷史情境
		謝明如	日治時期臺北師範學校修身教育之研究
40	2005年9月	林玫君	美濃「第一戲院」——一個鄉村戲院的興衰
		鈴木哲造	臺灣總督府的衛生政策與臺灣公醫
41	2005年11月	吳文星	談日治時期臺灣教育史料的發掘與研究的深化
42	2005年12月	陳豔紅	日本警察倫理與武士道精神
		連憲升	從《丟丟銅仔》到《阮若打開心內的門窗》——試談呂泉生早期的民歌編曲、歌謠創作和他的鄉土與族群關懷
43	2006年2月	白柳弘幸	台湾公學校における修身教育の創始——領有直後から明治末年まで
		王麒銘	臺灣總督府對菲律賓的認識之建立——以納卯（Davao）的調查爲中心
44	2006年4月	呂明純	明治後期日本與臺灣之鼠疫與防治（1894-1911）
		劉麟玉	伊澤修二、中島長吉與殖民地臺灣的唱歌教育

45	2006年6月	森田健嗣	失學民衆補習教育當中的「國語」教育——與國民教育的比較
		都通憲三郎	話し方教材から見た植民地期台湾の会話教育史
46	2006年9月	鄭政誠	日治時期臺灣原住民的修學旅行
		謝明如	日治時期臺灣總督府國語學校之成立及組織沿革
47	2006年10月	陳虹彣	臺灣總督府編修官加藤春城與國語教科書
		何力友	統計戰後初期臺灣發行的國民學校教科書——以《臺灣光復初期出版品書目》爲中心
48	2007年1月	賴美鈴	日治時期臺灣公學校「式日唱歌」與校歌之研究
		塚本善也	高一生研究の現在
49	2007年3月	宮脇弘幸	言語政策——規範言語の普及と「言語罰」
		林玫君	太陽旗下的鐵人——張星賢的田徑世界
50	2007年5月	磯田一雄	日本統治期の台湾における日本語短詩（短歌、俳句）と国語教育
		宋秀環	台湾植民統治における原住民協力者の育成——タイヤル族を例として
51	2007年6月	許佩賢	戰爭時期的臺灣教育界——以臺灣教育會爲中心
		金湘彬	日治初期臺灣初等學校運動會的舉行方法（1895-1911）
52	2007年9月	謝明如	日治時期「臺灣教育的第一步」——臺灣總督府國語學校講習員之培訓與任職
		何力友	戰後初期在臺教科書發行實況之探討——以中等學校和國民學校爲中心

53	2007年11月	葉碧苓	臺北帝國大學與總督府的南方調查事業
		富田哲	数値化された日本語話者——日本統治初期台湾における統計と日本語
54	2008年1月	陳榮聲	略論滿鐵附屬地的教科書問題（1923-1931）
		蔡秀美	日治時期臺灣公學校的消防教育——以國語教科書爲中心
55	2008年3月	阿部洋	アジア教育交流史研究の三十年——教育史研究者としての歩み
56	2008年5月	曾令毅	日治時期臺灣的航空教育：以學校教育爲中心
		金柏全	日治初期臺灣的實業教育：比較內地與臺灣實業教育政策之沿革變化
57	2008年9月	吳佳芸	日治時期臺灣的盲啞教育：社會救濟事業下盲啞教育施設之出現與演變
		陳慧先	日治時代公學校教科書中的度量衡
58	2008年11月	李幸眞	日治初期警察臺灣語能力的推展概況（1895-1906）
		施姵妏	自是乾坤氣吞吐——清代臺灣官民對於地震的幾種認識
59	2009年2月	王麒銘	臺北高等商業學校教師之臺灣研究
		謝仕淵	國立臺灣歷史博物館典藏日治時期紀錄片簡介
60	2009年4月	大野育子	日治時期臺灣佛教的改造風潮——以留日佛教菁英的活動爲中心
		李鎧揚	日治時期臺灣教育經費層級
61	2009年6月	泉史生	公學校史の研究——公学校教育の研究
		金柏全	臺灣實業教育在中日戰爭前後之變遷
		泉史生	太平公学校史の検討

62	2009年9月	許妝莊	臺灣總督府醫療政策對教會醫院的影響（1895-1916）——研究回顧及相關問題初探
		盧啓明	臺灣基督長老教會南、北神學校「聯合問題」之研究（1913-1927）
63	2009年11月	林昌華	追尋華武壟——以荷蘭文獻重構華武壟（Favorlang）民族誌
		陳世芳	臺灣總督府與菲律賓之體育交流——以「臺比交驩水上競技大會」爲例（1929-1941）
64	2010年1月	鄭麗榕	日治臺灣的家族、政治與文化——板橋林家林履信的例子（1899-1954））
		森田健嗣	戦後台湾における臺灣基督長老教會による言語権の主張
65	2010年3月	蔣茉春	戰後初期臺灣戲劇之研究（1945-1949）
		周慧茹	日治時期臺灣公學校兒童用理科書初探
66	2010年5月	杉山美也子	關於以人物傳記爲教材之歷史授課構成——以八田與一工程師爲例
		傅欣奕	宣傳紀錄片「臺灣勤行報國青年隊」與戰爭動員
67	2010年9月	宋秀環	植民地台湾におけるコラボレーター分析——臺灣原住民の事例をめぐって
		陳世芳	臺灣總督府與菲律賓之教育交流——以經費補助及參訪活動爲中心
68	2010年11月	李鎧揚	日治前期公學校經費制度的建立與問題（1898-1920）
		祝若穎	日治時期杜威教育思想在臺灣之引進與實踐（1919-1930）
69	2011年1月	曾令毅	海港到「空港」：淡水港埠變遷與淡水水上機場之發展
		鄭麗榕	跨海演出：近代臺灣的馬戲團表演史（1900年代-1940年代）

70	2011年3月	盧啓明	日曜學校與皇民化運動——以南部臺灣基督長老教會的主日學教育爲中心
		山脇あゆみ	日本に現存している古式泳法について
71	2011年5月	阿部洋	「台湾教育令」の制定過程
		佐野通夫	1910年代朝鮮総督府の歴史教育
72	2011年9月	泉史生	日本語教育史の方法：その語学教育の視点「日本語教育史」と「台湾教育史」・「植民地教育史」との相違
		葉碧苓	臺北帝國大學工學部之創設
73	2011年11月	林玟君	日治時期臺北州小公學校體操講習會之歷史考察——以臺北州爲例
		祝若穎	日治時期工作教育思想之發展與教學活動
74	2012年1月	森田健嗣	単一言語主義とその限界——戦後台湾における言語政策の展開（1945-1985）
		土屋洋	日治時期臺灣兒童作文教育之研究
75	2012年3月	山崎直也	臺日高等教育國際化之淺見
		林昌華	臺灣最高等學府「蕭壟神學院」的研究
76	2012年5月	藤井康子	1920年代臺灣的中、高等教育和地方社會——以南部學校的設立運動爲中心
		何姿香	上沖下洗、左搓右揉——日治時期臺灣洗濯課程之探討
77	2012年9月	鈴木哲造	日治時期臺灣醫學教育設施之形成——從臺灣總督府醫學校到臺北帝國大學醫學部
		郭婷玉	殖民統治之成立與街庄層級的交換關係：以屏東東港地區爲例

78	2012 年 11 月	泉史生	戰前台湾の社会教育における日本語教育——簡易國語講習施設で使われた教材の研究
		宋秀環	是誰建構了霧社事件史觀：菁英與文本之間
79	2013 年 2 月	李鎧揚	日治時期地方行政運作的一隅——以里港庄協議會爲討論中心（1921-1935）
		陳宜君	追尋理想的健康兒童——健康優良兒童表彰制度
80	2013 年 4 月	胡芳瑜	二次大戰戰爭動員體制下的臺灣漢人女學生的生活
		鄭麗榕	近代臺灣的動物與民間生活——以大家族的田園文化爲中心
81	2013 年 9 月	林琮舜	臺灣公學校的唱歌教育：建立、教材、實踐
		連玉如	日治時期臺北市的升學樣貌：以臺籍子弟入學中等教育機構爲中心（1919-1945）
82	2013 年 11 月	陳語婧	戰後臺灣「筵席及娛樂稅法」施行初探——以 1945-1980 年爲討論中心
		黃俊昌	日治前期臺灣總督府農事試驗場的建立與農事講習生制度
83	2013 年 12 月	金湘斌	漸入軌道：解纏足過渡期（1906-1914 年）下臺灣學校女子體育的確立與創出
		謝明如	臺灣總督府高等農林學校林學科之師資結構及其與臺北帝大理農學部之關連性
84	2014 年 2 月	池田若菜	日治時期臺灣學校衛生與砂眼防治對策之確立
85	2014 年 4 月	宋秀環	日治時期貴族社會的權力轉移：排灣與魯凱族的新興領袖階層誕生

86	2014年9月	富田哲	日治時期翻譯研究之跨文化意涵
		郎咏恩	日治時期臺灣熱帶醫學之發展——以寄生蟲學爲例
87	2014年12月	卓姿均	日治時期高等女學校「入學難」問題之初探
		大木言葉	日治時期臺灣婦女的洋裁教育——以吉見裁縫學園爲中心
88	2015年3月	祝若穎	日治時期臺灣教育學史的開端——以師範學校之「教育科」課程做一考察（1896-1918）
89	2015年5月	林恭任	日治初期公學校家長對教育政策論述之分析（1895-1922）
		黃巧君	「一人一元」和「現代體育場館」
90	2015年9月	朱佳陽	戰後初期原住民用國語教科書之分析
		江仲文	從「體操」到「體鍊」——戰爭時期學校的體育課
91	2016年1月	黃翊瑋	太平公學校學籍簿初探
		安井大輔	宮川次郎與「臺灣實業界」——在台內地人的臺灣觀
92	2016年3月	野中雄太	二十世紀前後期臺灣的美容體操傳播過程
		鄭芮璇	1950年代前期的教育雜誌——以《教育通訊》爲中心
93	2016年5月	張家綸	日治時期臺灣之樟樹品種研究：以日本樟和臺灣樟爲中心
		鄭涵云	《臺灣婦人界》與1930年代的臺灣社會
94	2016年9月	盧啓明	戰後臺灣基督長老教會的主日學教育：以教材發展爲中心
		鄭政誠	悠遊書海：吳新榮的讀書生活（1933-1967）

95	2016 年 11 月	林琪禎	戦時期の教育学——長田新と国民学校
		蒲地等	日治時期臺灣公學校教科書中的桃太郎
96	2017 年 1 月	李鎧揚	支配體制轉換期地方行政的展開與臺灣人的政治參與（1895.6-1896.3）
		林正和	日治時期芝山巖事件與其精神轉換之研究
97	2017 年 3 月	李鳳然	1968 年畫筆下的夏天——《紅葉大勝世界冠軍隊》之漫畫研究
		野中雄太	日治時期臺灣「林間學校」體育活動之研究
98	2017 年 6 月	王文昕	日本近代營養學發展
		陳德智	日治時期臺灣海洋漁業調查試驗之研究
99	2017 年 10 月	鄭政誠	日治時期公學校國語教科書中的近代化臺灣書寫
		許佩賢	日治前期臺灣公學校教師的學經歷與初等教員的資格制度
100	2017 年 12 月	葉碧苓	尾崎秀眞與「私立臺北中學會」之研究
		林玫君	日治時期的臺灣高等女學校學生與臨海學校

資料來源：黃燕雯、林玫君，〈臺灣教育史研究會例會發表人和題目〉，《臺灣教育史研究會通訊》，解散紀念號（2018 年 4 月），頁 30-39。

近十年臺灣明史研究之評述

吳振漢
國立中央大學歷史研究所兼任教授

史學可鑑古知今，功能顯著。史學史的檢討能驗收研究成果，導引正確發展方向，更基礎且具前瞻性，亦不容忽視。本文特擇近十年明史研究爲主題，著重進展和大趨，並不斤斤細較個別的成就、貢獻，做一全盤回顧和評析。論述依序含括探究範圍、分類檢討、趨勢省思三要項。

一、探究範圍

學術發達的現代，十年之間發表的論文、專書已數量可觀，因此必須先設定標準，聚焦固定範圍，才能有效析論成果特色和發展趨向。首先，本文審視的對象乃針對在臺灣發表之學術著作，包含外國來稿，但不取臺灣地區外投的文章和專著。其次，此處明史研究專指史學專業論著，並非廣義文學、哲學、藝術、管理、宗教等專科的相關明代研究。其三，除明代立國期限外，元末明初和明末清初，因與明史密切關連，當納入研討範疇。其他宋明、明清時期，乃至中國近世、近代所及的明史有關篇章，則因含涉過度，便不論列。其四，至於半學術或通俗性的明史著作，應留待一般讀者和市場去評比檢驗，自無須在此辭廢。

二、分類檢討

以下將近十年明史研究分四類提要論列。

（一）政治制度：其中有兩系研究取向特別熱門。一爲戰爭史，尤其是朝鮮戰事，此可能與近來朝鮮士人文集和日本私家文書大量刊行面世有關。由於此領域新史料的普及，各地學者紛紛投入，晚明朝鮮、遼東複雜政軍局勢日益釐清，對近、現代東亞外交、政經、戰爭等探微均有助益。惟亦因該主題牽涉國際關係，各國學者參引各自已具主觀看法的文獻時，若不特別警惕，論斷時頗易受限於國族本位情結，失去學術超然客觀立場。或許秉記「佳兵不祥」的古訓，摒棄勝負論英雄的流俗史觀，可有效減低民族主義情緒對理性論證的干擾。

另一爲法制史，也許基於中研院史語所法律史研究室長期的推動，近來又辦青年學者之工作坊之故，該領域進展甚速，除史料發掘、法條釋義、量刑尺度等課題外，近日又擴及法令靈活調適、與社會互動等議題，涵蓋範圍更爲深廣。不過司法實務運作方面則猶有開展空間，譬如廷杖重創、追贓刑求致死，幾無異被判處死刑；而因獄政管理不良，導致「瘐死」獄中或「長繫」病亡，也近似延緩執行的死刑。明代此類記錄頗豐，足可揭示傳統人治干預法治的嚴重程度。

（二）社會經濟：相應於考古墓葬文物的陸續出土，明代禮法習俗的落實和演變，成爲近年社會史創獲突出的指標性類群。禮教對社會秩序的控管、儀式宣達的教化功能、習俗與時俱進的演化等，都因文獻記載之外，得到實物印證而更完整且據說服力。然而社會風俗禁忌所蘊含的潛移默化功效，尚有可深入闡發之處。譬如拾柴而不砍樹、拱手而不握手爲禮等規範習俗，均隱含環保、公衛的作用，乃長期演進出具潛在價值的優良傳統，值標新立異的現代社會反思。

早在西元五〇至六〇年代，中國資本主義萌芽論爭之際，明代中葉以降經濟史，曾一度變成「顯學」。然隨著爭論消寂，此時段經濟史創新研究似也欲振乏力。這可能應歸因於既定理論架構已利用殆盡，無所依循，學者乃偃旗息鼓，另覓學術戰場。近十年臺灣該範疇也相對顯得冷清疲弱，罕見突破性傑作。其實權威理論模式引領研究取向，本即非史學正途。既有學說已無法充分詮釋史實，正是破舊立新契機的到來，有志學者應奮起廣蒐史料、開創新局。適巧近時稀見方志、電子地方志資料庫等接續問世，預期區域經濟、市場體系等課題探究，將迎向一番榮景。

（三）思想文化：明代後期思想解放，「王學」援禪入儒，衝破固有藩籬，樵夫陶匠皆入士林之列。明末「東林」風起雲湧，講求務實救國，基層士人結社講學，聲氣相通，左右輿論。繼早先專研碩儒大師後，最近思想史學者轉而顧及名聲較不顯赫的地方級人物，闡幽抉微，倒也貼近晚明思潮動向，並發前人所未見。然表述次級歷史人物，往往得面對相關資料零碎欠缺之困境，若將他們集結分類，再充分使用臺灣富藏的明人別集和電子搜尋工具，相信將可更完整展現明代思想界全貌。

婦女史研究目前正方興未艾，且多由女性學者執筆，很能從女性觀點透視兩性共創的歷史，甚至多元性別的論文也漸出現，此方面頗不乏歷史文獻材料，前景可期。不過，婦女史也同樣面臨史料有限的考驗，才女貴婦固然保有不少自身或他人的紀錄文字；然普通文盲女性的言行史蹟，便須從男性記載中抽絲剝繭，解析提煉出她們眞實的心聲，如此則史料學修養勢不可少。此外，女性學者重視理智客觀，自不比婦運人士激進，但自我設限則應避免。傳統女性籠罩於父權陰影下，無論自己發聲或由他人代言，很難跳脫男性設定的價值體系。若今日婦女史研究僅平反傳統女性所受的差別待遇和呈現她們的自我意識，充其量明史中只多增加幾位「女中丈夫」而已。事實上，女性和平、溝通、柔韌諸特質，有助社會凝聚延續，對歷史演進的貢獻可能超過男性，值得進一步探究。

（四）學術學人：史學史在近十年明史研究中異軍突起，專文甚多，應該會導引史學撰述更重視史料性質和史實眞確。惟不少論著或許受到文學專業的影響，一味強調歷史書寫的主觀性和想像力發揮。視角侷限和記憶誤差本不可免，史學不能也沒必要全力追求百分之百的客觀寫實。惟不容否認，傳統累進的史學紀律，包括個人品格的史德、嚴謹考證的史學，以及能力篩選的史才，已確保明代多數史書的可信度和參考價値。如抱存疑批判態度讀史，進而指出其中盲點誤區，將有利現代明史研究精進，但若偏執認定史家史籍全然是主觀認知、喜惡體現，便恐有誤入歧途的危險。

明代科技史沉寂已久，近十年似也未見起色。深究其因，可能是因今日絕大多數史學研究者昔日都僅接受文科訓練。回顧現代自然科學興起也不過約五百年，發展至博大精深更只是近一、二百年之事。明代距今已大致超過五百年，故明末傳入的科技知識，具備今日高中自然組學識水準，當便不難理解，甚至且能夠開始精研探究。高中社會組背景的學者，即使大學未再修通識科技課程，若有心複習鑽研，達到高中自然科水平，應尚非不可能，遑論原本已具備科技學識者。儘管往日科技進步相對緩慢，然而每項突破、發明都與時人心態和社會背景緊密互動，瞭解其間微妙變化乃史學家的責任，並可對未來科技進程提供鑑戒、取徑。

三、趨勢省思

研究成果之優劣，除取決於個人才識和努力外，也必受到外在整體學術環境之制約，故最後須省察當前三項主流趨向，依序為專業期刊國際化、搜尋史料電子化，以及著作審查匿名化。

開放競爭、適者生存係生物演化的規律，亦同樣適用於學術生態圈。專業期刊的國際化有其優越性，也勢不可遏，可是不無微調的空間。近期史學期刊不時出現英文寫作的論文，這是國際化的體現，有利學術交流，應該鼓勵。惟明史著作定需引述史料印證，部分論文依嚴謹漢學格式，英文譯文之下附中文原文，如此對全悉引文的讀者已嫌累贅，何況有些完全不附中文對照，精準與否查證困難。既然臺灣學者投外國期刊，需用當地語文書寫，誘導外稿儘量用中文表達又有何不可。此外，近日來自海峽對岸的文章日增，此皆經過審查評比，自屬良性競爭。本地學者不妨發揮臺灣多元開放教育的優勢，提升原創性和靈活度，爭取嶄露頭角的機會。

窮盡史料一向是做歷史研究的理想，電子資料庫的推廣讓史家更接近此一目標，甚至少數初學者誤以為已達搜尋資料的完美境界。然而史料千變萬化，非但目前任何工具都無法窮盡搜索，即使充分蒐集也須仰賴功夫和技巧。以張居正爲例，其名、字、號，居正、叔大、太嶽、江陵、文忠，均須列爲必索關鍵詞外，爲配合電腦機械化邏輯思維，還需試用「張公居正 」、「文忠張公」等詞。官職方面即僅以內閣大學士而言，便有「張閣老」、「張相公」、「元輔居正」、「故輔居正」等詞組，其他官名如「太師」、「少師」、「司業」、「學士」等更難縷述。尤其困難的是隱諱的稱呼，如隆、萬之際居正的首要政敵高拱，在他的〈病榻遺言〉中，便用「荊人」（荊州府之人）暗指居正，如漏失這宗資料，便不易釐清居正獨攬大權之原委。由此可見，具備厚實的史學素養，再輔以日益增多的電子資料庫，才能如虎添翼、事半功倍。

著作審查機制需要匿名，本即反映該制度中存在人情糾葛。維持專業水準，同儕互審必不可省，外行也無法代勞。同行之間既處於競爭狀態，要義無反顧、公正理性，確存一定難度。一般而言，現行審查體系裡，著作有兩人以上專家評審，期刊則由公部門邀約學者定期審核補助，惟獨審查人資格和評審意見品質缺乏有效控管，並不十分合理。鑑於創辦學術期刊事務龐雜，主編、執編、編委又多係無酬奉獻，爲衝高退稿率刻意委任嚴格審查人，或優惠志同道合投稿人，似情猶可原。然而學術畢竟講究理性超然，審查人選和意見品管實應及早納入監督和規範，儘量摒除人情恩怨。著作審查體制的改良，由於涉及人性的本質，想必艱辛且漫長。

臺灣的近代軍事史研究[1]

蘇聖雄

中央研究院近代史研究所副研究員

一、前言

戰爭在人類歷史上並不少見，可說是重要歷史課題之一，與戰爭息息相關的軍事，亦爲不可忽視的面向。不少人對此饒富興趣，坊間出版不少軍事史書籍，具一定市場。然而在學界，軍事史往往不爲所重，研究較少。其原因，或在文人對軍事不甚熟習，難以深入，又或軍事具高度機密性，檔案開放較慢，研究難以展開。

近代中國與臺灣歷史，與戰爭息息相關，是一段外來侵略、內部動亂、軍事變革、軍事現代化的歷史，軍事理應爲主旋律之一，相關研究在臺灣學界，卻也面臨上述狀況，相較政治、外交、經濟、文化等層面，研究成果不能說豐碩，尤其隨著學術風潮轉變，傳統政治、外交史研究退潮，文化史勃興，軍事史難以

1 本文以拙著〈從軍方到學界：抗戰軍事史研究在臺灣〉（《抗日戰爭研究》，2020年第1期，頁141-157）、〈世變與史學：臺灣學界抗戰史研究的興起與發展〉（《抗日戰爭研究》，2021年第1期，頁25-42）爲基礎，增刪修改而成。前文強調軍方到學界的脈絡，後者說明史學發展與世變的關係及主要研究機構的作爲，而本文則著重列述近三十年的研究成果，以專書爲主，論文爲輔。限於論述脈絡、篇幅與作者學力，諸多著作並未提及，又爲行文之便，對研究者皆直呼其名，敬請諒察。

避免邊緣化。

雖然如此，經過數十年來的積累，臺灣仍有不少近代軍事史研究成果。本文以時代爲經，研究者及其成果爲緯，梳理相關著作，指明其問題意識與研究重點。除提供史學史考察，亦呈現學術趨勢，供進一步研究之參考。

標題所謂近代軍事史，係指近代中國與近代臺灣的軍事史。世界軍事史在臺灣學界研究鮮少，多爲翻譯著作，本文從略。[2]

二、近代中國軍事史研究的肇始

戰後臺灣的歷史學，主流爲中國古代史，近代中國史僅少數

2 一般而言，近代中國（或臺灣）軍事史涵蓋兩大領域，一爲軍史，一爲戰史。軍史是指任何一支一系軍隊的創立、成長、向外發展、投入戰爭乃至衰退與再起、蛻變或消滅消失之經過，包括他們的軍事組織、戰術思想、人事狀況、兵種比例，戰鬥序列、武器裝備、教育訓練、戰場研究、後勤補給、指揮能力、紀律士氣等方面，不論是政府建制軍隊、地方性質的軍隊，或反政府軍隊等，都以其對歷史影響之大小而給予適當的分析、介紹與評估。戰史是把軍史中之軍隊作戰經過，不論對外作戰或對內作戰，皆從戰爭哲學或戰爭藝術的觀點，予以眞實與適量的記述，除對參戰兩軍之組織、訓練、後勤、兵源、戰力、情報、運動，以及戰術戰略等作特點分析外，一般研究大兵團指揮作戰方法，戰略與政略的關係，會戰及戰鬥中的高級戰術，與陣中勤務、要塞攻防等。軍史與戰史雖有區分，卻無法截然劃分。劉鳳翰，〈中國近代軍事史資料與研究〉，收入中央研究院近代史研究所六十年來的中國近代史研究編輯委員會編，《六十年來的中國近代史研究》，下冊（臺北：中央研究院近代史研究所，1989），頁835-836；尹文泉，〈試論當前軍事史研究取向〉，《海軍學術月刊》，第30卷第10期（1996年10月），頁90-93。本文所回顧之研究即所謂軍史與戰史，其他涉及軍事但關係較淺的論著從略。例如，國民政府參謀本部下轄國防設計委員會，後與兵工署改組爲資源委員會，與國防資源調查相關，但與軍史或戰史並不密切，本文並未列及。

學者進行，近代臺灣史更爲鮮見。臺灣的近代史研究機構，早期主要爲中央研究院近代史研究所（以下簡稱近史所）。該所係臺灣省立師範學院史地系教授郭廷以建立，1955年於中央研究院設置籌備處，1965年正式設所，郭出任首任所長。[3]

是時，近代史猶如主流史學界中的「弱勢團體」，[4] 近史所創立初期從無到有，以整理晚清北洋外交史料爲主要工作，再藉由整理的史料進行學術研究，陸續產生一批成果，軍事史包括在內，如王爾敏《清季兵工業的興起》、[5]《淮軍志》；[6] 陳存恭《列強對中國的軍火禁運（民國八年至十八年）》；[7] 劉鳳翰《新建陸軍》、[8]《武衛軍》。[9]

其中，劉鳳翰持續投入軍事史研究，從清末延伸至民國時期，可說是中國近代軍事史研究的拓荒者。劉鳳翰本科歷史，臺灣大學歷史學系畢業次年進入近史所工作。在職期間先是跟從全

3 中央研究院近代史研究所編，《中央研究院近代史研究所大事紀要》（臺北：中央研究院近代史研究所，1985），頁1、49。

4 王爾敏，《20世紀非主流史學與史家》（桂林：廣西師範大學出版社，2007），頁28。

5 王爾敏，《清季兵工業的興起》（臺北：中央研究院近代史研究所，1963）。

6 王爾敏，《淮軍志》（臺北：中央研究院近代史研究所，1967）。

7 陳存恭，《列強對中國的軍火禁運．民國八年至十八年》（臺北：中央研究院近代史研究所，1983）。

8 劉鳳翰，《新建陸軍》（臺北：中央研究院近代史研究所，1967）。

9 劉鳳翰，《武衛軍》（臺北：中央研究院近代史研究所，1978）。近史所趙中孚亦有軍事史研究成果，惟非以專書呈現，如趙中孚，〈近代東三省鬍匪問題之探討〉，《中央研究院近代史研究所集刊》，第7期（1978年6月），頁509-526；趙中孚，〈綠營積弊與所謂名糧問題〉，《中央研究院近代史研究所集刊》，第9期（1980年7月），頁255-268；趙中孚，〈近代中國軍事因革與現代化運動〉，《中央研究院近代史研究所集刊》，第12期（1983年6月），頁41-60。

所發展方向，研究清末歷史，同時投入口述歷史工作，訪問諸多將領，爾後分赴英國倫敦大學亞非學院歷史學系，及美國哥倫比亞大學東亞研究所訪問研究各一年。[10] 除了上舉兩書，累積數篇論文出版《抗日戰史論集》，[11] 匯聚中日戰爭論文十一篇，其中〈論「百團大戰」〉、〈論太原會戰及其初期戰鬥——平型關作戰〉兩文，以紮實史料考訂見長，另有〈武漢保衛戰研究〉一文，受到參謀本部高度重視，認爲軍方多年來無此類完整論文之撰述。[12] 爾後續有中日戰爭軍事史論著，如《戰前的陸軍整編：附九一八事變前後的東北軍》、[13]《抗戰期間國軍擴展與作戰》，[14] 並且開展臺灣軍事史研究，著有《日軍在臺灣：一八九五年至一九四五年的軍事措施與主要活動》。[15] 其過世之後，夫人黃慶中女士將其舊作整理集結出版爲《中國近代軍事史叢書》，[16] 劉生前交出版社的書稿，亦於身後出版《國民黨軍事制度史》。[17]

劉鳳翰的研究方法，重視史料鋪陳與考訂，其論著中充滿軍

---

10 劉維開，〈劉鳳翰——中國近代軍事史拓荒者〉，《近代中國史研究通訊》，第26期（1998年9月），頁43-44。

11 劉鳳翰，《抗日戰史論集》（臺北：東大圖書公司，1987）。

12 劉維開，〈劉鳳翰——中國近代軍事史拓荒者〉，《近代中國史研究通訊》，第26期（1998年9月），頁47。

13 劉鳳翰，《戰前的陸軍整編：附九一八事變前後的東北軍》（臺北：國防部史政編譯室，2002）。

14 劉鳳翰，《抗戰期間國軍擴展與作戰》（臺北：國防部史政編譯室，2004）。

15 劉鳳翰，《日軍在臺灣：一八九五年至一九四五年的軍事措施與主要活動》（臺北：國史館，1997）。

16 劉鳳翰，《中國近代軍事史叢書》，共5輯（臺北：黃慶中，2008）。

17 劉鳳翰，《國民黨軍事制度史》，共2冊（北京：中國大百科全書出版社，2009）。

隊番號、戰鬥序列、各級指揮、兵力人數、史料引錄，郭廷以私下評之爲「敘事失之蕪雜煩瑣」、「側重軍隊表面數字」、「引錄太多，頗枯燥」。[18] 其同事張玉法評價相對正面，謂其治學「能掌握歷史發展的主流，略本胡適治學之旨，有一分證據說一句話，不談理論，亦少作史論，此亦近代史研究所創所人郭廷以先生所以示同仁者。」[19] 也許私下與公開評論不能等量齊觀，持平而論，若說史學研究有發展階段，初期以整理史料爲主，次一階段再精進解釋或與他學科結合，那麼劉做的正是軍事史研究初期發展的基礎工作。事實上，劉的大量論著之中，也不是僅有整理，從共軍在中日戰爭的發展等相關論文，已可見其分析解釋。就此而論，與其說他只會整理排比軍官人名、軍隊番號，不如說他將軍事史與中研院近史所「南港學派」[20] 重視整理檔案史料的學風相結合，即劉鳳翰自言所論是「本司馬遷『論史在敘史之中』體例撰述」，「希望能給對抗日戰史有興趣人士一些有系統的史實參考」。[21]

史料是研究的基礎，軍事史料未充分開放，學界便難以開展。受限於檔案的機密性，近代軍事檔案始終封閉。1977年，林克承出任國防部史政編譯局（以下簡稱史編局）局長，一改過去封閉保守作風，主動與學術界接觸，並同意對軍事史有興趣的

18 郭廷以，《郭量宇先生日記殘稿》（臺北：中央研究院近代史研究所，2012），頁502、524、635。

19 劉鳳翰，《中國近代軍事史叢書》，第1輯（臺北：黃慶中，2008），張玉法序，頁3。

20 李國祁，〈「中國近代史研究的過去與未來」座談會發言紀錄〉，《中央研究院近代史研究所集刊》，第14期（1985年6月），頁414。

21 劉鳳翰，《抗日戰史論集》，序，頁2、6。

學者運用該局典藏之檔案。林之後的歷任局長范英、傅俊傑、鄧祖謀、張昭然、傅應川，亦皆能延續此項開放原則，學界軍事史漸漸能夠有所開展。劉鳳翰在這個時期，扮演一定角色，他是史編局與學界溝通交往的主要促成者，一方面教育軍方人員與史學界往來對軍事史研究的重要性，一方面親自運用史編局典藏相關檔案，使後來者能夠有所依循。[22] 另外，中國國民黨中央委員會黨史委員會（以下簡稱黨史會）編纂出版《中華民國重要史料初編：對日抗戰時期》（1981-1988），收入大量總統府機要檔案，即現今國史館藏之《蔣中正總統文物》（俗稱「大溪檔案」），爲當時一般學人難得一見之重要史料，亦爲軍事史料刊布之一例。[23]

劉鳳翰拓荒之際，陳存恭從民初軍火貿易、近代空軍的創立時間往下研究，[24] 發表〈中共在山西的戰爭目標與戰爭動員（1936-1945）〉等文。[25] 愈來愈多原來治近代中國政治史的學者，涉入軍事史領域，如張玉法、吳相湘、王家儉、蔣永敬、李

22 劉維開，〈劉鳳翰——中國近代軍事史拓荒者〉，《近代中國史研究通訊》，第26期（1998年9月），頁46。

23 其第二編「作戰經過」分成4冊，含戰爭指導與戰略戰術、第一期作戰經過、第二期作戰經過、海空軍作戰即敵後游擊作戰、同盟國聯合作戰、反攻受降遣俘等，皆爲軍事史料。

24 王爾敏，〈近代軍事史之研究風氣及其成就〉，《中華文化復興月刊》，第13卷第1期（1980年1月），頁15。

25 陳存恭，〈中共在山西的戰爭目標與戰爭動員（1936-1945）〉，收入黃克武主編，《中央研究院第三屆國際漢學會議論文集歷史組：軍事組織與戰爭》（臺北：中央研究院近代史研究所，2002），頁181-241。陳存恭著作目錄，參見沈懷玉、林德政，〈口述歷史的開拓者與民國軍事史、山西區域史研究的尖兵——陳存恭先生的研究志業〉，《近代中國史研究通訊》，第31期（2001年3月），頁61-65。

雲漢等，先後從不同領域跨足，開發不同史料，回答不同的軍事史問題。例如，吳相湘於中日戰爭期間擔任薛岳司令長官部的幕僚，有戰史編輯經驗，所出版的《第二次中日戰爭史》，參考大量中外文史料，關照1931-1945年中日之間軍事、政治、外交、經濟、財政、教育、學術等各方面，力求均衡、深入淺出，出版後甚獲好評，海內外書介甚夥。[26] 王家儉是郭廷以的學生，一度獲郭召聘入近史所，後任教臺灣師範大學，研究晚清思想史、海權思想、近代海軍史，進而從海防思想的形成與新式海軍的創建，以及傳統學術思想的發展脈絡，探討近代中國的變局，著有《中國近代海軍史論集》、《李鴻章與北洋艦隊：近代中國創建海軍的失敗與教訓》。[27]

三、近代中國軍事史研究的多元發展

上述1955-1980年代的三十年間，是屬近代中國軍事史研究萌芽階段。近代史本非學術主流，甚且被打壓，批評者或以爲時代太近，研究不易客觀，且史料多未開放，對近代史研究不甚認可。而事實上，此一時期的研究，尤其是政治、軍事、外交層面，也難免滲雜「黨國史觀」或「國軍史觀」，立場鮮明。至於

26 吳相湘，《三生有幸》（臺北：東大圖書公司，1985），頁387-398。

27 王家儉，《中國近代海軍史論集》（臺北：文史哲出版社，1984）；王家儉，《李鴻章與北洋艦隊：近代中國創建海軍的失敗與教訓》（臺北：國立編譯館，2000）；王家儉，〈海外追憶師生情——量宇先生百歲冥誕紀念〉，收入《郭廷以先生門生故舊憶往錄》（臺北：中央研究院近代史研究所，2004），頁567-574。

史料，也誠如批評，諸多史料並未開放。史編局的國軍檔案閱覽雖有鬆綁，利用方式仍有很多限制，[28] 研究國民政府領導人蔣中正的關鍵檔案「大溪檔案」，亦未完全開放。三十年間軍事史的發展，不能說很有成果。

1970-1980年代，臺灣經濟起飛，從農業走向工商業。1987年臺灣解除戒嚴，政治解禁，民主化社會趨於多元發展。論者謂民主化過程對學術界影響最大的是言論思想的自由，意識形態的去除及歷史資料的開放。對近代中國政治史研究而言，革命史觀不再，中國現代史不必等同於國民革命史，也不等同於國民黨史。顯著的變化是，「革命」氣焰大見削弱，對近代歷史人物重新評價，持續研究與發掘不同立場的歷史問題，中共史與臺灣史研究的禁區因此解除。[29] 歷史研究朝多元發展，軍事史亦然，有承襲上一階段著重史料鋪陳的論著，也有超越前輩研究的新解釋或「新軍事史」。

研究發展的動力，一為政策推動，一為史料開放。政策推動方面，1973年政府明令各大學以中國現代史為必修課，近代史領域迅速發展，師資培育起來。[30] 政治大學歷史學系的學者及培

28 及至1990年代，學界仍對史編局相當陌生，認為該局保守、封閉，難窺堂奧。1994年一整年運用該局檔案的中外學者、研究生，僅49人次。陳天民，〈國防部史政編譯局現藏國軍檔案概況〉，《近代中國史研究通訊》，第20期（1995年9月），頁65-78。

29 呂芳上，〈二十世紀中國政治史的研究：新資料、新視野〉，《近代中國》，第160期（2005年3月），頁11-13。

30 張玉法，《中華民國史研究在臺灣》，《近代中國史研究通訊》，第8期（1989年9月），頁61。

養者最多，所著重在中國近現代史、近代中外關係史等領域。[31]史料開放方面，隨著政府解嚴，臺灣機密檔案陸續開放。近代中國軍事史重要史料，至少有四。一爲上述「大溪檔案」，係蔣中正於北伐、統一、抗戰、戡亂等時期，所留下的函稿、電文、日記、信件、書籍、輿圖、影像資料及文物等，早年儲存於桃園大溪，故俗稱「大溪檔案」。該檔案原以總統府機要室管理，1995年轉移至國史館，經重新整理後開放，現稱《蔣中正總統文物》。[32]二爲史編局的《國軍檔案》，係國民政府中日戰爭期間建立的戰史編纂委員會及其存續機構所蒐集整理的軍事史料。經過學者張力的爭取，於報刊揭露，甚至致函國防部長力爭，原先利用不便的國軍檔案漸有改善，該檔案後移轉至國家發展委員會檔案管理局，改稱《國防部史政編譯局》全宗。[33]三爲在南京的中國第二歷史檔案館《國防部史政局和戰史編纂委員會》全宗，係上項檔案移留中國的部分，內含爲國軍在大陸時期編寫戰史向各軍事機關徵集的檔案史料，爲數甚夥，內容珍貴。[34]四爲重要將領的日記，如〈蔣中正日記〉、[35]〈徐永昌日記〉[36]等，前者

---

31 〈歷史沿革〉，「國立政治大學歷史學系」，https://history.nccu.edu.tw/PageDoc/Detail?fid=1325&id=1148，點閱時間：2023年4月16日。

32 國史館編著，《國史館現藏重要檔案文物史料概述》（臺北：國史館、政大出版社，2017），頁300-301。

33 張力，〈走近軍事史：口述訪談與檔案應用的經驗〉，《檔案季刊》，第12卷第2期（2013年6月），頁72-75。

34 施宣岑、趙銘忠主編，李祚明、韓森副主編，《中國第二歷史檔案館簡明指南》（北京：檔案出版社，1987），頁94-96。

35 原件藏美國史丹佛大學胡佛研究所，2006年起分年陸續開放，現已全數開放。

36 原件藏中央研究院近代史研究所檔案館，近史所已將之掃描出版。徐永昌撰，中央研究院近代史研究所編，《徐永昌日記》，共12冊（臺北：中央研究院近

長期擔任國家領導人，又勤於將所作所為、所思所想書寫日記，後者為國軍高級將領，長期擔任作戰部門首長，將許多軍事作戰訊息記於日記，兩者的日記對軍事史研究皆具一定關鍵性。[37]

上述四項中的第二、三項，原為軍方管理，其實學界研究近代中國軍事史之前，軍方已有長時間投入，於「編纂」方面有其成果，然後在「研究」方面配合軍方戰略學的發展，形成其研究範式，復透過資料的流通與開放、邀請學人撰寫戰史等方式，與學界相交流。[38] 中華軍史學會是一交流平台，該會於1995年1月成立，理事長多為退役的高級將領，副理事長有兩名，軍方、學界各出任其一，學界張玉法、呂芳上、張瑞德、劉維開、王成勉皆曾出任副理事長。現今，學會運作受國防部的支持，會址設於國防部政務辦公室史政編譯處。[39] 會務方面，每年設定主題，召開軍事史學術研討會，公開邀稿，發表人軍方、學界各半，為軍方與學界交流的穩定平台，會後出版《中華軍史學會會刊》，累積不少軍事史研究成果，迄2023年已出版28期。[40]

代史研究所，1990-1991）。

37 其他重要將領日記如陳誠、熊式輝、張發奎、黃旭初、錢大鈞、何成濬、胡宗南、萬耀煌、黃杰、丁治磐、賴明湯、郝柏村等。

38 其過程可參見〈從軍方到學界：抗戰軍事史研究在臺灣〉（《抗日戰爭研究》，2020年第1期，頁148-152。

39 溫楨文訪問，簡金生記錄，〈張瑞德先生訪問紀錄〉，收入《近史所一甲子：同仁憶往錄》，下冊（臺北：中央研究院近代史研究所，2015），頁273。

40 軍方戰史研究社團尚有中華戰略學會（1979年創立）、中華民族抗日戰爭紀念協會（2015創立）等，繼續推動軍事史編纂與研究，與學界時有往來。已退役的郝柏村是其中重要人物，他推動國防大學舉辦研討會，自己也出版《郝柏村解讀蔣公八年抗戰日記，1937-1945》（2冊，2013）、《郝柏村重返抗日戰場》（2015）等書。影響所及，國防大學於2014年出版《抗日戰爭是怎麼打贏的——紀念黃埔建校建軍90週年論文集》，作者皆為資深軍官，長期服務軍中華軍史學會而外，史編局出版《軍事史評論》（年刊），爲結合軍事理論與史學研究的刊物，1994年創刊，至2024年已出版31期，刊登軍方與民間的軍事史研究論文。而在更早之前的1980年代，史編局曾與中山大學中山學術研究所共同出版《現代中國軍事史評論》（1987-1990年間出版6期），也是軍方與學界在軍事史研究方面的合作成果。

解嚴後近代中國軍事史研究已積累三十多年，從「尚在起步階段」、「仍難令人滿意」，「風氣雖已漸開，研究成果卻還是不夠豐碩」，[41] 到現今研究主題、範圍與方法已經比較豐富。綜合分析，截至目前研究的重點與特色，概有下列六點。[42]

（一）延續軍方的取向或與之商榷

軍方過去或是受領導人蔣中正影響，對歷史相對重視，以史編局爲基礎，有許多編纂成果。惟今非昔比，史編局大幅縮編爲國防部政務辦公室史政編譯處，論著數量很少。其中，以孫建中

旅，以軍事觀點論述戰爭，雖未能完全跳脫爭正統、詮釋權的框架，已能利用史學方法運用史料與引註，同時展現深厚的軍事專業。參見張鑄勳主編，《抗日戰爭是怎麼打贏的：紀念黃埔建校建軍90週年論文集》（桃園：國防大學，2014）；張鑄勳係退役陸軍中將，前陸軍總司令部作戰署署長、陸軍步兵學校校長。軍方出身對軍事史頗有研究者尚有多人，如傅應川、何世同、胡敏遠、容鑑光等，篇幅所限，不一一列舉。

41 此爲李雲漢對1988年前後臺灣學界中日戰爭史研究的整體評價。李雲漢，〈對日抗戰的史料和論著〉，收入中央研究院近代史研究所六十年來的中國近代史研究編輯委員會編，《六十年來的中國近代史研究》，上冊（臺北：中央研究院近代史研究所，1988），頁436。

42 本節提到學者的研究歸類，僅爲凸顯學術發展方向，非意味該學者僅做某一類的研究。

較有成果，他習歷史學而於軍方工作，著有《國軍裝甲兵發展史》、《中華民國海軍陸戰隊發展史》、第一至第五軍軍史等書。[43]

學界方面，其部分研究延續軍方過去關注的議題，如作戰過程、國軍戰略、指揮、後勤、政工等，寫作方法不再是軍方偏重條列的制式，而是利用史學敘事方法呈現。如臺灣史學界前輩黎東方（文化大學史學系），將中日戰爭22場會戰深入淺出、以史話形式鋪陳出來。[44] 胡平生（臺灣大學歷史學系）以紮實史料梳理一些研究鮮少但十分重要的內戰，如1927-1928年間晉軍與奉軍的涿州之戰，[45] 或1934年西北馬家軍抵抗並反擊孫殿英的「拒孫之役」。[46] 長期關注民國西南省分政治軍事史的楊維貞（中正大學歷史學系），探討中日戰爭滇西戰場，利用較新史料，簡明呈現整個滇西作戰的過程，其他如武漢會戰、桂南會戰經過，或戰後臺灣軍事史也都有研究。[47] 王立本著《決戰大西北：剖析國共內戰的西北戰場》（上下篇），以紮實史料鋪陳國

---

43 孫建中，《國軍裝甲兵發展史》（臺北：國防部史政編譯室，2005）；孫建中主編，《中華民國海軍陸戰隊發展史》（臺北：國防部史政編譯室，2010）。

44 黎東方，《細說抗戰》（臺北：遠流出版公司，1995）。

45 胡平生，〈晉奉涿州之戰（一九二七至一九二八）及其影響〉，《臺大歷史學報》，第21期（1997年12月），頁195-259。

46 胡平生，〈政治權謀與戰爭創傷——一九三四年「拒孫之役」始末〉，《臺大歷史學報》，第36期（2005年12月），頁107-166。

47 楊維貞，〈蔣中正對中日武漢會戰的佈局——以《蔣中正總統檔案．事略稿本》為中心的探討〉，《中華軍史學會會刊》，第8期（2003年4月），頁317-342；楊維貞，〈抗日戰爭中的滇西戰場〉，《中華軍史學會會刊》，第13期（2008年9月），頁61-79；楊維貞，〈白崇禧與抗戰中期的軍事——以桂南會戰為例〉，《傳記文學》，第100卷第6期（2012年6月），頁46-49。

軍在國共內戰西北戰場，如何由優勢地位逐漸轉變爲劣勢，最後全盤皆沒。[48] 以上著作，敘述性呈現作戰經過，與過去軍方取向較爲相近。又如，林桶法（輔仁大學歷史學系）探討蔣於淞滬會戰、武漢會戰的決策與指揮權等問題，[49] 楊善堯（國防醫學院）撰《抗戰時期的中國軍醫》，[50] 蘇聖雄（近史所）撰〈改革與困境：國軍後勤補給制度的變革（1944-1946）〉，[51] 充實軍方指揮系統或後勤史的面向，與過去軍方關注議題相近。

政治大學歷史學系素爲中國近現代史研究重鎮，該校人文中心整合臺灣民國史研究者的研究能量，推動中國遠征軍與第二次世界大戰研究計畫，與退役將領相互合作交流，蒐整檔案資料，召開工作坊、研讀班、學術研討會等，其研究範圍廣及遠征軍與駐印軍、國際關係、記憶圖像、情報傳遞等，軍事爲研究重點，成果舉要如楊維真主編《指揮、後勤與地方政治》、李君山（中興大學歷史學系）著《中國駐印軍：緬北反攻與戰時盟軍合作》、郭春龍（軍方）著《中國遠征軍緬北滇西作戰》，不少爲軍方探討議題的延伸。[52]

---

48 王立本，《決戰大西北：剖析國共內戰的西北戰場》，上下篇（新北：老戰友工作室，2011）。

49 林桶法，〈武漢會戰期間的決策與指揮權之問題〉，收入呂芳上主編，《戰爭的歷史與記憶：和與戰》（臺北：國史館，2015），頁163-193；林桶法，〈淞滬會戰期間的決策與指揮權之問題〉，《政大歷史學報》，第45期（2016年5月），頁165-192。

50 楊善堯，《抗戰時期的中國軍醫》（臺北：國史館，2015）。

51 蘇聖雄，〈改革與困境：國軍後勤補給制度的變革（1944-1946）〉，《中央研究院近代史研究所集刊》，第107期（2020年3月），頁95-147。

52 楊維真主編，《指揮、後勤與地方政治》（臺北市：國立政治大學人文中心出版，2021）；郭春龍，《中國遠征軍緬北滇西作戰》（臺北：政大出版社，有延續，自然也有商榷。李君山《為政略殉：論抗戰初期京滬地區作戰》一書，探討軍方相當重視的淞滬會戰與南京保衛戰，就蔣中正的戰略與戰事過程、兵力調度做了細緻梳理，對軍方軸線移轉說（國軍於上海開戰移轉日軍作戰線的學說），進行有力商榷。[53] 李君山另一部新著《中國駐印軍：緬北反攻與戰時盟軍合作》，超越過去國軍彰顯駐印軍功績的書寫，透過外交史和軍事史的接榫，對於始終陷於「三個和尚沒水喝」困境的緬甸反攻計畫，加以新的詮釋，體現「列強連環性」下，各方複雜的政治考量。[54] 中共黨史研究專家陳永發（近史所）跨足中日戰爭軍事史，撰有〈關鍵的一年——蔣中正與豫湘桂大潰敗〉一文，長篇論述蔣中正在豫湘桂之役的作為，其論點與軍方完全相反，嚴厲地批評蔣的判斷、戰略、指揮、用人等。[55] 劉熙明研究戰時軍方不肯定、戰後研究素不注意的「偽軍」，長篇描繪其在強權競逐下的角色。[56] 另有蘇聖雄〈蔣中正對淞滬會戰之戰略再探〉一文，運用新史料，也針對軍方的軸線移轉說進行探討，結論是移轉日軍戰爭軸線的戰略，國軍於戰前曾有討論，但開戰後並未

2022）。

53 李君山，《為政略殉：論抗戰初期京滬地區作戰》（臺北：國立臺灣大學出版委員會，1992）。該書後來刪去註釋重新出版通俗版：李君山，《上海南京保衛戰》（臺北：麥田出版公司，1997）。

54 李君山，《中國駐印軍：緬北反攻與戰時盟軍合作》（臺北：政大出版社，2021）。

55 陳永發，〈關鍵的一年——蔣中正與豫湘桂大潰敗〉，收入劉翠溶主編，《中國歷史的再思考》（臺北：聯經出版事業公司，2015），頁347-431。

56 劉熙明，《偽軍：強權競逐下的卒子（1937-1949）》（臺北：稻鄉出版社，2002）。

執行。[57]

（二）海空軍研究

近代中國以陸軍爲主力，海軍除李鴻章的北洋海軍一度有所發展，覆滅後長期成爲中國軍事的次要。空軍是較新的武裝力量，中國嘗試發展，但耗資巨大，進展緩慢。是故海空軍相關相對陸軍而言，重要性較低，不過仍有一些研究成果。

海軍方面，前述王家儉是相關研究的開拓者之一，探討晚清海軍軍事現代化、海軍政策、相關機構與人物。[58] 張力（近史所）致力外交史和海軍史研究，曾共同撰寫《海軍軍官學校校史》，[59] 並發表數篇論文，如〈從「四海」到「一家」：國民政府統一海軍的再嘗試，1937-1948〉一文，以紮實檔案梳理馬尾系、黃埔系、青島系、電雷系等四支海軍系統在戰時如何維持，國民政府如何利用海軍幾乎解體的時機，設法予以統一，以及戰爭結束前後掌控海軍的過程。[60] 莊義芳（黨史會）配合紀念中國的中日戰爭勝利四十週年，編撰〈海軍與抗戰〉，探討中日戰爭期間海軍的貢獻。[61] 金智（空軍航空技術學院）是少數歷史學博

---

57 蘇聖雄，〈蔣中正對淞滬會戰之戰略再探〉，《國史館館刊》，第46期（2015年12月），頁61-101。

58 王家儉，《中國近代海軍史論集》（臺北：文史哲出版社，1984）。

59 吳守成主編，《海軍軍官學校校史》，共2冊（高雄：海軍軍官學校，1997）。

60 張力，〈從「四海」到「一家」：國民政府統一海軍的再嘗試，1937-1948〉，《中央研究院近代史研究所集刊》，第26期（1996年12月），頁265-316。張力，〈蔣公與海軍之建立及發展〉，國防部史政編譯局編，《先總統蔣公百年誕辰紀念論文集》，下冊（臺北：國防部史政編譯局，1986），頁1-56。

61 莊義芳，〈海軍與抗戰〉，收入國防部史政編譯局編，《抗戰勝利四十週年論文集》，上冊（臺北：國防部史政編譯局，1985），頁221-252。

士任職於軍校者，他以史學方法研究空軍、海軍的發展，出版專書與專題論文數篇，所著《青天白日旗下民國海軍的波濤起伏（1912-1945）》是第一本完整介紹海軍之建軍與發展史的專書。[62]

空軍方面，劉維開（政治大學歷史學系）撰〈空軍與抗戰〉，對空軍的建立與戰前發展作一回顧，次則縷述飛機來源，分抗戰初期、俄援時期及美援時期等三個段落，依各該階段敘述空軍在抗戰全程中的作戰經過。[63] 張力（近史所）撰有〈空軍、海軍作戰〉，簡述空軍與海軍在抗戰時期的戰史。[64] 朱力揚《1945請記得他們：中國空軍抗戰記憶》，是一部反映抗戰時期中國空軍風貌的紀實文學作品，全書以圖、文結合的方式，分階段記述當年空軍抗戰的歷史，收入大量照片及口述歷史，雖非研究著作，仍具一定史料價值。[65] 何邦立編著《筧橋精神：空軍抗日戰爭初期血淚史》亦非研究著作，為抗戰第一年中國空軍作戰史實的報導，作者以四十年航空失事調查與預防的專長，對筧橋空戰、二一八武漢空戰、馬丁機的噩運與人道轟炸三個主軸進行考證。[66] 氣象事業與空軍相關，劉芳瑜（國立東華大學歷史學

62 金智，《青天白日旗下民國海軍的波濤起伏（1912-1945）》（臺北：獨立作家，2015）。

63 劉維開，〈空軍與抗戰〉，收入國防部史政編譯局編，《抗戰勝利四十週年論文集》，上冊（臺北：國防部史政編譯局，1985），頁253-327。

64 張力，〈空軍、海軍作戰〉，收入呂芳上主編，《中國抗日戰爭史新編》，第2編（臺北：國史館，2015），頁301-342。

65 朱力揚，《1945請記得他們：中國空軍抗戰記憶》（臺北：黎明文化，2015）。

66 何邦立編著，《筧橋精神：空軍抗日戰爭初期血淚史》（臺北：獨立作家，2015）。

系）著《風雲起：抗戰時期中國的氣象事業》，以中國對日抗戰期間，國民政府的幾個機構——航空委員會、中央研究院氣象研究所、中央氣象局、中美特種技術合作所做為分析對象，從國民政府的視角討論戰時中國的氣象事業。[67]

（三）軍事情報史研究

軍事情報史理應為軍事史重要一環，然而受限於史料機密、情報另有系統，軍方情報史始終未有完善編纂，僅有內部流傳的機構史，[68] 各大部頭的戰史著作，對此皆交代甚寡。至於民間學者，雖曾利用回憶資料撰寫文章，卻難以利用一手史料而有所不足。

較早利用檔案研究並有具體成果者為張霈芝，他任職國防部軍事情報局，得地利之便，接觸大量一手檔案史料，完成《戴笠與抗戰》一書。[69] 該書呈現戴笠領導的軍事委員會調查統計局在抗戰期間的軍事情報工作，利用大量內部報告，具史料公布之價值。在他之後，由於一般難以運用軍事情報檔案，研究者甚少。

2010年，國防部軍事情報局向國史館提議合作研究與出版軍事情報史，經過洽商，國史館將該局部分史料整理、編目並數位化，是為《戴笠史料》、《國防部軍事情報局檔案》兩個全宗。國史館並且依重要議題挑選史料，出版《戴笠先生與抗戰史

67 劉芳瑜，《風雲起：抗戰時期中國的氣象事業》（香港：開源書局出版有限公司；臺北：民國歷史文化學社，2022）。

68 國防部情報局編纂，《國防部情報局史要彙編》，共3冊（臺北：國防部情報局，1962）。

69 張霈芝，《戴笠與抗戰》（臺北：國史館，1999）。

料彙編》（6冊），復以此爲契機，邀集學者運用這批新史料進行研究，召開學術研討會，會後集結各篇論文，出版《不可忽視的戰場：抗戰時期的軍統局》，包括王良卿（暨南國際大學歷史學系）〈情報領袖與派系政治〉、楊維真（中正大學歷史學系）〈1938年長沙大火事件的調查與檢討〉、吳淑鳳（國史館）〈軍統局對美國戰略局的認識與合作開展〉、羅久蓉（近史所）〈從軍統局到保密局〉等軍事情報相關論文。[70]

軍事情報局檔案除移送國史館，另有部分檔案移交國家發展委員會檔案管理局，是爲《國防部軍事情報局》全宗，這批檔案對於中日戰爭時期軍統與中美合作所的相關研究，有相當價值，已有研究者撰寫論文。經過一手史料的開發，研究者對相關議題繼續深化，有新的研究成果，其間並有其他學者的投入，軍事情報史可說是近代中國軍事史研究近年來較有發展的領域。

（四）廣義政治史下的軍事史研究

近代中國戰亂不斷，各級領導人常爲軍人，主導政局發展，因此從研究政治史延伸至軍事史，十分正常，也有必要。這樣的軍事史研究，對於戰術、軍事科技、尤其是作戰細節，不是那麼在乎，而多著重政治活動、權力關係、軍系互動，或是軍事高層的作爲。例如，蔣中正身爲最高統帥，同時爲政府領導人，研究他在戰爭中的動態，廣義而言屬政治史也可說是軍事史。

這方面的研究，舉要如長期治民國政治史研究的蔣永敬（黨

70 吳淑鳳、張世瑛、蕭李居編輯，《不可忽視的戰場：抗戰時期的軍統局》（臺北：國史館，2012）。

史會），對於蔣中正的全程抗戰戰略進行論說，並且利用軍政高層徐永昌、王世杰的日記，考察戰事發展。[71] 中國國民黨黨史專家李雲漢（黨史會），探討盧溝橋事變的始末，述及軍事指揮官的活動與部隊調動，以及戰時黨政軍關係等。[72] 近代中國政治史、婦女史著作豐富的呂芳上（近史所），以蔣中正日記探討其個人態度與舉措，並且涉及政工、女兵等課題。[73] 長期投入中日關係史的黃自進（近史所），以日本視角解釋蔣中正的生涯，述及蔣面對中日戰爭的軍事戰略變遷。[74] 朱浤源（近史所）於廣西軍系、孫立人、中日戰爭緬甸戰場皆有所研究。[75] 王成勉（中央

---

71 蔣永敬，《抗戰史論》（臺北：東大圖書公司，1995）。

72 李雲漢，《盧溝橋事變》（臺北：東大圖書公司，1987）；李雲漢，《中國國民黨史述》，共5冊（臺北：中國國民黨中央委員會黨史委員會，1994）。

73 呂芳上，〈近代中國制度的移植與異化：以1920年代國民革命軍政工制度爲例的討論〉，1920年代的中國學術研討會論文，2001年12月；呂芳上，〈面對強鄰：1935年「蔣介石日記」的考察」〉，黃自進主編，《蔣中正與近代中日關係》，上冊（臺北：稻鄉出版社，2006），頁195-218；呂芳上，〈最後關頭已到：1937年「蔣中正日記」的考察〉，《榮耀的詩篇：紀念抗戰勝利60週年學術論文集》（臺北：國防部，2006），頁141-182；呂芳上，〈「好女要當兵」：中央軍事政治學校武漢分校女生隊的創設（1927）〉，《中華軍史學會會刊》，第11期（2006年10月），頁183-208。呂芳上並曾撰寫近代中國軍事史研究回顧，參見呂芳上，〈近代中國軍事歷史研究的回顧與思考〉，收入呂芳上主編，《國軍與現代中國》（臺北：國史館，2015），頁381-426。

74 黃自進，《蔣介石與日本——一部近代中日關係史的縮影》（臺北：中央研究院近代史研究所，2012）。

75 朱浤源，〈廣西與北伐〉，《現代中國軍事史評論》，第1期（1990年4月），頁1-30；朱浤源，〈白崇禧與北伐最後一戰〉，《中華軍史學會會刊》，第2期（1997年5月），頁111-146；朱浤源、潘昭榮，〈國軍反攻緬北戰鬥特色研析〉，《中華軍史學會會刊》，第8期（2003年4月），頁371-424；朱浤源、楊晨光，〈日本在臺軍事設施與孫立人練兵：以鳳山爲例〉，顧超光編，《日本在臺灣的軍事建築部署與設計》（臺南：文化資產保存研究中心籌備處，2006），頁1-23。

大學歷史研究所）探討深刻影響戰時與戰後中國局勢的美軍將領魏德邁（Albert C. Wedemeyer）和馬歇爾（George C. Marshall），分析他們的角色與實際作為。[76] 陳進金（東華大學歷史學系）關注國民政府各軍事系統的互動，以中原大戰和兩湖事變為考察對象。[77] 此外，研究國民政府之建立與初期成就的王正華（國史館），後來轉向研究中日戰爭時期外國對華軍事援助，[78] 也可說是廣義政治史下的軍事史研究。

各兵種之中，政工與政治最有關係。相關研究如吳子俊（軍方）撰〈政工與抗戰〉，探討中日戰爭以前政工的發展、戰時政工任務、組織、改組、整備，政工幹部的培訓與管理，以及戰時政工推行、成效與得失。[79] 陳佑愼（國家軍事博物館籌備處）著有《持駁殼槍的傳教者：鄧演達與國民革命軍政工制度》，探討國軍早期政工的發展。[80]

---

76 王成勉、黃春森，〈馬歇爾（George C. Marshall）使華訓令之檢討〉，《近代中國》，第120期（1997年8月），頁110-129；王成勉，〈美國在戰後調停國共問題所扮演的角色〉，《近代中國》，第138期（2000年8月），頁36-43；王成勉，〈魏德邁（Albert C. Wedemeyer）與戰時中國（1944年10月～1945年8月）——魏德邁與蔣介石關係之研究〉，《中華軍史學會會刊》，第13期（2008年9月），頁121-150。

77 陳進金，《地方實力派與中原大戰》（臺北：國史館，2002）；陳進金，《機變巧詐：兩湖事變前後軍系互動的分析》（臺北：輔仁大學出版社，2007）。

78 王正華，《抗戰時期外國對華軍事援助》（臺北：環球，1987）。

79 吳子俊，〈政工與抗戰〉，收入國防部史政編譯局編，《抗戰勝利四十週年論文集》，上冊（臺北：國防部史政編譯局，1985），頁329-346。

80 陳佑愼，《持駁殼槍的傳教者：鄧演達與國民革命軍政工制度》（臺北：時英出版社，2009）。

（五）新軍事史

一般而言，西方學界從1960年代以後，興起「新軍事史」（new military history），也就是不同於過去探討戰爭過程、軍事高層人員、戰略、戰術、武器及後勤的「舊」軍事史（本文稱「傳統軍事史」），轉向研究軍事與社會的互動、軍民關係、戰爭對個別士兵的影響、軍事組織的內部動力等。廣義而言，傳統軍事史以外的軍事史，便是所謂「新」軍事史。[81]

這樣關注戰爭與社會的研究，在臺灣學界也有一些發展。如翟志成（近史所）研究中共「平型關大捷」集體記憶的建構，呈現軍事與社會互動的一個「宣傳」與「記憶」面相。[82] 汪正晟（近史所）研究國民政府的徵兵動員，深入分析徵兵制相關的基層組織、保甲、保安制度、國民兵團，呈現國府徵兵建國的策略，同時檢討西方現代化理論的侷限。[83] 劉士永（中研院臺史所）、郭世清（國防醫學院通識教育中心）從人物的角度切入，探討軍事醫療的重要組織國防醫學院，藉林可勝個案，探索戰後臺灣醫療衛生制度與大陸經驗鑲嵌之始點。[84] 專長近代醫療史的皮國立（中央大學歷史研究所），探討戰時軍事作戰用的毒氣知

---

81 Joanna Bourke, "new military history", in *Palgrave Advances in Modern Military History*, edited by Matthew Hughes and William J. Philpott (New York; Houndmills, Basingstoke, Hampshire: Palgrave Macmillan, 2006), pp. 258-259；許二斌，〈「新軍事史」在西方學界的興起〉，《國外社會科學》，2008年第4期，頁4-8。

82 翟志成，〈集體記憶與歷史眞實：「行型關大捷」的建構與解構〉，《中央研究院近代史研究所集刊》，第51期（2006年3月），頁131-186。

83 汪正晟，《以軍令興內政——徵兵制與國府建國的策略與實際（1928-1945）》（臺北：臺大出版中心，2007）。

84 劉士永、郭世清，〈林可勝（1897-1969）：闇聲晦影的中研院院士與國防醫學院院長〉，《臺灣史研究》，19：4（2012年12月），頁141-205。

識，如何傳播到民間，然後民間又是如何認識與應對，此一研究呈現毒氣被當成一種全球化科技知識流傳到民間，補充並擴展了過去的研究，也可說是進入「新軍事史」的範疇。[85]

（六）軍事制度史研究

臺灣學界另一項近年較有發展的層面，某種程度上也可以說是「新」軍事史的一環，即「動態的軍事制度史」。過去軍事史若談軍事制度，往往重視表面上的法令條文、組織架構，忽略了軍事組織的實際運作。臺灣學界對民國制度史一直有研究基礎，在制度條文之外，注意制度與政治發展的動態關係，如劉維開（政治大學歷史學系）研究中日戰爭時黨政軍統一指揮機構、國防最高委員會、國防會議等。[86]

軍事制度史研究之中，較具代表性者爲張瑞德（近史所）。其早年治社會經濟史、交通史，後轉向軍事史，在近史所主持戰爭與社會研究群，致力於新軍事史研究的推動。[87]《抗戰時期的國軍人事》爲其代表作，[88] 對國軍整體人事制度作了完整分析，

85 皮國立，〈中日戰爭期間中國民眾的毒氣知識與日常應對——以報刊爲論述中心〉，《臺灣師大歷史學報》，第61期（2019年6月），頁39-81。

86 劉維開，〈戰時黨政軍統一指揮機構的設置與發展〉，收入中華民國史專題第三屆討論會秘書處編，《中華民國史專題論文集：第三屆討論會》（臺北：國史館，1996），頁339-362；劉維開，〈國防最高委員會的組織與運作〉，《國立政治大學歷史學系學報》，第21期（2004年5月），頁135-164；劉維開，〈國防會議與國防聯席會議之召開與影響〉，《近代中國》，第163期（2005年12月），頁35-52。

87 溫楨文訪問，簡金生記錄，〈張瑞德先生訪問紀錄〉，收入《近史所一甲子：同仁憶往錄》，下冊，頁272-273。

88 張瑞德，《抗戰時期的國軍人事》（臺北：中央研究院近代史研究所，

跳脫傳統軍事史及軍中戰史，爲臺灣學界的軍事史研究立下新的範式。該書出版之後，相關主題持續延伸，發表論文數篇，集結爲《山河動：抗戰時期國民政府的軍隊戰力》一書，[89] 受到中日戰爭軍事史研究者高度重視。軍隊人事而外，侍從室是其另一個研究重點，全稱「軍事委員會委員長侍從室」的這個機構，是軍事制度的一環，由於該機構近身最高統帥，也可以說是軍事組織中最重要的一個。張瑞德全面探討侍從室的組織歷史、人事、情報、黨政、軍事、外交、宣傳、手令等諸多面向，集結爲《無聲的要角：蔣介石的侍從室與戰時中國》，[90] 甫一出版，立刻引起學界高度重視，獲臺灣人文及社會科學研究領域具指標性意義的中央研究院「人文及社會科學學術性專書獎」。

戰區爲軍事制度的一環，在中日戰爭初期建立，結合黨政軍，扮演重要角色，近年楊維眞（中正大學歷史學系）、張世瑛（國史館）投入相關研究而頗有進展。張世瑛研究第三戰區組織、人事與作戰，除了探討制度，也結合政治、派系乃至社會史。[91] 戰區以上國軍最高層的軍事機構爲軍事委員會及其後身國防部，蘇聖雄（近史所）撰《戰爭中的軍事委員會：蔣中正的參

1993）。

89 張瑞德，《山河動：抗戰時期國民政府的軍隊戰力》（北京：社會科學文獻出版社，2015）。

90 張瑞德，《無聲的要角：蔣介石的侍從室與戰時中國》（新北：臺灣商務印書館，2017）。

91 張世瑛，〈隱蔽出擊抑或消極避戰——國軍第三戰區面對浙贛會戰的部署與肆應〉，《國史館館刊》，第67期（2021年3月），頁37-89；張世瑛，〈戰時國軍的組織運作與人事問題——以第三戰區的將官任免爲例〉，《國史館館刊》，第71期（2022年3月），頁47-89。

謀組織與中日徐州會戰》，修正傳統軍事史只談軍事作戰過程、重視指揮官的研究取向，凸顯高層參謀人員的角色與運作實態，結論指出，軍事委員會在抗戰中輔助最高統帥的指揮統御，並且統一軍事權力、統合國家資源，爲中國抗戰勝利的關鍵因素之一。[92] 陳佑愼（國家軍事博物館籌備處）探討軍事委員會改組後的國防部，撰有《國防部：籌建與早期運作1946-1950》，勾勒國防部的制度源起與運作結構、國防部軍官群體的人事背景與活動，以及蔣中正等主要政治軍事領導人的思維與作爲。[93]

四、近代臺灣軍事史研究的興起

臺灣在戒嚴時期，受中國國民黨政策影響，歷史教育以中國史爲主。多數臺灣學生鮮少上臺灣史的課，片斷的臺灣史知識是從中國史零星獲得。解嚴步入民主化以後，臺灣人主體意識勃興，相關研究大幅增加，或視之爲「顯學」。[94]

成爲「顯學」之前的臺灣史研究，在中國史脈絡探討，中國在臺灣統治的明清時代，是研究的一個重點，軍事史包括在內。1960年代，清代臺灣築城研究有所開展，但未有延續。1970年

---

92 蘇聖雄，《戰爭中的軍事委員會：蔣中正的參謀組織與中日徐州會戰》（臺北：元華文創出版公司，2018）。蘇聖雄之後延伸與擴大參謀組織的研究，出版《戰爭、制度與思想：近代中國參謀本部的興起》（臺北：中央研究院近代史研究所，2023）。

93 陳佑愼，《國防部：籌建與早期運作1946-1950》（香港：開源書局；臺北：民國歷史文化學社，2019）。

94 杜正勝，〈新史學之路——兼論臺灣五十年來的史學發展〉，《新史學》，第13卷第3期（2002年9月），頁37。

代兵制和海防成爲新的研究課題，1980年代則在築城和綠營研究出現出色研究成果。[95] 1990年代民主化以後，臺灣史研究漸從中國史脈絡脫離，成爲一個以地域爲主體的研究單位，日治時期軍事史發展起來，並且隨著研究延展與史料開放，於戰後臺灣軍事史有所推展，其成果有超過戰前臺灣態勢。整理數十年軍事史研究成果，概可區分五類。

（一）軍事制度史

近代臺灣軍事史中，軍事制度史較早發展起來，其研究脈絡與上述近代中國軍事史有延續，亦有不同。延續方面，如前所述，近史所於晚清軍事素有研究傳統，不同之處在凸顯臺灣的特殊性和區域性。

石萬壽（成功大學歷史學系）研究涉及明鄭時期武備，如《臺南府城防務的研究：臺南都市發展史論之一》，探討清朝臺南府城和近鄰營兵的演變狀況。[96] 許雪姬（中研院臺灣史研究

95 林玉茹、李毓中編著，《戰後臺灣的歷史學研究1945-2000，第7冊臺灣史》（臺北：行政院國家科學委員會，2004），頁103-104。

96 石萬壽，《臺南府城防務的研究：臺南都市發展史論之一》（臺南：友寧，1985）。其他臺灣軍防研究，如石萬壽，〈論明鄭的兵源〉，《大陸雜誌》，41：6（1970年9月），頁20-29；石萬壽，〈論鄭成功北伐以前的兵鎮〉，《幼獅學誌》，11：2（1973年6月），頁 (4) 1-(4) 18；石萬壽，〈明鄭的軍事行政組織〉，《臺灣文獻》，26：4／27：1（1976年3月），頁50-66；石萬壽，〈營兵與臺灣的防務：以臺南府城爲中心〉，《臺灣風物》，35：1（1985年3月），頁33-76；石萬壽，〈鄭氏之兵鎮〉，《臺灣文獻》，54：4（2003年12月），頁123-152；石萬壽，〈鄭氏之兵政〉，《臺灣文獻》，55：1（2004年3月），頁91-136。

所，前任職近史所）出版《清代臺灣的綠營》，[97] 被視爲「不太肥沃的土地上開出來的一朵奇花」。[98] 該著目的，除了將中外學者對綠營兵制研究成果，在臺灣實證上做一檢驗，並欲「藉著臺灣綠營的特殊性和區域性，探討清廷治臺的政策」。[99] 內容區分上中下三篇，上篇探討臺灣綠營的建置、演變、軍費、戰力、衰弱；中篇聚焦臺灣最高武官「總兵官」，探討總兵的特質及職責，說明清治臺灣係以武抑文；下篇以班兵制度爲探討主要對象，論其制度建立背景、特色、運行、糧餉、不法事件、臺灣兵。結論提出，一個制度的執行常因地理環境、政治環境的不同而改變，研究臺灣的綠營不能僅注意靜態一面，也要探討其動態一面，並進一步和其他地區做比較，方能明白其特點。《清代臺灣的綠營》之後，許雪姬又撰《北京的辮子：清代臺灣的官僚體系》、《滿大人最後的二十年：洋務運動與建省》，前者探討清代臺灣武官在內的官僚體系，後者探討清末現代化，包含軍事防禦的布局。[100]

（二）海洋軍事研究

臺灣（含金馬、澎湖）作爲島嶼，海防或海軍（非嚴格意義的海軍）是發展史上重要課題。李毓中（清華大學歷史學系）專

97 許雪姬，《清代臺灣的綠營》（臺北：中央研究院近代史研究所，1987）。

98 許雪姬，《清代臺灣的綠營》，楊雲萍序，頁 ii。

99 許雪姬，《清代臺灣的綠營》，前言，頁 2。

100 許雪姬，《北京的辮子：清代臺灣的官僚體系》（臺北：自立晚報社文化出版部，1993）；許雪姬，《滿大人最後的二十年：洋務運動與建省》（臺北：自立晚報社文化出版部，1993）。

長西班牙海上發展史、近世中國東南亞區域史、菲律賓史與早期臺灣史，運用第一手的西班牙文史料，以一個澳門華人Antonio Pérez 參與西班牙菲律賓總督Luis海外軍事行動爲切入點，討論十六世紀末西班牙人在中南半島拓展的歷史。[101] 何孟興（朝陽科技大學通識教育中心）長期研究明代福建海防，金門、澎湖包括在內，撰有《海中孤軍：明代澎湖兵防研究論文集》、《浯洲烽煙：明代金門海防地位變遷之觀察》、《防海固圉：明代澎湖臺灣兵防之探索》等書。[102] 許毓良（輔仁大學歷史學系）亦以海防爲題，研究明鄭之後的清代，所撰《清代臺灣的海防》，以紮實的一手史料，將臺灣海防置於清朝東南海防的背景來探討，不孤立或特殊化臺灣在清朝海防的地位，也不忽視臺灣處在中國邊陲及列強環伺下的獨特性。[103] 李其霖（淡江大學歷史學系）除研究清代海防，並且探索軍事制度與船舶器械，撰有《見風轉舵：清代前期沿海的水師與戰船》、《清代黑水溝的島鏈防衛》等書。前者結合眞實歷史故事及水師戰船的發展，提供一個相對完整的水師史。後者論述金門、澎湖、臺灣三個區域的海岸軍事防務，以及彼此間的合作。[104] 陳柏棕（政治大學臺灣史研究所

---

101 李毓中，〈Antonio Pérez——一個華人雇傭兵與十六世紀末西班牙人在東亞的拓展〉，《漢學研究》，34：1（2016年3月），頁123-152。

102 何孟興，《海中孤軍：明代澎湖兵防研究論文集》（馬公：澎湖縣政府文化局，2012）；何孟興，《浯洲烽煙：明代金門海防地位變遷之觀察》（金門：金門縣文化局，2013）；何孟興，《防海固圉 ： 明代澎湖臺灣兵防之探索》（臺北：蘭臺出版社，2017）。

103 許毓良，《清代臺灣的海防》（北京：社會科學文獻出版社，2003）。

104 李其霖，《清代臺灣軍工戰船廠與軍工匠》（新北：花木蘭文化，2013）；李其霖，《見風轉舵：清代前期沿海的水師與戰船》（臺北：五南圖書，2014）；李其霖，《清代黑水溝的島鏈防衛》（新北：淡江大學出版中心，

碩士）研究清代之後的日治時期，探索臺籍日本兵在日本海軍經歷，撰有《軍艦旗下：臺灣海軍特別志願兵（1943-1945）》，論述1943年5月以後日本創設臺灣海軍志願兵的經過，以及志願兵的從軍歷程。[105]

各個海洋軍事的研究，或以黃一農（清華大學歷史研究所）的研究最具原創性，他深入研究明清火砲的科技、流傳與影響。過去關於明清火砲的研究，多聚焦於耶穌會士或信天主教的士大夫對西砲或砲學的傳入，較著重該火器在北方戰場發揮的作用。黃一農指出，在明代天啓年間東南沿海的荷人與海寇，均已廣泛使用西砲，促使閩粵官員對此相對重視，開始大量仿鑄。鄭芝龍、鄭成功家族爲主的海上勢力，所以能與荷蘭艦隊及清朝相抗，便是因擁有質量俱佳的船隊和西砲。明鄭降清以後，清朝出現長期統一與安定，遂不再加強武備，東南沿海鑄砲技術停滯不前，歐洲造砲反而於此時期一日千里。[106] 此一研究凸顯明鄭的海洋軍事霸權，給臺灣軍事史帶來新的視野，同時也對中國軍事技術落後而西方先進的傳統說法，提出不同的看法。[107]

2018）。

105 陳柏棕，《軍艦旗下：臺灣海軍特別志願兵（1943-1945）》（臺北：國史館，2013）。作者其後收集臺籍日本海軍相關史料與口述歷史，編撰陳柏棕，《護國丸：被遺忘的二戰臺籍日本海軍史》（新北：月熊出版，2018）。

106 黃一農，〈明清之際紅夷大砲在東南沿海的流布及其影響〉，《中央研究院歷史語言研究所集刊》，第81本第4分（2010年12月），頁769-832。另有諸多相關論文，篇幅所限，不一一列舉。

107 美國學者歐陽泰（Tonio Andrade）後來寫了一本火砲的全球史，甚受學界注目，其不少論述徵引自黃一農的研究。Tonio Andrade, *The Gunpowder Age: China, Military Innovation, and the Rise of the West in World History* (Princeton: Princeton University Press, 2016).

（三）航空軍事研究

相對於海軍，空軍是較晚發展起來的武裝力量，在臺灣於日治時期開始興起，重要性迅速攀升。林玉萍（空軍航空技術學院），是臺灣少數長期研究臺灣航空工業史、軍事與社會等領域的女性研究者，撰有《臺灣航空工業史：戰爭羽翼下的1935年～1979年》，探討臺灣航空工業從日治末期的萌芽、發展，到戰後初期的重整、美援時期的興盛與沒落等歷史過程，彌補臺灣現代史中少爲人知的戰爭與航空工業發展的面向。[108] 杜正宇（屏東科技大學通識教育中心）與相關研究者合撰《日治下大高雄的飛行場》，詳細探討高雄在日治時代於航空史上的定位與角色。[109] 曾令毅（國家鐵道博物館籌備處）撰有〈日治時期臺灣航空發展之研究（1906-1945）〉、〈近代臺灣航空與軍需產業的發展及技術轉型（1920s-1960s）〉，探討航空在臺發展諸多課題。[110]

戰後臺灣航空史方面，張興民（中央大學歷史研究所碩士）討論飛虎將軍陳納德於戰後中國成立的民航公司——民航空運隊（Civil Air Transport, CAT），除敘述從其創立過程以及日後正式營運之後的發展，並從這家具一定地位的民航公司身上，了解航

108 林玉萍，《臺灣航空工業史：戰爭羽翼下的1935年-1979年》（臺北：新銳文創，2011）。

109 杜正宇、謝濟全、金智、吳建昇，《日治下大高雄的飛行場》（臺北：新銳文創，2014）。

110 曾令毅，〈日治時期台灣航空發展之研究（1906-1945）〉（臺北：淡江大學歷史學系碩士論文，2008；曾令毅，〈近代臺灣航空與軍需產業的發展及技術轉型（1920s-1960s）〉（臺北：國立臺灣師範大學歷史學系博士論文，2018）。

空運輸在戰後中國所扮演的重要角色。[111] 張維斌（威斯康辛大學電機工程系博士）非歷史科班出身，對蒐集、整理、分析大量資料獨有興趣，於臺灣航空史頗有涉獵，撰有《快刀計畫揭密：黑貓中隊與臺美高空偵察合作內幕》、《空襲福爾摩沙：二戰盟軍飛機攻擊臺灣紀實》，前者引用海內外諸多檔案，揭露黑貓中隊這項極機密計畫內容。後者亦以多方面史料為基礎，交叉考證關於臺灣空襲的紀錄文件，逐日記述以美國為首的同盟國飛機對臺灣發動之空襲行動。[112]

（四）國家軍事控制或動員研究

國家與社會的關係，向來為歷史重要課題，軍事統治是國家控制社會的重要手段，國家也藉軍事動員攫取人力，而不同政權且有不同政權的作法。

於清領時代，對於清代治臺，學界有消極治臺、為防臺而治臺、理性治臺、族群治臺等學說，許毓良（輔仁大學歷史學系）從軍事角度出發，著《清代臺灣軍事與社會》，結合政治史、軍事史、社會史，對此課題重新探索，梳理清廷於臺灣的武力配置、官番民的武力發展、武力以外的統治策略、戰鬥兵力、武力控制下的拓墾等，提出清代治臺是「穩定治臺」。[113]

111 張興民，《從復員救濟到內戰軍運：戰後中國變局下的民航空運隊1946-1979》（臺北：國史館，2013）。

112 張維斌，《快刀計畫揭密：黑貓中隊與台美高空偵察合作內幕》（臺北：新銳文創，2012）；張維斌，《空襲福爾摩沙：二戰盟軍飛機攻擊台灣紀實》（臺北：前衛出版社，2015）。

113 許毓良，《清代臺灣軍事與社會》（北京：九州出版社，2008）。

於日治時代，日本已是現代化國家，其殖民統治促使臺灣從傳統到現代，政府權力及於個人，國家控制與動員更顯重要。鄭麗玲（臺北科技大學文化事業發展系）撰〈不沉的航空母艦——臺灣的軍事動員〉、〈日治時期臺灣戰時體制下（一九三七至一九四五）的保甲制度〉等文，前者以殖民地兵員的徵調過程爲中心進行述論，後者探索保甲制度原本的功能在戰時體制下如何轉變。[114] 鄭政誠（中央大學歷史研究所）撰有〈戰時體制下臺南師範學校學生的軍事訓練與動員（1937-1945）〉等文，利用南師內部的刊行品、報紙、回憶錄與時人研究等材料，實證析論中日戰爭爆發後，南師學生及他校學生所面對的軍事訓練、軍事戰鬥與軍事防衛，凸顯戰爭對教育與師範生所帶來的衝擊與影響。[115]

於戰後臺灣，中華民國政府接替日本總督府統治臺灣，楊護源（高雄師範大學臺灣歷史文化及語言研究所）撰有《光復與佔領：國民政府對臺灣的軍事接收》，以國家發展委員會檔案管理局典藏的軍方檔案爲基礎，輔以相關史論、回憶錄，聚焦於二戰前後臺灣軍事佔領接收的論述、籌劃、準備、過程、布局等主題，勾勒此一特殊階段歷史的基本輪廓，並且塡補舊有報告書的

114 鄭麗玲，〈不沉的航空母艦——臺灣的軍事動員〉，《臺灣風物》，44：3（1994年9月），頁51-89；鄭麗玲，〈日治時期臺灣戰時體制下（一九三七至一九四五）的保甲制度〉，《臺北文獻（直字）》，116（1996年6月），頁23-54。

115 鄭政誠，〈準軍人的養成——日治時期臺灣中等學校的軍事訓練〉，《日據時期臺灣殖民地史學術研討會論文集》（北京：九州出版社，2010），頁295-309；鄭政誠，〈戰時體制下臺南師範學校學生的軍事訓練與動員（1937-1945）〉，《國史館館刊》，第41期（2014年9月），頁157-186。

史實空缺。[116]

動員相關研究之中，黃金麟（東海大學社會學系）注意到總動員作戰型塑臺灣的歷史軌跡和社會布署，撰有《戰爭、身體、現代性：近代臺灣的軍事治理與身體（1895-2005）》，以社會學理論，探討戰爭與現代性的關聯，對發生於臺灣的主權戰爭與社會戰爭進行剖析，研究方法相對歷史學頗爲特出。[117]

（五）冷戰軍事史

中華民國政府接收臺灣未久，於國共內戰失敗，中央政府遷臺，全球局勢同時發生巨大變化，美蘇爲首兩大陣營劍拔弩張，冷戰成形。臺灣此期軍事發展，與冷戰局勢不脫關係。

蔣中正反攻大陸的研究，隨著史料的開放，是近年研究熱點。陳鴻獻（輔仁大學歷史學系）長期擔任軍職，曾任史編局史政官，熟稔軍史。「白團」是政府遷臺初期的日本軍事顧問團，很受蔣中正重視，陳鴻獻是臺灣首位學術研究白團的學者，撰有

---

116 楊護源，《光復與佔領：國民政府對臺灣的軍事接收》（臺北：獨立作家，2016）。該書出版後，作者繼續撰寫高雄要塞及軍事接收相關論文，如楊護源，〈戰後高雄要塞的建置與改制（1946-1950）〉，《檔案》，15：1（2016年7月），頁46-57；楊護源，〈日本統治後期的高雄要塞（1937-1945）〉，《檔案》，15：2（2016年12月），頁54-66；楊護源，〈戰後在臺日軍的管理與遣返：兼論高雄運輸司令部與第二戰俘管理所〉，《高雄文獻》，9：1（2019年6月），頁54-72；楊護源，〈日治時期末代臺灣總督安藤利吉與戰後臺灣軍事接收〉，《臺北文獻（直字），210（2019年12月），頁145-169；楊護源，〈陳儀與戰後臺灣軍事接收〉，《臺北文獻（直字）》，214（2020年12月），頁53-79。

117 黃金麟，《戰爭、身體、現代性：近代臺灣的軍事治理與身體（1895-2005）》（臺北：聯經出版事業公司，2009）。

〈蔣中正先生與白團（1950-1969）〉。[118] 爾後又撰《反攻與再造：遷臺初期國軍的整備與作爲》，運用大量軍方檔案及蔣中正個人資料，詳考1950年代初期各個不同階段制定的反攻大陸計畫，指出「反攻大陸」不僅是口號，更是具有信念與目標的行動。[119]

葉惠芬（國史館）以國史館檔案和出版日記研究國軍反攻計畫，撰有〈蔣中正與反攻大陸計畫之制定——以「武漢計畫」爲例〉、〈陳誠對反攻大陸計畫的參與及影響〉。前者延續陳鴻獻一書1950年代初期的各個反攻計畫，探討中美共同防禦條約簽訂之後，蔣中正於1957-1961年接續推動的「武漢計畫」，計畫產生的背景、內容、修正、遭遇何種困難及其轉折和影響。[120] 後者分析蔣中正副手陳誠在反攻計畫中的角色，過去或認爲蔣僅於行政方面用陳而使其離開軍隊，奪其軍事權力，因此陳於軍事層面不甚重要，該文指出，陳於反攻大陸計畫中，實際扮演著影響重大且不可或缺的角色。[121]

柴漢熙（國防大學政治研究所博士）長期擔任軍職，曾任上校軍法官，撰有《強人眼下的軍隊：一九四九年後蔣中正反攻大

118 陳鴻獻，〈蔣中正先生與白團（1950-1969）〉，《近代中國》，第160期（2005年3月），頁91-119。

119 陳鴻獻，《反攻與再造：遷臺初期國軍的整備與作爲》（香港：開源書局；臺北：民國歷史文化學社，2020）。該書爲陳鴻獻，《1950年代初期國軍軍事反攻之研究》（臺北：國史館，2015）之修訂版。

120 葉惠芬，〈蔣中正與反攻大陸計畫之制定——以「武漢計畫」爲例〉，《國史館館刊》，第50期（2016年12月），頁147-193。

121 葉惠芬，〈陳誠對反攻大陸計畫的參與及影響〉，《國史館館刊》，第59期（2019年3月），頁27-76。

陸的復國夢與強軍之路》，大量運用臺美檔案，剖析蔣中正反攻大陸各階段的演變，高度評價蔣的作爲及對軍隊現代化和國家化的貢獻。[122] 上述反攻大陸研究，若可分初期、中期、後期，陳鴻獻的書著重初期，葉惠芬的論文偏重中期，柴漢熙的書則囊括各期。

與中共軍事競爭相關的是防空。李君山（中興大學歷史學系）撰有《臺灣最後防線：政府治臺後的防空發展1945-1988》，以臺灣冷戰史和生活史的雙重視角，探討1945-1988年臺灣防空工作的幾個主要面向，包括基層編組和防空演練、防空電信與通報體系、中央部會之疏散辦公、層峰戰時大本營的設置等。[123]

另外與反共有關的，是臺灣與東南亞國家的軍事活動。陳鴻瑜（政治大學歷史學系）撰《揭密：冷戰時期臺灣與東南亞國家之軍事關係》，利用近年國防部和外交部開放的部分機密檔案，探討臺灣面臨的冷戰局勢與角色定位，以及與印尼、越南、寮國、高棉、新加坡、泰國、馬來西亞、菲律賓等國的軍事關係，指出臺灣與各該國的軍事合作，基本軸線是反共，而不是針對友邦和回民，蔣中正積極與東南亞國家發展軍事合作，是冷戰因素，也與蔣反共意志有關。[124]

---

122 柴漢熙，《強人眼下的軍隊：一九四九年後蔣中正反攻大陸的復國夢與強軍之路》（臺北：黎明文化，2020）。

123 李君山，《臺灣最後防線：政府治臺後的防空發展1945-1988》（臺北：五南圖書，2013）。

124 陳鴻瑜，《揭密：冷戰時期臺灣與東南亞國家之軍事關係》（臺北：臺灣學生書局有限公司，2022）。

前述中華軍史學會，對於戰後臺灣軍事史研究亦有推進。《中華軍史學會會刊》有戰後臺灣軍事專號多期，如會刊第四期（1998年12月出版）「紀念八二三台海戰役四十週年專號」、第七期（2002年4月）「近五十年中華民國軍事史」、第十四期（2009年9月）「戰後中華民國軍事史」、第十五期（2010年9月）「國軍與臺灣」、第十六期（2011年10月）「中華民國遷臺軍事重整與發展」、第十九期（2014年11月）「政府遷臺後國防及建軍發展之研究」、第二十二期（2017年12月）「政府遷臺後軍事史專題研究」，具體篇目如第二十三期林福隆〈國軍撤臺與人事制度整治（1949-1954）〉、熊蒂生〈政府遷臺後兵役制度演變之初探〉、龔建國〈政府遷臺初期陸軍部隊之整編〉、陳鴻獻〈美軍顧問團在臺灣〉、曾世傑〈國軍「聯合後勤總司令部」在臺復制之研究〉、金智〈政府遷臺後空軍技勤軍官的教育訓練與貢獻——以空軍機、通兩校為核心的探討〉，累積了相當多的戰後臺灣軍事史論文。

前述諸多研究，其實解答了學界一重要問題，即蔣中正是否眞有意圖反攻大陸。長期一個說法認為，蔣中正反攻大陸是宣傳，其目的係對外向美國爭取援助，對內則製造剝削臺灣人的藉口。[125] 新進研究可以確證，蔣中正細密部署反攻，投入相當大

---

125 如曾撰寫兩蔣傳記的陶涵（Jay Taylor）指出，蔣介石撤臺其實是個「大戰略」的思考，以致「當時的計畫便沒有想過重回大陸……蔣介石在1953年時，便清晰認識到將在台灣待一輩子，光復大陸沒希望」；當時國際上仍有強烈的蔣介石政權將反攻大陸的印象，其實只是一種「佯裝」，蔣介石甚至曾直接告訴美方沒能力去攻擊大陸。〈推翻國民黨神話？哈佛研究：蔣介石一開始就沒打算反攻大陸〉，《自由時報》，2015年11月25日，https://news.ltn.com.tw/news/politics/breakingnews/1519424，點閱時間：2023年4月17日。

的心力和資源，非宣傳或口號而已。欲了解蔣統治臺灣的目的與方式，不可忽視其反攻大陸的意圖與作爲，否則勢將偏離史實，於枝微末節上打轉。

戰後臺灣最大的敵對勢力中共，其軍事發展對臺影響重大，相關歷史研究卻相對鮮少。齊茂吉（中央大學歷史研究所）是主要研究者，探討中共軍事戰略、軍事派系、軍事專業化導致內部衝突等，撰有〈中共「十三大」後軍人角色之探討〉、〈五〇代至六〇代中共軍內衝突演變之研究〉、〈關於研究中共軍隊的幾個問題〉、〈中共國防戰略意圖之探討及其影響〉、〈毛澤東、彭德懷合作及衝突的軍事背景〉等文。[126] 例如，〈關於研究中共軍隊的幾個問題〉一文，探討中共建黨建軍的背景、中共軍隊與農民暴動、中共軍隊的基本特色、正規化建軍與紅專衝突、黨軍關係與軍人干政，有助讀者認識共軍重要問題及學界既有成果。

---

126 齊茂吉，〈中共「十三大」後軍人角色之探討〉，《中華戰略學會大陸研究會會員論文集》（臺北：中華戰略學會，1985）；齊茂吉，〈五〇代至六〇代中共軍內衝突演變之研究〉，《中央大學人文學報》，第5期（1987年6月），頁119-158；齊茂吉，〈關於研究中共軍隊的幾個問題〉，《中央大學人文學報》，第6期（1988年6月），頁99-126；齊茂吉，〈中共國防戰略意圖之探討及其影響〉，《中華戰略季刊》，第83期（1994年12月），頁71-90；齊茂吉，〈毛澤東、彭德懷合作及衝突的軍事背景〉，《國立中央大學人文學報》，第13期（1995年8月），頁71-88。齊茂吉對戰後臺灣軍事亦有研究，如齊茂吉，《蔣中正先生與臺灣安全：由古寧頭戰役到八二三戰役》（臺北：黎明文化事業，1991）；齊茂吉，〈韓戰及臺海二次危機對臺灣安全之影響〉，收入賴澤涵、于子橋主編，《臺灣與四鄰論文集》（桃園：國立中央大學歷史研究所，1998），頁69-91。

五、結語

在臺灣學術界，近代中國軍事史研究，一向是比較薄弱的一環，開展時間較晚。政府解嚴前三十年，爲奠基開拓階段。解嚴以後三十年，隨著史料的開放、學術社群的成長，相關研究進一步發展，從史事整理鋪陳，漸走向多方面的歷史解釋，總體研究成果加深增廣，並且從中國史脈絡衍生出獨立的近代臺灣軍事史研究。其研究重點在延續軍方的取向或與之商榷、海空軍研究、軍事情報史、廣義政治史下的軍事史研究、戰爭與社會、國家軍事動員、軍事制度史、冷戰軍事史等方面。

其中，軍事制度、軍事教育、軍事組織的研究，軍事戰術的探討，兵器等物質因素在戰場的作用，後勤組織的運作實態，軍事思想及其實踐，乃至於歷次作戰經過，這些傳統軍事史的研究課題，學界仍有大片空白。尤其是作戰過程的探討，學界最不重視，以致受宣傳影響的通俗史學充斥其間，常出現軍隊屢獲「大捷」卻不斷失地的歷史敘述。這或可藉史學界的投入，慢慢矯正戰爭宣傳的龐大後遺症，使軍事史專門研究繼續深掘，專得更專。另外，在中國或臺灣不同勢力軍隊的比較（日本、中共、西班牙或荷蘭），亦值得深化。

傳統軍事史而外，新軍事史或是可持續發展的方向，雖說此概念仍有爭議。[127] 一般歷史學界的規模，做傳統軍事史的學者是屬小眾，在學術市場上也沒有必要太多。臺灣近代中國政治軍

127 Joanna Bourke, "new military history", in *Palgrave Advances in Modern Military History*, edited by Matthew Hughes and William J. Philpott, p. 259.

事史學者規模已大幅減少，發展新軍事史，擴大軍事史的範疇，或能吸納不同領域的學者壯大軍事史研究。一般政治史學者跨足軍事史是一例，其他像是歷史人類學者、經濟史學者、社會史學者，若依本來的研究興趣，跨界到軍事史方面，勢可豐富相關研究，如過去做得較少的軍人的心態史、軍事相關的文化史、軍事發展與國際關係，乃至於將軍事史做成全球史，使軍事史廣得更廣，即如學者張力所言：「軍事史本身，或是能結合其他史學領域開創廣義的軍事史，應有可以發揮的空間。」[128] 至於經過數年的發展，近代中國史與臺灣史學術圈各有發展，儼然形成不同流派，相互交流似有不足，若能結合，相互刺激，於學術發展當有其助益。

特別可以注意參考西方軍事史的研究動態，這雖與近代中國或臺灣軍事史不見得直接關聯，其研究方法或值得參考。西方傳統軍事史研究的發展，時間較早，積累很深，其新軍事史研究的發展也已數十年，已有不少富啓發性的作品。美國的軍事史學會（Society for Military History）發行《軍事歷史雜誌》（*Journal of Military History*），出版許多軍事史論文，獎勵軍事史領域有貢獻學者（Samuel Eliot Morison Prize），同時對英文書寫的軍事史傑出著作頒獎（Distinguished Book Awards）。由該學會最新期刊論文、得獎學者、得獎專書爲線索，藉以參考英文學界傳統或新軍事史議題、研究方法或敘事手法，對臺灣的軍事史研究方法，

128 張力，〈走近軍事史：口述訪談與檔案應用的經驗〉，《檔案季刊》，第12卷第2期（2013年6月），頁67。

或能有所啓發。[129]

要之，臺灣近代軍事史研究的未來發展，或可從傳統軍事史與新軍事史雙管齊下，跨勢力結合（探討中國與臺灣史上相關各軍事勢力）、跨領域結合（社會學、歷史人類學、政治學等）、中國史與臺灣史結合（打破學術圈藩籬）、全球史結合。藉由「兩發展、四結合」，研究廣得更廣、專得更專，更爲豐富的近代軍事史研究應是可以期待。

129 與近代中國或臺灣軍事史有關係者，如中日戰爭國際共同研究第二次研討會的會議論文集、英文版的 *The Battle for China: Essays on the Military History of the Sino-Japanese War of 1937-1945*, edited by Mark Peattie, Edward Drea, and Hans van de Ven (Stanford, Calif.: Stanford University Press, 2011) 以及前註提到的Tonio Andrade, *The Gunpowder Age: China, Military Innovation, and the Rise of the West in World History*兩書各獲軍史學會2012、2017年專書獎。

近四十年臺灣中共史研究回顧（1980-2020）

王超然
國立臺北大學歷史學系助理教授

一、前言

臺灣的中共研究發軔於五〇年代。蔣中正以「反攻大陸」作爲最高國策，需要蒐集敵人——中共的各項情報，進行敵情分析，並對臺灣社會推動反共政治宣傳，透過國民教育建立反共意識，以「反共抗俄，復興中華」作爲國民黨政權治理臺灣正當性依據。中共研究在當時被稱爲「匪情研究」，即是因政治現實需求而產生。由於涉及高度政治性，學界與一般民間很難取得中共相關材料與研究論著等，主要由國民黨政權的黨政軍人員主導，包含匪情專家（不少是在國民黨政權機構任職的「悔改」或「叛黨」的前中共黨員，如卜道明、郭華倫等人）、國民黨黨務人員，以及三民主義教育工作者。

蔣中正、蔣經國父子爲了強化中共研究的學術性與拓展國際交流，由蔣經國主導在1953年設立國際關係研究會，1961年變更爲中華民國國際關係研究所，至1975年改制國際關係研究中心，形式上隸屬國立政治大學，實質上獨立運作。中華民國國際關係研究所成立後，蔣經國先後以卜道明、吳俊才擔任主任，並以鄧公玄、郭華倫擔任副主任。國際關係研究所加強國際合作，與世界各國的著名學術機構，例如美國史丹福大學胡佛研究中心、哈佛大學燕京圖書館、京都大學等，進行資料分享、研究人員互訪、召開學術會議等活動。

吳俊才也留意培養一批有別於軍事情報機構，專門從事學術研究工作的中共研究人員。他嘗試以特約、兼任等方式，將許倬雲、邱宏達等人吸納至國際關係研究所的政策研究室任職，但始終有流動率大，無法形成穩定的中共研究群體的問題。吳俊才爲此向蔣經國、蔣中正請示，獲得他們的同意，在1968年以國際關係研究所與政治大學合作的方式，在政大設立東亞研究所，成爲訓練符合官方需求的中共研究人員的機構。政大東亞所成立之際，即將「中共黨史」列爲必修課程，由郭華倫擔任授課老師，爲臺灣的大專院校開設相關課程的首例。依照當時的政治環境而言，能夠開設此課程的政大東亞所，其特殊性不言而喻。[1]

臺灣至八〇年代，伴隨著國內外政經局勢變化，中共研究逐漸由爲現實政治所需的匪情研究脫離，朝向較爲客觀、中立的學術方向，其中有三個關鍵因素。首先，臺灣在蔣經國時代（1978-1988）由武力反攻大陸，改爲「三民主義統一中國」的和平路線，而中共在鄧小平主政之後亦提出「一國兩制」，海峽

1 郭華倫（1909-1984），早年參加中共革命活動，親身參與中共「長征」（1980年代擔任中共最高職務中央主席、中央總書記的胡耀邦，當時爲其下屬）。郭華倫之後在中共重要領導人張國燾、周恩來的指揮下擔任要職。中日戰爭期間，郭華倫改變政治立場，轉而效力國民政府，之後擔任重要的情治官員。吳俊才主持國際關係研究所期間，蔣經國推薦郭華倫出任該機構的副主任並擔任《匪情月報》主編。吳俊才籌辦東亞所之時，郭華倫亦爲籌備委員。參見劉曉鵬，〈敵前養士：「國際關係研究中心」前傳，1937-1975〉，《中央研究院近代史研究所集刊》，第82期（2013），頁145-174。鍾延麟、黃奕鳴，〈政治大學東亞研究所中共黨史課程的回顧與考察：設置、傳承和影響〉，《東亞研究》，第49卷第2期（2018年12月），頁29-52。

兩岸關係逐漸解凍，雙方學界開始有相互交流、互動的機會。再者，中國在八〇年代推動改革開放，讓西方國家的中共研究者得以再次進入中國實地考察，與收集相關資料。西方學界的中共研究由過去注重高層政治轉向中共革命在地方社會推動的相關議題，研究視野與關注課題有了重大變化。最後，一些接受歐美學界訓練的學者返臺，進入學術研究機構、大專院校工作，他們將歐美學界關注的研究課題、分析視角帶入中共研究。[2]

自八〇年代後，臺灣中共史研究有相當的發展，修正過去的既定論述，也能提出各種新觀點。礙於篇幅有限，本文的研究回顧以臺灣學者在臺灣地區出版的專書、論文集、期刊論文爲主，依照不同時期與各項主題陳述相關研究成果。

二、通論觀點的提出

對於中共歷史論述，無論是國民黨或者中共政權都有一套固

2 相關回顧可參考陳耀煌，〈從中央到地方：三十年來西方中共農村革命史研究述評〉，《中央研究院近代史研究所集刊》，第68期（2010），頁143-180。陳耀煌，〈在共產中國發現歷史：毛澤東時代中共農村革命史之西方研究述評〉，《新史學》，第23卷第4期（2012），頁207-245。楊開煌，〈台灣「中國大陸研究」之回顧與前瞻〉，《東吳政治學報》，第11期（2000），頁71-97。王士花，〈新世紀以來中共抗戰史研究綜述〉，《中共黨史研究》，第4期（2020），頁101-116。辛逸、趙懿、董龍，〈二〇一九年中共黨史研究綜述〉，《中共黨史研究》，第2期（2021），頁140-157。黃道炫，〈關山初度：七十年來的中共革命史研究〉，《中共黨史研究》，第1期（2020），頁133-139。Julia Strauss, “Introduction: In Search of PRC History, ” *The China Quarterly, No. 188, The History of the PRC (1949-1976)* (Dec., 2006), pp. 855-869. Jeremy Brown, “PRC History in Crisis and Clover.” *Positions* 29 (4), pp. 689-718.

定的觀點。[3] 反共抗俄史觀長期為臺灣的中共史研究主流，在八〇年代以前中共歷史的通論說法，大致依循蔣中正的《蘇俄在中國》論點，強調蘇聯意圖掌控中國，扶植中共政權成為其傀儡，中共則是中華民族的罪人，國民黨則肩負復興中華民族的神聖使命。即便如郭華倫的《中共史論》內容擁有不少中共內部材料，描述也有一定的史實基礎，但觀點上則依循國民黨的範例，僅止於一九四九年，且非公開發行，能夠閱讀者有限。[4]

中共對於如何書寫黨史向來高度重視，例如毛澤東在1942即有〈如何研究中共黨史〉的指導文件。中共中央也先後發表《關於若干歷史問題的決議》（1945）、《關於建國以來黨的若干歷史問題的決議》（1981），以及《中共中央關於黨的百年奮鬥重大成就和歷史經驗的決議》（2021），成為大陸中共歷史研究必須依循的規範。大陸地區的中共黨史，由毛澤東時代強調階級鬥爭，建立社會主義世界革命大歷史潮流，轉向放棄階級鬥爭，著重中華民族復興論述，但對於每個階段的發展，依舊依循著中共制定的規範。

陳永發在1998出版的《中國共產革命七十年》，以及在2001年的修訂版，代表著臺灣學界對於中共黨史提出不同於國民黨的「反共抗俄」觀，與中共官方的中共黨史的自成一家之言

---

3 黃克武，〈胡適、蔣介石與1950年代反共抗俄論的形成〉，黃自進、潘光哲主編，《蔣介石與現代中國的形塑》（臺北：中央研究院近代史研究所，2013），第1冊，頁649-666。毛澤東，〈如何研究中共黨史〉，竹內實監修，毛澤東資料文獻研究會編，《毛澤東集補卷》（東京：蒼蒼社，1985），卷7，頁81-90。

4 郭華倫，《中共史論》（臺北：中華民國國際關係研究所，1969），共四冊。

的通論式觀點。[5] 陳氏的論著具有幾項特點：首先，他擺脫臺灣學界長期對於中共的既定觀點：「共匪」、「叛亂者」，用中立的方式，探討中共革命在近現代史的歷史意義。再者，作者將中共與國民黨置於同等位置，兩者皆以在中國建立「現代化國家」為目標，而選擇的方向與仿效對象不同，而產生不同結果，影響至今依舊存在。三者，作者跨越了1949年的分界線，透過長時段的觀察論述中共革命的連續性，以及在不同階段的特殊性。臺灣學界於中國現代史的時代斷線，在很長一段時間止於1949年，作者嘗試將研究時間延伸至九〇年代，對於歷史學界的既定規範可說一大突破。最後，作者建立一套歷史分期標準：「革命奪權」（1921-1949）、「不斷革命」（1949-1976）、「告別革命」（1976-），呈現不同於國民黨或中共的官方歷史分期方式，成自成一家的史觀。

陳氏的著作，可說是八〇年代受到西方學術訓練，並對中共研究有著新的研究視角，以及大量的原始與二手材料問世的成果。本書當然具備一些缺點，不少專家學者亦撰文指出。[6] 但不可否認的是，它代表臺灣學界試圖對於中共歷史提出新的觀點的里程碑。自陳永發的論著出版後，臺灣學界近二十五年再也沒有後繼的新作問世。相較於中共每十年都會有一本新的通論出版，

5 陳永發，《中國共產革命七十年（修訂版）》（臺北：聯經出版事業公司，2001）。

6 楊奎松，〈評陳永發著《中國共產革命七十年》〉，《近代中國史研究通訊》，第27期（1999年3月），頁173-194。齊錫生，〈評陳永發著《中國共產革命七十年》〉，《近代中國史研究通訊》，第27期（1999年3月），頁209-213。高華，〈在史料的叢林中——讀陳永發新著《中國共產革命七十年》〉，《二十一世紀》，第53期（1999年6月），頁115-121。

持續主導中共歷史的詮釋權，臺灣學界在這段時間對於中共歷史的各項主題都有新的研究論著，但始終缺乏一個整合性的論著，以呈現我們數十年的研究成果，又能夠提出與中共官方歷史不同視野的論著，是較爲可惜之處。

三、中共建黨與第一次國共合作時期（1921-1927）

學界對於中共在1921年建立之後，至1927年蔣中正發動清黨爲止這段時期最主要的關懷重點，分別是中共的成立與初期的組織發展情況、國共合作關係、蘇聯與共產國際的角色，以及農民、工人、學生等群衆運動。隨著八〇年代中國的重新對外開放，以及各地新資料與檔案陸續出現，加上受到西方學界的新觀點的啓發，臺灣學界陸續出版許多新的研究論著，對於既定的研究觀點與歷史論述，提出新的看法與修改。

（一）對於蘇聯、共產國際，與國民黨、中共關係的新觀點

臺灣學界過去反共抗俄觀點，向來將蘇俄、中共描述爲陰謀狡詐的壞人，而國民黨則是正義的一方，在漢賊不兩立的原則下，雙方涇渭分明，不可能有任何交集的可能，而實際的歷史圖像則是更爲複雜。國民黨在聯俄容共時期，或中共所謂的第一次國共合作時期，國民黨高層人士與蘇聯的關係密切，除了在財政、武器等仰賴共產國際支持，在意識形態、革命策略等，也深受蘇聯影響。國民黨高層人士不乏認同列寧提出的世界革命理念，認爲國民黨在中國推動的國民革命應屬於世界革命的一環。此外，他們也讓自己的子女去作爲世界革命的首都莫斯科讀書，

學習最先進的革命理念。這些歷史圖像在過去是不可能出現在臺灣的中共歷史研究之中，而隨著八〇年代臺灣的政治環境逐漸解禁，新的檔案資料與新的研究觀點出現，也讓蘇聯在1921年至1927年這段時期，對於國民黨的國民革命與中共的社會主義革命扮演何種關鍵角色，以及國民黨與蘇聯的實際往來情況，都有新的研究論著產生，對於我們認識中共建立後的早期歷史，以及當時的蘇聯、國民黨、中共三者的關係，有新的認識，而余敏玲的相關研究論著則具有開創性與代表性。

余敏玲爲紐約大學歷史學博士，博士論文即以莫斯科的孫中山大學爲研究課題。余敏玲接受西方的學術訓練，除了英文之外，又精通俄文，能夠掌握第一手的俄文原始檔案資料，因而開拓了臺灣學界有關中共歷史的蘇俄面向的新課題。余敏玲在〈國際主義在莫斯科中山大學，1925-1930〉一文，即針對過去非黑即白的兩元對立歷史論述做出反思。她認爲蘇聯提出世界革命，強調國際主義面向要區分爲理想與現實兩層面分析，並以在莫斯科中山大學就讀的國民黨高層人士的子女，以及中共黨員面臨的日常生活處境，以及參與中東路事件等實際情況，說明由理想面出發，無論是國民黨或中共陣營有贊同者，但國際主義一旦落實到現實層面，卻要面對中蘇之間的文化偏見、民族利益等因素，而出現許多衝突、矛盾之處。余敏玲將文化帶入政治與國際關係的分析，顯示歷史圖像的複雜面向。[7]

蔣中正、蔣經國父子在臺灣向來被塑造爲反共抗俄的政治領

---

7 余敏玲，〈國際主義在莫斯科中山大學，1925-1930〉，《中央研究院近代史研究所集刊》，第26期（臺北，1996），頁235-264。

袖人物，他們對於蘇俄、中共的陰謀詭計早有洞見，堅持以三民主義的正義眞理對抗共產主義邪說。余敏玲利用俄文一手檔案史料，以〈俄國檔案中的留蘇學生蔣經國〉，〈蔣介石與聯俄政策之再思〉兩文，對於大衆習以爲常的歷史圖像提出不同的版本。余敏玲指出，蔣經國在俄國學習期間甚爲勤奮，努力地掌握蘇聯的革命理念與方針，並希望成爲共產黨員。蔣中正對於蔣經國選擇共產革命也非常讚許，他認爲國民革命與共產革命都是屬於世界革命，父子兩人成爲革命同志是一件美事。蔣中正發動清黨後，蔣經國選擇留在俄國並且發表批判其父背判革命的言論，很大程度出於自願而不是受人脅迫。此外，蔣中正在《蘇俄在中國》宣稱他是在去蘇聯訪問即認清蘇聯的邪惡本質，堅定反共抗俄的信念。但是，依照余敏玲的研究，蔣中正在訪蘇期間雖然對於蘇式革命有所質疑，但大體上持肯定態度，認爲是值得仿效的範例。蔣中正返國後，將兒子蔣經國送往莫斯科讀書，也顯示他對於蘇式革命的肯定態度。余敏玲透過第一手史料的相關研究，讓我們知道政治宣傳與歷史事實之間的差距，也顯示出眞實的歷史遠比我們想像來得複雜。[8]

（二）群衆運動

中共革命在二十世紀二〇年代出現在中國，對於各政治勢力而言帶來最大的衝擊，就是群衆運動成爲政治動員與政治鬥爭的

8 余敏玲，〈俄國檔案中的留蘇學生蔣經國〉，《中央研究院近代史研究所集刊》，第29期（1998），頁103-130。余敏玲，〈蔣介石與聯俄政策之再思〉，《中央研究院近代史研究所集刊》，第34期（2000），頁49-87。

新型態，「動員群衆」至今依舊是重要的研究課題。中共基於馬克思主義意識形態，工人運動成爲最主要的關注重點，至於農民運動則因爲毛澤東以農村包圍都市策略建立政權，也受到中共的重視。西方學界與中國學界對於工人、農民運動的重要研究成果豐富。臺灣學界或許是長期以來受到國民黨反共意識形態的主導，中共的群衆運動課題被視爲研究禁區，以至於研究成果相對稀少。也正因爲如此，在八〇年代後政治氛圍逐漸開放後，臺灣學者也不會囿於馬克思主義的理論框架，而能夠依照史料分析，開闢不同於中國與西方學界對於中共群衆運動的新課題。

呂芳上爲中國現代史專家，主要著重於民國時期的政治史相關課題，其《從學生運動到運動學生》一書，論述1919年至1929之間，國民黨與中共從注意到學生群體是可動員的政治資產，到實際推動學生運動的過程。本書左右兩大勢力如何介入與操作學生運動，而在政治勢力視學生運動爲政治工具之時，學生群體也失去自身的主體性，成爲各方政治勢力的依附者，失去原有的意義。南京國府更進一步要全面掌握學生運動，避免被敵對勢力的中共操作，最終全面禁止學生運動。這樣的分析開拓了對於二〇年代除了工農之外的其他類型群衆運動的理解。[9]

李達嘉的研究則另闢蹊徑，注意到商人與共產革命之間的關係。李氏長期關注此課題，李達嘉由二十世紀九〇年代起陸續發表〈上海商人與五卅運動〉、〈從「革命」到「反革命」——上海商人的政治關懷和抉擇，1911-1914〉、〈左右之間：容共改

9 呂芳上，《從學生運動到運動學生》（臺北：中央研究院近代史研究所，1994）。

組後的國民黨與廣東商人，1924-1925〉。他在2015年將多年的研究成果集結出版《商人與共產革命，1919-1927》專著。[10]

李氏認爲中共在建黨之後依循馬克思主義意識形態，將群衆運動的主力放在工人之上，而視商人爲資產階級敵人。但在實際的政治操作上，爲了對抗帝國主義勢力，必須依照統一戰線的架構，聯合工人階級之外的其他力量，例如國民黨、商人等，形成暫時的政治同盟。此外，商人又是如何看待共產革命？他們既贊同民族主義，又對共產主義心存疑懼，中共在現實上又該如何在國共合作的架構下實踐統一戰線？李氏以廣州、上海兩處爲例，探討國民黨的政治版圖由廣州一隅，經過北伐擴展到長江以南，掌控全國性指標大城市上海，也同時國民黨與中共處理政治與商人之間的政治課題複雜化。同樣的這兩處的商人如何與國民黨政權周旋？國民黨中央黨部成立商民部，並將商民運動列入群衆運動的範疇之中，就是試圖在基於現實政治的情況下，跳脫馬克思主義架構，將商人納入群衆運動，同時，中共也基於統一戰線，聯繫商人群體中可合作的對象對抗帝國主義，讓中共初期革命運動產生與世界其他地區的共產革命不一樣的發展經驗。

---

10 李達嘉，〈上海商人與五卅運動〉，《大陸雜誌》，第79卷第1期（1989年7月），頁17-32。李達嘉，〈從「革命」到「反革命」——上海商人的政治關懷和抉擇，1911-1914〉，《中央研究院近代史研究所集刊》，第23期（1994年6月），上冊，頁237-282。李達嘉，〈左右之間：容共改組後的國民黨與廣東商人，1924-1925〉，《中央研究院近代史研究所集刊》，第71期（2011年3月），頁1-50。李達嘉，〈敵人或盟友：省港罷工的商人因素與政黨策略〉，《中央研究院近代史研究所集刊》，第78期（2012年12月），頁125-177。李達嘉，《商人與共產革命，1919-1927》（臺北：中央研究院近代史研究所，2015）。

（三）性別研究

婦女、女性，或者性別研究等課題大致於二十世紀九〇年代開始在臺灣的中國近現代史研究領域逐漸受到重視，並陸續有相關研究出現。游鑑明以中央研究院近代史研究所爲例，認爲可以1992年爲分水嶺，在此之前僅有零星的論文與史料集，之後則是在西方史學的影響之下，有意識以女性爲研究課題，並在1993年創辦《近代中國婦女史研究》，臺灣史學界以探討女性課題與性別意識等課題的專門期刊。[11] 大致而言，臺灣學界對於婦女課題的探討，主要以國民黨爲主，而有關中共方面的研究成果則較爲少數，但能夠運用資料分析，以及西方的理論視角，突破中共建立的論述框架，思考「女性」在中共革命之中的主體性、功能性，以及歷史意義。

許文堂於1994年發表〈向警予與中共早期婦女運動〉。向警予是中共婦女運動的代表性人物，中共爲其豎立一套制式的革命女性典範論述。許文堂指出向警予爲指標性人物，相關的研究論著與回憶作品衆多，卻呈現高度的一致性。許文堂透過資料的爬梳與對比，發現中共建立的向警予論述其存在不少漏洞，許多面向略而不談，將向警予的人性面向刪除，建構出一個爲黨效忠，爲革命犧牲奉獻的革命聖人。向警予實際上對於婦女運動沒有多大的實質貢獻，自己投入中共革命運動也有許多個人因素存在。此外，中共推動婦女運動，爲女性爭取權益，標榜自己是推動社會進步的力量。實際上，中共推動婦女運動與其說是爲了女

---

11 游鑑明，〈中央研究院近代史研究所的近代中國婦女史研究〉，《近代中國婦女史研究》，第4期（1996年8月），頁297-319。

性，不如說是爲了政治，運動婦女才是主要目的。而且在中共的權力結構中，女性黨員沒有決策權，婦女運動也屬於邊緣地位，向警予在黨內政治待遇就是一個例證。向警予在死前，由於受到她與彭述之、蔡和森之間戀愛問題的影響，已是黨的邊緣人物。她的政治形象與政治地位的提升，反而是因爲中共在其死後爲了政治目的刻意塑造出來。[12] 許文堂沒有使用理論架構，而是透過史料分析與對比，即指出了歷史事實與政治論述之間的差異性，提醒我們注意中共婦女運動的眞實歷史，是否與中共建構的歷史一致，顯示政治在其中產生的作用。

許文堂關注的焦點在於指出中共建構的女性革命者典範，與婦女運動論述具有單一簡化的面向，而後續的作品則進一步探討「革命女性」的主體性與特殊性的面向。柯惠鈴在2007年的〈軼事與敘事：左派婦女回憶錄中的革命展演與生活流動（1920s-1950s）〉，藉由分析幾部左派女性的回憶錄，指出個人的日常軼事與中共倡導的集體論述的相互結合之下，而讓這些左派女性原要展現掙脫傳統社會結構呈現自我的新女性特質，但最終被中共建構的集體性框架束縛，變成失去自我的黨國機器中的小螺絲釘。左派女性原本想要透過革命解放「女人」，讓「女人」可以作自己。但是從這些左派女性的回憶錄卻發現，在中共的革命論述中只有集體性，而沒有單一女人存在的空間只能以忠於革命的黨員面貌存在於主流歷史之中。解放後的女性反而不能隨心所欲的成爲女性，這是強調解放的中共革命帶來最大的諷

12 許文堂，〈向警予與中共早期婦女運動〉，《近代中國婦女史研究》，第2期（1994年6月），頁65-80。

刺。[13]

陳相因的〈論〈家庭與共產政府〉一文的生成、翻譯與傳播——1924年以前柯倫泰在新俄羅斯、蘇聯與中國〉，則以蘇聯女革命家柯倫泰（Alexandra Kollontai）在1918年於發表針對共產主義的未來家庭構想與女性定位的演講稿，成爲官方的宣傳文件，後在1920年被定名爲〈家庭與共產政府〉，除在蘇聯境內也被翻譯成多國語言，是共產主義世界的女權論述代表著作。這部作品在1923年被茅盾翻譯成中文版在中國流傳，成爲代表五四時期的左派激烈思潮的作品。陳相因藉由描述柯倫泰在蘇聯的政治境遇，以及這部作品成爲蘇聯官方的重要宣傳品，也在中國獲得中共黨人的推崇，一方面指出柯倫泰的理念與個人行爲，實際上不被列寧所接受，不見容於當時蘇聯政壇。但是，蘇共爲了政治目的，依舊以官方機構力推，而中國共產黨人也將其引入中國，成爲宣揚共產主義的女性與家庭的典範，而指出理想與實際政治運作之間的差距，以及宣揚「女性」爲政治目的。

陳相因以文本在不同地區流轉與翻譯，[14] 分析女性主義與政治利益，還有男性霸權之間的糾葛關係，而柯惠鈴的〈「烈士向警予」：中共對五四激進女性的革命書寫與塑造〉，則以中共在不同時期如何書寫「烈士向警予」的故事，探討中共如何塑造女性革命家典範，以及因應時代變化與政治需求，對這個典範的內

13 柯惠鈴，〈軼事與敘事：左派婦女回憶錄中的革命展演與生活流動（1920s-1950s）〉，《近代中國婦女史研究》，第15期（2007年12月），頁141-162。

14 陳相因，〈論〈家庭與共產政府〉一文的生成、翻譯與傳播——1924年以前柯倫泰在新俄羅斯、蘇聯與中國〉，《近代中國婦女史研究》，第19期（2011年12月），頁1-33。

容描述與生產機制的變化，指出女性革命家的個人故事被吸入國家體制，被黨國所用之時，女性的主體性就不存在，而爲政治服務成爲唯一的價值。[15]

柯惠鈴除了以單篇論文討論女性個人敘事與國家集體敘事之間的複雜關係，陸續出版《近代中國革命運動中的婦女（1900-1920）》（2012年）、《她來了：後五四新文化女權觀，激越時代的婦女與革命，1920-1930》（2018年）以及《民國女力：近代女權歷史的挖掘、重構與新詮釋》（2019年），成爲中國婦女史三部曲。[16] 柯氏三部曲中以第二部《她來了》與二〇年代的中共史最爲相關。柯惠鈴描述五四時期盛行的激越主義爲中國社會帶來新的衝擊與轉化，長期以來隱藏於家庭的女性在時代浪潮引領之下，爲尋求婦女的解放投身左派革命運動。這些女性在尋求主體性的同時，也成爲政治動員的客體，而失去了自身的獨特性。柯惠鈴描述出一幅女性在二〇年代爲尋求解放而逐漸成爲政治的工具，最終從一個枷鎖跳入另一個枷鎖之中的歷史圖像，清楚地描述出性別與政治之間的複雜關係。

---

15 柯惠鈴，〈「烈士向警予」：中共對五四激進女性的革命書寫與塑造〉，《近代中國婦女史研究》，第32期（2018年12月），頁1-45。大陸學者秦方在2019年於《近代中國婦女史研究》發表的論文以分屬三種政治立場的女性的個人際遇，探討政治與性別之間的關係，與柯惠鈴的研究關懷有相通之處。參見秦方，〈五四女性的政治取向與形象塑造：以劉清揚、郭隆眞和張若名爲例〉，《近代中國婦女史研究》，第33期（2019年6月），頁53-112。

16 柯惠鈴，《近代中國革命運動中的婦女（1900-1920）》（太原：山西教育出版社，2012）。《她來了：後五四新文化女權觀，激越時代的婦女與革命，1920-1930》（新北市：臺灣商務印書館，2018）。《民國女力：近代女權歷史的挖掘、重構與新詮釋》（新北市：臺灣商務印書館，2019）。

三、江西時期（1927-1935）

蔣中正在1927年發動清黨之後，國民黨與中共的政治聯盟關係告終，中共必須尋找新的革命策略，以延續中共革命的生機。毛澤東在1927年在江西井岡山開創革命根據地，成為日後中央蘇區的起點。中共在農村建立工農武裝割據地，成為中共起死回生的契機，學界對於這段時期的研究大多集中於蘇區，而諸如紅軍、地方黨組織、土地革命等，為主要關注課題。[17]

（一）中共在都市的活動

林威杰的〈國家司法與民族自尊：牛蘭事件下的政治角力〉一文，由司法審判的角度，探討這個案件背後涉及到國民黨與中共之間的政治角力，國外勢力的干預，以及民族主義等問題，提供新的視角審視國際因素對於國共鬥爭關係的實質影響。[18] 此外，上海的左派與進步文人的兩個口號之爭——國防文學與民族革命戰爭的大眾文學，是抗戰前的都市左派文藝研究的重要課

---

17 臺灣學界對於中共在江西時期的軍事史相關課題的研究較少。大陸學者任偉，目前為中共中央黨校副教授，針對中共紅軍發展課題發表論文，刊載於《臺大歷史學報》與《國立政治大學歷史學報》。任偉提出毛澤東能夠在地方成功打開局面，建立農村割據地的關鍵在於離開井岡山地區，前往其他地區發展，修正了中共官方的「井岡山典範」論。另外，任偉也分析中共中央如何強化對各地獨立運作的紅軍勢力各種方式，以至中共沒有出現地方軍閥的流弊。任偉探討中共中央的作用，與過去偏重毛澤東的方式不同。參見〈星火何以燎原：朱毛紅軍的崛起之路〉，第59期（2017年6月），頁171-215；〈中共中央控制紅軍的歷程：以毛澤東的起落為中心〉，第48期（2017），頁95-133。

18 林威杰，〈國家司法與民族自尊：牛蘭事件下的政治角力〉，《國立政治大學歷史學報》，第54期（2020年11月），頁79-116。

題，胡衍南的〈左翼：在「階級」和「民族」之間——談一九三〇年代中國左翼文壇的幾場論爭〉，指出左派文人群體發生幾場論爭，是因被置於認同階級價值抑或民族主義的兩難處境，導致衝突與矛盾的產生。胡文指出當時左翼文人以階級立場，反對民族主義文藝。但隨著現實上必須以民族主義爲整合左右兩翼共同對抗外敵，左翼文人群體因而產生紛爭，由此顯示出個人處於價值理念與政治現實之間的矛盾與衝突。[19]

（二）江西蘇區的肅反

中共在清黨後於江西發展農村割據地，向來是中共學界的重要課題，同時也是政治禁區，必須以毛澤東爲論述核心，強調其英明領導，不論其陰暗面，避免觸及政治禁忌課題，例如毛澤東主導的AB團案。至於臺灣學界在反共論述的主導下，習慣將肅反視爲中共黨內的政治權力之爭，藉此證明毛澤東爲一個陰謀家，與中共的邪惡本質。陳永發的〈中共早期肅反的檢討：AB團案〉一文則跳脫既定史觀，探討中共政治人物不僅是毛，甚至其他領導幹部也使用肅反這種方式清除反革命份子，往往走向簡單化與擴大化，成爲一種紅色恐怖。肅反是中共政治體制的特有產物，不能單純視爲爭權奪利的鬥爭，而是政治路線、制度、觀念，與個人動機等各項因素混雜在一起而成。[20]

---

19 胡衍南，〈左翼：在「階級」和「民族」之間——談一九三〇年代中國左翼文壇的幾場論爭〉，《慈濟大學人文社會科學學刊》，第2期（2003），頁127-152。

20 陳永發，〈中共早期肅反的檢討：AB團案〉，《中央研究院近代史研究所集刊》，第17期（1988），頁193-276。

陳永發將「肅反」由中共的政治體制、意識形態，以及個人動機分析，爲相關課題帶來新的方向。陳耀煌的〈中共閩西蘇區的發展及其內部整肅，1927-1931〉，以及〈中共湘鄂西蘇區的發展及其內部整肅〉兩文，依循陳永發提出的分析模式，將研究地區由江西轉移到閩西、湘鄂西兩處，探討中共在不同地區的肅反有何不同的特點，以及相同的面向。[21]

（三）地方化研究途徑

毛時代結束後，中國在八〇年代爲了吸引外資以促進國家經濟成長，逐步開放封閉已久的國門，而歐美學者也得以至中國各地收集資料，進行實地考察，中共研究視角也由過去著重高層政治，轉向基層社會，探索中共如何在各地實際推動革命活動，被稱之爲「地方化研究」。臺灣學界對於中共地方革命活動的關注，陳永發可說是開風氣之先。陳氏在1986年出版的英文論著*Making Revolution*探討中共抗戰時期如何在華中、華東的基層社會建立敵後根據地。他指出中共幹部以建立基層政權、社團、軍事組織組織基層社會，又透過統一戰線與相對溫和的階級鬥爭政策，扶持農民，拉攏開明仕紳，與削弱階級敵人的政治與經濟力量。中共一向強調中共革命是順天應人，群眾自發響應而成，陳永發則指出革命的人爲性，如果沒有中共基層幹部的主觀能動性，以及各項政策與制度的建立，基層社會的底層群眾不可能會

21 陳耀煌，〈中共閩西蘇區的發展及其內部整肅，1927-1931〉，《國史館學術集刊》，第4期（2004），頁33-75。陳耀煌，〈中共湘鄂西蘇區的發展及其內部整肅〉，《國史館學術集刊》，第15期（2008），頁35-76。

主動投身革命。[22]

陳耀煌則在陳永發建立的分析中共地方革命運動模式的基礎上，於1998年起陸續發表相關論文與專著，成爲臺灣學界研究中共革命地方化的主要學者。陳耀煌的研究成果質量並重，其地方研究不侷限在單一地區，而是依據資料探討中共在東南、華中，以及華北等地區的革命活動。再者，他著重於探討中共幹部與地方菁英，以及群眾運動三者之間的關連。外地幹部與本地菁英的關係往往是中共地方革命運動是否能成功的關鍵，陳耀煌指出地方菁英與中共的互動中，具有自主性與政治現實考量，不是如同中共宣稱爲了理想而義無反顧的加入中共陣營。此外，中共幹部往往必須透過地方菁英協助才能接觸與動員底層群眾。[23]

22 Yung-fa Chen, *Making Revolution: The Communist Movement in Eastern and Central China, 1937-1945* (Berkeley : University of California Press, 1986).

23 相關研究參見陳耀煌，〈民國時期的農村社會與地方強人——傅柏翠與閩西地區〉，《東吳歷史學報》，第29期（2013），頁59-114。陳耀煌，《統合與分化：河北地區的共產革命，1921-1949》（臺北：中央研究院近代史研究所，2012）。陳耀煌，〈抗戰前中國共產黨在閩南地區發展之研究〉，《國立政治大學歷史學報》，第21期（2004），頁67-97。陳耀煌，〈菁英與群眾——北伐前後閩西地區的國共合作與農民暴動〉，《新史學》，第4卷第4期（2003），頁97-142。陳耀煌，《共產黨・地方菁英・農民：鄂豫皖蘇區的共產革命（1922-1932）》（臺北：國立政治大學歷史系，2002）。陳耀煌，〈地方菁英與中共農民運動關係之研究——以湘鄂西蘇區早期發展爲例〉，《政大史粹》，第2期（2000），頁99-125。陳耀煌，〈對中共鄂豫皖蘇區發展若干特點之考察（1927-1932）〉，《政大史粹》，第1期（1999），頁81-102。陳耀煌，〈粵東農民運動發展與中國共產黨之關係（一九二二至一九二六）〉，《近代中國》，第126期（1998），頁28-51。

（四）嘗試走出地方化研究

地方化研究自二十世紀八〇年代在西方學界蔚為風潮，而臺灣學界也隨之投入相關課題研究，進而產生出豐富與優質的學術研究論著，能進一步了解中共革命在中國各地推動的多元面向，挖掘出中共革命在基層社會推動的各種現實問題，反思理論與實際的差距。但是，這種研究方式也會出現破碎化的問題。各式各樣的地方革命個案研究的結論，是否就是中共革命的整體性歷史圖像，抑或僅能是一種地方性知識，無法代表整體性的歷史意義？如何建構一個普遍性的解釋架構，將各樣各樣的地方革命個案研究納入其中，呈現既有獨特性又具普遍性的歷史圖像，成為目前中共研究的新課題。

陳耀煌最近的研究方向，也試圖回應此重大課題，嘗試發展新的研究途徑與運用新的研究資料，由整體性的視角分析中共歷史，建立新的解釋框架。他在〈二十世紀中國華北農村基層領導特質的演變——一個口述歷史的考察〉一文，一改慣用的地方檔案與資料彙編，採用口述歷史資料進行研究，由個人主觀經驗分析中共地方幹部特質的變化，發現以往以檔案與政府文件為基礎形成的歷史圖像無法觸及的新面向。[24] 而在〈近代日本農村統治體制的建立——兼論與中國農村的比較研究〉，則以跨國比較方式，以日本農村權力結構與中國農村相互對照，指出以往中國農村研究的侷限性，開拓新的研究面向。[25] 他在2020年出版的

24 陳耀煌，〈二十世紀中國華北農村基層領導特質的演變——一個口述歷史的考察〉，《中央研究院近代史研究所集刊》，第98期（2017），頁49-88。

25 陳耀煌，〈近代日本農村統治體制的建立——兼論與中國農村的比較研究〉，《中央研究院近代史研究所集刊》，第106期（2019），頁1-46。

《中國農村的副業、市場與共產革命，1900-1965》專著，以社會經濟的角度切入，藉由長時段的研究方式，分析中國農村歷經晚清、中華民國北京政府、國民黨的南京政府、抗戰時期的日軍，以及1949年後的毛澤東時代，這些不同性質的國家政權深入農村與改變農村結構的長期變化過程，試圖呈現一個整體性的歷史圖像。[26、27]此外，陳耀煌目前另一個新的嘗試，是以中共出版的組織史資料爲基礎，以「組織」爲分析的基本核心，提出中共發展的整體觀點，而〈北方地區的共產革命，1920-1927——一個組織史的考察〉與〈陝西地區的共產革命，1924-1933：一個組織史的考察〉，則是最新成果。

四、延安時期（1935-1945）

中共中央在1935年10月由江西轉移至陝北，直到1948年才離開前往華北，前後一共十三年被稱爲延安時期，包含中共由瀕臨滅亡而再度站穩腳跟，並於抗戰時期累積實力，至抗戰結束後與國民黨爭奪國家政權的內戰時期。

---

26 陳耀煌，《中國農村的副業、市場與共產革命，1900-1965》（臺北：中央研究院近代史研究所，2020）。

27 陳耀煌，〈北方地區的共產革命，1920-1927——一個組織史的考察〉，《新史學》，第26卷第1期（2015），頁105-156。陳耀煌，〈陝西地區的共產革命，1924-1933：一個組織史的考察〉，《中央研究院近代史研究所集刊》，第93期（2016），頁41-86。

（一）延安模式的檢討

西方學界對於中共在抗戰時期能夠起死回生，並能在戰後與國民黨一較長短，最終獲得勝利的原因，主要有兩種解釋方式。一是詹鶽（Chalmers Johnson）提出的「農民民族主義」（Peasant Nationalism），認爲中共在農村運用抗日民族主義取得農民支持中共革命，得以動員農村各項資源，最終獲得與國民黨鬥爭的勝利。[28] 另一則是賽爾登（Mark Selden）提出的「延安模式」（The Yenan Way），認爲中共運用群衆運動路線推動各項社會經濟政策，如大生產運動等，鼓舞了農村群衆的創造力與參與力，使得陝北農村脫胎換骨，擺脫貧困，成爲中共革命獲得成功的關鍵因素。[29]

陳永發針對延安模式則提出不同的觀點。他在〈紅太陽下的罌粟花：鴉片貿易與延安模式〉一文，指出中共在抗戰時期能夠撐過國民政府的經濟封鎖，並不是依靠群衆路線，推動大生產運動等措施，而是販賣鴉片。其後又撰寫〈「延安模式」的再檢討〉，進一步檢討賽爾登的論證。陳永發提出中共在抗戰時期販賣鴉片，揭露了中共長期隱蔽的事實，爲當時學界的重大研究成果。[30] 陳永發在2018年針對中共的鴉片課題發表〈延安的「革

---

28 Chalmers A. Johnson, *Peasant Nationalism and Communist Power: the Emergence of Revolutionary China* (Stanford, California: Stanford University Press, 1962).

29 Mark Selden, *The Yenan Way in Revolutionary China* (Cambridge: Harvard University Press, 1971).

30 陳永發，〈「延安模式」的再檢討〉，《新史學》，第8卷第3期（1997），頁95-159。陳永發，〈紅太陽下的罌粟花：鴉片貿易與延安模式〉，《新史學》，第1卷第4期（1990），頁41-117。

命鴉片」：毛澤東的秘密武器〉一文。[31] 相較於之前著重於透過資料爬梳找出中共販賣鴉片的證據，這篇文章則是藉由描述毛澤東如何透過說服、調整人事等方式，平息黨內對於販賣鴉片的反對意見，讓這個政策可以順利推行的過程，分析中共體制的政治權力實際運作具體情況，並說明毛澤東如何運用權力，發揮實質作用力。此外，陳耀煌也以〈統籌與自給之間：中共陝甘寧邊區的財經政策與金融、貿易體系〉、〈中共陝甘寧邊區的鹽業〉兩篇文章，探討抗戰時期中共的陝甘寧邊區政府的財政運作情況。[32]

（二）延安整風運動的再評價

陳永發以「鴉片貿易」指出「延安模式」的不足之處，接著以《延安的陰影》一書進一步探討賽爾登理論的缺失。[33] 賽爾登認爲群衆路線是延安模式的核心，而整風運動則是群衆路線可以確立的關鍵。中共透過群衆壓力，讓幹部進行思想與心靈的自我檢討與自我淨化，而讓他們更爲無產階級化，能夠依循群衆路線，爲人民與黨服務。陳永發指出賽爾登並未關注到整風運動中充滿的冤假錯案，以及審幹、肅反等面向，賽爾登頌揚「延安道路」的正面之際，也應該看到其陰影面，此爲中共體制運作同時

31 陳永發，〈延安的「革命鴉片」：毛澤東的秘密武器〉，《二十一世紀》，第168期（2018），頁43-71。

32 陳耀煌，〈統籌與自給之間：中共陝甘寧邊區的財經政策與金融、貿易體系〉，《中央研究院近代史研究所集刊》，第72期（2011），頁137-192。陳耀煌，〈中共陝甘寧邊區的鹽業〉，《國立政治大學歷史學報》，第27期（2007），頁1-42。

33 陳永發，《延安的陰影》，（臺北：中央研究院近代史研究所，1990）。

並存的現象，不能截然二分。陳永發以典藏在法務部調查局的抗戰時期的中共文獻資料為基礎，並以王實味等案例，提出具體並有說服力的論述，一方面指出毛澤東是延安整風運動的主導者，而不是康生；另外，中共的高層人物，例如劉少奇、彭眞等人，也是這場運動的主要參與者，評價整風運動的功過，不能將他們置身事外，而將責任全歸於毛澤東或康生之上。

《延安的陰影》一書對於延安整風運動課題具有開創性意義，為後進學者提供許多繼續深入與開發的面向。中共主要是由當時的知識菁英群體創立，中共與知識份子關係向來是重要課題，翟志成〈中共與黨內知識份子關係之四變，1921-1949〉一文，即是探討從1921年至1949年中共如何處理這個課題，特別著重於延安時期，分析中共如何改造知識份子，成為服從黨的忠貞幹部。[34] 鍾延麟的〈彭眞在中共延安整風運動中的角色和活動（1941-1945）〉，探討了彭眞在整風運動中的作用。中共官方對彭眞在延安整風運動的角色向來淡化處理，鍾延麟透過回憶史料梳理，指出彭眞實為整風運動的要角，尤其在審幹、肅反等部分具有關鍵作用，得到毛澤東的信任與重用。[35] 汪正晟的〈青年自我與延安整風〉，則一改過去分析中共歷史習用的「階級」，改以「青年」作為探討延安整風的意義。汪正晟以沈霞的《延安四年》日記為主，透過沈霞在整風運動進行的過程，其自我認同

---

34 翟志成，〈中共與黨內知識份子關係之四變，1921-1949〉，《中央研究院近代史研究所集刊》，第23期（1994），頁197-236。

35 鍾延麟，〈彭眞在中共延安整風運動中的角色和活動（1941-1945）〉，《國立政治大學歷史學報》，第49期（2018），頁39-91。

與自我改造的心路歷程，開拓了理解整風運動的新面向。[36]

毛澤東在整風運動初期發表的《在延安文藝座談會上的講話》，成爲中共黨員的文藝創作，以及五十代後的中國文藝界創作的基本綱領，文藝爲政治服務爲基本核心。陳大爲的〈延安講話：新中國的詩歌緊箍咒〉，以及〈延安的詩歌陷阱（1938-1949）〉兩文，即是對此課題討論。[37] 而張釗貽〈蕭軍在延安與「魯迅傳統」的轉變〉，以魯迅的弟子自居的蕭軍到延安後的遭遇，以及魯迅傳統在此時期的轉變，描述中共體制內的文藝與政治之間的複雜關係。[38]

（三）政治軍事課題

中共在抗戰時期與國共內戰時期，在基層社會建立敵後根據地，動員農村人力與物資支持中共革命奪權，向來是東西方學界關注的課題。一些歐美學者慣於以社會科學理論分析中共在抗戰時期如何動員農村群衆，例如Ralph Thaxton以「道德經濟學」（Moral Economy）反駁農民民族主義論，認爲中共能夠獲得農民支持，不是因爲抗日而是維繫他們的基本經濟利益需求。陳永發的〈從Ralph Thaxton的研究論抗日時期中共在太行山區及其附近的活動〉一文，則是從史料、觀點等方面，反駁Ralph

---

36 汪正晟，〈青年自我與延安整風〉，《新史學》，第32卷第1期（2021），頁117-172。

37 陳大爲，〈延安的詩歌陷阱（1938-1949）〉，《中國現代文學》，第33期（2018），頁121-141。陳大爲，〈延安講話：新中國的詩歌緊箍咒〉，《中國現代文學》，第33期（2018），頁187-212。

38 張釗貽，〈蕭軍在延安與「魯迅傳統」的轉變〉，《中國現代文學》，第33期（2018），頁83-102。

Thaxton的說法，認爲其中錯誤百出，顯示以理論曲解歷史、簡化歷史的弊病。[39]

歐美學者有使用理論框架解釋歷史的弊病，中共學界也有類似的狀況。中共在國共內戰時期在華北發動土地革命，藉此動員農民上前線。土地革命的過程相當殘酷，出乎中共的意料，因而有毛澤東判斷失誤的說法。陳永發在〈內戰：毛澤東和土地革命：錯誤判斷還是政治謀略〉，則認爲所謂毛澤東的誤判是爲其卸責，實際上毛是爲了動員農民上前線作戰而決定在農村發動土改，至於土地革命出現的各種過火行爲，也是中共爲推動群衆運動可以預見的現象。農民爲了保護土地革命獲得利益，又怕被打倒的地主勢力隨著國軍回鄉報復，而願意上前線支援共軍作戰。這是毛澤東爲了獲得軍事勝利的政治謀略。[40]

抗戰時期的國共關係爲重要課題。陳永發在〈抗日戰爭中的國共關係〉一文，利用最新的文獻資料，例如《蔣中正日記》，聚焦於國共兩黨的上層政治關係變化，描述國共關係從1937年至1945年之間，不同時期的特點，提供一個清晰的整體性歷史

---

39 陳永發，〈從Ralph Thaxton的研究論抗日時期中共在太行山區及其附近的活動〉，《中央研究院近代史研究所集刊》，第13期（1984），頁333-386。

40 陳永發，〈內戰：毛澤東和土地革命：錯誤判斷還是政治謀略〉，《大陸雜誌》，第92卷第1期（1996），頁9-19；第2期，頁41-48；第3期，頁11-29。大陸學者李金錚也認爲中共在國共內戰時期的土改與農民參軍具有多元因素，除了農民支持正義之戰外，亦有保護自身利益，以及中共農村幹部運用權力脅迫的面向，呼應了陳永發的政治謀略論。參見李金錚，〈「理」、「利」、「力」：農民參軍與中共土地改革之關係考（1946-1949）——以冀中、北嶽、冀南三個地區爲例〉，《中央研究院近代史研究所集刊》，第93期（2016），頁87-134。

圖像。[41] 施純純的〈戰爭與民主：抗戰時期中共的民主論述及戰國策派的挑戰〉，則以抗戰時期知識界左右派對於「民主」的論爭，探討中共在國共合作的架構下，既要維持與國民黨的統戰關係，又要呈現自主性，以及取代國民黨的可能性，呈現國共關係架構實際運作的複雜面向。[42]

臺灣學界除了對於傳統課題提出新的論述，也能夠開闢新的研究課題。翟志成〈集體記憶與歷史眞實：「平型關大捷」的建構與解構〉，由歷史記憶、政治建構、政治宣傳等面切入，透過史料考證與對照得出眞實的歷史，解構中共官方建構的「平型關大捷」論述，暴露其中蘊含虛構、扭曲、簡化等問題。此外，翟志成指出中共建國後透過國家機器，控制了社會大衆的歷史記憶與歷史想像，造成長期以來唯有正確的「平型關大捷」論述存在，而沒有其他的版本。此文對於中共政治文宣的虛僞性，以及如何建構與控制大衆的歷史記憶有相當的啓發性。羅久蓉的〈抗戰勝利後教育甄審的理論與實際〉與〈抗戰勝利後中共懲審漢奸

41 陳永發，〈抗日戰爭中的國共關係〉，呂芳上主編，《中國抗日戰爭史新編 第三篇全民抗戰》（臺北：國史館，2015），頁111-218。大陸學者蔣寶麟則以1927年至1949年的中央大學的國民黨黨組織與中共地下黨、左翼學生關係演變，探討國民政府時期高等教育界的國共關係課題。參見蔣寶麟，〈中央大學的國民黨組織與國共鬥爭（1927-1949）〉，《中央研究院近代史研究所集刊》，第73期（2011），頁1-52。另一大陸學者項浩男則是探討抗戰時期縣級社會的國共關係具體情況。項浩男以當地的地方菁英《黃體潤日記》爲基礎，分析中共在地方社會一方面要維持國民黨之間的統戰關係，另外又要與國民黨爭奪對於地方社會的控制權，而呈現出相當複雜與多變的情況。參見項浩男，〈縣域社會中的國共關係：以抗戰時期江蘇豐縣爲例〉，《成大歷史學報》，第60期（2021），頁105-153。

42 施純純，〈戰爭與民主：抗戰時期中共的民主論述及戰國策派的挑戰〉，《人文及社會科學集刊》，第32卷第3期（2020），頁411-449。

初探〉兩篇文章，聚焦於抗戰結束後國民黨與中共針對漢奸審判課題的政治交鋒。抗戰八年出現的大批漢奸，國民政府要如何處置他們，既是一個法律問題，也同時是政治問題。對於中共而言，則是一個攻擊國民黨，爭取民意支持擴大社會基礎的政治議題。[43]羅久蓉的研究為國共關係政治史開闢了新面向，其後她進一步將「性別」帶入其「漢奸」研究中，並以「女間諜」作為探討主軸，出版《她的審判：近代中國國族與性別意義下的忠奸之辨》。[44]羅氏選擇五位「女間諜」的生平經歷，其中包含中共地下黨員關露，描述她們以女性的身分游移於國共汪、中日等各方陣營之間，面臨到個人道德、國家忠誠、民族認同等各項質疑與考驗，可探索傳統政治史未曾關照，或者視而未見的面向，對於中共研究亦屬於尚待拓展的領域。

五、毛澤東時代（1949-1976）

中共在1949年建國後，進入長達二十六年的毛澤東時代。臺灣學界跨域了1949年的分界線，對於中共建立中華人民共和國後，為了將中國社會轉變為社會主義推動的各項措施，以及遭遇的狀況，諸如政治運動、蘇聯因素、大饑荒、國家建構、人物研究等課題，有多面向又豐富的研究成果。

---

43 羅久蓉，〈抗戰勝利後教育甄審的理論與實際〉，《中央研究院近代史研究所集刊》，第22期下（1993），頁205-232。羅久蓉，〈抗戰勝利後中共懲審漢奸初探〉，《中央研究院近代史研究所集刊》，第23期下（1994），頁269-293。

44 羅久蓉，《她的審判：近代中國國族與性別意義下的忠奸之辨》（臺北：中央研究院近代史研究所，2013）。

（一）比較研究的觀點

臺灣學界過去對於中國現代史研究，大致而言，國民黨史與中共史涇渭分明，沒有太多的學術對話，至於1949年後的歷史研究，也著重中華民國政府來臺灣後的發展，至於中華人民共和國的歷史則沒有太多著墨，相關學術研究成果也較少。如前言所述，陳永發的《中國共產革命七十年》一書，一方面論述中共歷史由1921年建黨，依照時間順序至1989年「天安門事件」爲止；另外，則將中共與國民黨視爲同樣以建立現代化中國爲目標的政黨，而兩者選擇不同的方式落實。陳永發這樣的構思已經隱含國民黨與中共的比較研究觀點，他在2003年以「1950年代的海峽兩岸」爲題，於《中央研究院近代史研究所集刊》第四十期出版專號，進一步落實構想，爲臺灣歷史學界第一次將冷戰時期海峽兩岸的政權比較作爲主題。希望透過這樣的方式爲中國現代史研究開創新的研究途徑。這專號以五〇年代爲研究時段，匯集港臺學者，各自針對兩岸的政治軍事、文藝宣傳、意識形態等面向發表論文，可說是初步提出各自的見解，尚缺乏通盤的整合觀點。[45]

「1950年代的海峽兩岸」專號之後，中央研究院近代史研究所陸續由陳永發、謝國興、余敏玲擔任主編，分別出版《兩岸

45 發表者與論文題目：陳永發，〈導言〉；張淑雅，〈一九五〇年代美國對臺決策模式分析〉；梁鎭三，〈朝鮮戰爭期間中朝高層的矛盾、分歧及其解決——冷戰中社會主義陣營內國家關係研究案例之一〉；余敏玲，〈學習蘇聯：中共宣傳與民間回應〉；黎漢基，〈重點發行與強迫攤派——中共建國初期出版政策研究〉；李福鐘，〈中國共產黨爲什麼放棄新民主主義？〉。參見《中央研究院近代史研究所集刊》，第40期（2003）。

分治：冷戰初期的政經發展》（2006年）、《改革與改造：冷戰初期兩岸的糧食、土地與工商業變革》（2010年）、《兩岸分治：學術建制、圖像宣傳與族群政治（1945-2000）》（2012年），三部論文集。[46] 這三部論文集，除了臺港學者外，並邀請大陸學者楊奎松、沈志華、曹樹基，英國學者朱莉（Julia Strauss）、德國學者梅嘉樂（Barbara Mittler）等撰寫論文，而主題則包含政治軍事、財政經濟、國際外交、文藝宣傳等面向，可說是相當具代表性。但較爲可惜的是，臺灣歷史學界對於此研究途徑後繼無力，近十年沒有相關的研究論著問世，而曾參與論文集出版的英國學者朱莉在2020年出版*State Formation in China and Taiwan: Bureaucracy, Campaign, and Performance*，從官僚體制、土地改革、鎮壓反對勢力三個面向，比較兩岸政權國家體制的異同，也算是此研究方式在海外獲得呼應。[47]

（二）蘇聯因素

中共自1921年建黨以來無論是意識形態、組織架構、人力物資等各方面，皆仰賴蘇聯的指導與援助。中共在1949年建國之後，蘇聯更成爲其建構社會主義新中國的藍圖，所謂蘇聯今天

46 陳永發主編，《兩岸分治：冷戰初期的政經發展》（臺北：中央研究院近代史研究所，2006）。謝國興主編，《改革與改造：冷戰初期兩岸的糧食、土地與工商業變革》（臺北：中央研究院近代史研究所，2010）。余敏玲主編，《兩岸分治：學術建制、圖像宣傳與族群政治（1945-2000）》（臺北：中央研究院近代史研究所，2012）。

47 Julia C. Strauss, *State Formation in China and Taiwan: Bureaucracy, Campaign, and Performance* (Cambridge, United Kingdom; New York, NY : Cambridge University Press, 2020).

就是中國的未來，即是顯示中共與蘇聯的關係密不可分。自1960年中蘇分裂後，朝向獨立自主，中共歷史中的蘇聯因素也被中共官方刻意淡化，改以強調民族主義，在地革命的形象爲主。九〇年代蘇聯解體，大量的官方檔案流出，學界得以重新評價中共與蘇聯關係。[48]

藉由資料爬梳，學界發現蘇聯對於中共的影響力比外界原先認知的更爲深遠，例如香港中文大學在2019年出版白思鼎（Thomas P. Bernstein）、李華鈺編的《中國學習蘇聯（1949年至今）》一書，由政治、教育、文學、電影等方面探討，中共建國後將蘇聯模式帶入各層面具體執行即是例證。[49] 至如前文指出，余敏玲自上世紀九〇年就開始利用舊蘇聯時代的檔案，探討國共第一次合作時期的蔣中正、蔣經國父子對蘇聯革命觀感，以及實際互動情況。之後，她將研究焦點放置於蘇聯因素對於體制的影響，著重於宣傳、文藝、電影、歌曲等課題，先後發表〈蘇聯英雄保爾．柯察金到中國〉、〈學習蘇聯：中共宣傳與民間回應〉、〈從高歌到低唱：蘇聯群衆歌曲在中國〉等論文。[50] 她在

---

48 大陸學者沈志華對於蘇聯檔案資料的編譯與編纂貢獻甚大，例如中研究院近代史研究所出版的《朝鮮戰爭：俄國檔案館的解密文件》（臺北：中央研究院近代史研究所，2003），即是其中一項。沈志華也在藉由這些資料，對於韓戰、中蘇關係等議題有許多重要的研究論著問世，例如沈志華，《毛澤東、斯大林與韓戰：中蘇最高機密檔案》（香港：天地圖書出版，1998）。

49 白思鼎（Thomas P. Bernstein）、李華鈺編，《中國學習蘇聯（1949年至今）》（香港：中文大學出版社，2019）。

50 余敏玲，〈蘇聯英雄保爾．柯察金到中國〉，《新史學》，第12卷第4期（2001），頁25-74。余敏玲，〈學習蘇聯：中共宣傳與民間回應〉，《中央研究院近代史研究所集刊》，第40期（2003），頁99-139。余敏玲，〈從高歌到低唱：蘇聯群眾歌曲在中國〉，《中央研究院近代史研究所集刊》，第53期

2015年出版專著《形塑「新人」：中共宣傳與蘇聯經驗》，討論中共在建國初期爲了塑造符合階級至上，服從黨國與集體利益的「新人」，引用蘇聯模式，以教科書、小說，豎立學習典型等方式推動。等到中蘇關係生變，中共對於「新人」的標準又有不同的改變。余敏玲透過具體例證分析，描述「蘇聯因素」在中共建國後不同時期的變化與影響。[51]

（三）人物研究

歷史人物研究向來是歷史研究主要課題，臺灣學者藉由政治界、文藝界的知名人士與中共交往的個人經歷，探討高層政治、統戰關係，以及政治認同等課題。常成的〈「新中國」的叛逃者——韓戰反共戰俘的生死逃亡路，1950-1954〉，以口述訪問、檔案材料等資料，描述韓戰中被俘的中國軍人爲何選擇不回中國，決定至臺灣成爲「反共義士」，也是中共眼中的「叛國者」的心路歷程。[52] 余敏玲的〈從無知到有感——程硯秋與中國共產黨〉，探討京劇名角程硯秋從原本對中共無感，至受到中共統戰工作的影響，逐漸認同中共，並決定成爲中共黨員的過程。[53] 王超然的〈自立與依附：以中共統戰對象李劼人爲例〉，則以四川著名作家李劼人，成爲中共的統戰工作對象，從抗戰時期開始支

（2006），頁149-191。

51 余敏玲，《形塑「新人」：中共宣傳與蘇聯經驗》（臺北：中央研究院近代史研究所，2015）。

52 常成，〈「新中國」的叛逃者——韓戰反共戰俘的生死逃亡路，1950-1954〉，《漢學研究》，第34卷第2期（2016），頁245-280。

53 余敏玲，〈從無知到有感——程硯秋與中國共產黨〉，《新史學》，第27卷第3期（2016），頁123-176。

持中共地下黨人活動，至中共建國後成爲成都副市長，以及在大饑荒時期的遭遇，探討中共統戰對象的心理感受，在中共體制的日常生活狀況。[54]

鍾延麟爲臺灣學界中共政治人物研究的主要學者，研究對象爲劉少奇、彭眞、鄧小平，以這些政治人物在不同時歷經的政治作爲，探討中共的高層政治、重大政治事件，與中共政治體制的實際運作狀態。[55] 鍾延麟在2013年出版《文革前的鄧小平：毛澤東的「副帥」（1956-1966）》，爲其博士論文改編而成的專書。鍾延麟運用各種檔案資料、回憶錄等，指出鄧小平在文革前於中共政治的重要性，並對於各項政治運動參與甚深，深受毛澤東器重。鍾延麟的論點對於中共官方刻意淡化鄧小平在文革前的重要性說法，提出有力的反證。[56] 鍾延麟的鄧小平研究告一段落後，目前正進行彭眞研究，希望以他討論中共的政法體系由延安時期至改革開放後的變化與各時期的特點。

---

54 王超然，〈自立與依附：以中共統戰對象李劼人爲例〉，《中央研究院近代史研究所集刊》，第109期（2020），頁91-138。

55 鍾延麟，〈中共建政後周恩來與鄧小平關係之研究（1949-1976）〉，《國立政治大學歷史學報》，第32期（2009），頁169-220。鍾延麟，〈劉少奇與鄧小平關係之研究（1952-1966）〉，《國立政治大學歷史學報》，第34期（2010），頁115-163。鍾延麟，〈周恩來與彭眞關係之研究（1928-1976）〉，《國立政治大學歷史學報》，第42期（2014），頁261-301。鍾延麟，〈彭眞和北京市的「大躍進」運動：工農生產及城市建設（1958-1960）〉，《中國大陸研究》，第60卷第3期（2017），頁93-119。鍾延麟，〈彭眞在1989中共「天安門事件」中的角色和活動〉，《中國大陸研究》，第62卷第1期（2019），頁1-33。鍾延麟，〈中共建政後統戰工作的歷史回顧：彭眞的角色和活動〉，《中國大陸研究》，第64卷第3期（2021），頁97-127。

56 鍾延麟，《文革前的鄧小平：毛澤東的「副帥」（1956-1966）》，（香港：香港中文大學出版社，2013）。

（四）大饑荒研究

毛澤東時期的大饑荒是人類歷史最大的慘劇之一，也是中共研究的禁忌話題。近年來大陸學界的曹樹基、楊繼繩陸續發表相關研究，對外揭露大饑荒的歷史眞相。[57] 而英國學者馮客（Frank Dikötter）的*Mao's Great Famine: the History of China's Most Devastating Catastrophe, 1958-1962*，則直接指出毛澤東是大饑荒的主要元凶，透過描述大饑荒時期人們的苦難與求生之道，暴露中共政權的邪惡本質。[58]

臺灣學界對於大饑荒研究的主要學者爲王力堅。他以廣西爲討論焦點，陸續發表〈廣西反瞞產運動的成因和影響〉、〈從「參與式」到「命令式」：廣西百色地區反瞞產運動初探〉、〈廣西大饑荒中政府與農民的應對〉、〈集體化時期的廣西糾合事件〉、〈廣西「瞞產私分」的意義及影響〉、〈廣西大饑荒（1959-1961）成因探討：統購統銷與集體化的交織作用及效應〉、〈誤判與堅持——論毛澤東與中國大饑荒（1959-1961）的成因〉等一系列文章，[59] 並在2023年出版《國家VS農民：廣

57 曹樹基，《大饑荒》（香港：時代國際出版有限公司，2005）。楊繼繩，《墓碑：1958-1962年中國大饑荒紀實》（香港：天地圖書出版，2011）。

58 Frank Dikötter, *Mao's Great Famine: the History of China's Most Devastating Catastrophe, 1958-1962* (New York: Walker & Co., 2010).

59 王力堅，〈廣西反瞞產運動的成因和影響〉，《臺灣師大歷史學報》，第62期（2019），頁97-141。王力堅，〈從「參與式」到「命令式」：廣西百色地區反瞞產運動初探〉，《二十一世紀》，第175卷（2019），頁63-81。王力堅，〈廣西大饑荒中政府與農民的應對〉，《興大歷史學報》，第33卷（2019），頁37-76。王力堅，〈集體化時期的廣西糾合事件〉，《新亞學報》，第37卷（2020），頁275-335。王力堅，〈廣西「瞞產私分」的意義及影響〉，《國立政治大學歷史學報》，第54期（2020），頁117-156。王力堅，〈廣西大饑荒

西大饑荒》專著。[60] 王力堅從地方視角探討基層社會的大饑荒實況，藉此顯示毛澤東與中共中央的決策錯誤，以及地方社會的農民如何對抗國家政令，以及尋求生存之道。

（五）國家建構與政治運動

中共建國後，爲了建設社會主義新中國，透過各項政治運動打擊國內敵對勢力，進行群衆動員運動，以整頓社會結構，加強國家控制。臺灣學界對這些課題有不錯的研究成果。李福鐘〈關於「反右」起因的若干疑點與商榷── 1956至1958年中共政局再思考〉，[61] 以及徐文路〈馬寅初事件與反右運動〉，針對反右運動進行探討。[62] 陳永發的〈中共建國初期的工商稅收：以天津和上海爲中心〉，[63] 黎漢基〈中共建國初期郵電業務研究〉、〈重點發行與強迫攤派：中共建國初期出版政策研究〉、〈公債下的社會衝突── 1950年廣州人民勝利折實公債研究〉，[64] 則

（1959-1961）成因探討：統購統銷與集體化的交織作用及效應〉，《中正歷史學刊》，第23期（2020），頁628-631。王力堅，〈誤判與堅持──論毛澤東與中國大饑荒（1959-1961）的成因〉，《中正歷史學刊》，第24期（臺北，2022），頁151-196。

60 王力堅，《國家VS農民：廣西大饑荒》（桃園：國立中央大學出版中心，2023）。

61 李福鐘，〈關於「反右」起因的若干疑點與商榷── 1956至1958年中共政局再思考〉，《國立政治大學歷史學報》，第27期（2007），頁43-98。

62 徐文路，〈馬寅初事件與反右運動〉，《新史學》，第19卷第1期（2008），頁105-165。

63 陳永發，〈中共建國初期的工商稅收：以天津和上海爲中心〉，《中央研究院近代史研究所集刊》，第48期（2005），頁137-187。

64 黎漢基，〈公債下的社會衝突── 1950年廣州人民勝利折實公債研究〉，《中央研究院近代史研究所集刊》，第73期（2011），頁99-147。黎漢基，〈中共

分從徵稅、郵電業務，以及出版等方面，探討中共建立國家政權後，如何運用國家體制將國家控制力向不同面向擴張，以及社會在面對中共國家政權向下扎根的回應。吳啓訥〈民族自治與中央集權—— 1950年代北京藉由行政區劃將民族區域自治導向國家整合的過程〉，關注中共的邊疆控制政策，描述中共運用民族區域自治政策達到中央集權的具體過程。[65] 陳耀煌的〈動員的類型：北京市郊區農村群衆運動的分析〉，以北京郊區的群衆運動爲例，探討中共在農村的群衆動員運動可以分爲哪些類型。[66] 而〈社會主義進山村：閩西地區的社會經濟變革及其困境，1949-1965〉，討論地區在1949年後的社會經濟變化，以及中共以社會主義改造農村經濟帶來的各項變化與侷限。[67]

（六）軍事課題

由毛澤東強調槍桿子出政權，即可知軍隊在中共體制具有相當的重要性，但或許是因爲軍事課題的政治敏感度高，導致相關檔案資料不易取得，以致臺灣學界對於中共的軍事課題研究成果並不多，齊茂吉爲主要代表學者。他的研究主要以中共軍事戰

建國初期郵電業務研究〉，《中央研究院近代史研究所集刊》，第57期（2007），頁165-213。黎漢基，〈重點發行與強迫攤派：中共建國初期出版政策研究〉，《中央研究院近代史研究所集刊》，第40期（2003），頁141-188。

65 吳啓訥，〈民族自治與中央集權—— 1950年代北京藉由行政區劃將民族區域自治導向國家整合的過程〉，《中央研究院近代史研究所集刊》，第65期（2012），頁81-138。

66 陳耀煌，〈動員的類型：北京市郊區農村群眾運動的分析〉，《臺灣師大歷史學報》，第50期（2013），頁155-197。

67 陳耀煌，〈社會主義進山村：閩西地區的社會經濟變革及其困境，1949-1965〉，《中央研究院近代史研究所集刊》，第81期（2013），頁133-185。

略、內部派系鬥爭爲主，陸續發表〈五〇代至六〇代中共軍內衝突演變之研究〉、〈關於研究中共軍隊的幾個問題〉、〈毛澤東、彭德懷合作及衝突的軍事背景〉、《毛澤東與彭德懷、林彪的合作及衝突》、〈毛澤東欽定林彪爲接班人之探討〉、〈五〇年代毛澤東對臺灣問題的思考與轉變〉、〈林彪與江青交惡之始末〉、〈毛澤東整肅林彪事件新探〉、〈「九一三事件」之新探〉等論文，[68] 以及《毛澤東與彭德懷、林彪的合作及衝突》、《林彪政變》兩本專書。[69] 齊茂吉對於中共軍隊體制由雜牌農民軍轉爲專業部隊，軍隊與黨之間的關係，中共軍事將領間的人際關係等課題，具有相當深入的分析與學術貢獻。

六、結語

自1980年代起臺灣政治環境逐漸開放，而中國也因爲改革開放重新開啓國門，檔案資料、田野調查等各種豐沛與多元的研

68 齊茂吉，〈五〇代至六〇代中共軍內衝突演變之研究〉《國立中央大學人文學報》，第5期（1986），頁119-158。齊茂吉，〈關於研究中共軍隊的幾個問題〉，《國立中央大學人文學報》，第6期（1987），頁99-126。齊茂吉，〈毛澤東、彭德懷合作及衝突的軍事背景〉，《國立中央大學人文學報》，第13期（1995），頁71-88。齊茂吉，〈毛澤東欽定林彪爲接班人之探討〉，《兩岸發展史研究》，第2期（2006），頁199-227。齊茂吉，〈五〇年代毛澤東對臺灣問題的思考與轉變〉，《兩岸發展史研究》，創刊號（2006），頁105-135。齊茂吉，〈林彪與江青交惡之始末〉，《兩岸發展史研究》，第3期（2007），頁125-163。齊茂吉，〈毛澤東整肅林彪事件新探〉，《兩岸發展史研究》，第5期（2008），頁169-224。齊茂吉，〈「九一三事件」之新探〉，《兩岸發展史研究》，第8期（2009），頁159-220。

69 齊茂吉，《毛澤東與彭德懷、林彪的合作及衝突》（臺北：新新聞出版社，1997）。《林彪政變》（香港：明鏡出版，2016）。

究材料大量問世，加上歐美學界的研究視角與理論不斷地推陳出新，臺灣學者在多重因素相互影響之下，對於中共研究的相關學術成果也取得不錯的成績。相較於大陸學者始終處於政治緊箍咒之下，臺灣學者則較能擺脫政治束縛，對於中共史各項議題，可以基於材料研究，而無須顧及政治當局的關注。但是，隨著局勢演變，中共中央加強控制對於歷史，特別是黨史的書寫，選題必須依照主旋律，資料也不若以往開放，大陸學者要小心翼翼地避免觸及紅線。臺灣學者也被日漸擴大的政治陰影波及，中共史學者進入中國大陸，除了檔案資料取得不易，或者根本看不到之外，更要擔心學術研究之外的政治情勢變化。經過四十年歲月，由告別政治陰影，再度進入新的政治陰影，對於學術研究的發展並不是好事。

由前文的回顧，可以發現臺灣學界在自由的學術空氣下，呈現多元的選題特點。主要的發展趨勢可分為幾個面向。首先，關注焦點由中共擴大至中國社會。其次，研究課題由中共高層政治鬥爭，轉為開拓其他面向，諸如地方基層社會、土地革命、文化史、文藝活動、革命女性等課題，朝向多元化發展。第三，相當注意西方學界流行的各種理論架構，諸如社會學、人類學、後現代、新文化史等，並且使用於研究之中，進而產生各項學術論著。第四，用比較的觀點，將國民黨與中共置於近代中國歷史的大脈絡之下，以相互對照的方式，探討近代中國國家建構過程中的連續性與斷裂性。最後，突破1949年的分界線。學界過去存在不成文的默契，1949年前的研究課題屬於史學界領域，而1949年後的，則為政治學、社會科學、人類學處理。臺灣的中共史研究目前已打破此默契，跨越了1949年朝向五〇年代、六〇年代發展。相較於中國，與歐美學界的學術群體人數與研究論著出版量，臺灣學界的規模不大，但展現出一定的學術能量，與具代表性的學術論著。

當下臺灣中共史研究必須面對兩個重要課題。其一，臺灣的中共史研究群體不大狀況下，呈現出質量並重的成果，終究不是長久之計。目前臺灣的中國近現代史研究整體而言呈現逐漸式微趨勢，而原本規模不大的中共史研究群體也朝向更爲縮減的狀態。環顧中港臺三地，能夠依照自己的學術興趣進行相關研究，撰寫出不同於中共官方的歷史論述，大概只剩下臺灣學界。如何讓更多的新血投入中共史研究是當務之急。再者，正因爲臺灣擁有獨立的學術空間，撰寫出屬於臺灣學界自己的中共史觀，既可與中共的官方史觀區別，又可與歐美、日等學界進行交流與對話，陳永發的《中國共產革命七十年》已問世二十多年，在這本書問世後學界又再度累積了大量的研究成果，各項檔案與資料彙編也陸續出版，撰寫新的中共史通論的環境可說是相當優渥。日本學者石川禎浩寫出了《中國共產黨百年史》，提出他對於中共建黨一百年發展的整體圖像，受到臺灣學界的注目。[70] 臺灣何時產生《中國共產革命一百年》？這是應該要認眞面對與思考的重大課題，也是對於未來發展的期許。

70 石川禎浩，《中国共産党 その百年》（東京：株式会社筑摩書房，2021）。中譯本：石川禎浩著，瞿艷丹譯，《中國共產黨百年史：革命、開放到專政，共產黨特質的世紀追尋》（新北市：臺灣商務印書館，2023）。

兩岸三地企業史研究的回顧與展望

陳家豪

國立中央大學歷史研究所助理教授

一、前言

本文日文原稿爲作者與國立臺北大學歷史學系蔡龍保共同撰寫之〈中国語圏における経営史学の動向〉，刊載日本經營史學會於2019年出版的《經營史學》此一重要國際學術刊物。[1] 日本經營史學會爲了將全球各地的企業史研究動向引進給日本學界，因此有系列性研究回顧之規劃，筆者與蔡龍保教授在當時擔任《經營史學》編輯之日本東京大學社會科學研究所中村尙史教授所邀，而有此一日文原稿的撰寫，並且爲了日本經營史學會的期待，此一日文原稿的回顧對象限定於正式出版的中文論著；其中，中國的企業史研究，不僅指中國本地學者之論著，亦涵蓋香港學者或臺灣學者的成果；香港企業史研究亦涵蓋中國學者與臺灣學者的成果；臺灣企業史研究亦涵蓋中國學者的成果。

立基於以上背景，本文在前述日文原稿的基礎，以方法論、研究課題、研究視角作爲主軸，評述兩岸三地企業史的研究趨

1 陳家豪、蔡龍保，〈中国語圏における経営史学の動向〉，《経営史学》，54：1（2019），頁23-41。

勢，以及其各自發展之特色與異同。[2]

所謂企業史是以分析經營行動歷史的發展爲目標，並以個別企業爲對象，主要涵蓋企業發展史與經營政策（Business Policy）兩大層面：企業發展史是專門針對公、民營企業的發展歷程，經營政策則是著重在企業的經營制度與政策的分析。[3] 環顧世界經濟史的研究趨勢，企業史乃是主流研究領域之一，1926年在哈佛大學即有專門研究機構與刊物。[4] 東亞地區以日本最早展開企業史研究，其研究傳統生成於二次大戰以前，迄今仍方興未艾。相較歐美與日本的企業史研究，以兩岸三地之華人圈爲範疇的企業史研究開展較遲，不論是臺灣、香港與中國皆約莫在1980年代；其中，中國企業史研究的興起導因於改革開放，臺灣企業史研究的興起則與中小企業的存在關係密切，香港企業史的興起則似乎是受到中國改革開放的延伸影響。

總體而言，兩岸三地企業史研究在華人社會文化的共同歷史背景之下，可以依據所有權區分爲國營企業、民營企業、本土企業、外資企業等基本類型，企業經營如何從傳統走向現代化是彼此的共同課題，此一過程之中，漢人商業傳統不論是在中國、香港或臺灣，固然都根深蒂固地發揮著作用，不過彼此各自面臨著殖民統治、戰爭等不同情境，因此在近百年以來，走出獨特歷史

2 本文的日文原稿爲作者與蔡龍保教授合撰，惟承蔡龍保教授厚意，改寫中文之後，改由作者單獨發表，不過蔡龍保教授在本文的巨大貢獻，仍然必須予以強調。

3 Norman S. B. Gras, "Are You Writing a Business History?" *Bulletin of the Business Historical Society* 18, no. 4 (1944): 74-75.

4 大河內曉男，《経営講義〔第2版〕》（東京：東京大學出版會，2004），頁6-7。

軌跡。其中，臺灣作爲原本中國的邊疆，依循漢人移墾開發、日本殖民統治以及國民黨強人威權統治的歷史軌跡，更在企業經營方面，走出頗具特色的內涵，尤其以中小企業高度發達爲然。

基於以上理解，本文在章節安排以中國、香港、臺灣等三地爲對象，依序論述兩岸三地學者在官督商辦、商業傳統與網絡、近代企業起源、民族工業與民間企業、公司制度與經營管理、外資企業與銀行、國策會社與國營企業等重要議題的發展趨勢。另一方面，本文在各章的小節設定方面，固然會嘗試找出兩岸三地的共同議題，以便進行比較分析，同時也會考慮前述所言之各地擁有的獨特歷史軌跡，並在必要時進行適度的調整。

二、官督商辦企業

官督商辦是近代企業在中國移植的首要模式，早在國共內戰階段的1948年，當時任職於中央研究院歷史語言研究所的全漢昇，便發表〈清末漢陽鐵廠〉一文。[5] 隨著其跟隨國民政府撤退臺灣，持續有相關論著推陳出新，[6] 即便前往香港之後，仍持續以香港新亞研究所與香港中文大學爲據點，而有《漢冶萍公司史略》一書的問世。[7] 另一方面，同樣位於中央研究院的近代史研

5 全漢昇，〈清末漢陽鐵廠〉，《中央研究院歷史語言研究所集刊》，21：2（1948），頁63-97。

6 全漢昇，〈清季的江南製造局〉，《中央研究院歷史語言研究所集刊》，23上（1951），頁145-159；全漢昇，〈清季鐵路的官督商辦制度〉，《學術季刊》，3：2（1954），頁63-66；全漢昇，〈甲午戰爭以前的中國工業化運動〉，《中央研究院歷史語言研究所集刊》，25（1954），頁59-79。

7 全漢昇，《漢冶萍公司史略》（香港：香港中文大學出版社，1972）。

究所在臺灣創設後，隨即於1960年代開啓中國現代化專題探討，有一整批學者投入於相關議題的研究，具體成果是黃嘉謨在煤礦[8]、李國祁在鐵路[9]以及呂實強、王爾敏在軍事工業[10]，並以該所專刊形式發表。

基本上，早期臺灣與香港等兩地的學者在探討此一課題時，乃是從中國民族主義史觀出發，嘗試考察官督商辦企業的內涵、特徵及其侷限性，據以梳理出中國工業現代化進程獲得阻礙的歷史結構。誠如全漢昇在〈清末漢陽鐵廠〉一文的緒論，直接定調「由於種種的阻礙，中國近代工業化的成績，事實上遠趕不上差不多和她同時開始近代化的其他國家，如西歐各國，美國、日本等」。[11]

1980年代以降，中國大陸進行改革開放，企業史在此一時空背景之下擠身新興學科，官督商辦首先受到廣泛關注；諸如，張國輝認爲：官督商辦企業並非資本主義性質的企業，其是以封建主義作爲核心因而內部勞動條件相當惡劣與管理制度極端腐敗；[12] 其餘代表性論著如汪熙、夏東元等，均提出類似的觀

---

8 黃嘉謨，《甲午戰前臺灣的煤務》（臺北：中央研究院近代史研究所，1961）。

9 李國祁，《中國早期的鐵路經營》（臺北：中央研究院近代史研究所，1961）。

10 呂實強，《中國早期的輪船經營》（臺北：中央研究院近代史研究所，1962）；王爾敏，《清季兵工業的興起》（臺北：中央研究院近代史研究所，1963）。

11 全漢昇，〈清末漢陽鐵廠〉，頁63。

12 張國輝，《洋務運動與中國近代企業》（北京：中國社會科學出版社，1979）。

點。[13] 可以說，中國大陸學者在剛剛接觸到此一學術課題之際，跟臺港學者一樣，從中國民族主義史觀出發，不過或許是同步受到馬克思主義史觀所制約，在缺乏實證研究基礎的前提之上，直接先驗性地視官督商辦企業爲中國資本主義發展的障礙。

隨著時空進入1990年代，中國企業史的研究者才回過頭去用實證角度，賦予官督商辦企業較爲客觀的評價，曹正漢、羅肇前認爲：官督商辦是中國資本主義發展過程對西方典型股份有限公司型態的一種不徹底的模仿，這種企業制度是晚清特定社會經濟背景的產物。[14] 王玉茹運用制度經濟學理論發現：清末中國面臨資本積累不足、金融機構不健全等困局，因此國家權力必須帶頭進行工業化，官督商辦企業是實現此一目的的捷徑。[15]

還需指出的是，1880年代上海股票投機風潮，導致當時民間社會對官督商辦企業失去信心，也改變了官督商辦企業的經營與性質。有關此一議題，前引曹正漢、周建波[16]、劉廣京[17] 以及

---

13 汪熙，〈從漢冶萍公司看舊中國引進外資的經驗教訓〉，《復旦大學學報》，6（1979），頁16-30；夏東元，《晚清洋務運動研究》（成都：四川人民出版社，1985）。

14 曹正漢，〈交易費用不對稱與企業 權制度選擇——對輪船招商局「官督商辦」體制的一種解釋〉，《佛山大學學報》，15：3（1997），頁60-65；羅肇前，《晚清官督商辦研究》（廈門：廈門大學出版社，2004）。

15 王玉茹，〈中國近代政府行爲的特徵及其對國家工業化的影響——關於近代中國制度變遷幾個理論問題的思考〉，《南開經濟研究》，第1期（2000），頁62-69。

16 周建波，〈晚清官督商辦企業的改革思想及實踐——西方股份公司制度在中國最初的命運〉，《中國經濟史研究》，第4期（2001），頁90-95。

17 劉廣京，〈1833年上海金融風潮一洋務運動專題研究之二〉，《復旦學報》，3（1983），頁94-102。

後文將提及的李玉[18]有所考察。至於，從公司制度的角度評價官督商辦企業的性質、經營與運作，也是1990年代以降的研究焦點，詳見後文。

總體而言之，官督商辦企業以漢冶萍公司與輪船招商局成爲重點研究對象，這是因爲漢冶萍公司是當時亞洲規模最大的鋼鐵廠，林援森[19]、汪熙[20]、香港學者李培德[21]、代魯[22]、張國輝[23]、袁爲鵬[24]等人的論著是代表性成果，並且圍繞在漢陽鐵廠的選址（漢冶萍的布局）、漢冶萍「招商承辦」和「商辦」、漢冶萍與日本的關係、漢冶萍經營失敗原因等議題進行檢討。

輪船招商局方面，作爲近代中國第一家民族工商企業，汪熙[25]、汪敬虞[26]、張國輝[27]、前引劉廣京、夏東元[28]、胡濱與李時

18 李玉，《晚清公司制度建設研究》（上海：人民出版社，2002）。

19 林援森，《中國近代企業史研究：漢冶萍個案分析》（香港：中國經濟史研究會，書識會社有限公司，2003）。

20 汪熙，〈從漢冶萍公司看舊中國引進外資的經驗教訓〉，《復旦大學學報》，6（1979），頁16-30。

21 李培德，〈漢冶萍公司和八幡制鐵所——中日近代科技交流的努力與挫折〉，《日本研究》，1（1989），頁52-58。

22 代魯，〈從漢冶萍公司與日本經濟交往看國家近代化的政治前提〉，《中國經濟史研究》，4（1988），頁109-119。

23 張國輝，〈論漢冶萍公司的創建 發展和歷史結局〉，《中國經濟史研究》，2（1991），頁1-28。

24 袁爲鵬，〈盛宣懷與漢陽鐵廠（漢冶萍公司）之再布局試析〉，《中國經濟史研究》，4（2004），頁124-132。

25 汪熙，〈從輪船招商局看洋務派經濟活動的歷史作用〉，《歷史研究》，2（1963），頁57-83。

26 汪敬虞，《唐廷樞研究》（北京：中國社會科學出版社，1983）。

27 張國輝，〈關於輪船招商局產生與初期發展的幾個問題〉，《經濟研究》，10（1965），頁60-70。

28 夏東元、楊曉敏，〈論清季輪船招商局的性質〉，《歷史研究》，4（1980），

嶽[29]、陳潮[30]、陳絳[31]、朱蔭貴[32]、黎志剛[33]、易惠莉[34]等人的論著具有代表性，主要研究議題是相關人物研究、「官督商辦」體制研究、購併旗昌產業及簽訂「齊價合同」的研究。其中，招商局財團在1992年召開「紀念招商局成立120週年學術研討會」，這成為招商局研究的另一個重要轉捩點，此後招商局財團持續推動與自身相關的研究活動，諸如出版一系列以「招商局與區域經濟」為主題的論著、2007年與2012年舉辦紀念招商局成立135週年和140週年學術研討會，以及邀集了幾位重量級學者出版《劉廣京論招商局》、《黎志剛論招商局》、《朱蔭貴論招商局》、《易惠莉論招商局》、《招商局與漢冶萍》等一系列個人專書論文集。

三、商業傳統、網絡與近代企業起源

Max Weber曾指出中國企業活動缺乏「理性」（Capitalist Rationalism），因而未如西方社會發展出資本主義。如所周知，這個「韋伯命題」（Weber's proposition ）在近年備受批評。究

頁55-77；夏東元，《晚清洋務運動研究》（成都：四川人民出版社，1985）。

29 胡濱、李時嶽，《從閉關到開放——晚清「洋務」」熱透視》（北京：人民出版社，1998）。

30 陳潮，《晚清招商局新考：外資航運業與晚清招商局》（上海：上海辭書出版社，2007）。

31 陳絳，〈唐廷樞與輪船招商局〉，《近代史研究》，2（1990），頁31-77。

32 朱蔭貴，《國家干預經濟與中日近代化——輪船招商局與三菱 日本郵船會社為比較研究》（上海：東方出版社，1994）。

33 黎志剛，《黎志剛論招商局》（北京：社會科學文獻出版社，2012）。

34 易惠莉，《易惠莉論招商局》（北京：社會科學文獻出版社，2012）。

竟漢人商業傳統如何在華人社會走向資本主義過程發揮作用，進而發展出不同於西方企業的獨特經營模式？這是兩岸三地企業史研究者在很長一段時間，嘗試予以探討的課題；西方與日本的中國企業史研究者則在方法論方面，給予兩岸三地企業史研究者一定程度的啓發作用。

（一）合股與郊商

戰後初期以降，臺灣就有許多學者與民間文史工作者投身於清代開發史的研究，從而注意到合股組織曾經在1895年以前，廣泛地被運用於土地開發與商業經營，特別是郊商。方豪是此一課題的開創者，[35] 溫振華強調：「這種合股的組織，無疑具有企業精神，與現代企業組織中的合夥組織、公司組織有類似之點。」[36]

1990年代，臺灣本土化研究興起，傳統合股組織究竟如何展開運作持續成爲一個重要課題。卓克華以方豪的論著爲基礎，全面性考察臺灣郊商的組織結構與功能、貿易營運及沒落因素等項。[37] 林滿紅指出：清末臺灣郊商並未如同過去研究者所認爲的趨於衰微，臺灣郊商的擴張跟世界經濟發展互相連動，並以臺灣的案例跟世界經濟史所謂「亞洲內部貿易在西力東漸後擴張」的學術見解對話。[38] 林玉茹的相關論著勾勒出郊商的資本來源出現

35 方豪，《方豪六十至六十四自選待訂稿》（臺北：臺灣學生書局，1974）。

36 溫振華，〈清代臺灣漢人的企業精神〉，《國立臺灣師範大學歷史學報》，9（1981），頁111-139。

37 卓克華，《清代臺灣商戰集團》（臺北：臺原出版社，1990）。

38 林滿紅，〈清末大陸來臺郊商的興衰：臺灣史、中國史、世界史之一結合思

在地化現象（原本是中國沿岸商人），也能從世界經濟局勢此一宏觀視野探討開港通商前後郊商屬性的轉變。[39]

進而言之，過去不少研究者往往將郊商等同於「傳統商人」（落後、保守、不進步），甚至認為臺灣開港之後，他們即被新興「買辦」所取代。這樣的論點也受到前引林玉茹以及李佩蓁所挑戰，他們發現到郊商不僅能夠在沒有電報的時代，活用社會網絡關係以取得從事兩岸貿易的足夠商業資訊，對於時局的反應亦甚為靈活。[40]

（二）合夥制與家族經營

中國企業史研究針對此一議題的考察是多面向，首先是傳統商業組織的「合夥制」。李玉指出：合夥制以血緣與地緣等人際紐帶關係為前提所構成，並且需要透過契約訂定來完成合夥組成的手續。[41] 張忠民發現：明清時期的合夥制存在「一般合夥」與「股份合夥」兩種方式。[42] 四川鹽場成為了經典個案；諸如，彭久松與陳然合著的《中國契約股份制》一書深入考察清初至1949年四川自貢鹽場合夥經營體制，據以提出所謂中國契約股

考〉，《國科會研究彙刊：人文及社會科學》，4：2（1994），頁173-193。

39 林玉茹，《清代竹塹地區的在地商人及其活動網絡》（臺北：聯經出版社，2000）；林玉茹，〈跨國貿易與文化仲介：跨政權下臺南第一富紳王雪農的出現〉，《臺灣史研究》，27：4（2020），頁1-48。

40 李佩蓁，《地方的視角－清末條約體制下臺灣商人的對策》（臺北：南天書局，2020）。

41 李玉，〈從巴縣檔案看傳統合夥制的特徵〉，《貴州師範大學學報》，第1期（2000），頁33-36。

42 張忠民，《艱難的變遷—近代中國公司制度研究》（上海：上海社會科學出版社，2002）。

份制的概念。[43] 近年來，向來聚焦於公司制度研究的張忠民，開始對於「合夥制」的產權制度特徵嘗試進行歸納性整理，進而觸及「合夥制」是否具有法人地位、有限責任特徵等核心課題。[44]

另一方面，中國企業史研究與香港企業史研究在此一課題採用「網絡」作爲視角，考察中國商業組織、同鄉團體、跨國貿易和家族企業。從1990年代迄今，這一類型的論文大量湧現，究其緣由是受到國外制度變遷理論與社會資本理論所影響。基於上述脈絡，中國企業史研究嘗試從「傳統文化因子」去尋找所謂企業家精神與企業文化，諸如臺灣學者連玲玲延續既有對永安公司的考察，探討企業家們以何種方式運用文化因素來經營企業。[45] 更爲具體的成果分別展現在2002年所舉辦的「企業制度．企業家精神．城市經濟聯繫」國際學術研討會與2007年所舉辦的「近代中國社會環境下的企業發展」國際學術研討會。

近代企業發展過程，家族式經營成爲漢人商業組織特色。儘管家族企業很容易跟上述「網絡」、企業家精神或企業文化等視角或概念產生連結，不過過去對於中國近代企業制度的考察，卻比較少採用所謂家族經營的視角，最主要的原因是國家主導力量與外國在華企業兩大要素吸引了大多數研究者的目光。

---

43 基本上，合夥制的研究大多是附屬在錢莊票號或者晉商、徽商等商幫文化研究，這脫離了本文主軸，因此無法詳述。彭久松、陳然，《中國契約股份制》（成都：成都科技大學出版社，1994）。

44 張忠民，〈前近代中國合伙企業組織的產權制度特徵〉，《中國經濟史研究》，第1期（2022），頁18-31。

45 連玲玲，〈企業文化的形成與傳型：以民國時期的上海永安公司爲例〉，《中央研究院近代史研究所集刊》，49（2005），頁127-173。

近代中國家族企業是1980年代由臺灣學者陳其南[46]、陳明璋[47]、黃光國[48]、林建山[49]所開創的研究領域。中國大陸學者在1990年代開始重視這個課題，前文所引諸多研究成果，可以視爲家族企業研究的一環。2000年代，中國企業史研究在視角有所轉變，更能夠注意到家族式經營不純然只跟生產落後、低效率、經營現代化程度不足、裙帶關係等種種負面印象連結在一起，還有其積極性的面向；也就是說，高度所有權的高度集中於單一家族，對於提高企業內部的凝聚力、降低信任成本有所助益，這可見於鄒進文[50]、王玉茹與趙勁松[51]、楊在軍[52]、潘必勝[53]以及陳淩、李新春與儲小平[54]等論著。

臺灣家族企業研究主要圍繞在「五大家族」，即如陳慈玉有

---

46 陳其南，〈企業組織的基本型態與傳統家族制度：中國．日本和西方社會的比較研究〉，收入於工商時報經營叢書小組編，《中國式管理：中國式管理研討會實錄》（臺北：時報文化，1984），頁459-486。

47 陳明璋，〈家族文化與企業管理〉，收入於楊國樞、曾仕強編，《中國人的管理觀》（臺北：桂冠，1988），頁189-212。

48 黃光國編，《中國人的權力遊戲》（臺北：巨流圖書公司，1988）。

49 林建山，《臺灣企業原理：觀念、經驗與現實》（臺北：環球出版社，1991）。

50 鄒進文，〈論中國近代民營股份企業的家族特色〉，《中國經濟史研究》，第1期（2004），頁18-27。

51 王玉茹、趙勁松，〈親族關係與近代企業組織形式——交易費用解釋框架〉，《山西大學學報（哲學社會科學版）》，33：3（2010），頁45-50。

52 楊在軍，《論家族制度與家族企業的互動關係》（北京：人民出版社，2001）。

53 潘必勝，《中國的家族企業：所有權和控制權（1895-1956）》（北京：經濟科學出版社，2009）。

54 陳淩、李新春、儲小平，《中國家族企業的社會角色：過去．現在和未來》（杭州：浙江大學出版社，2011）。

關基隆顏家的研究[55]、許雪姬有關板橋林家與霧峰林家的研究[56]、黃富三有關霧峰林家的研究[57]、戴寶村有關高雄陳家的研究[58]。不過，這類型的論著比較偏向所謂家族史研究，沒有深入分析家族企業的所有權結構、所有權與支配權的連結機制等問題。

至於張怡敏以霧峰林家林澄堂系爲個案的研究，堪稱是最具有代表性的論著。[59] 此一論著試圖解明「蓄積於農村部門的資金，尤其地主階層所蓄積的貨幣，是經過何種契機、何種過程轉化爲資本」。

另一方面，王振寰、溫肇東編著《家族企業還重要嗎？》（2011）一書注意到，家族企業在兩岸三地以及東南亞所在的華人社會，始終是企業組織的主要型態，儘管這種型態偏離了西方管理學所一再強調的經營權與所有權分離，可是依舊能夠創造出令人驚豔的商業成就。因此，該書依循企業史研究方法，以王品、台塑、裕隆、遠東、義美、大同、巨大、新光、國泰、中信

---

55 陳慈玉，《臺灣礦業史上的第一家族——基隆顏家研究》（基隆：基隆市立文化中心，1999）。

56 許雪姬，〈日據時期的板橋林家：一個家族與政治的關係〉，收入於中央研究院近代史研究所編，《近世家族與政治比較歷史論文集》（臺北：中央研究院近代史研究所，1992），頁657-698；許雪姬，〈日治時期霧峰林家的產業經營初探〉，收入於黃富三編，《臺灣商業傳統論文集》（臺北：中央研究院臺灣史研究所籌備處，1999），頁297-355。

57 黃富三，《霧峰林家三部曲：興起、中挫與重振》（臺北：聯經出版社，2024）。

58 戴寶村，《陳中和家族史：從糖業貿易到政經世界》（臺北：玉山社出版社，2008）。

59 張怡敏，〈日治時代臺灣地主資本累積之研究——以霧峰林澄堂系爲個案〉（臺北：國立政治大學地政學系博士學位論文，2001）。

等代表性的企業爲個案，聚焦於臺灣家族企業的經營樣貌，涵蓋經營績效、接班傳承、成長策略、品牌行銷，來呈現全球化競爭壓力下的家族企業變貌，乃至於制度轉型及市場結構如何影響家族企業的組織型態與擴張策略等議題，也有所分析。[60]

華人家族企業在香港企業史研究受到了相當的關注。黃紹倫、David Faure（科大衛）、霍啓昌、蔡志祥、李新春等多位學者都運用自身研究的個案，探討宗族、家族或家庭在企業運營中所扮演的關鍵角色；蔡志祥[61]、黃紹倫[62]、鄭宏泰與黃紹倫[63]以及中國學者李新春、儲小平與何軒[64]等作品進一步深入剖析了家族與企業之間的雙向互動關係，爲該領域提供了較爲客觀的評價。最近，香港也出版了《香港潮州商會百年發展史》，儘管不屬於學術論著，但是呈現了宗族、家族在商業領域的歷史傳統和力量的延續與發展。[65]

---

60 王振寰、溫肇東，《家族企業還重要嗎？》（高雄：巨流，2011）。

61 蔡志祥，〈關係網絡與家族企業：以香港乾泰隆及其聯號爲例〉，收入於朱燕華、張維安編，《經濟與社會：兩岸三地社會文化的分析》（新北：生智文化事業有限公司，2001），頁193-205。

62 黃紹倫，〈誠信與繁榮：華人家族企業在經濟發展中的角色〉，收入於朱燕華、張維安編，《經濟與社會：兩岸三地社會文化的分析》（新北：生智文化事業有限公司，2001），頁63-74。

63 鄭宏泰、黃紹倫，《香港華人家族企業個案研究》（香港：明報出版社，2004）。

64 李新春、儲小平、何軒，《香港華人家族企業：本土化與國際化》（北京：社會科學文獻出版社，2012）。

65 周佳榮，《香港潮州商會百年發展史》（臺北：中華書局，2022）。

四、民間企業

（一）中小企業

如所周知，中小企業在臺灣經濟高度成長過程扮演了火車頭的角色，並且被視爲臺灣經濟奇蹟的獨有特徵。[66] 1980年代以降，海內外社會科學界對於臺灣中小企業成功的「經營之道」，抱有高度研究興趣。[67] 早期以東海大學「東亞社會經濟研究中心」爲重鎮，出版了一系列深具參考價值的研究成果，陳介玄[68]與高承恕[69]的論著均屬之。他們的論著涉及了紡織業、製鞋業、機械業、電子資訊業，探討了中小企業的發展背景、生產與貿易特徵、社會經濟脈絡及其運作方式等面向，而且特別重視所謂的「協力」的關係，從而提出「彈性化協力企業組合結構」的概念。另外，柯志明有關五分埔成衣製造業[70]與瞿宛文有關自行車

---

66 Edwin Winckler and Susan Greenhalgh, *Contending Approaches to the Political Economy of Taiwan* (New York: M.E. Sharpe, 1990).

67 日人學者沼崎一郎便是代表性研究者。參見：Ichiro Numazaki., *Networks and Partnership: The Asocial Organization of the Chinese Business Elite in Taiwan* (PhD diss., Michigan State University, 1992.)

68 陳介玄，《協力網絡與生活結構：臺灣中小企業的社會經濟分析》（臺北：聯經出版公司，1994）。

69 高承恕，《頭家娘——臺灣中小企業「頭家娘」的經濟活動與社會意義》（臺北：聯經出版公司，1999）。

70 柯志明發現：農民的生產邏輯（自我剝削、家戶經濟）仍然反映在小商品生產者的經營策略，並且強調過去學者認爲代工或外包生產這種邊陲性的生產活動終究會在市場競爭中淘汰，此一學術見解有再修正的必要。柯志明，《臺灣都市小型製造業的創業、經營與生產組織：以五分埔成衣製造業爲案例的分析》（臺北：中央研究院民族學研究所，1993）。

業、石化業或紡織業的研究成果[71]，或許跟東海大學的研究成果共享相同脈絡。此一脈絡就是研究者多是社會科學部門出身，以當代官方企業政策或企業經營作為終極關懷，企業史描述只是當作研究背景予以交代。

值得注意的是，有別於後文將提及之諸多研究成果都主張：臺灣中小企業的發展是立基於日本殖民者所導入的資本主義體制與工業化。瞿宛文相對否定這樣的學術見解，並且認為殖民地臺灣的工業化以日人資本為主體，這些日人資本並未將經營管理的能力與專業技術「外溢」給臺人資本，臺人資本必須等到國民政府土地改革與經濟政策誘發才往工業部門發展；只是，如此觀點在近期受到若干研究者的挑戰，詳見後述。

另一方面，隨著本土化研究興起，歷史學門為主力的研究者，開始嘗試追尋臺灣中小企業的歷史源頭。首先是素來跟大同集團齊名的唐榮鐵工廠（以下簡稱唐榮），[72] 這家企業從民營轉為國營的過程，曾經引起很大風波。許雪姬基於中央研究院近代史研究所的口述歷史訪問計畫，從1986年展開對企業經營者——唐傳宗及其家族、友人、員工的口述訪談工作。接下來，許雪姬、樊沁萍與劉素芬即以此一口述訪談成果為基礎，完成了一系列的研究成果，藉以勾勒出唐榮如何萌生於日本殖民者的工業化政策、如何渡過戰後初期臺灣惡性通貨膨脹、如何壯大為臺灣首屈一指的鋼鐵廠，並且對唐榮的經營策略與收歸國營此一政策

71 瞿宛文，《經濟成長的機制：以臺灣石化業與自行車業為例》（臺北：唐山出版社，2002）。

72 臺灣鋼鐵業界向來有所謂「南唐榮，北大同」的口號，這說明了這兩家企業曾經是分據南北的兩大霸主。

提出歷史評價。[73]

如果，唐榮是觀察臺灣中小企業如何從戰前走向戰後、最終跟不上整體政經局勢變化而走向失敗的案例，「臺南幫」則提供臺灣中小企業如何建構內部經營文化以及善用政商關係、從而邁向「成功」的另一歷史面相。所謂「臺南幫」是臺灣當代重要企業集團之一，謝國興[74]的研究成果說明了此一集團內部成員如何運用地緣與血緣等文化紐帶來集結資本、第一代經營者（夥計變老闆）所具備的勤勉與冒險特質、透過家族成員不支薪來控管人事成本、以鄉親爲認同憑藉激發員工向心力以提高經營效率、重視差序關係基礎之上巧妙平衡經營權與所有權，以及積極配合官方經濟政策藉以尋求黨政高層的各項政治奧援。

2000年以降，新一代臺、日研究者們逐漸聚焦於臺人資本在傳統社會經濟結構之中已有基礎的農業與農產加工業，並且廣泛利用臺灣總督府編纂的「工場名簿」，而以中小工廠爲研究對象。高淑媛在博士論文即總結性指出：「而偏向個人經營的衆多小規模工場多數不但未在戰時統制下被統合再編，亦度過了戰火的摧殘，並和自主式之學習、經營組織、技術、觀念等共同構成日治時期的遺產，成爲戰後臺灣中小企業以歷史爲主軸的淵源。」[75]謝國興〈戰後初期臺灣中小企業的殖民地傳承〉一文鎖

---

73 許雪姬，〈唐傳宗與鼎盛時期的唐榮鐵工廠（1956-1960）〉，《思與言》，33：2（1995），頁67-96；樊沁萍、劉素芬，〈1960年代唐榮鐵工廠公營化個案分析〉，《人文及社會科學集刊》，8：1（1996），頁189-225。

74 謝國興，《臺南幫：一個臺灣本土企業集團的興起》（臺北：遠流出版公司，1999）。

75 高淑媛，〈臺灣近代產業的建立——日治時期臺灣工業與政策分析〉（臺南：國立成功大學歷史研究所博士學位論文，2003）。

定了食品、紡織、化工、金屬工業、機械製造等產業的中小民營工廠，再次證明戰後臺灣中小企業基礎在1930年代已然建立之事實，據以跟上述瞿宛文的論著作爲對話對象。[76]

另一方面，臺人資本如何去接觸與經營日本殖民者引進的現代產業，同樣是這一階段的研究焦點之一。黃紹恆有關機械製糖業的研究顯示：日本作爲後進資本主義國在領臺初期尚未具備向殖民地臺灣進行資本輸出的能力，因此臺灣總督府的機械製糖業發展政策在1905年以前，必須仰賴臺人地主所經營的改良糖廍。[77] 蔡龍保以今天尚在經營之桃園汽車客運股份有限公司的前身——桃崁輕便鐵道會社爲例，具體呈現出傳統臺人地主如何以清代在地方社會所累積的財富與影響力作爲憑藉，跟殖民統治者建構出良好的政商關係，同時這家企業的資本構成是以地緣與血緣爲紐帶，這不僅有助於提升企業內部的凝聚力與向心力，更讓這家公司得以靈活地適應市場環境的變動與積極地調整經營方針。[78] 郭立媛、連克分別以臺灣製麻株式會社、保險業爲個案進行研究。他們的論著都再一次呈現出臺人資本勇於接受新事物的一面，從而呼應了蔡龍保的論點，特別是連克對於「日臺合資」

76 謝國興，〈戰後初期臺灣中小企業的殖民地傳承〉，收入於中央研究院臺灣史研究所編，《邊區歷史與主體性形塑：第四屆國際漢學會議》（臺北：中央研究院臺灣史研究所，2013年），頁45-85。

77 相較於傳統糖廍以牛隻等動物力作爲壓榨動力來源，這時期的改良糖廍已經導入了小馬力的石油發動機或機械發動機。黃紹恆，〈從對糖業之投資論日俄戰爭前後臺灣人資本的動向〉，《臺灣社會研究季刊》，23（1996），頁83-146。

78 蔡龍保，〈日本殖民地下的臺灣人企業——以桃崁輕便鐵道會社的發展爲例〉，《國史館學術集刊》，11（2007），頁1-46。

的運作模式進行深入分析，得以跳脫傳統臺／日資乃至殖民者／被殖民者二元對立的窠臼。[79]

戰後臺灣歷經高度經濟成長期，這一階段的紡織業、電子資訊業、製鞋業、機械製造業、水泥業、石化業、造船業等重點產業的發展，逐漸成爲國外與臺灣企業史研究的對象，特別是電子資訊業、製鞋業、機械製造業、水泥業的研究論著，跟後述之外資企業與銀行一樣，長期以來仰仗國外研究者之力，大多以英文或日文出版後，再譯成中文，爲經濟史研究的重要參考文獻。

首先是在進口替代階段居於領導地位的紡織業，前引謝國興、柯志明、陳介玄、高承恕、瞿宛文的論著亦可涵蓋在其中，其中瞿宛文認爲：官方持續性的產業扶植政策，對於紡織業的發展乃至於關聯產業網絡的建構，都是重要助力。此處之關聯產業跟石化業有緊密關聯性，容於回顧國營企業的地方一併討論，有關外省籍企業在紡織業的角色此一相關議題，謝國興〈1949年前後來臺的上海商人〉是最具代表性的論著，這篇論文描述了上海一帶的外省籍商人如何挾資本、技術與經營經驗前來臺灣投資。[80]

1960年代以降臺灣出口擴張過程居於領導地位的電子資訊業、製鞋業、機械製造等業，同樣見於前引陳介玄、高承恕、謝

---

79 郭立媛，〈由臺人土地資本到日本財閥資本：日治時期臺灣製麻株式會社之經營〉（臺北：國立臺灣師範大學臺灣史研究所碩士學位論文，2012年）；連克，《代理店到保險會社——臺灣商人的損害保險經營（1862-1947）》（臺北：政大出版社，2017）。

80 謝國興，〈1949年前後來臺的上海商人〉，《臺灣史研究》，15：1（2008），頁131-172。

國興的論著，乃至於稍後將提及的廖鴻綺與洪紹洋的論著，亦可視為相關研究成果。1990年代，臺灣經濟發展遭遇前所未有的挑戰，這涵蓋全球金融危機的多次襲擊與中國大陸經濟崛起，臺灣企業如何面對此一挑戰成為管理學、社會學與經濟學的熱門議題，這些領域的若干論著在進行分析時，有特別留意到企業史脈絡的爬梳；舉其要者有：中研院社會所「企業與社會」主題研究小組依據多年跨國研究合作成果出版的《未竟的奇蹟：轉型中的臺灣經濟與社會》（2017），對於企業規模大型化（林宗弘、胡伯維）、集團企業家族化（李宗榮、鍾喜梅與詹淑婷）、臺商技術優勢流失（熊瑞梅等）以及中小企業嗣應新局、再次於製造業部門創下奇蹟等（謝斐宇、呂玉瑕與林庭萱）有所描述。[81]

（二）民族工業

隨著大生紗廠等民營企業的出現，近代中國民間資本逐漸嘗試興辦新式工商企業，進而擴張到紗廠、麵粉、化學、水泥、商業零售、銀行等諸多行業。具體而言是大生紗廠、榮家企業、民生公司、中國銀行、中國建設銀行等民營企業；諸如，大生系統企業史編寫組編撰《大生系統企業史》[82]、許維雍與黃漢民有關榮家企業的探討[83]、淩耀倫[84]與周凝華[85]等有關民生公司的探

81 李宗榮、林宗弘，《未竟的奇蹟：轉型中的台灣經濟與社會》（臺北：中央研究院社會學研究所，2017）。

82 大生系統企業史編寫組編撰，《大生系統企業史》（南京：江蘇古籍出版社，1990）。

83 許維雍、黃漢民，《榮家企業發展史》（北京：人民出版社，1985）。

84 淩耀倫編，《民生公司史》（北京：人民交通出版社，1990）。

85 周凝華，《民生公司》（鄭州：河南人民出版社，1998）。

討、陳禮正有關上海新亞製藥廠的探討[86]、孔祥賢有關大清銀行的探討[87]、中國銀行行史編輯委員會有關自身行史的探討[88]、香港學者鄭會欣有關中國建設銀公司的探討[89]等。這些論著對於民營企業的關懷爲如何在「合夥制」、家族經營、商業簿記（四柱清冊）等漢人商業傳統之上，逐漸融入近代企業經營元素；有關這點，後面幾個小節會繼續予以檢討。

這些民營企業又以大生企業與榮家企業最受重視。大生企業是由張謇所設立，並且嘗試引進西方先進的紡織技術與「股份有限公司制度」。中國企業史研究的學者對於這家企業的討論涉及其對外經濟關係、經營特徵、盈利及利潤分配等不同層面，還嘗試從經營管理的角度，探問這家企業在1920年代走向衰落的原因。榮家企業方面，此一企業集團的經營管理體制與內部資本積累機制、抗戰時期如何與日本佔領勢力（包括汪精衛政權）維持「有限度」的合作等爲探討焦點。

針對最後一點而言，這是中國企業史研究在近幾年開展出的新方向，此一新方向的核心關懷在於，1949年前後民族企業的動向。張曉輝、胡曼（2005）注意到：隨著國民黨政府敗象已露，不少民族企業決定轉進香港。與此同時，中共積極展開遷港企業的統戰工作，甚至由中共中央領導人親自前往香港，爭取其

---

86 陳禮正、袁恩楨編，《新亞的歷程——上海新亞製藥廠的過去、現在和未來》（上海：上海社會科學院出版社，1990年）。

87 孔祥賢，《大清銀行史》（南京：南京大學出版社，1991）。

88 中國銀行行史編輯委員會，《中國銀行行史（1912-1949）》（北京：中國金融出版社，1995）。

89 鄭會欣，《從投資公司到「官辦商行」——中國建設銀公司的創立及其經營活動》（香港：香港中文大學出版社，2001）。

返回中國大陸。從結果來看，中共的統戰策略達到相當功效，不僅吸引大量民族企業返回中國，更在1950年代鼓舞其響應「公私合營制度」。[90]

公私合營制度是中共建政後所推動資本主義向社會主義過度的私人產業處分手段，屬於中國企業史的經典課題之一，1980年代以來，兩岸三地有爲數頗豐的相關研究成果問世，不過都是偏向於政策性與總體性的探討，私人企業面對公私合營制度的態度爲何、公私合營制度對其內部營運究竟帶來什麼改變／衝擊、公私合營制度之下的私人企業在新中國創建階段的經濟貢獻爲何、私人企業歷經公私合營制度到走向消滅的過程爲何等面向，相對缺乏分析。2010年以來，張徐樂（2009）、張忠民（2014）、趙學軍（2016）以上海檔案館所藏龐大史料爲基礎，聚焦於金融業與特定企業展開實證研究，嘗試塡補相關研究空白。[91]

（三）香港華資企業

若是論及民營企業向不能忽略香港企業史的動向，因爲香港企業史在1990年代左右就是以華資企業作爲主要考察對象，永

90 張曉輝、胡曼，〈新中國成立前後內地企業家遷港及回歸現象概論〉，《中共黨史研究》，第3期（2005），頁53-58。

91 張徐樂，〈上海新華信托儲蓄商業銀行公私合營探析——兼論公私合營銀行的歷史地位與作用〉。《中國經濟史研究》，第2期（2009），頁35-42；張忠民，〈擴展公私合營下的企業制度變革——以上海1954年擴展公私合營爲例〉，《史林》，3（2014），頁121-132；趙學軍，〈經濟體制變革中的「混合所有制」——20世紀50年代私營工業企業「公私合營」再探討〉，《中國經濟史研究》，第6期（2016），頁114-124。

安公司、聯號企業成爲了重要研究對象。若從時間順序來看，徐鼎新與杜恂誠[92] 是最早投入於永安企業的研究，臺灣學者連玲玲[93] 與林金枝[94] 等人幾乎在同一時期展開永安企業的研究。至於，聯號企業的相關研究成果，可以廣義地理解爲香港華資企業的研究，此一華資又是以廣東籍商人爲主體，這可見於張曉輝[95]與孫利平[96] 等人的論著。

五、公司制度與經營管理

（一）公司制度

進入1990年代，中國企業史研究湧現出了豐碩的研究成果，並且將焦點轉向現代公司制度（Modern Company System）。這樣的轉向是受到當時中國經濟局勢與歐美學術典範轉移所影響；其中，中國經濟局勢是指，改革開放以後中國企業大量設立；歐美學術典範轉移是指，新經濟史與制度經濟史學興

---

92 徐鼎新、杜恂誠，〈從永安企業的境遇看舊中國民族資本的歷史命運〉，《社會科學》，2（1979），頁154-159。

93 連玲玲，〈企業文化的形成與傳型：以民國時期的上海永安公司爲例〉，《中央研究院近代史研究所集刊》，49（2005），頁127-173。

94 林金枝，〈郭樂、郭順與永安公司企業〉，收入於氏著，《近代華僑投資國內企業概論》（廈門：廈門大學出版社，1988），頁242-247；李國梁、林金枝、蔡仁龍，〈郭樂、郭琳爽與上海永安公司〉，收入於李金枝編，《華僑華人與中國革命和建設》（福州，福建人民出版社，1993），頁454-469。

95 張曉輝，《近代香港與內地華資聯號研究》（桂林：廣西師範大學出版社，2011）。

96 孫利平，〈民國時期香港與內地華資聯號企業的分權式組織結構〉，《福建師大福清分校學報》，第1期（2005），頁91-95。

起。

中國企業史研究者對於「公司制度」的考察，集中在晚清。這是因爲中國企業史的研究者，已經在1980年代對於官督商辦與民間企業有充分考察，晚清「公司制度」研究自然獲得比較紮實的論述基礎，舉其要者有李玉[97]與汪戎[98]對晚清公司制度建構進行了系統研究。

另一方面，我們必須提及沈祖煒[99]、豆建民[100]、臺灣學者劉文賓[101]、王處輝[102]、張忠民[103]等總體性的論著。這些論著並非限定於單一時期或單一主題，而是橫跨了晚清到1940年公司制度、管理思想、治理結構等；其中，張忠民最具代表性，指出：公司制度是晚清特殊歷史條件下由歐美傳入，因此其發展外生性和內延性的雙重特徵。[104]

臺灣企業史有關公司制度的探討，目前侷限於日本殖民統治階段；王泰升從法律史觀點探討傳統合股與近代公司制度的內

---

97 李玉，《晚清公司制度建設研究》（上海：人民出版社，2002）。

98 汪戎，《晚清工業產權制度的變遷》（昆明：雲南人民出版社，2011）。

99 沈祖煒，《近代中國企業：制度和發展》（上海：上海社會科學院出版社，1999）。

100 豆建民，《中國公司制思想研究》（上海：上海財經大學出版社，1999）。

101 劉文賓，《近代中國企業管理思想與制度的演變（1860-1949）》（臺北：國史館，2001）。

102 王處輝，《中國近代企業組織形態的變遷》（天津：天津人民出版社，2001）。

103 張忠民，《艱難的變遷——近代中國公司制度研究》（上海：上海社會科學出版社，2002）。

104 張忠民，《艱難的變遷——近代中國公司制度研究》（上海：上海社會科學出版社，2002）。

涵，以及合股習慣在臺人經濟行爲的持續性。[105] 高淑媛考察臺灣總督府如何在臺人尚未成爲日本「商法」之適用對象的前提之下，爲求殖產興業之順遂，於是放任臺人的商業「合股」組織得以「會社」（日文，即中文的「公司」）的姿態，投資於各種地方性產業。[106]

從高淑媛與王泰升的研究成果出發，年輕一代的研究者嘗試挑選單一企業或單一產業來延續此一課題的研究。陳家豪以交通業爲研究對象，嘗試觀察臺人資本如何在殖民經濟體制之下，學習、吸納日本殖民者所引進的公司制度，此一新經營知識暨專業技術又如何能夠跟傳統文化因子妥善結合，據以靈活適應市場環境的變動。[107]

理論上，臺灣作爲中小企業高度發達的區域，現代公司制度如何在殖民統治的脈絡之下開始跟漢人商業傳統結合、國民政府在二次大戰又如何以中國大陸經驗爲基礎，賡續推動現代公司制度的落實與轉型，應該是相當重要的學術課題。可是，臺灣企業史研究對於此一課題長期呈現忽視的狀態，不論是研究的質與量，均尚有待補強。

香港企業史研究對於「公司制度」考察以鍾寶賢爲代表，大多數用英文發表。另外，依筆者所見，〈「法人」概念的移植

105 王泰升，〈臺灣企業組織法之初探與省思——以合股之變遷爲中心〉，收入於賴英照教授五十歲生日祝賀論文集編輯委員會編，《商法專論：賴英照教授五十歲生日祝賀論文集》（臺北：月旦出版社，1995），頁41-105。

106 高淑媛，〈日治前期臺灣總督府之企業管理政策(1895-1923)〉，《臺灣史研究》，12：1（2005），頁43-71。

107 陳家豪，《近代臺灣人資本與企業經營：以交通業爲探討中心（1895-1954）》（臺北：政大出版社，2018）。

——西方商法在中國〉是鍾寶賢關於此一課題唯一一篇中文論著，這篇文章是在中國近代經濟史的框架之下，說明英國殖民者將「公司制度」引進到香港的過程，以及香港華人一開始基於什麼動機去使用「公司制度」。[108] 另外，何蘭萍有關「香港公司條例」的論著，則從外部因素分析香港公司法頒布的時空背景。[109]

（二）股份制與公司治理

約莫在二十世紀末葉，近代中國公司制度的研究延伸出「公司法」、「股份制」、「公司治理與公司制度發展因素分析」、「中外比較研究」等四個大的子課題。

公司法方面，李玉與熊秋良合著〈論清末的公司法〉是最早的一篇研究成果，[110] 李玉《北洋政府時期企業制度結構史論》則是系統性研究北洋政府時期公司法的專著，並且嘗試釐清了北洋政府在公司制度推動過程的積極角色及其侷限性。[111] 南京國民政府時期公司法的代表論著有季立剛[112] 與韓業斌[113]，他們都對

---

108 鍾寶賢，〈「法人」概念的移植——西方商法在中國〉，《香港浸會大學史學集刊》，1（1999），頁49-69。

109 何蘭萍，〈「1865年香港公司條例」與近代外商在華公司制度之嬗變〉，《上海經濟研究》，9（2013），頁113-119。

110 李玉、熊秋良，〈論清末的公司法〉，《近代史研究》，第2期（1995），頁95-107。

111 李玉，《北洋政府時期企業制度結構史論》（北京：社會科學文獻出版社，2007）。

112 季立剛，《民國商事立法研究》（上海：復旦大學出版社，2006）。

113 韓業斌，《南京國民政府時期公司法律制度研究》（北京：中國政法大學出版社，2016）。

於國民政府從1928年起的商事立法工作賦予肯定的評價。

隨著西方公司制度導入中國，透過發行股票來籌集資金此一傳統中國社會所未見的新形態融資手段出現，「股份制」成爲了重要研究課題。朱蔭貴是此一課題的代表性研究者，《中國近代股份制企業研究》系統地分析了股份制的資金運行特徵與內涵，亦即「報效制」、官利、內部資金調撥等。[114]

所謂「報效制」是指，企業在開辦之初必須向官方承諾無償上繳一定比例的盈利，使得官方與企業轉爲「索取與被索取」的不正常關係，嚴亞明對於報效制亦有深入考察。[115] 所謂「官利制」是指，股東從交足股本開始，企業就必須定期以固定的利率向股東支付利息，這一制度的設計讓股東兼具債權人與投資人的雙重身分。關於官利制的著述數量甚多，諸如鄒進文與姚會元[116]、李玉[117]、陳爭平[118]等。這些研究成果進一步指出：官利制對於股東而言就是一種保障，卻會使其喪失持續關注和監督企業經營的動力。

從「股份制」的討論出發，近代中國公司治理以及其發展受

---

114 朱蔭貴，《中國近代股份制企業研究》（上海：上海財經大學出版社，2008）。

115 嚴亞明，《晚清企業制度思想與實踐的歷史考察》（北京：人民出版社，2007）。

116 鄒進文、姚會元，〈近代股份制的中國特色之一：試論清末股份企業的「官利制」〉，《中國經濟史研究》，第4期（1996），頁27-33。

117 李玉，〈中國近代股票的債券性——再論「官利」制度〉，《南京大學學報（哲學、人文科學、社會科學）》，第3期（2003），頁73-80。

118 陳爭平，〈試論近代中國企業制度發展史上的「大生」模式〉，《中國經濟史研究》，第2期（2001），頁41-52。

到哪些因素所制約，成爲了另一焦點之所在。高新偉[119]、楊在軍[120]、魏文享[121]、杜恂誠[122]等論著考察晚清特許制、董事會制度在引進近代中國的過程。楊勇認爲：中國近代公司治理機制持續地表現爲行政力量對資本力量的干預甚至替代。[123]

中外比較研究方面，前引朱蔭貴爲經典論著，亦即日本政府主導下所設立的海運企業，乃是以發展本國資本主義、對抗西方列強以及達成收回海運主權此一終極目標；相較而言，官督商辦海運企業始終是清政府維護自身權利而創設，這樣出發點的根本不同，導致兩國企業發展走向的差異。[124]

總體而言，中國公司制度不順利的因素爲何？傳統社會的各種因素如何制約其發展？前文所引的諸多論著都嘗試從不同角度予以回答，可以歸納出封建勢力的阻礙（諸如報效制）、商品經濟未充分發展、信用制度和證券市場不發達、公司法制不健全、公司治理缺乏完善機制、外國資本主義的壓迫、長期動盪不安的社會環境、區域經濟發展不平衡等多元因素。

119 高新偉，〈試論近代公司的「內部人控制」〉，《天津社會科學》，第4期（2006），頁140-144。

120 楊在軍，《晚清公司與公司治理》（北京：商務印書館，2006）。

121 魏文享，〈昭股東之信仰：近代職業會計師與公司制度〉，《華中師範大學學報（人文社會科學版）》，第4期（2007），頁74-83。

122 杜恂誠，〈職業經理人階層產生前的委託代理問題——以統益紗廠爲中心的考察〉，《貴州社會科學》，第11期（2011），頁65-69。

123 楊勇，《近代中國公司治理：思想演變與制度變遷》（上海：上海人民出版社，2007）。

124 朱蔭貴，《國家干預經濟與中日近代化——輪船招商局與三菱．日本郵船會社爲比較研究》（上海：東方出版社，1994）。

六、外資企業與銀行

兩岸三地在十九世紀以來受到西方帝國主義的衝擊，因此當企業史興起以來，就會對於外資企業有所關注。

（一）西方帝國主義的前鋒

中國企業史研究方面，前面提及的汪敬虞等第一代學者在1980年代中期即投入於英國在華資本集團的研究，不過這類型的論著很難擺脫中國民族主義的觀點，所側重的是外資企業如何成為西方帝國主義經濟侵略中國的代言人，以及外資企業如何阻礙了中國經濟與民族工業的成長，舉其要者有汪敬虞[125]、陳翰笙[126]、杜恂誠[127]、汪熙[128]以及張仲禮、陳曾年與姚欣榮[129]等人的研究成果。

2000年以降，中國企業史研究開始拋棄預設的中國民族主義史觀，相對客觀地考察外資企業的經營實態，以及外資企業如何潛在地促進上海地區民族工業的技術提升、民族企業的現代化管理與管理人才培育、法律制度整備以及商人維權意識喚醒。這

---

125 汪敬虞，《十九世紀西方資本主義對中國的經濟侵略》（北京：人民出版社，1983）。

126 陳翰笙，《帝國主義工業資本與中國農民》（上海：上海復旦大學出版社，1984）。

127 杜恂誠，《日本在舊中國的投資》（上海：上海社會科學院出版社，1986）。

128 汪熙，〈從英美煙公司看帝國主義的經濟侵略〉，《歷史研究》，4（1976），頁77-95。

129 張仲禮、陳曾年、姚欣榮，《太古集團在舊中國》（上海：上海人民出版社，1991）。

樣的轉變是受到國外漢學研究所啓發，因爲正當中國企業史研究仍然緊抓著中國民族主義史觀之際，國外漢學界早已將外資企業納入現代化理論體系去解釋與分析。代表性研究成果有賀水金認爲：打造以對外貿易爲前導的產業鏈條、滿足其本國僑民生活所需爲經營起點、由進口商品轉爲在設廠製造等，乃是近代上海外資企業所依賴的三種路徑。[130] 王垂芳廣泛蒐集了中英文資料，羅列了較爲詳細的洋商統計表。[131] 許金生指出：日資企業的管理模式、生產技術是上海華商企業學習、模仿的對象。[132] 王守謙描寫了在華英資企業——福公司，跟中國各地區與民間經濟組織所產生的聯繫。[133] 雲妍認爲：外資企業跟本土華商企業存在競爭，使得後者的經營合理化得以有機會落實，外資企業同時刺激了近代中國經濟法律體系的革新。[134] 郭巖偉強調：外商在華企業扮演了公司制度示範者的角色。[135]

另一方面，基於外商銀行對於近代中國金融業發展具有舉足輕重的地位，因此成爲外資企業研究的一個重要分支，李一

130 賀水金，〈論近代上海外國企業的路徑選擇〉，《史林》，第3期（2009），頁122-129。

131 王垂芳，《洋商史：上海1843-1956》（上海：上海社科院出版社，2007）。

132 許金生，《近代上海日資工業史（1884-1937）》（上海：學林出版社，2009）。

133 王守謙，《煤炭與政治——晚清民國福公司礦案研究》（北京：社會科學文獻出版社，2009）。

134 雲妍，〈中國早期工業化中的外資效應：以近代開灤煤礦的外溢性影響爲中心〉，《中國經濟史研究》，第1期（2010），頁148-155。

135 郭巖偉，〈近代中國中外企業制度對比研究〉（上海：復旦大學歷史學系博士學位論文，2014）。

翔[136]、巫雲仙[137]、蘭日旭[138]、鄧同莉與張華藤[139]、郭予慶[140]的論著，就呈現出外商銀行在引進境外資金、促進金融機構與金融市場的成長、帶動近代中國貿易經濟發展、現代經營管理的示範效應等，同樣存在正面積極的貢獻。也就是說，外商銀行的研究成果在論點上，趨近於上述現代化理論體系之下的外資企業論著。

前文提過，網絡理論在近年普遍爲中國企業史研究者所採用，此一動向亦可見於外資企業的研究成果，兩位臺灣學者的論著具有代表性；此即羅志平剖析清末民初美國政府與商人在中國投資問題的不同態度。[141]吳翎君以「企業、政府與外交關係」作爲分析框架指出：美孚石油的業績與美國政府的遠東外交政策密不可分之事實。[142] 吳翎君在最新著作的《美國人未竟的中國夢：企業、技術與關聯網》，進一步納入美國學術界長期積累的「國際史」（International History）或「跨國史」（Transnational History）的研究方法，試圖深入探討中美兩國在外交政策、國家

---

136 李一翔，〈外資銀行與近代上海遠東金融中心地位的確立〉，《檔案與史學》，第5期（2002），頁52-53。

137 巫雲仙，《滙豐銀行與中國金融研究》（北京：中國政法大學出版社，2007）。

138 蘭日旭，〈滙豐銀行與近代天津經濟發展〉，《理論與現代化》，第6期（2004），頁68-72。

139 鄧同莉、張華騰，〈北洋時期美國在華銀行業的發展及影響〉，《歷史教學（高校版）》，第14期（2009），頁48-53。

140 郭予慶，《近代日本銀行在華金融活動一橫濱正金銀行（1894-1919）》（北京：人民出版社，2007）。

141 羅志平，《清末民初美國在華的企業投資：1818-1937》（臺北：國史館，1996）。

142 吳翎君，《美孚石油公司在中國（1870-1933）》（新北：稻鄉出版社，2001）。

利益、政府政策、企業、技術等多層次網絡中的互動。她著力描述這些關係如何由最初的衝突和競爭，逐漸轉向共同繁榮與互惠互利的跨國夥伴關係。[143]

外資企業的「本土化」觀點亦爲一較新的重要研究方向，所關注者爲外資企業如何運用買辦爲主體之本地人士所構成的銷售網路、如何吸引本地商人的投資（所謂華商附股現象和華董群體）等議題，諸如李志英發現：外資企業爲了達到吸收中國本地資金的目的，即便其企業型態是典型的股份有限公司，在股金繳納與盈餘分配等方面兼採傳統漢人社會的商業慣習，這包括允許華人股東分期繳納股金（本來應該是一次繳足）、發放「官利」以及有業務股東得享優惠股息（高於無業務往來的股東）。[144]此一課題的其餘代表性論著則有張小莉[145]、王強[146]等。

香港外資企業向來是外國學者相當感興趣的課題，[147]中國與香港的學者在近期逐漸加以關注，前引何蘭萍的論著即是一例，另外有李培德有關香港造幣廠與匯豐銀行的論著[148]、林准祥

143 吳翎君，《美國人未竟的中國夢：企業、技術與關聯網》（臺北：聯經出版社，2020）。

144 李志英，〈外商在華股份公司的最初發展——關於近代中國股份公司制度起源的研究〉，《北京師範學學報（社會科學版）》，第1期（2006），頁94-100。

145 張小莉，〈英美煙公司在華促銷策略初探〉，《北京師範大學學報》，2（2001），頁134-141。

146 王強，《近代外國在華企業本土化研究》（上海：上海人民出版社，2012）。

147 例如濱下武志、西村閑也、北林雅志、石井寬治、Robert Blake、杉山伸也等學者。李培德，〈香港企業史研究概覽〉，《史林》，第2期（2008），頁164。

148 李培德，〈香港造幣廠與大阪造幣局〉，收入於蔣永敬等，《近百年中日關係國際研討會文集》（臺北：中華民國史料研究中心，1992），頁573-590；李培德，〈略論1830至1930年代活躍於香港和上海的英資銀行〉，《近代中

有關香港發鈔銀行的論著[149]。然而，這些論著比較偏向於史實考察，相對缺乏對於外資企業在香港經濟發展的角色或貢獻進行評價，也是必須予以留意。

（二）洋行、日資到跨國投資

臺灣在本土化研究熱潮尚未興起之前的1980年，即可看到相關外資企業的相關研究成果，這是指黃富三針對清末「洋行」的一系列研究成果，[150] 不過臺灣的企業史研究者對於「洋行」的討論，似乎在本土化研究熱潮興起後中斷[151]。這可能是因爲本土化研究熱潮興起後，臺灣史研究的重點從清代轉向日治時期，有關外資企業的研究亦轉向日資企業、銀行以及上述之國策會社。

有必要先指出的是，不論是日資企業與銀行，或許不算是

國》，11（2010），頁146-159。

149 林准祥，〈香港發鈔銀行史之：Oriental Bank（金寶銀行）1845-1884年〉，《香港錢幣研究會會刊》，21（2006），頁73-110。

150 黃富三，〈清代臺灣外商之研究——美利士洋行（上）〉，《臺灣風物》，第32卷第4期（1982），頁104-136；黃富三，〈清代臺灣外商之研究——美利士洋行（下）〉，《臺灣風物》，第33卷第1期（1983），頁92-126；黃富三，〈清代臺灣外商之研究——美利士洋行（續補）〉，《臺灣風物》，第34卷第1期（1984），頁123-140；黃富三，〈清季臺灣外商的經營問題——以美利士洋行爲例〉，收入於中國海洋發展史編輯委員會，《中國海洋發展史論文集．第一輯》（臺北：中央研究院三民主義研究所，1990），頁249-270；黃富三，〈台灣開港前後怡和洋行對臺貿易體制的演變〉，收入於黃富三編，《臺灣商業傳統論文集》（臺北：中央研究院臺灣史研究所籌備處，1995），頁81-106。

151 直到近年才有如黃頌文等年輕研究者提出比較新的論著。黃頌文，〈清季臺灣開港前後英商杜德與寶順洋行的崛起（1850-1870）〉（臺北：東吳大學歷史學研究所碩士學位論文，2012）。

「典型」的外資企業，因爲當時臺灣爲日本殖民地，但日資企業與銀行有別於臺人經營的「民族企業」，仍然將之暫時歸類爲「外資企業」以方便於討論。

此處之日資企業概指財閥系企業、製糖企業以及在臺日資中小企業，臺灣學界在這些議題的討論，主要是以日人學者的研究成果爲基礎，逐漸開展。[152] 財閥系企業、製糖企業的研究成果有：劉素芬考察了大阪商船會社如何爭取成爲臺灣總督府首家命令航路的補助企業，藉此從一家中小規模企業壯大爲海上事業霸主。[153] 黃紹恆從各項營業指標變化考察臺灣製糖株式會社的經營績效，再以企業史的角度論述三井物產在臺商業網絡的建構與運作。[154] 蔡龍保分別以總公司設在日本的鹿島組與赤手空拳來臺灣打天下的太田組爲個案，從殖民地比較研究的視角，詮釋鹿島組在同一時間點（1899年）前往臺灣與朝鮮承包鐵路工程，背後所凸顯出日本帝國擴張時，因地制宜的分歧發展。另外，蔡龍保發現：鹿島組在日本國內的經驗與基礎，成爲臺灣總督府在

152 日本財閥跟製糖企業都是立基於殖民母國的大型企業，等到日本領有殖民地之後，再將其資本輸出至殖民地，因此日本學界本來就有非常豐碩的相關研究成果，歐美學界對於相關財閥的探討，亦著墨甚深。

153 劉素芬，〈日治初期大阪商船會社與臺灣海運發展（1895-1899）〉，收入於劉序楓編，《中國海洋發展史論文集 第九輯》（臺北：中央研究院中山人文社會科學研究所，1999），頁377-435。

154 黃紹恆，〈日治時期臺灣大型企業之經營與變遷：以臺灣製糖株式會社爲例〉，「黃富三教授榮退暨第二屆臺灣商業傳統國際學術研討會」，中央研究院臺灣史研究所、林本源中華文化教育基金會主辦，臺北：中央研究院臺灣史研究所，2010年9月24日；黃紹恆，〈日治初期三井物產在臺灣商業買賣之展開〉，收入於許雪姬編，《臺灣歷史的多元傳承與鑲嵌》（臺北：中央研究院臺灣史研究所，2014），頁165-210。

殖民地複製「殖產興業」的利器，並且強調此一殖民地經營的「產、官合作」模式是「結構性」存在於各個領域；相較於此，太田組則用心經營官廳與業界的人脈，深入扎根於地方社會，才能取得穩健發展的契機，走出了不同於財閥及大型企業的格局。[155]

所謂在臺中小日資是指以臺灣爲主要企業活動領域、經營規模相對比較小的群體。最早就此一課題展開論述者爲旅日臺及學者凃照彥與日人學者波形昭一，[156] 黃紹恆批判性繼承如此日文研究成果，提出之在臺日資的資本積累條件乃「經由對臺灣總督府權力之依附而逐步達成」。[157] 另外，中川理江論述了後宮信太郎如何透過承包縱貫鐵路及大量建造官方建築物而發展。[158] 林玉茹從在臺日資長期是東臺灣開發要角這樣的觀點出發，凸顯出在臺日資「不必然依附於日本國內資本」而能獨自發展的一

---

155 蔡龍保，〈產、官合作下的殖民地經營—以日治前期鹿島組的在臺活動爲例（1899-1926）〉，《中央研究院近代史研究所集刊》，80（2013），頁77-120；蔡龍保，〈日本營造業最初的海外擴張：韓國京仁鐵路的興建——兼論與臺灣縱貫鐵路發展之異同〉，《臺灣史研究》，24：1（2017），頁37-76；蔡龍保，〈日治時期在臺日本人的土建會社經營之研究〉，收入於黃自進、潘光哲編，《近代中日關係史新論》（新北：稻鄉出版社，2017），頁685-746。

156 凃照彥的博士論文完成於1972年，1975年通過審查在東京大學出版會出版，1990年代在人間出版社的翻譯之下，題名爲《日本帝國主義之下臺灣》，流通於華語世界。波形昭一爲日本金融史學者，臺灣是其研究日本帝國金融構造的一個環節。

157 黃紹恆，〈日治初期在臺日資的生成與積累〉，《臺灣社會研究季刊》，32（1998），頁198、211-212。

158 中川理江，《臺灣日治時期日本民間企業發展之研究—以臺灣煉瓦株式會社爲例》（臺南：國立成功大學歷史研究所碩士學位論文，2005）。

面。[159] 鍾淑敏在「政商」的脈絡之下，論述賀田金三郎如何以殖民當局支援下爲後盾（特別是指武力保護），以壟斷之姿展開東臺灣開發事業。[160] 趙祐志考察了在臺日資如何在業緣、血緣（包括養子繼承的擬血緣）、地緣與學緣等人際網絡關係之上，展開企業經營活動。[161] 何鳳嬌分析赤司初太郎如何在臺灣總督府的協助之下，逐步吞併臺人製腦事業。[162]

日資銀行方面，李爲楨與張怡敏勾勒出臺灣近代金融的發軔，以及日本勸業銀行在臺分行的設立過程與經營活動展開。[163] 另外，張怡敏以臺灣本地首家民營銀行——臺灣貯蓄銀行爲研究對象，重新檢視與闡述臺灣史上首宗銀行合併案之始末及其意義。[164]

臺灣「典型」的外資企業是1949年以後來自歐美與日本的資本。一般認爲，跨國資本與技術是促使戰後臺灣經濟迅速增長的重要催化劑。1980年代，中國廈門大學的《臺灣戰後經濟》第七章就是討論外資企業的角色。臺灣的研究者在1990年代才

---

159 林玉茹，〈殖民地邊區的企業——日治時期東臺灣的會社及企業家〉，《臺大歷史學報》，33（2004），頁315-363。

160 鍾淑敏，〈政商與日治時期東臺灣的開發——以賀田金三郎爲中心的考察〉，《臺灣史研究》，11：1（2004），頁79-117。

161 趙祐志，《日人在臺企業菁英的社會網絡》（臺北：國立臺灣師範大學歷史研究所博士學位論文，2004）。

162 何鳳嬌，〈赤司初太郎在臺灣的樟腦經營〉，《臺灣學研究》，16（2013），頁1-40。

163 李爲楨、張怡敏，《殖產興業・臺灣土銀》（臺北：國立臺灣博物館，2009）。

164 張怡敏，〈臺灣貯蓄銀行之設立及其發展（1899-1912年）：兼論臺灣史上首宗銀行合併案〉，《臺灣史研究》，23：1（2016），頁35-74。

陸續投入此一課題，並且是在美援與冷戰的歷史格局展開論述；諸如林炳炎充分運用了自身所挖掘的英文私人文書，深入考察美國懷特工程公司（J.G. White Engineering Corporation）如何執行美援相關的工程計劃審定。[165] 另一方面，廖鴻綺[166] 與洪紹洋[167] 的相關論著則是將此一課題延續到日資企業，從後進國家資本流入的視角出發，對1950年代日資來臺之過程進行討論，展現出日本政府、日本企業、臺灣政府等三方面，對於此一事情的不同立場乃至日資企業本身的侷限性。

有關戰後臺灣外資企業，洪紹洋作爲長期在此一領域耕耘的學者，近期陸續於2021年與2022年有兩本重要專書出版，提供我們觀察臺灣在欠缺經濟自立性到成爲獨立經濟個體之後的日治時期到至1960年代爲止，本地與外來企業在殖產興業、一戰榮景、戰間期不景氣、戰時體制、戰後復興、高度經濟成長的萌芽等不同經濟階段，如何嗣應臺灣經濟存在的限制條件與開創利基，微觀觀察臺灣經濟從戰前走到戰後過程的發展趨勢，突破許多歷史認識的盲點。[168]

---

165 林炳炎，《保衛大臺灣的美援（1949-1957）》（臺北：臺灣電力株式會社資料中心出版，2004）。

166 廖鴻綺，《貿易與政治：臺日間的貿易外交（1950-1961）》（新北：稻鄉出版社，2005）。

167 洪紹洋，〈中日合作策進會對戰後臺灣經建計畫之促進與發展〉，《臺灣文獻》，63：3（2012），頁91-124；洪紹洋，〈戰後初期臺灣對外經濟關係之重整（1945-1950）〉，《臺灣文獻》，65：3（2015），頁103-150；洪紹洋，〈1950年代臺日經濟關係的重啓與調整〉，《臺灣史研究》，23：2（2016），頁165-210。

168 洪紹洋，《商人、企業與外資：戰後臺灣經濟史考察（1945-1960）》（臺北：左岸文化，2021）；洪紹洋，《企業、產業與戰爭動員：現代臺灣經濟體系的

七、國營企業

中國與臺灣在經濟發展過程，均可見到國家高度介入市場的現象。因此，中國企業史研究的起點就是官督商辦企業，已如前述。儘管北洋政府時期的經濟政策被認爲是體現出自由主義的原則與精神，可是當國民政府建立之際，再度嘗試管控整個市場經濟的運作，並且認爲所有公用事業與獨佔性質事業，都應該要國營。

（一）南京國民政府的國營經濟

1990年代以來，中國企業史研究開始關注南京國民政府時期的國營企業，這似乎跟中國改革開放以國營企業作爲主導力量有關。

針對此一課題，趙興勝全面考察了南京國民政府成立以來到戰後初期的國營企業，並且認爲國營經濟是實現經濟高效快速增長的最佳途徑，只是在實現過程才逐步暴露出這種企業制度的缺陷和不足。[169] 張忠民與朱婷亦對於南京國民政府時期國營企業的形成、發展以及總體規模建構出一個較爲清晰的整體概貌。[170]

國民政府對於市場經濟的介入在第二次世界大戰期間升溫，資源委員會（以下簡稱資委會）不僅擴大職責範圍、擔當國防重

建立（1910-1950）》（臺北：左岸文化，2022）。

169 趙興勝，《傳統經驗與現代理想——南京國民政府時期的國營工業研究》（濟南：齊魯書社，2004）。

170 張忠民、朱婷，《南京國民政府時期的國有企業：1927-1949》（上海：上海財經大學出版社，2007）。

工業建設的經營管理之責，還在1945年以後成爲國營工業的經營管理機構。因此，資委員成爲考察此一階段國民政府經濟措施的重要切入點，即如臺灣學者劉素芬就作出如下歷史評價：國民政府在抗戰初期徵購無力恢復生產的民營機器設備，乃是其開啓創辦國營事業的契機，此一舉動同時是立基於技術官僚的專業化、企業化經營的理念。[171] 另外，鄭會欣探討資委員旗下最重要貿易公司——復興商業公司在二次大戰期間，如何透過掌握物流來維繫民生經濟運作；[172] 其餘如林立強與高超群以國營福建示範茶廠的個案研究，也呈現出國營企業在抗戰時期對於推動產業現代化的貢獻。[173]

戰時國營特殊金融機構與省營企業是二十一世紀以來，中國企業史研究重點關注的課題，劉素芬透過川康興業公司[174]、徐琳透過郵政儲金匯業局[175] 等機構史的探討，呈現出國民政府如何利用戰時體制來全面整合中央到地方的金融制度。另外，廣東、四川與山西等的地方檔案館開放，則是省營企業研究日益蓬勃的

171 劉素芬，〈抗戰時期的統制經濟與國營事業——以廣西紡織機械工廠爲例〉，《中央研究院近代史研究所集刊》，92（2016），頁101-137。

172 鄭會欣，《國民政府戰時統制經濟與貿易研究（1937-1945）》（上海：上海社會科學院出版社，2009）。

173 林立強、高超群，〈政府干預與企業經營：企業史視域下的國營福建示範茶廠研究〉，《清華大學學報（哲學社會科學版）》，38：5（2023），頁118-133。

174 劉素芬，〈國民政府時期國家資本金融企業的發展——以川康興業公司爲例〉，收入於陳絳編，《近代中國》（第十八輯）（上海：上海社會科學院出版社，2008），頁322-357。

175 徐琳，《近代中國郵政儲蓄研究（1919-1949）》（上海：上海交通大學出版社，2013）。

契機，張曉輝[176]、張忠民（2004）[177]等知名學者引領此一課題，吸引了張守廣（2008）[178]與譚剛[179]等新銳學者持續投入；這些論著對於省營企業如何嗣應戰時體制走向現代化公司制度，有頗爲深入的著墨。

二次世界大戰結束後，國民政府從日人手中接收大量經濟資源，據此組建大型國營企業，此一舉措在當時被認爲壓迫到民營企業的生存空間而受到社會民情輿論嚴厲批判，國民政府遂順應時勢地推動了一次大規模的國營企業民營化。前述趙興勝、張忠民與朱婷等人都對此一議題有所著墨，金志煥有關紡織業的個案研究[180]、魏曉鍇有關菸業的個案研究[181]，亦可視爲此一議題的代表性成果；諸如，金志煥指出：國民政府透過接收日資企業組建當時被稱爲世界上最大紡織企業——中國紡織建設公司，就是希望這家國營企業能夠作爲戰後棉業統制政策的核心機構。

中共於1949年建政之後，如何接管與改組國民政府留下的龐大國營企業體系，乃是嶄新研究焦點。前述朱婷就以其自身在

---

176 張曉輝，〈民國時期地方大型有企業制度研究——以廣東實業有限公司爲例〉，《民國檔案》，第4期（2003），頁99-103。

177 張忠民，〈略論抗戰時期上海企業公司的制度創新〉，《上海經濟研究》，第9期（2004），頁74-79。

178 張守廣，《大變局：抗戰時期的後方企業》（上海：江蘇人民出版社，2008）。

179 譚剛，〈抗戰時期廣西企業公司研究（1941-1944）〉，《抗日戰爭研究》，第3期（2013），頁107-115。

180 金志煥，《中國紡織建設公司研究：1945-1950》（上海：復旦大學出版社，2006）。

181 魏曉鍇，《困境下的多重博弈：戰後上海捲煙業政企關係研究》（北京：中國社會科學出版社，2018）。

南京國民政府國營企業的研究基礎之上，發表一系列論著來探討中國紡織建設公司爲中共所接收、改組到撤廢的過程。[182] 可以說，國有經濟是社會主義的主體，國民政府在戰前辛勤擘劃的國有企業願景，反而替中共建政的國有經濟打下基礎，可謂歷史弔詭之處。

（二）國策會社與公營企業

國營企業在臺灣高度經濟成長期亦有其角色，已如上述。不過，若要回顧臺灣國營企業的發展，必須溯及戰前臺灣總督府的公共事業、專賣事業與國策會社。首先要探討的公用事業當屬鐵路，此一部門是殖民地臺灣最大的事業組織，蔡龍保繼承了高橋泰隆企業史的觀念，全面性對臺灣鐵道的建設與營運進行分析，特別是蔡龍保的分析框架對於稍後將提及之後續公共事業相關論著存在啓發作用。[183]

公路事業跟鐵路事業有緊密關聯性，因爲臺灣總督府讓公營公路事業從屬於鐵路事業而歸交通局所管，即是所謂「局營自動車」，蔡龍保對於局營自動車的成立過程與經營，展開全面且深

182 朱婷，〈1949-1952年被接管官僚資本企業轉化爲新中國國營企業的歷史考察——以上海國營紡織企業接管、改造與建制過程爲中心〉，《上海經濟研究》，第9期（2012），頁147-155；朱婷，〈1950年代上海國營企業技術發展的路徑及特點——以國營紡織企業爲例〉，《上海經濟研究》，第4期（2014），頁119-128。

183 蔡龍保，《推動時代的巨輪：日治中期的臺灣國有鐵路（1910-1936）》（臺北：臺灣古籍，2004）；蔡龍保，〈戰時體制下臺灣總督府交通局鐵道部的官制改革（1937-1945）〉，《臺灣師大歷史學報》，42（2009），頁297-326；蔡龍保，〈戰時體制下的臺灣總督府鐵道部運輸政策研究（1937-1945）〉，《成大歷史學報》，48（2015），頁1-46。

入的分析。[184] 至於，其餘如通信有吳政憲[185] 與曾立維[186]、廣播有呂紹理[187] 等論著可供參考，這些論著對於這些公用事業如何在本地社會普及、具體營運績效爲何、存在哪些侷限性、不同階段產生什麼轉變等，均有頗爲完整的檢討。

臺灣總督府的專賣事業方面，雖然諸多論著可資查考，不過大多偏向政策史方面的討論，對於經營層面的討論較爲豐富，包括產銷體系如何建立、產銷量及其金額的變化以及對於整體專賣收益的貢獻等層面。

「國策會社」是受到官方強力主導之「半官半民」的特殊企業，可以說是戰前日本資本主義發展過程的特殊性存在。臺灣設立的國策會社爲「臺灣拓殖株式會社」（簡稱臺拓），梁華璜[188] 爲研究先驅，後在王世慶的史料開發工作之下，林孟欣[189]、張靜宜[190]、王世慶[191] 等，開始運用相當檔案文獻梳理臺拓的成立背

184 蔡龍保，《殖民統治之基礎工程——日治時期臺灣道路事業之研究 1895-1945》（臺北：國立臺灣師範大學，2008）。

185 吳政憲，《通訊與社會：日治時期臺灣「警察專用電話」系統的建立（1895-1945）》（新北：稻鄉出版社，2011）；吳政憲，《帝國之弦：日治時期臺日海底電纜之研究（1895-1945）》（新北：稻鄉出版社，2018）。

186 曾立維，《千里猶咫尺：日治時期臺灣的電報與電話通訊》（臺北：政大歷史系，2023）。

187 呂紹理，〈日治時期臺灣廣播工業與收音機市場的形成（1928-1945）〉，《國立政治大學歷史學報》，19（2002），頁 297-334。

188 梁華璜，〈臺灣拓殖株式會社之成立經過〉，《成功大學歷史學報》，6（1979），頁 187-222。

189 林孟欣，〈臺灣總督府對岸政策之一環——福大公司在閩粵的經濟活動〉，《臺灣風物》，47：3（1997），頁 89-126。

190 張靜宜，《臺灣拓殖株式會社與日本軍國主義》（國立成功大學歷史研究所博士學位論文，2002）。

191 王世慶編，《臺灣拓殖株式會社檔案論文集》（南投：國史館臺灣文獻館，

景、人事結構、事業組織，緊接著有朱德蘭[192]、褚填正[193]、鍾淑敏[194]、林玉茹[195]開始深入檢討臺拓子企業的經營、如何配合軍部與軍需工業化政策、島內外事業如何展開，特別是指臺拓在中國華南與東南亞所經營與投資的各項事業。[196]

戰前同樣被視爲「半官半民」的特殊企業還有「臺灣電力株式會社」（簡稱臺電），林蘭芳[197]與吳政憲[198]是這家企業最具代表性的研究者。其中，林蘭芳的論述重點是此一電力事業之出現於殖民地臺灣，背後隱藏著殖民性與現代性互爲交織的歷史面貌，吳政憲相對著重於這家企業的資金籌措方式與經營績效。

臺灣總督府的公用事業與專賣事業在戰後初期如何被國民政

2008）。

192 朱德蘭，〈日據廣州時期（1938-1945）的廣州社會與臺拓國策公司的自來水事業〉，收入於唐力行編，《家庭．社區．大眾心態變遷國際學術研討會論文集》（合肥：黃山書社，1999），頁400-410；朱德蘭，〈臺灣拓殖株式會社的政商網絡關係（1936-1946）〉，《臺灣史研究》，12：2（2005），頁75-119。

193 褚填正，〈戰時「臺灣拓殖株式會社」之研究：試析嘉義化學工場（1939-1945）（上）〉，《臺北文獻》，直字第141號（2002a），頁87-118；褚填正，〈戰時「臺灣拓殖株式會社」之研究：試析嘉義化學工場（1939-1945）（下）〉，《臺北文獻》，直字第142號（2002b），頁87-122。

194 鍾淑敏，〈臺灣拓殖株式會社在海南島事業之研究〉，《臺灣史研究》，12：1（2005），頁73-114。

195 林玉茹，《國策會社與殖民地邊區的改造：戰時臺灣拓殖株式會社在東臺灣的經營》（臺北：中央研究院臺灣史研究所，2011）。

196 臺拓雖然是日本帝國主義研究的典型課題，卻在很長一段時間爲日本學界所忽視，反而是在哈佛大學的Justin Schneider以此爲題於1998年完成博士論文。

197 林蘭芳，《工業化的推手——日治時期臺灣的電力事業》（臺北：國立政治大學歷史學系，2011）。

198 吳政憲，《新能源時代：近代臺灣電力發展（1895-1945）》（臺北：花木蘭文化出版社，2013）。

府所接收與經營，國民黨政權又如何以此爲基礎打造龐大的公營部門，乃是戰後臺灣史的重要課題，旅日臺籍學者劉進慶在日本東京大學經濟學系的博士論文開啓了相關討論。劉進慶在馬克思政治經濟學的基礎之上，對於國民黨政府擴大「公營事業」基盤予以強烈批判；劉進慶認爲，「公營事業」被用於維持與擴大國民黨政權的權力基礎，其內部且存在濫用權力、建立分贓體系等問題，還會任意干涉市場運作，從而影響市場經濟的效率。[199]

劉進慶的研究成爲臺灣學者探討相關議題的重要養分，除了有薛月順的鳥瞰式研究[200]，單一國營企業而言則有陳兆偉[201]與程玉鳳[202]有關臺糖的研究、林炳炎[203]與林蘭芳[204]有關臺電的研究、李爲楨[205]有關臺灣銀行的研究，皆處理了國民黨政府如何由日人資產建構出龐大的國營企業，資源委員會的角色，專業人

199 劉進慶的博士論文完成於1972年，1975年通過審查在東京大學出版會出版，1990年代在人間出版社的翻譯之下，題名爲《戰後臺灣經濟分析》，流通於華語世界。

200 薛月順，〈資源委員會與戰後臺灣公營事業的成立〉，收入於中華民國史專題第三屆討論會秘書處編，《中華民國史專題論文集：第三屆討論會》（臺北：國史館，1996），頁447-562

201 陳兆偉，《國民政府與臺灣糖業（1945-1953）》（新北：稻鄉出版社，2003）。

202 程玉鳳，《資源委員會與臺灣糖業：1945-1952》（臺北：國立臺灣師範大學歷史研究所博士學位論文，2003）。

203 林炳炎，《臺灣經驗的開端——臺灣電力株式會社發展》（臺北：林炳炎出版，1997）。

204 林蘭芳，〈戰後初期資源委員會對臺電之接收（1945-1952）——以技術與人才爲中心〉，《中央研究院近代史研究所集刊》，79（2013），頁87-135。

205 李爲楨，〈戰後臺灣銀行的接收問題〉，「東亞經濟的回顧與展望：劉進慶．凃照彥教授紀念研討會」，國科會國際合作處、中華經濟研究院主辦，臺北：中華經濟研究院，2008年3月21日。

才和語言的問題、日人留用和遣返問題、人員招募政策、企業重建過程以及初期的營運成果，並且指出國營企業內部冗員充斥、經營效率不彰等問題是始終存在。另外，何鳳嬌對於臺拓的接收有所考察，由此可觀察到當時國民政府對於要將這家規模龐大的前國營企業解散或繼續經營，一直猶豫不決。[206]

國營企業在進口替代階段所扮演的角色及其與美援的關係，可見諸陳思宇[207]的論著。1949年，國民黨政權設立省級的生產事業管理委員會（以下簡稱生管會），繼承了原本資委會統籌辦理國營企業的權力，陳思宇就是將此一經緯與生管會的運作實態進行了完整的梳理。另一方面，四大公司發放民營在近期成爲熱門的研究議題。所謂四大公司是指臺灣水泥公司、臺灣紙業公司、臺灣農林公司、臺灣工礦公司，都是以戰前日人資產爲基礎所成立。1950年代臺灣進行土地改革，這四家國營企業因而轉交到地主之手而完成「民營化」。瞿宛文[208]、薛化元[209]、莊濠賓[210]的論著，圍繞在此一政策是否存在將地主資本導引到工業資本的效用、補償制度是否合理、四大公司的經營實態等，展開

206 何鳳嬌，〈戰後初期臺灣拓殖株式會社社有地的接收與處理〉，《國史館學術集刊》，7（2006），頁257-295；何鳳嬌，〈戰後初期臺灣拓殖株式會社事業地的接收與經營〉，《國史館學術集刊》，16（2008），頁223-258。

207 陳思宇，《臺灣區生產事業管理委員會與經濟發展策略》（臺北：國立政治大學歷史學系，2002）。

208 瞿宛文，〈臺灣戰後工業化是殖民時期的延續嗎？兼論戰後第一代企業家的起源〉，《臺灣史研究》，17：2（2010），頁39-84。

209 薛化元，〈國民黨經濟政策與臺灣經濟發展的再思考：從土地改革談起〉，《臺灣風物》，66：1（2016），頁73-101。

210 莊濠賓，《世變下臺灣地主層的沒落——以四大公司民營化爲例（1949-1957）》（南投：國立暨南國際大學歷史研究所博士學位論文，2018）。

論爭。

就國營企業在出口擴張階段到十大建設期間如何確定其壟斷性地位而言，前一小節提及的石化業以及信託與造船業成爲重點考察對象。

臺灣石化業的大規模發展在1960年代以後，王振寰認爲國營企業在臺灣石化業發展過程，除了具有自主性的規劃發展能力外，尙能深入社會進行資本的組成，並與「資本家之間形成緊密的關係網絡」。[211] 瞿宛文基於其一貫修正學派的立場，對國營石化企業所帶來的示範效果予以肯定的評價。[212] 薛化元、張怡敏、陳家豪、許志成等人運用國營石化企業與民營石化企業的內部檔案注意到：臺灣民間資本並非缺乏投資意願，而是官方在六輕以前始終堅守上游國營的方針；然而，國營石化企業在供料方面並不穩定，還存在各式各樣隱而未顯的交叉補貼（cross subsidization），反而成爲臺灣石化業持續提升競爭力的阻力。[213]

事實上，不論是王振寰或者瞿宛文的論述，已經嘗試強調國營企業在戰後臺灣經濟成長的正面效益。早在吳若予於1992年所出版《戰後臺灣公營事業之政經分析》一書，已經提出了有別於劉進慶的歷史解釋。不過，幾乎沒有運用檔案文獻的前提之下，此一著作是否能夠視爲企業史，或許値得商榷。不過像是如

---

211 王振寰，〈國家機器與臺灣石化業的發展〉，《台灣社會研究季刊》，18（1995），頁1-37。

212 瞿宛文，《經濟成長的機制：以臺灣石化業與自行車業爲例》（臺北：唐山出版社，2002）。

213 薛化元、張怡敏、陳家豪、許志成，《臺灣石化產業發展史》（臺北：現代財經基金會，2017）。

劉素芬描繪出，中華開發信託公司如何因應民間企業對於資金需求的殷切，而在1959年成立的歷史過程；[214] 洪紹洋對於國營的臺灣造船公司如何繼承日治時期的臺灣船渠株式會社，並藉由引進國外技術發展造船業之過程予以考察，進而凸顯出國家在工業化過程中的關鍵性地位等實證研究，確實有助於我們反思劉進慶的論述，也更加豐富化國營企業在歷史長河的多元面貌。[215]

八、結語

兩岸三地的企業史研究在1980年代至1990年代興起之際，中國、香港與臺灣都是以民族企業／本土企業的關懷作爲起點。爾後，兩岸三地只有中國企業史研究走得相對平順，一開始以歷史學爲主，很快地吸引了經濟學、管理學、社會學以及人類學等各領域研究者的目光，並積極引進歐美與日本嶄新的方法論、研究課題、視角，再回過頭跟華人商業傳統相結合，逐漸走出自身格局，累積豐碩研究成果。相較於此，臺灣企業史與香港企業史在論著數量仍然顯得不足，若干在歐美企業史、日本企業史乃至中國企業史研究已獲得廣泛討論的方法論、研究課題、視角，難以在臺灣企業史與香港企業史研究找到太多的相關論著。

爲何臺灣企業史與香港企業史不像中國企業史得以在過去幾

214 劉素芬，〈戰後臺灣開發銀行的創設——以中華開發信託公司爲例〉，收入於謝國興編，《改革與改造：冷戰初期兩岸的糧食、土地與工商業變革》（臺北：中央研究院近代史研究所，2010），頁167-229。

215 洪紹洋，《近代臺灣造船業的技術傳移與學習》（臺北：遠流出版社，2011）。

十年間獲得充分發展呢？臺灣方面是因爲受到美國學術發展深刻影響的經濟系與企業管理學系，長期忽視經濟史與企業史的研究，有志於投身企業史大多來自於歷史學與社會學，造成研究人力缺乏。也就是說，剛剛提及中國所呈現各領域學者都熱衷於企業史研究的現象，過往難以出現於臺灣學界。

儘管，國立政治大學企業史研究中心成立於2007年，曾經有一段時間致力於推動企業史研究不遺餘力，除了設置資料庫、發行電子報、開設相關課程之外，出版了《百年企業．產業百年：臺灣企業發展史》（王振寰、溫肇東，2011）一書，羅列了十幾家臺灣代表性企業或商家的發展簡史。[216] 不過，此一研究中心在近期似乎呈現停擺狀態。

香港企業史的情形更爲特殊，直到目前爲止似乎只能算是中國經濟史或企業史乃至所謂「華南研究」的一個分支，尚未見其得以成爲一個獨立研究領域的動向。

當然，就算兩岸三地企業史研究的積累程度未必一致，仍然在若干議題發展出相近的觀點。首先，兩岸三地的研究者都不約而同對「合夥制」與「網絡」此一研究視角有所運用，共同結論是血緣與地緣等人際紐帶關係是漢人社會集結資本、從事商業活動的重要途徑，同時注意到傳統合夥組織／合股組織存在著所謂「企業精神」、家族企業經營有其不同於西方強調所有權與經營權分離的優勢。其次，對於外資企業與銀行的經營，大多得以擺脫傳統民族主義史觀的窠臼，給予相對正面的評價與考察。至

216 前述《家族企業還重要嗎？》一書則爲該研究中心的系列研究成果之二。

於，外國學者對於香港與臺灣的外資會社、銀行或者國策會社較感興趣，亦是兩地企業史有趣的共同點。其三，中國企業史與臺灣企業史的國有企業研究，可謂互爲表裡、彼此間存在著歷史連續性可資查考；戰後臺灣龐大國有企業政策方針是源自於南京國民政府時期，不過是以接收日資／敵產爲形式來體現；中共建政後的國有經濟，同樣是運用南京國民政府時期的國有企業基盤，然後再加以「發揚光大」。

綜上所述，中國企業史研究固然得以在既有基礎之上，透過持續跟歐美與日本的企業史理論對話，開發出融入中國本土元素的「中國式經營理論」。至於，臺灣與香港，雖與中國同屬漢人社會的一環，但是作爲傳統中國王朝的邊疆地區與帝國主義的殖民地，理應發展出不同於「中國式」的經營理論，此爲今後值得期待的研究發展方向。

目前，國際人文社會科學的跨領域與跨國合作非常盛行。若是臺灣企業史與香港企業史打算持續積累其研究能量以塡補現有的不足，跟同時代中國或日本的企業史研究進行對話，或許是一條捷徑。這是因爲兩岸三地擁有共同的社會文化背景，臺灣與日本則曾爲同一政治體與經濟體，而且面對相似的東亞國際環境。通過與這些地區的企業史研究進行對話，可以促進更深入的理解和全面的研究視角，共同推動兩岸三地企業史研究的進一步發展。

進而言之，基於香港企業史是從屬於中國企業史，兩地的企業史研究者已有充分交流；兩岸三地企業史亦在清代商業組織此一議題，展開了不少互動。但是，針對公司制度與經營管理、外資企業與銀行、國營企業、民間企業（包括中小企業）等其他議題，不太容易看到彼此有太多對話。日後，兩岸三地或許可以透過共同舉辦跨領域與跨區域的工作坊或研討會在內的手段，展開各式各樣的學術合作與學術交流，共譜兩岸三地爲空間範圍的企業史研究。[217]

另一方面，臺灣史學界長期跟日本學界互動頻繁，日本的經濟史與企業史的方法論、研究課題、視角，經常爲臺灣經濟史或企業史研究所援引，兩地學者也在日本殖民地經濟史、戰後臺灣高度經濟成長、美援等課題展開共同研究，只是其研究成果多以英文或日文出版；以近期而言，臺灣學者蔡龍保就跟澤井實、鳩澤步、中村尚史、湯澤威、林采成、Gisela Hürlimann 等日、韓、瑞士學者組成研究團隊，從跨國比較研究的視野，檢討東亞鐵道技術與經營的發展與演進。[218] 未來，臺灣企業史研究亦可在既有臺日學術合作的平臺之上，持續透過共同研究提升自身的學術研究能量與水平。

---

217 例如，從歷史連續性角度來看，戰後國民黨政權在臺灣所建構的龐大國有企業體系，乃是以此一政權在大陸時期的統治經驗爲基礎，清末官督商辦企業則可以視爲近代中國國家權力介入企業經營（政商關係）的重要歷史源頭。因此，針對國營企業的檢討，臺灣與中國的企業史研究未來應該可以在同一歷史發展軸線，展開對話與交流，共同建構出更完整的國營企業史。

218 Minoru Sawai, ed., *The Development of Railway Technology in East Asia in Comparative Perspective* (Singapore: Springer, 2017).

試析三十年來兩岸醫學史研究的特徵

劉士永
美國匹茲堡大學亞洲研究中心教授

上個世紀的九〇年代或許可算是華人醫學與衛生史研究揚帆起航的始點，歷經三十多年來的發展與積累，筆者在與師友及學生的互動中收穫頗豐，近年更深感英材輩出且研究課題日趨多元。二十一世紀以後兩岸繼起之年輕才俊各有所長，其研究方法與涉及的領域，不僅遠超出上個世紀的範疇，也逐漸顯現出兩岸學者在醫學史領域中的差異。如《老子》有云：「九層之台，起於累土；千里之行，始於足下」，今日兩岸醫學史研究之異同一樣有其歷史根源，故事或許還是得從當初的知識積累與學科成形談起。從發展時序上來看，兩岸在華人醫學史與衛生史的分殊，大致可以2010年前後作爲粗略的分水嶺。在此之前，大陸新一代的醫學史研究者受到臺灣學界新興之醫學與衛生史影響，之後則在既有的醫史傳統與反思風潮下，逐漸自成格局且發展出特有的關懷與研究課題。由於過去兩年當中已有幾篇華人醫學史回顧之論文發表，分別針對臺灣與大陸學界的發展脈絡進行討論。本文遂不擬再次描頭畫角地各自進行回顧，而不忖疏漏希望由比較兩岸醫學史發展趨勢中，試探其差異成因並期待爲日後醫學史發展略盡微言。正值國立中央大學歷史研究所建所三十週年，謹以拙文向所內師友求道問學並賀貴所而立之慶。

一、一脈相通、千帆競發

筆者曾在〈臺灣地區醫療衛生史研究的回顧與展望〉一文中，以《詩經》：「周雖舊邦，其命維新」，形容臺灣醫療衛生史的開展與民初中國大陸醫史的關係，但也承認雖然醫學史早在民國初年的中國大陸已然發軔，但「二十世紀下半到二十一世紀的臺灣地區醫療衛生史，兩者的發展及突破，都與時代氛圍與史學方法的突破有密切的關係。……臺灣醫療衛生史也另有別出心裁、另立新說的創見。」[1] 在1980年代之前，除了像是杜聰明、陳勝崑這些具有醫師背景的醫史工作者之外，臺灣學術界基本上不存在醫學史這個學科的概念，更遑論日後風生水起的「跨領域」呼聲。杜聰明的《中西醫學史略》或可視爲臺灣最早的醫學史書寫，該書以時代與醫學特徵爲經、西醫進入臺灣之時間爲緯。作者採納進步史觀的特徵十分明顯，將現代西方醫學的發展視爲進步文明的過程，簡要的敘事貫穿整個中國乃迄日治、戰後臺灣的醫學歷史。[2] 其自敘編寫《中西醫學史略》的理由：

> 余讀醫學史時，感覺醫學之發達，均由傳統連綿而生，又由於有偉大醫學者，以其發明與發見，促進一時代之劃期的進展，而且期高潔之人格，常能感化門生後學之治學精神不

---

1 劉士永，〈臺灣地區醫療衛生史研究的回顧與展望〉，耿立群編，《深耕茁壯：臺灣漢學四十回顧與展望》（臺北：漢學研究中心，2021），頁395-396。

2 杜聰明，《中西醫學史略》（臺北：中華大典編印會，1966）。

鮮，所以拙著注重介紹醫家之個人傳記，盡量闡明期獨創學說之動機。[3]

足見此時杜聰明撰史之目的，在於強調醫學史對於醫者人格之修練與思考之啓發。至於陳勝崑醫師則在1980年代成為當時臺灣醫家治史的代表性人物，他與杜聰明最不同之處即在於他在醫師資格外，還完成了歷史碩士的專業訓練。這或許是陳勝崑之《中國傳統醫學史》[4]及《中國疾病史》[5]等著作，比杜聰明的《中西醫學史略》更經常被後來的醫學史家所引用的主因。除了如陳勝崑般兼有醫師專業與鑽研史學興趣者，或是立足於中醫教育醫經、醫史的工作者外，[6]罕有人文學者敢於以醫學史或醫療衛生史為名，宣稱或定位其研究領域與專長。在1990年代之前，專業醫者治醫史不僅被一般人視為天經地義，也有臺灣醫學史家認為是治醫史的重要條件。[7]支持醫者治史的觀點，基本上並未把醫療衛生史或醫學史視為獨立學科，這種看法多少也反映出一個普遍的現象。醫學史或醫療衛生史在臺灣學界到1990年代前，尚屬於史家不敢碰觸的醫學專業領域。

除了研究醫學史可能涉及的醫學專業性讓歷史學者不敢輕觸

3 杜聰明，《中西醫學史略》，序。

4 陳勝崑，《中國傳統醫學史》（臺北：時報文化出版公司，1979）。

5 陳勝崑，《中國疾病史》（臺北：自然科學文化事業公司，1981）。

6 有關中醫醫史研究的部分可參考陳秀芬，〈醫療史研究在臺灣（1990-2010）——兼論其與「新史學」的關係〉，《漢學研究通訊》，第29卷第3期（2010），頁23，註32。

7 張秀蓉，〈醫學史與醫學人文教育〉，《臺灣醫學》第11卷第2期（2007），頁168-169。

鏑纓外，九〇年代的臺灣歷史學者還另有焦慮的來源。中國大陸史學理論的壓力與對於西方專業醫學史學界的關注，正靜靜地在臺灣史學界擾動醞釀中。杜正勝在《從眉壽到長生》一書中曾謂，他早在1980年代即焦慮於「左派史學的僵硬規範」。[8] 陳秀芬亦認爲此等焦慮來自於當時臺灣歷史學界爲與大陸學者在論述上抗衡，而亟思另闢歷史解釋的蹊徑。[9] 2013年12月，杜正勝院士在《中醫藥雜誌》上發表〈另類醫療史研究20年——史家與醫家對話的臺灣經驗〉一文，回顧1990年代中央研究院歷史語言研究所（簡稱中研院史語所）成立「生命醫療史研究室」以來，生命醫療史研究在此二十年間的經歷與轉變。他在這篇論文裡提到臺灣歷史學家參與醫療史的研究，或可以1994至1997年間爲一個重要的轉捩點。[10] 在此期間，杜正勝試圖拋棄馬克思史學歷史階段論的綑綁，直探歷史構成的基本單位——「人」，從而有「新社會史」的主張：「所謂新社會史是以過去歷史研究所重視的政治制度、社會結構和生產方式爲骨幹，傅益著人的生活和心態，使歷史學成爲有骨有肉、有血有情的知識。」[11] 然而，儘管這個理念崇高且宏大，但要落實到醫療史這個領域中時，杜正勝亦不免自問：「歷史學者可能進入這個需具備高度專業科技

8 杜正勝，《從眉壽到長生》（臺北：三民書局，2005），序言。

9 陳秀芬，〈醫療史研究在臺灣（1990-2010）——兼論其與「新史學」的關係〉，頁24。

10 杜正勝，〈另類醫療史研究20年——史家與醫家對話的臺灣經驗〉，《中醫藥雜誌》，第24卷S1期（2013年12月1日），頁1-34。該文原載於《古今論衡》第25期（2013），頁3-38。

11 杜正勝，〈醫療、社會與文化——另類醫療史的思考〉《新史學》第8卷第4期（1997），頁114。

的醫學領域，而探索關係人之生死的問題嗎？」面對這個大哉問與儼然無法跨越之醫學專業高牆，其處方或變通之法乃「倡導我們的研究係『另類醫療史』，並且以『醫療』取代長期以來習用的『醫學』。」[12] 一字之差，化解了歷史學家研究醫療史的躊躇，也將看似高不可攀的醫學知識拉回尋常人間的醫療經驗。

杜正勝在文中有一段早期開展中研院史語所「生命醫療史研究室」的憶述，彷彿早就預示了爾後臺灣地區醫療衛生史的研究取向與特徵：

> 我記得當時提出一個比較清楚的概念是把醫學知識和醫療方法當做文化現象。我們是歷史研究者，歷史學的主體是人與人群，而人一生的生命，所謂生老病死的過程，無一不是該人群或民族文化的顯現，這個人群（民族）如何促生、延老、卻病、防死，自然就形成該人群（民族）文化的特色了，……坦白說，以我們的知識背景也只能走這樣的路，所以我們無意與過去的專業醫學史爭鋒，而自稱「另類醫療史」。[13]

敘述當中提到，以文化研究做爲醫療衛生史的方法，將相關史家的成果自謙成「另類」。回首25年來臺灣醫療衛生史的研究特質，幾乎與當年杜正勝所言若合符節。

---

12 杜正勝，〈另類醫療史研究20年——史家與醫家對話的臺灣經驗〉，頁1-2。

13 杜正勝，〈醫療社會文化史外一章：從專職技術到政事治理〉，收入金仕起，《中國古代的醫學、醫史與政治》（臺北：政大出版社，2010），序。轉引自杜正勝，〈另類醫療史研究20年——史家與醫家對話的臺灣經驗〉，頁2。

生命醫療史研究室出現的時間點格外值得注目，因爲西方醫學史與醫療社會史學界到此時已經歷數十年的發展，彙集了十分豐富的文獻解讀與研究成果。[14] 從生命醫療史研究室草創之初（1992-1999）舉辦的系列研討會與工作坊，不難看出西方醫療社會史如何透過邀訪學者與社群成員討論，啓發臺灣學術社群研究醫療史的新觀點，並讓史語所的生命醫療史研究室在國際學術界成爲不可忽視的社群。進入二十一世紀後的生命醫療史研究室，自從加入了李尚仁、巫毓荃，以及史語所外各個受過西方醫學史訓練或影響的同好後，不僅不再需要以「另類」或「醫療文化」來迴避對於醫學專業的質疑，甚且已然有把既有醫學史領域也包含進來的態勢。[15] 無怪乎杜正勝可以把先前的猶豫與不安擺在一邊，而在呼應西方醫學史大師Henry E. Sigerist的理念後疾呼：「作爲醫學專業之門外漢要研究醫療史，不但天地開闊，而且還是符合主流價值呢！」[16] 嚴格來說，進入二十一世紀後的史語所生命醫療史已是臺灣發展醫療史研究的標竿，也逐漸形成以醫療文化研究爲自己定位的信心。

1990年代以後從臺灣學界出發之醫療衛生史研究，雖仍與

14 以英美兩地最具有代表性的醫學史專業期刊爲例，美國 *Bulletin of the History of Medicine* 首刊於1933年，而英國現行最具影響力之 *Social History of Medicine* 則改名自1970年創刊的 *Bulletin for the Social History of Medicine*。

15 陳秀芬，〈醫療史研究在臺灣（1990-2010）——兼論其與「新史學」的關係〉，頁25。當然，李尚仁、巫毓荃兩人專業的醫學背景（牙醫與精神醫學），有降低這等質疑的作用。但事實上其他非醫學專業出身的成員與他們的作品，如林富士、張嘉鳳等，也在這段時間中廣泛的被醫學界所採納或引用。可見得醫學專業訓練之有無，此時並不一定被認定是醫療史研究者的必要條件。

16 杜正勝，〈另類醫療史研究20年——史家與醫家對話的臺灣經驗〉，頁11。

二十世紀上半期之中國醫學史有輝映之處，但其發軔的動機乃至於面對之思想困境[17]卻已不盡相同。除了杜正勝院士所提到的史觀問題外，後來以華人衛生史研究爲出發點，開創「華人衛生史研究計畫」的梁其姿院士在2008年就提出另一個看法：

> 中國醫療衛生體系在建立過程中所透露的「現代性」，是史學工作者比較感興趣的問題。……醫療衛生的語言將中國近代個人與政體的共同焦慮與期待恰當地表達出來。「衛生」也成爲彰顯中國「現代性」最常被用的概念與用詞之一。[18]

她這番觀察與期待，則將衛生史的研究目標與史學界長期對中國現代性的關懷聯繫起來；後來更因著這種聯繫，讓歷史研究與當下之醫療衛生社會經驗擦出互動的火花。2003年SARS爆發後，臺灣醫療衛生史出現快速發展的現象，正就是臺灣醫療衛生史發展和社會關懷緊密互動的見證。就此而言，醫療衛生史在臺灣的發展經歷，不僅是一個以歷史方法研究醫療活動新領域之興起，也是史家展現對於社會醫療事務關懷的新管道。

生命醫療史早期避免踩到「正統醫學史」雷池的做法，衍生出醫家治醫學史（內史）與史家治醫療史（外史）的看法。[19]借

---

17 有關醫學史發展初期所可能面臨的困境，可參見杜正勝，〈醫療、社會與文化——另類醫療史的思考〉，《新史學》，第8卷第4期（1997年12月），頁146。

18 梁其姿，〈醫療史與中國［現代性］問題〉，《中國社會歷史評論》，第8期（2007），頁4。

19 這是個本來就困擾科學史研究多年的分野標準。只是這個分類法是否能全然作爲劃分專業領域的標準，實不無疑問。例如學者即已提出進化論（evolution）此

重對於傳統中文經典與史料的解讀實力，生命醫療史社群由文化史與社會史的眼光出發，研究生老病死有關的醫療現象，[20] 避免遭受專業醫者知識不足之譏與史料可能誤讀的風險。如果說史語所生命醫療史研究室較多關注的是傳統時期的醫療與社會文化關係，那麼梁其姿院士所帶領的華人衛生史研究社群，就更多聚焦於近現代時期以來，華人社會中醫療衛生觀念史的碰撞與消融。與生命醫療史社群較多英美影響稍有不同，梁其姿曾自承她的研究興趣，一直圍繞著邊緣或下層人群，以及生老病死的課題。陳秀芬認爲當與其1970年代末的法國求學經驗不無關係，也因此梁其姿的研究風格頗有法國年鑑學派的流風。[21] 儘管梁其姿的研究視角頗具特色，也吸引了相當多學者的注意與追隨。但在建置衛生史成爲一門獨立學術領域的過程中，梁其姿最重要的貢獻當屬華人衛生史計畫團隊的成立。推動臺灣從1990年代到二十一世紀前二十年出現醫療衛生史的研究風潮，中研院史語所「生命醫療史研究室」與人文社會科學研究中心之「華人衛生史計畫」，著實發揮了相當重要的準機構效應。這兩個單位先後結合了本土與海外返臺的學者後，在1990-2010年間成爲臺灣醫療衛

一概念，不僅僅是十九世紀生物學知識內在分化與衝突的出口，同時也是當時科學社群自立與達爾文個人社會與學派經歷上的投射，兩者誠不可分亦不必分，見David Bloor. *Knowledge and Social Imagery* (Chicago and London: The University of Chicago Press,1991), pp. 6-9。另，李尚仁的近著，《帝國的醫師：萬巴德與英國熱帶醫學的創建》（臺北：允晨文化，2012），書中分析亦可見到類似的機鋒。

20 杜正勝，〈另類醫療史研究20年——史家與醫家對話的臺灣經驗〉，頁6。

21 陳秀芬有關梁其姿的師承之說，採自史語所研究人員的自我介紹，並據以發表其分析與看法。參見陳秀芬，〈醫療史研究在臺灣（1990-2010）——兼論其與「新史學」的關係〉，頁25-26。

生史的代表性機構，並肩負起海內外學術交流平台，讓醫療衛生史的研究理想與共識得以化爲具體行動。

大陸衛生史學界在2000年左右開始出現歷史學者治醫學史的現象，到2010年後非醫學專業者書寫醫學史與衛生史研究更蔚然成風。以雷祥麟在2004年發表之〈衛生爲何不是保衛生命？民國時期另類的衛生、自我、與疾病〉爲例，該文涉及國人對於日譯漢詞「衛生」的理解或誤解，也觸及二十一世紀初期，臺灣衛生史學者對民國時期衛生現代性的多重面向。[22] 對於「衛生現代性」的探討同時也是華人衛生史早期海外成員，亦爲醫療人類學者羅芙芸（Ruth Rogaski）的研究特長；她早在博士論文寫作間即已提出「衛生現代性（hygienic modernity）」一詞，並在專書出版時主張使用拼音的「衛生（weisheng）」，而非英語的hygiene以凸顯中文語境及中國社會脈絡之文化獨特性。[23] 從具有社會意涵的公共衛生入手，並將中國現代史長期關注之「現代化」與「現代性」議題導入，爲當時正蓄勢待發的大陸史學界，以及亟欲突破研究窠臼的大陸年輕史學家帶來新希望。這方面的影響與衝擊，可在余新忠等一輩九〇後出身的學者身上看到。

余新忠自2005年開始的一系列研究，均從民間防疫之日常與對應出發，分析近代公共衛生之行爲與觀念如何進入尋常百姓

---

22 雷祥麟，〈衛生爲何不是保衛生命？民國時期另類的衛生、自我、與疾病〉，《臺灣社會研究季刊》，第54期（2004），頁17-59。

23 參見 Ruth Rogaski, *Hygienic Modernity: Meanings of Health and Disease in Treaty-Port China* (Berkely: University of California Press, 2004).

生活之中。[24] 他在〈從避疫到防疫：晚清因應疫病觀念的演變〉和幾篇涉及大衆行爲的論文中均指出，中國古代的防瘟避疫，多半立足於個人、內斂而消極的養內避外之原則，至於近代西方公共衛生強調之滌穢、清潔、隔離等措施並非晚清時期主流的防疫舉措和觀念，須待數次重大瘟疫蔓延的陰影，複以細菌致病論的語彙廣泛傳播後，近代公共衛生的行政體制與社會接納才發生根本性的變化。[25] 這些研究雖已可見到他參考了同時期臺灣、日本等地學者的研究，但整體來說仍舊是以制度梳理和社會史爲論證主題。然而到2010年余新忠發表"Treatment of Nightsoil and Waste in Modern China"時，除了本文發表的論文集顯示他與臺灣相關學者、社群的學術關係外，全文在討論常民生活的部分已隱約可見彼時衛生史常見之現代性論述的影響。[26] 次年（2011）余氏的〈晚清的衛生行政與近代身體的形成——以衛生防疫爲中心〉專書中，更可發現他的分析史觀開始向當時臺灣醫學史與衛生史主流思潮的現代性（modernity）論述快速過渡。[27] 此時支撐余新忠相關研究的正是臺灣學界已蔚然成風之史家治醫學史的新時尚，

---

24 石野一晴，〈清末における「衛生」概念の展開〉，《東洋史研究》，第3期（2005），頁560-596；余新忠：〈清代江南的衛生觀念與行爲及其近代變遷初探——以環境和用水衛生爲中心〉，《清史研究》，第2期（2006），頁12-26。

25 余新忠，〈清代江南的衛生觀念與行爲及其近代變遷初探——以環境和用水衛生爲中心〉，《清史研究》，第2期（2006），頁12-26。

26 Yu Xinzhong,"Treatment of Nightsoil and Waste in Modern China," Angela Ki Che Leung and Charlotte Furth eds., Health and Hygiene in Chinese East Asia: Policies and Publics in the Long Twentieth Century (2010)，頁51-72。

27 余新忠，〈晚清的衛生行政與近代身體的形成——以衛生防疫爲中心〉，《清史研究》，第3期（2011），頁48-68。

因此也無可避免地承接了許多有關衛生現代性的討論。2012年，余新忠再次發表〈複雜性與現代性：晚清檢疫機制引建中的社會反應研究〉，其中的文獻回顧與問題意識的相關說明，尤其在衛生思想與行爲現代化的分析方面，[28] 都更加清晰化了中研院華人衛生史研究團隊對他的影響與啓迪。

隨著醫學史與衛生史研究熱潮的興起，2013年以來臺灣地區的醫學史研究出現組織整合與學術邊界化的現象。中研院的生命醫療史研究室及華人衛生史研究計畫，與清華大學歷史研究所科技史組、陽明大學科技與社會研究所等互動合作，集結一批臺灣地區醫療衛生史菁英。他們建立起獨特的研究視角，使得臺灣地區的醫療衛生史研究逐漸在海內外學界發揮影響力。這段時間臺灣醫學史研究的機構效應發揮了「雁行理論」[29] 的作用，引領出一批研究醫療衛生史的新生代。臺灣醫學與衛生史研究的能量與貢獻，不僅表現在參與者引領海內外學術研究風潮，以及開創更多、更新足以和國際學界對話的研究領域，更投注於獎掖後進、擴大醫療衛生研究潛力基盤的雄心。[30] 除了國內培植研究生

---

28 余新忠，《複雜性與現代性——晚清檢疫機制引建中的社會反應》，《近代史研究》，第2期（2012），頁47-64。

29 雁行理論（flying geese paradigm）由日本學者赤松要在1935年提出，後爲東亞發展經濟研究學者引用，以說明發展領先者及其追隨者之間的繼承與典範傳遞關係。參見Terutomo Ozawa,“The (Japan-born)‘flying-geese’theory of economic development revisited—and reformulated from a structuralist perspective,” *Global Policy* 2: 3 (2011): 272-285. 此處借用該經濟理論，亦是爲提醒臺灣醫療衛生史之發展與東亞周邊國家相關研究未來可能之關係。

30 劉士永，〈由庶而嫡：廿一世紀華人醫學史的重現與再釋〉，劉士永、皮國立編，《衛生史新視野：華人社會的身體、疾病與歷史論述》（臺北：華藝學術出版社，2016），頁15-27。

外，臺灣地區醫療衛生史研究的名聲也讓海外年輕學者與博士研究生慕名而來。臺灣地區之醫療衛生史研究風尚、觀點及方法，對於他們日後的論述都深具影響。

陳秀芬分析《新史學》上的論文發表數量後指出「關於中國與臺灣的醫療史研究的回顧論文，光是從1992年起至2009年至少有26篇，平均每年有1.4篇，充分反映了這段期間海峽兩岸醫療史研究的盛況。」[31] 正由於2013年以後醫療衛生史研究崛起之勢已不容忽視，歷年來有相當多的學者做過研究成果介紹與評論，如杜正勝、李貞德、李建民、余新忠、梁其姿、飯島涉、皮國立、曹南屏、李忠萍等。[32] 李貞德回顧生命醫療史在史語所的發展後，認爲臺灣的醫療史研究者不僅著重史料分析與歷史脈絡，研究視野更跨越內外史的疆界。有趣的是，臺灣的研究者未必都以醫療史學者自居，而是以科技史、性別史、宗教史、社會文化史等作爲其專業領域。[33] 就此而言，李建民、林富士、祝平一、邱仲麟，甚至是更早一些的蕭璠等人，大概都與這段描述的現象相符。他們未以醫療衛生史家自居的態度，可能和杜正勝主張從社會史出發研究醫療經驗，以「另類」自我定位的態度有

31 陳秀芬，〈醫療史研究在臺灣（1990-2010）——兼論其與「新史學」的關係〉，《漢學研究通訊》，第29卷第3期（2010年8月），頁19。

32 如余新忠，〈中國疾病、醫療史探索的過去、現實與可能〉，《歷史研究》（2003年4月），頁158-168；皮國立，〈探索過往，發現新法：兩岸近代中國疾病史的研究回顧〉，《臺灣師大歷史學報》35（2006），頁251-277。尤其是陳秀芬，〈醫療史研究在臺灣（1990-2010）——兼論其與「新史學」的關係〉，頁19提供了2009年以前非常完整的回顧論文出版目錄。

33 Jen-der Lee李貞德，“The Past as a Foreign Country: Recent Research on Chinese Medical History in Taiwan,”《古今論衡》，第11期（2004年9月），頁37-58。

關。

或許正是臺灣學界此等視醫學史爲「另類」歷史書寫的啓發，讓大陸歷史學者得以放膽書寫中國歷史中的醫療經驗，用更加寬廣的人文態度直視過去被認爲僅有醫學專業才能涉獵的領域。當周東華發表〈公共領域中的慈善、福音與民族主義——以近代杭州痲瘋病救治爲例〉一文時，他已比之前的余新忠更大膽地使用「衛生現代性」作爲判準，區隔明清以來中國傳統與西方傳教士的痲瘋救治的歷史階段性。[34] 而張仲民論著〈「衛生」的商業建構——以晚清衛生商品的廣告爲中心〉[35]，王瑤華、章梅芳、劉兵等人發表的〈身體規訓與社會秩序——近代中國公共衛生和身體「革命」視野下的口腔與牙齒〉[36]，乃至於非歷史學者之李耘耕的〈傳播「健康」：民族主義，科學現代性與近代中國「健康」話語的建構與傳播——基於《中華健康雜誌》（1939-1949）的考察〉[37]，都不約而同地從社會、文化、政治等常見的史學角度探討民眾對公衛規訓與近代醫學意識的「日常化」也就是「公共化」的議題。這些觀點與分析都不涉及專業的醫學（內史），更多的是借重公共衛生與社會文化（外史）重疊的灰色地

---

34 周東華，〈公共領域中稱慈善，福音與民族主義——以近代杭州痲瘋病救治爲例〉，《社會學研究》，第3期（2010），頁114-135。

35 張仲民，〈「衛生」」的商業建構——以晚清衛生商品的廣告爲中心〉，《歷史教學問題》，第5期（2013），頁53-58。

36 王瑤華、章梅芳、劉兵，〈身體規訓與社會秩序——近代中國公共衛生和身體「革命」視野下的口腔與牙齒〉，《上海交通大學學報》，第1期（2016），頁99-106。

37 李耘耕，〈傳播「健康」：民族主義，科學現代性與近代中國「健康」話語的建構與傳播——基於〈中華健康雜誌〉（1939-1949）的考察〉，《新聞大學》，第2期（2019），頁43-63、119。

帶，呈現出醫療社會史或衛生社會史在中國的蓬勃態勢。對於這樣的趨勢，余新忠在2020年連續刊出的兩篇研究理路與反省論文中，不僅再次梳理了中國大陸醫學史研究與臺灣學界的承續關係，揭示了以社會及文化史思路突破制度史的限制，才能讓醫學史持續發展成爲人民的日常史，甚或是更饒富深意的生命史。[38]余新忠的觀察與反思，不僅釐清了醫學史研究在兩岸開枝散葉的過程，也隱約預示著兩岸醫學史研究範式或將邁入再一次的轉型與分疏。

二、內外史有別、中西醫殊途

回顧臺灣地區醫學史研究後，陳秀芬發現：醫療衛生史研究者「對於醫療史的設想比較接近『社會（文化）史中的醫療』，亦即把醫療視爲社會文化史的（補充）材料與議題，目的是爲了探討更廣大的社會歷史圖像。這點倒是與西方醫療史學界常見的以醫療作爲研究主體、社會文化史作爲研究方法所提出的『醫療社會（文化）史』的視野頗爲不同。」[39] 在這樣的思考路徑中，英美醫療社會史與相關之研究積累，無疑地成爲臺灣醫療史研究者的重要養分與參考坐標。於是臺灣早期醫療史論著的研究者，儘管不一定敢於正面宣稱醫學史領域之存在，或將自己定義爲醫

---

38 余新忠，〈中國歷代疫病應對的特徵與內在邏輯探略〉，《華中師範大學學報》，第3期（2020），頁124-129頁；余新忠，〈明清以來的疫病應對與歷史省思〉，《史學理論研究》，第2期（2020），頁96-101。

39 陳秀芬，〈醫療史研究在臺灣（1990-2010）——兼論其與「新史學」的關係〉，《漢學研究通訊》，第29卷第3期（2010年8月），頁27。

學史研究者，但卻逐漸建立起透過觀察醫療或疾病的社會與文化現象，來理解或映照其他傳統歷史研究的敘述與論證手法。舉例來看，*Health and Hygiene in Chinese East Asia: Policies and Publics in the Long Twentieth Century*論文集是華人衛生史計畫初試啼聲之作，書中各個作者即希望通過從觀念的變化到相關政策的考察，探討從明清時期至二十世紀五〇年代初期漢人社會的衛生問題。除了傳統至近代之中國衛生現代性的轉化問題外，尚有許多討論涉及衛生作爲漢人社會文化轉向的表徵。[40] 類似的態度也表現在其他的個別研究當中。例如，雷祥麟早在2003年〈負責任的醫生與有信仰的病人——中西醫論爭與醫病關係在民國時期的轉變〉[41] 一文中，即部分顯現了民初衛生文化思考的轉變。而類似的現象，當然也可以在大陸醫學史研究中窺見。杜麗紅2017年的論文〈世界現代公共衛生史的興起與近代中國相關問題的研究〉即強調，研究中國公衛史應該重視近代中國如何從制度化、職業化和日常生活化三方面，將西學的公共衛生在地化爲社會之日常。[42] 杜麗紅的反思與呼籲，明顯地是希望中國醫學史與公衛史的研究，能從制度史的釐清過渡到社會文化史的範疇。如此的研究主張雖在該文中並未明示與臺灣同好有關，但也差可視爲兩岸醫學史研究視角的「殊途同歸」。

---

40 Angela Ki Che Leung, Charlotte Furth eds., *Health and Hygiene in Chinese East Asia: Policies and Publics in the Long Twentieth Century*, (Durham, NC.: Duke University Press, 2010).

41 雷祥麟，〈負責任的醫生與有信仰的病人——中西醫論爭與醫病關係在民國時期的轉變〉，《新史學》，第14卷第1期（2003），頁45-96。

42 杜麗紅，〈世界現代公共衛生史的興起與近代中國相關問題的研究〉，《河南大學學報》，第6期（2017），頁50-59頁。

以「殊途同歸」稱呼這個現象，表面上看來似乎與前一段的討論有點牴觸，但事實上卻正是因爲政治與制度的關懷不同，造成了2013年以後兩岸醫學史研究出現了歧異。2012年李尚仁出版《帝國的醫師：萬巴德與英國熱帶醫學的創建》；該書的分析與詮釋不僅滿足醫學史家對於社會與文化視角的偏好，更重要的是展現了熱帶醫學的早期思想與技術脈絡。他透過對於十九世紀英國醫學發展的理解與歷史脈絡之掌握，展開對於萬巴德醫學思路的釐清，進而將熱帶醫學的誕生重新放回當有之歷史情境中予以說明。[43] 李尚仁專書出版之際，也恰好是臺灣STS觀點籠罩醫學史研究的期間。這段期間中參與醫學史與衛生史研究者，除了歷史學者之外，更有多元的專業跨界支援，如醫療社會學者蔡友月、醫療人類學者劉紹華，以及國立陽明交通大學科技史訓練出身的王文基、STS學者郭文華等，各自從醫療社會學、科技史與STS各個不同的方面豐富醫學史的課題選擇與論述內容。而在這些學科之中，STS或許是最具影響力的一股力量。以雷祥麟 *Neither Donkey Nor Horse: Medicine in the Struggle over China's Modernity* 專書爲例，他深入分析民國醫政與中醫現代性之間錯綜複雜的轉向關係，並將中醫談論「科學」與「科學化」的問題本身而非具體之內容，作爲中國對全球背景的一種回應方式。[44] 雷祥麟微言大義式帶有STS研究風格的詮釋方法，讓醫學史與衛生史研究得以繞開內、外史的爭辯，因而啓發不少新生代學者與學生的追隨

43 李尚仁，《帝國的醫師：萬巴德與英國熱帶醫學的創建》（臺北：允晨文化，2012）。

44 Sean Hsiang-lin Lei, *Neither Donkey nor Horse: Medicine in the Struggle over China's Modernity* (Chicago: University of Chicago Press, 2014).

迄今依然風潮不退。這除了過去傅大爲等人在清華大學歷史所科技史組、陽明科技與社會研究所打下的堅實基礎外，STS的方法與觀點也讓繼起者得以擺脫傳統史學繁複的史料辨析，而直探問題根源並建構起與當下對話的諸多可能性。

相對於臺灣學者援引跨學科方法與視角投入醫學史研究之際，大陸學者卻更偏向於堅持歷史研究法，並持續聚焦於醫療、衛生、疾病對於中國政治或社會的影響。這樣的態度尤其在公共衛生史研究上表現得相當明顯。如黃華平的〈近代中國鐵路衛生防疫與鐵路衛生建制化〉[45]以及王勇的〈蘭安生與中國近代公共衛生〉[46]，都不約而同地以公共衛生制度建設的進程，作爲標誌中國現代化階段性的基本考量。這類的研究大範圍聚焦在公共衛生制度史的分析，因此像是上海租界工部局的公共衛生管理，或公衛名人像是協和醫學院蘭安生、伍連德等人的經歷，便經常成爲中國公共衛生史中具有代表性的研究課題。舉例來看，2019年張玲、王廷龍在〈抗戰時期中國公共衛生概念解析——兼論衛生觀念的歷史演變〉文中明言，「中國近代化史也是中國公共衛生近代化史」[47]。而朱傳磊、李永宸則在分析中國近代公共衛生學與行政制度後認爲，胡鴻基是「將近代公共衛生理論運用於中國城市公共衛生建設的第一人，他首次提出了完整的公共衛生

45 黃華平，〈近代中國鐵路衛生防疫與鐵路衛生建制化〉，《溫州大學學報》，第4期（2012），頁77-82。

46 王勇，〈蘭安生與中國近代公共衛生〉，《南京醫科大學學報》，第1期（2013），頁13-17。

47 張玲、王廷龍，〈抗戰時期中國公共衛生概念解析——兼論衛生觀念的歷史演變〉，《蘭台世界》，第11期（2019），頁120。

（概念與知識）。」[48] 大陸學者對於近代中國公衛與醫療史的研究關懷，不僅凸顯了公共衛生與相關防疫醫學知識從政治引入到社會接納之過程，更顯現大陸現有學科劃分的特徵及其對於醫學史研究的影響。

大陸對於學科分類有嚴格的限制，這不僅影響到特定學科自身的發展，還因此能決定某些新學科的出現與茁壯。在中國大陸，科學技術史一直被認定爲理學一級學科，2006年，國務院學位委員會才批准增設「科學技術哲學」爲二級學科。[49] 以至於長期以來臺灣學界所理解的醫學史，甚至是STS研究都只能部分側身於科學技術史與科學哲學的領域中，否則就只能在歷史學門中自甘位居邊陲。兩岸在這方面的差別，正如黃相輔所言：「臺灣並沒有像大陸的清華大學科學史系、北京大學科學技術與醫學史系、中國科學院大學科學技術史系、中國科學技術大學科技史與科技考古系等類似的科學史專門教研單位。唯一在性質上比較接近的，是位於臺北的陽明交通大學科技與社會研究所。」[50] 就這一點來說，醫學史在大陸的發展就顯然比臺灣更容易受到學制的限制。根據張晗等人的研究，大陸目前醫學史的研究與教學工作，主要分爲中醫醫史文獻領域下的醫學史方向以及科技史領域的醫學方向。其中各中醫藥大學均設立有中醫醫史文獻專業與相

48 朱傳磊、李永宸，〈胡鴻基公共衛生思想研究〉，《南京中醫藥大學學報社會科學版》，第23卷第2期（2022），頁102-107。

49 張柏春，〈關於中國科學技術史學科發展的幾點思考〉，《自然科學史研究》，第40卷第1期（2022），頁115-119。

50 黃相輔，〈從倫敦到臺北：略談我的科學史學習見聞〉，《自然辯證法通訊》（2022），頁8。

應之單位，而設置科技史專業者，除涉及醫藥領域的大學院校，如哈爾濱醫科大學、上海中醫藥大學及南京中醫藥大學等之外，還有著名的綜合型大學，如清華大學、北京大學和中國科學技術大學等。他們從近五年（2006-2021）的數據分析中得見，高產作者如洪、梁永宣、甄橙、余新忠、張大慶等人，主要集中於浙江中醫藥大學、北京中醫藥大學、北京大學及南開大學。另以所屬機構來看，醫學史研究領域機構多半歸屬於中醫、歷史、人文和社會科學學院項下。醫學史論文多發表在中醫類雜誌如《中華中醫藥雜誌》、《中國中醫基礎醫學雜誌》，但像是《中華醫史雜誌》、《醫療社會史研究》、《醫學與哲學》等也擁有一席之地。這些論文主題或許是受前述諸名家影響所致，重點時限多落在宋朝、清朝、民國等時期並常見公共衛生、瘟疫、傳染病、醫療社會史等主題。和臺灣情況類似，大陸偏於醫學界的醫學史學幾乎都以研究內史爲主；偏於史學界的醫學史學者則以外史爲主，注重醫學現象與外界社會的反應，更具人文社會屬性，且有集中於廣州、上海、天津等地區的現象。[51] 綜觀上述分析，可見得大陸醫學史研究迄今仍以醫療社會史爲主流，STS等其他學科的影響還不算明顯。此外，在西醫界參與醫史研究不多的情況下，中醫醫史的興盛也是與臺灣醫學史發展相當不同的地方。

相對來看，臺灣醫學史研究沒有學科劃分的限制，但也造成了某些發展上的困難。由於資料庫數據不夠完備，筆者並無法完

51 張晗、盧昕玥、卜繁龍、陳卓、尤雪瑤、張晶潾、孫靈芝，〈中國醫學史研究熱點及發展態勢——近五年中國醫學史論文的視覺化分析〉，《醫學與哲學》，第43卷第9期（2022），頁71-76.

全採用張晗等人的數據模型，完整地分析臺灣學界近五年來醫學史研究之特徵。但初步以華藝的線上資料庫與國家圖書館期刊資料庫爲來源，使用VOSviewer和CiteSpace軟體分析後，顯示與張晗等人的發現相當不同的結果。首先以五年超過十篇論文作爲高產標準的臺灣醫學史作者爲0，標準降低至<5篇後才有皮國立、許宏彬等學者脫穎而出。但若發表者所屬單位頻數來看，醫學史研究領域機構多半屬於歷史、STS、人文和社會科學學院項下，發表相關論文的雜誌則以《新史學》、《科技、社會與醫學期刊》爲首，但像是中研院《近代史所集刊》、《臺大歷史學報》等有刊載但篇數明顯不如前者。這些論文主題時限多落在近現代的民國或日治臺灣，主題以關鍵詞計算則以日治臺灣、STS、衛生、傳染病居首。相較於大陸情況，可見臺灣醫學史界似乎名家比較分散並不具有特別集中某校的現象，而且明顯偏好外史與社會科學研究方法，相對地也比較容易爲具有此等特質的期刊接受刊登。相比於大陸醫史仍有近五成的比例屬於內史，尤其在中醫歷史的領域中；臺灣醫史工作者對於內史似乎力有未逮，而中醫內史的研究更是鳳毛麟角。

不受學科硬性劃分與名家約束的情況，使得臺灣醫學史家可以不斷嘗試新的觀點。儘管如前所述雷祥麟等人的STS研究範式，對於近五年來的年輕研究者影響甚深且形成風潮，但仍無礙於蔣竹山提出醫學史研究應該全球化與文化轉向的觀點。蔣竹山分析2016年以前的醫學史後發現多數的研究焦點還是偏向通論、社會史或單一專史如疾病史的探討，遂主張應從文化轉向與全球視野的觀點，重新檢視醫療衛生史的研究取徑。[52] 事實上，早在杜正勝提倡生命醫療史研究之初，社會與文化已是臺灣醫學史研究的兩個基礎面向。因此醫療衛生文化如何轉向並與全球視野相結合，或許才更是蔣竹山呼籲中最核心的關懷。專史化程度不足與專業邊界模糊及研究團體活動漸趨沉寂等因素，可能是造成臺灣醫學史研究名家與觀點動如參商的原因。張淑卿2011年回顧臺灣醫療衛生史研究後指出：「或許有學者認爲醫療衛生史研究者是活動力強的社群。然而如何持續研究成果，使其成爲歷史領域中不可被取代的專史，是日後仍須努力的部分。」並期待史學者無須過於擔心喪失歷史學的主體性，而應就研究的需要「運用人類學、社會學者、STS概念加入討論，以深化文獻資料與理論的結合」。[53] 面對跨學科論運用可能侵奪歷史主體性的疑慮，以及醫療衛生史研究尚難成爲公認之專史領域，謝仕淵等人在2017年的回顧中亦大量借用蔣竹山的回顧論文，偏重說明醫療史做爲文化研究的多重可能性。甚至在結論中強調不是所有的醫療史都需要由全球史的視野觀點切入，轉而當思考如何在關照全球意義下描寫具有在地化特色的醫療史。[54] 種種的蛛絲馬跡似乎顯示臺灣醫學史工作者，仍對醫學史是否該視爲一門專史猶豫不決。

---

52 蔣竹山，〈文化轉向與全球視野：近代臺灣醫療史研究的再思考〉，《漢學研究通訊》，第36卷第4期（2017年8月），頁15。

53 張淑卿，〈2011年臺灣醫療衛生史研究的回顧與展望〉會議論文，2012年臺灣史研究的回顧與展望研討會（2012年12月7日），頁20-21。

54 謝仕淵、王美雯、陳怡宏、劉維瑛，〈2014-2015年臺灣史研究的回顧與展望〉，《臺灣史研究》，第24卷第2期（2017），頁215-218。

醫學史家猶豫不決的態度，或許來自於根深蒂固的內外史區分。儘管杜正勝認爲：「傳統由醫典、名醫和醫事所構成的醫學史，因爲聚焦於醫學專業範圍內，故有『內史』之稱，以別於著重醫學之外的社會文化現象的『外史』。」但他也不禁要質問：「幾十年來『外史』積累成果益多，到底會成爲『內史』的資產還是負債呢？」[55] 看來臺灣地區醫學史偏好外史的態度，雖然避開了內史來自醫療專業的挑戰，但也因爲缺乏內史的支撐，失去了與醫學對話甚至是協助醫師超越專業限制的基礎，隱約削弱了醫學史作爲一個專業史學的立場。對於這個潛在的危機，余新忠也認爲當前大陸的醫史研究雖以跨學科相標榜，但基本上還是處於各自爲政、缺乏系統整合的狀態。史學界醫史研究者雖具有專業解讀史料的能力，多從社會文化史角度探討，但醫學知識較爲薄弱，難以觸及醫學發展的內核，容易使得醫療史成爲「沒有醫學的醫學史」。醫學界的醫學史研究者雖具有現代科學醫學背景，但缺乏史學訓練，較少關注史學發展變遷，問題意識淡薄，易就事論事，造成研究視野侷限，難以有新的突破。造成這種現象直接原因是醫學史專業背景訓練不足，而根本原因則是醫學史或醫療史在目前的接受性和相對獨立性較弱。[56] 於是醫學史對於醫學發展的重要意義並未眞正得到廣泛的認可，尤其在西醫學界，甚至是可有可無的邊緣學科。對於史學界，關注點也多側重於研討疾病和醫療對中國歷史變遷的影響，在這樣的情況下，醫

55 杜正勝，〈另類醫療史研究20年——史家與醫家對話的臺灣經驗〉，頁10。

56 余新忠，〈構建內外融通的生命史學：中國醫療史研究的回顧與前瞻〉，《西部史學》，第1期（2020），頁119-145。

學史無論處於醫學界還是史學界，學科地位都十分尷尬。[57] 可是若從大陸醫史研究的人員以及機構來看，余新忠提出的問題或許是針對西醫內史不足而發，大陸中醫學界對醫學史的研究仍舊佔有相當之分量。

臺灣地區醫療衛生史學者普遍接受之內史和外史二元論，儘管可能受到西方醫學史學界，對於醫學史（history of medicine）、醫療社會史（social history of medicine）兩個子領域界定的影響，但其實這未必是個確切的學術分類。根據德國學者文樹得的看法：「健康科學的歷史研究大致可分成兩類：第一種專注於有關健康和疾病知識的發展，另一種是關於這些知識產生和應用的文化環境。不知從什麼時候開始，它們被冠以『內史』（internal history of medicine）及『外史』（external history of medicine）的名稱」[58] 這個臺灣學界朗朗上口的內外史邊界，似乎並未對大陸中醫史工作者造成困擾，實際運作的情況反倒更像文樹得的定義。梁峻、張大慶等人分析西方醫學史研究動態時發現：「二十世紀六〇年代後，其研究側重名醫傳、大事記、知識進步和診療技術發展，直到八〇年代到來的『文化轉向』，將醫生、病人、社會經濟結構、文化傳統、宗教信仰等均納入醫學史的研究視野。」對比之下，中國醫學史還處於一種相對滯後，研究力量薄弱，學科積累淺薄的局面。[59] 但這樣的疑慮似乎比較限於西醫

57 余新忠，〈當今中國醫療史研究的問題與前景〉，《歷史研究》，第2期（2015），頁22-27。

58 文樹德，〈西方的中國醫學史研究：成就、方法及展望〉，《當代史學》，第6卷第2期（2003），頁16。

59 梁峻、張志斌、張大慶等，〈醫學史與醫史學〉，《中華醫史雜誌》，第39卷

史。中醫醫學史家鄭洪就指出：「來自人文科學的各種知識的理論和觀念，會令人覺得能更好地說明中醫認識傳統理論的深層內核，有助於中醫走出來反觀自我。」[60] 劉鵬也認爲醫學史的研究與教學不等於將醫家、著作、成就的單純羅列，而應將其發展放置於具體的歷史社會語境中去考究，仔細體會本草、方書、疾病的動態變化，呈現更加多元和全面的醫學發展細節。瞭解促使其發展的深層原因，借鑒思路，更能對現今醫學的發展和創新有所啓發。[61] 只有如此，醫學史家才能「勿以外史自居而不去觸及醫學的內核，還應該鑽研傳統醫籍，以歷史學的訓練優勢，從新視角探究相關古醫籍，這會在醫學知識和思想上有所作爲，必然會對中國醫學的演變和認知產生重要影響。」[62] 大陸學界對於中醫史的研究除了受惠於學科劃分之外，似乎也因此跨越了內外史的邊界。就此來看，臺灣不僅仍然保持著內外史的分界高牆，也比較輕忽了中醫學史的開發及其在跨越內外史上的可能性。

三、結語

兩岸醫學史研究走過多年的跌宕起伏，屢屢有柳暗花明又一村的意外和喜悅。三十年前一同大膽投入近代中國醫學史研究的

第2期（2009），頁67-72。

60 鄭洪，〈不同的向度：中醫史研究的內與外〉，《齊魯學刊》，第5期（2018），頁36-41。

61 劉鵬，〈醫療社會文化史視野下中醫醫史教學的反思〉，《醫學爭鳴》，第10卷第6期（2019），頁5-8。

62 余新忠，〈構建內外融通的生命史學：中國醫療史研究的回顧與前瞻〉，《西部史學》，第1期（2020），頁145。

學者，如今已卓然有成但不免仍難擺脫過去的刻痕與邊界。有鑑於臺灣學界首開醫療衛生史研究之風氣且迭有佳作，余新忠毫不諱言地指出：就中國醫學史和衛生史研究而言，「臺灣史學界的努力和成就有目共睹。」[63] 甚且對於中國醫學史發展「應將其放在國際中國史研究演進的背景中來認識與理解。也就是說，它的出現和興起，必然是國際以及中國學術發展史的一環。」[64] 可見得中國大陸醫史學界在同沐臺灣相關研究風潮之餘，亦進入了反思與轉型的關鍵階段。最近大陸學界的發展，如2019年北京大學科學、技術與醫學史系的成立；2021年於南開大學歷史學院成立「中國醫療社會史委員會」；乃至於醫界將包含了醫學史的醫學人文提升爲一級學科的倡議，在在都顯示中國大陸學界有意以具體組織的變化，爲下一階段的中國醫學史發展奠基。曾經站在風頭浪尖上的臺灣醫療衛生史研究，儘管2017年以後稍有沉寂，但多元方法與研究範式的出現，隱約有著世代交替的影子。過去曾經困擾醫史工作者的內史與外史扞格，或許可以透過檢討大陸中醫學史的發展，反思醫學史的跨學科屬性，充分理解跨學科理念和方法，用不同學科的理論來對醫學史進行多維闡釋，[65] 讓複雜豐富的醫學歷史更爲立體，開展出兩岸醫學史研究異中有同的新風貌。

---

63 余新忠，〈衛生何爲——中國近世的衛生史研究〉，《史學理論研究》（2011年3月），頁136。

64 余新忠，〈構建內外融通的生命史學——中國醫療史研究的回顧與前瞻〉，黃賢全、鄒芙都主編，《西部史學》第4輯（西南師範大學出版社，2020），頁121。

65 張雨新，〈跨學科方法在中國近現代史研究中的運用：以醫療社會史爲切入點的考察〉，《唐都學刊》，第31卷第4期（2015），頁124-128。

一個環境各自表述——近三十年來臺灣地區的中國環境史研究回顧

侯嘉星

國立中興大學歷史學系副教授兼系主任

一、前言

1962年卡森（Rachel Carson）出版了《寂靜的春天》（*Silent Spring*），[1] 引起廣大討論，美國學界開始注意到人爲活動對環境產生的影響。1970年代至1980年代美國社會的環境運動，更使得「環境史」這個學科，受到各界重視，並從美國傳遞至歐洲，成爲歷史學熱門的領域。除了大量有關歐美的環境史研究，在1980年代前後紛紛問世之外，歐美學界也注意到環境史取徑在西方世界以外研究的可能。彼時具備豐富文獻資料，同時也剛剛進入改革開放，向歐洲研究者敞開大門的中國，成爲許多環境史家關注的焦點。1987年濮培德（Peter Perdue）針對洞庭湖區的移民研究，已指出清代這些移民的農業活動，對當地森林與山坡開墾帶來嚴重的環境影響；[2] 1980年代末期逐漸從中國經濟史轉向環境史研究的伊懋可（Mark Elvin），也指出中國環境中人爲改

1 Rachel Carson, *Silent Spring* (Boston: Houghton Mifflin, 1962).

2 Peter C. Perdue, *Exhausting the earth: state and peasant in Hunan, 1500-1850*, (Harvard University Press, 1987), pp. 234-235.

造的長期現象，是歷史學家思考環境、經濟、國家與社會的交互作用的重要案例。[3] 借助這些西方學者的研究，大約在1990年代左右環境史也被引進臺灣學界，成爲新興的學科。

環境史興起之後，受到許多史家關注，特別是這門學科具有的在地關懷，高度與地方史、區域史結合。在這樣的趨勢下，自1990年代以來，臺灣史研究中關於臺灣環境的歷史研究可謂佳作輩出，舉凡土地開發、森林經營、河流海洋治理、城市聚落發展，乃至於公共衛生、醫療疾病、飲食文化和跨物種討論等，極爲豐富。臺灣史學界對環境史研究的回顧，也每年持續進行，相關著作豐富，自毋須贅言。但相較之下，在戰後半個多世紀間，在臺灣史學界佔有重要地位的中國史研究，如何接合新興的環境史潮流，關注者明顯較爲稀缺，殊甚可惜。因此本文即以臺灣地區的中國環境史研究回顧爲主題，聚焦於臺灣專治中國史的學者、研究生們如何涉足環境史討論，寄望能稍稍彌補缺乏相關討論的遺憾。

中國環境史在臺灣的開端，可以1993年由劉翠溶與伊懋可在香港舉辦的「中國生態環境歷史學術研討會」作爲里程碑。該次會議共有24篇論文發表，分爲對自然環境的詮釋、聚落發展、邊疆開拓、水文與水利、氣候變遷、疾病應對、環境政策、環境文學以及臺灣與日本的經驗等幾個部分，大致呈現了環境史學科豐富且複雜的內涵。24篇論文中，有18篇文章作者爲西方學者，僅有6篇爲華人或日籍學者，顯示在1990年代初期，歐美

3 Mark Elvin, "Three Thousand Years of Unsustainable Growth: China's Environment from Archaic Times to the Present," *East Asian History* 6 (1993): 7-46.

研究者仍是中國環境史研究的主力。這次會議的論文，於1995年集結爲《積漸所至——中國環境史論文集》，是臺灣學界認識有關中國環境史研究的重要著作。[4]

1995年以後，臺灣學界有關中國環境史的研究日益增加，迄今近三十年。期間經歷研究的熱潮及消沉，以及研究議題的轉向。近年來受到兩岸局勢變化，對中國史的研究已不復以往熱烈，當然更衝擊臺灣學界對中國環境史的關注。本文乃以《積漸所至》一書問世後的三十年間，約略自1990年代末期至2023年止，臺灣地區出版有關中國環境史研究的專書、期刊論文和學位論文爲主，回顧此段期間議題的發展變化，以及可能在開發的新領域。環境史的特點，正如本文主標題所言——各自表述。各自表述之處有二，其一是面對人類改造環境、影響環境乃至依附環境的複雜關係，研究者難免掛一漏萬，因此往往表現在開發、水利、疾病災荒或聚落變遷等層面上，因此多有各自表述的現象。其二則是除了歷史學之外，史學、哲學及社會學也十分重視環境因素，進而思考歷史中的人與環境關係，這又是另一層面的各自表述。以下，本文即從這些不同視角，回顧近三十年來臺灣學界的中國環境史研究趨勢。

二、環境經理的挑戰

環境史探討的是歷史過程中，人與環境的互動關係，不僅是

---

4 劉翠溶、伊懋可主編，《積漸所至——中國環境史論文集》（臺北：中研院經濟所，1995）。

人如何改造環境以符合生存需要，更包括環境如何影響人們的生活方式。因此環境開發、環境經理，以及如何與環境取得平衡，是環境史研究的熱門領域。人對環境的改造，最直觀的印象，是伐除原始植被，開墾成爲可耕地或聚落，當然古人也很早就意識到，缺乏控制的開發，往往導致環境破壞的惡果，秦漢之際的《呂氏春秋》已經注意到竭澤而漁的教訓，因此伴隨的環境開發，往往也有環境保護，故這是一種「經理」的環境觀。

環境史受到史家矚目後，很快就注意到歷史活動中的環境經理。2003年王淑芬的博士論文〈治山與治水：清代環境保護思想之研究——以江浙、湖廣地區爲中心〉即注意到清人對水土保持的討論，指出人口壓力迫使百姓開墾山地的同時，清政府也訂出相應政策試圖保護環境，但最終執行成效有限。[5] 大約在同一時間內陸續有多篇環境史的學位論文出現，例如林承戰的碩士論文〈和諧或對立？——清康熙時期中國人與環境的關係〉、[6] 蔡嘉麟的博士論文〈明代的山林生態——北邊防區護林與伐木失衡的歷史考察〉、[7] 余坤霖的碩士論文〈秦漢環境生態保護研究〉[8] 以及林益德的碩士論文〈前漢少府「山海池澤之稅」問題研究〉

---

5 王淑芬，〈治山與治水：清代環境保護思想之研究——以江浙、湖廣地區爲中心〉（臺北：國立臺灣師範大學歷史研究所博士論文，2003）。

6 林承戰，〈和諧或對立？——清康熙時期中國人與環境的關係〉（臺北：國立臺灣大學歷史研究所碩士論文，2003）。

7 蔡嘉麟，〈明代的山林生態——北邊防區護林與伐木失衡的歷史考察〉（臺北：中國文化大學史學研究所博士論文，2006）。

8 余昆霖，〈秦漢環境生態保護研究〉（臺北：中國文化大學史學研究所碩士論文，2007）。

等，[9] 這些研究大多都注意到環境開發的過程中，人類活動打破環境平衡，以及國家或社會採用哪些政策介入此一關係中，試圖重建人與環境的平衡。2011年侯嘉星的《1930年代國民政府的造林事業：以華北平原爲個案研究》中特別指出，[10] 對環境的經理，不僅依賴政府政策，還需要建立在實質的經濟利益上，使之成爲有利可圖的生意，才能具備長期運作的條件。

人類社會的環境經理，除了伐除／維持森林植被外，另一個重要的改造經營項目，是水利工程。水利工程與森林環境開發息息相關，往往因爲植被型態改變造成水土流失，或是有了水利設施、灌溉溝渠乃至抽水設備等，改變了土地利用型態。因此水利設施的經理，是人與環境的重要關係。

環境史觀點引進臺灣後，對水利工程的討論，多半都能注意到環境問題視角。例如王淑芬在博士論文的基礎上，繼續發表〈清代整治河湖之環保論述分析——以兩湖平原爲中心〉、〈清代治山防洪環保策略之探討：以長江流域爲中心〉兩篇論文，[11] 延續了清代森林開發與水利治理的討論。楊明哲在博士論文探討水患的研究基礎上，增加環境史的觀點，發表〈自然災害的人文

9 林益德，〈前漢少府「山海池澤之稅」問題研究〉（臺中：國立中興大學歷史學系碩士論文，2008）。

10 侯嘉星，《1930年代國民政府的造林事業：以華北平原爲個案研究》（臺北：國史館，2011）。

11 王淑芬，〈清代整治河湖之環保論述分析——以兩湖平原爲中心〉，《兩岸發展史研究》，第1卷（2006），頁137-168；王淑芬，〈清代治山防洪環保策略之探討：以長江流域爲中心〉，《國立臺北教育大學學報》，第19卷第1期（2006），頁51-77。

成因——以近代中國水災問題爲例〉，[12] 分析環境開發與災害之間的互動模式。侯嘉星的《機器業與江南農村：近代中國的農工業轉換（1920-1950）》則注意到江南地區的機器抽水機事業，與環境變遷有密切關係，農民引進新工具來應對日益頻繁的水旱災，借助這些新工具也改變城鄉／村落之間的權力關係。[13]

治水相關研究，尤其以黃河治理最受矚目，2000年以後出現多篇學位論文，按朝代先後有顧立誠的〈唐到北宋華北的河患——環境史角度的考察〉、[14] 謝榮芳的〈明代劉天和治黃理漕研究〉、[15] 陳憲弘的〈從陳應芳《敬止集》論晚明淮南地區的水患與荒政〉、[16] 郭子琦的〈清代靳輔治理黃淮運三河研究〉，[17] 以及黃鈺翔的〈嘉慶朝黃河下游的治理與清中葉治河危機之因應〉等。[18] 這些有關黃河的研究，均注意到環境問題與人爲活動的關聯，並評價不同朝代的治理對策得失，深入分析人與環境的互動。此外，這些研究在精熟古籍的基礎上，也能採納英日文的研

12 楊明哲，〈自然災害的人文成因——以近代中國水災問題爲例〉，《白沙歷史地理學報》，第10卷（2010），頁101-129。

13 侯嘉星，《機器業與江南農村：近代中國的農工業轉換（1920-1950）》（臺北：政大出版社，2019）。

14 顧立誠，〈唐到北宋華北的河患——環境史角度的考察〉（臺北：國立政治大學歷史學系博士論文，2021）。

15 謝榮芳，〈明代劉天和治黃理漕研究〉（彰化：國立彰化師範大學歷史學研究所碩士論文，2008）。

16 陳憲弘，〈從陳應芳《敬止集》論晚明淮南地區的水患與荒政〉（彰化：國立彰化師範大學歷史學研究所碩士論文，2011）。

17 郭子琦，〈清代靳輔治理黃淮運三河研究〉（彰化：國立彰化師範大學歷史學研究所碩士論文，2009）。

18 黃鈺翔，〈嘉慶朝黃河下游的治理與清中葉治河危機之因應〉（臺北：國立臺灣大學歷史學系碩士論文，2019）。

究成果，顯示在臺灣史學有深厚傳統的中國史研究，引進環境史觀點後，能拓展既有領域推出新成果。

除了黃河之外，其餘水利治理、環境開發的研究也持續推陳出新，地域也不再限於黃淮平原、江浙地區。如張繼瑩的博士論文〈爲民興利：明清山西的農田水利〉注意到山西的個案，指出配合當地自然環境發展出來國家與社會結合的水利價值觀，是山西發展農業的重要基礎。[19] 古涵詩的碩士論文則注意到鄱陽湖區的開發，自明清迄於二十世紀中期大躍進的圍湖造田行爲，其形成過程與對環境造成的衝擊等課題。[20] 除了這些典型的農業型態外，朱鴻勳也注意到海洋環境的問題，探討浙江海塘的修築技術、環境經營，並指出爲了維修海塘，形成杭州灣當地的特殊社會型態。[21] 在邊疆方面，劉翠溶也注意到新疆的開發，曾發表〈試以環境史角度討論清代新疆的屯田〉一文，分析漢人的農耕技術、水利工程，進入新疆開拓之後的環境改造，以及土著化的過程。[22]

這些研究大體展現人對環境的經營改造，以及各種圍繞環境特徵形成的社會樣貌，呼應了環境史所重視人與環境關係的觀點。環境的經理，是人類社會永續利用環境的關鍵，特別是唐宋

19 張繼瑩，〈爲民興利：明清山西的農田水利〉（埔里：國立暨南國際大學歷史學系博士論文，2013）。

20 古涵詩，〈明清以來鄱陽湖圍湖造田的原因與影響之研究〉（高雄：國立中山大學中國與亞太區域研究所碩士論文，2012）。

21 朱鴻勳，〈明代江浙地區的海塘〉（臺北：淡江大學歷史學系碩士論文，2007）。

22 劉翠溶、范毅軍，〈試以環境史角度討論清代新疆的屯田〉，收入陳永發主編，《明清帝國及其近現代轉型》（臺北：允晨文化，2011），頁203-265。

以後中國人口持續增長、開拓範圍不斷擴大，面對環境經理的挑戰也越發困難。至於明清，環境經理的課題，已不僅是既有的環境利用模式，更加入許多新物種、新工具與新方法，顯示環境治理的複雜度提高，也能看到國家政策的角色更為重要。汪榮祖指出明清帝國的生態危機，始於對環境改造的失控，[23] 林于翔的碩士論文也注意到生態環境的治理困難，是清帝國轉折的原因之一。[24] 這些研究都注意到，環境經理不僅是人改造環境，也是環境改造人，二者乃互為表裡的關係。

國家政策介入環境，或是社會面對環境挑戰形式種類紛雜多樣不一而足，但此一關係往往以災害應對、災荒救濟的形式展開，因此天災、疫病之應對，向來受到歷史學家注目，也是環境史研究的重要課題之一。

三、環境中的疫病與災荒

傳統帝國的經濟活動以農業為主體，因此表現在農業當中的災害，經常是歷代政府最重視的項目。農業環境災害，可能包括水旱災、蟲災等，尤其以蝗蟲災害研究最多。環境史興起之前，蝗災研究大多從政治史、經濟史或文化史等角度切入，主要討論行政體系救助、蝗災損失，以及地域性的信仰變遷等。但晚近蝗蟲研究，如張志強的〈宋代對蝗災的認識與回應〉注意到宋人已

23 汪榮祖，〈「天地之盜」：明清帝國生態危機綜說〉，《中國文化研究所學報》，第51卷（2010），頁87-115。

24 林于翔，〈從生態環境因素探析清帝國的中衰〉（桃園：國立中央大學歷史研究所碩士論文，2018）。

發現蝗蟲的品種問題，而且也試圖分析蝗蟲成長的環境，從而釐清蝗災發生的原因。[25] 張繼瑩的〈飛蝗蔽天——清代的蝗災、捕蝗及其論述（1662-1795）〉也注意到人與蝗蟲的生態競爭，從生態觀察、社會面相以及精神層面，分析清代蝗災治理應對的內涵變化。[26] 蝗蟲災害是傳統農業一大威脅，然而這些研究都指出，近代以前對應蝗災只能依靠大量人力，以人工摘除蟲卵或是捕殺成蟲的方式防治。這種方式仰賴大量農村勞動力，為了滿足勞動力需求又必須盡力維持糧食生產以供養龐大人口，因此形成無解的循環。此一困境，須等到二十世紀新式農業化學藥劑引進中國後，才有明顯的改變。

蝗災以外，傳統帝國的環境災害，還有各種疫病，疾病的流行又與環境有密切關係。祝平一在〈清代的痧症—— 一個疾病範疇的誕生〉中討論清代對痧症的認識，並指出清代醫者通過這種疾病建構自身的專業性，此外在明清時期國家退出公衛領域後，這種疫病防治、環境公衛的維持，成為仕紳階層的重要任務，也是他們展示自我的舞台，因此痧症的形成不僅是一個疾病醫療史的課題，更是社會對環境衛生認識與應對轉變的個案。[27] 疫病的認識與應對，與新知識的引進有密切關係，更與社會組織調整相印證。吳俊瑩以二十世紀初的東北鼠疫為個案，觀察清代

25 張志強，〈宋代對蝗災的認識與回應〉（臺北：淡江大學歷史學系碩士論文，2007）。

26 張繼瑩，〈飛蝗蔽天——清代的蝗災、捕蝗及其論述（1662-1795）〉（臺北：國立臺灣大學歷史學系碩士論文，2004）。

27 祝平一，〈清代的痧症——一個疾病範疇的誕生〉，《漢學研究》，第31卷第3期（2013年），頁193-228。

的疫病防治、中外交通路線，以及國際關係變化等，顯示鼠疫這種生態問題，能擴大成爲觀察內政及外交應對的線索。[28] 換言之，疫病災害的應對，是人類社會面對環境挑戰的縮影，這種「意外」或「非典型」也是史家觀察社會型態的寶貴機會。

環境災害種類多樣，鄭勝雄的碩士論文〈元代地震的研究〉分析了當時對地震災害的認識，以及如何形成一套災後應對方式；[29] 張家榮的碩士論文〈清代江浙地區疫病與醫療資源〉則討論江浙仕紳在社會救濟中的地位，這種運作模式又與江南的環境與流行疾病型態有關。[30] 李政宇的碩士論文則討論明代山東災荒的應對，除了傳統政治經濟史視角外，也加入環境變遷的觀點，探討災荒形成的環境因素。[31]

環境中的疫病與災荒，是傳統中國史研究的熱點之一，史家藉由分析社會遭遇挑戰的應對方式，來觀察國家與社會的互動關係。從上述研究來看，環境史引進臺灣之後，研究者在分析傳統的災害現象或疫病成因時，都能比過往研究多加上環境因素的探討，顯示環境史觀點仍發揮一定作用。此一現象，在分析人群關係、社會形成與聚落型態時，也同樣可以發現。

---

28 吳俊瑩，〈從東三省鼠疫問題看清末的內政與外交（1910-1911）〉，《國史館館刊》，第20卷（2009），頁39-69。

29 鄭勝雄，〈元代地震的研究〉（臺北：東吳大學歷史學系碩士論文，2006）。

30 張家榮，〈清代江浙地區疫病與醫療資源〉（南投：國立暨南國際大學歷史學系碩士論文，2012）。

31 李政宇，〈萬曆四十三至四十五年的山東災荒〉（臺北：東吳大學歷史學系碩士論文，2014）。

四、環境與人群聚落

人口的增長，以及聚落、社會擴大，為了養活更多人口，驅使人們盡可能拓展耕地、開發資源，加強對環境的利用。因此人群變化、聚落發展，實為環境經理或環境災荒應對的根本原因。環境史概念出現後也促使研究者嘗試在人口史、城市史中帶入更多環境觀點，從而對歷史問題提出更多元的解釋。

首先在探討人群問題與環境關係的研究中，最受矚目的案例是清代出現的棚民問題。棚民是清代文獻中，稱呼居住在華中華南山區的居民，這些人往往沒有戶口，以流民形式遷移到山區，搭棚而居。關於棚民的研究有胡碧珊的〈清代東南山區棚民之研究〉、[32] 黃怡瑗的〈清代棚民之研究〉、[33] 宋惠中的〈區域發展與生態環境變遷——清代前期閩浙贛交界地區的個案分析〉，[34] 以及王一樵的〈天下之患為人滿：清朝嘉、道、咸以來的棚民問題、士人議論與官方政策〉等。[35] 這些論文不約而同的都指出，清代棚民導因於人口壓力、新作物引進，以及進入山區開墾造成水土流失，帶來下游地區環境災害等問題。從棚民這樣案例，還可以擴大引申到清中葉以來的生態危機，形成不同的人群集團，

---

32 胡碧珊，〈清代東南山區棚民之研究〉（臺中：東海大學歷史學系碩士論文，1996）。

33 黃怡瑗，〈清代棚民之研究〉（臺北：國立政治大學歷史學系碩士論文，1999）。

34 宋惠中，〈區域發展與生態環境變遷——清代前期閩浙贛交界地區的個案分析〉（臺北：國立臺灣大學歷史學系碩士論文，2004）。

35 王一樵，〈天下之患為人滿：清朝嘉、道、咸以來的棚民問題、士人議論與官方政策〉（臺北：臺灣大學歷史學系博士論文，2013）。

建立在不同的生態基礎上，最終這樣環境問題的結果，是十九世紀末到二十世紀初的各種動亂與矛盾。由此觀之，環境史的探討，絕非雞零狗碎的拼湊線索而已，而是能觀照更宏觀的時代議題。

既然環境史注意到居住於山區的棚民，自不能忽視居住於平原聚落的廣大人口，以及城市的環境問題。城市史研究，成爲近年來整合文化史、消費史和性別史等新興領域的場域，成爲史家關注的焦點。但除了文化生活外，大型城市動輒數十萬乃至上百萬人口，無論生活物資供應、廢棄物處理，以及公共衛生管理等，都是巨大課題，自然也成爲環境史研究關注的焦點。特別是城市治理又高度與現代化議題相關，因此城市如何引起現代化，特別是公共衛生領域、環境治理等，吸引研究者選擇個案城市進行考察。[36]

2000年以後有關中國城市環境史的研究，以邱仲麟一系列的論文爲代表，這些論文包括〈人口增長、森林砍伐與明代北京生活燃料的轉變〉、〈風塵、街壤與氣味：明清北京的生活環境與士人的帝都印象〉、〈明代北京的瘟疫與帝國醫療體系的應變〉、〈明代北京的溝渠疏濬及其相關問題〉、〈清代北京用煤及其運銷體系〉等多篇論文。[37] 這些論文涉及了城市當中的生活

---

36 例如周春燕，〈清末中國城市生活的轉變及其衝突——以用水、照明爲對象的探討〉（臺北：國立政治大學歷史學系碩士論文，2000）；周瑞坤，〈公共衛生與廣州城市現代化（1901-1930's）〉（臺北：國立政治大學歷史學系碩士論文，2003）均討論城市公共設施、環境衛生等治理問題。

37 邱仲麟，〈人口增長、森林砍伐與明代北京生活燃料的轉變〉，《中央研究院歷史語言研究所集刊》，第71卷第1期（2003），頁141-188；邱仲麟，〈風塵、街壤與氣味：明清北京的生活環境與士人的帝都印象〉，《清華學報》，

環境、能源使用、醫療衛生等課題，反映城市環境的複雜性，以及大型城市治理的難處。城市史吸引人的地方，就在於這些議題十分貼近日常生活，在一般人的閱讀經驗中就能理解史家希望探討的議題，因此是史學研究面向大眾的良好題材。不過城市環境史研究，面臨最大的挑戰，是城市高度差異，每個城市所處的地理條件、人文環境或治理方式都有很大落差，研究城市個案如何形成更廣泛的論述，或許是城市環境史研究未來仍需持續探索的地方。

五、環境史的多元視野

環境作爲人類活動空間的總和，涉及之面向必然廣泛無比，歷史學所關注的環境史，是時間維度當中人與環境互動的經驗。人類活動如此複雜，文學、哲學、藝術等不同領域，都與環境發生各種共鳴，也形成環境史多元視野。因此本文進行的環境史回顧，除了史學研究之外，更希望能觀察其他學科如何處理時間中的環境問題，進而啓發史家探索更多可能。

無論何種學科，與環境產生互動的第一步，便是建構認識的概念進而理解環境。楊貞祥的博士論文探討了先秦兩漢對環境的認識，形成天文、農學及物種認識與解釋的哲學，通過此一過

第34卷第1期（2004），頁181-225；邱仲麟，〈明代北京的瘟疫與帝國醫療體系的應變〉，《中央研究院歷史語言研究所集刊》，第75卷第2期（2004），頁331-388；邱仲麟，〈明代北京的溝渠疏濬及其相關問題〉，《國立政治大學歷史學報》，第41期（2014），頁43-104；邱仲麟，〈清代北京用煤及其運銷體系〉，《中央研究院近代史研究所集刊》，第94期（2016），頁1-40。

程，秦漢時代的人可以建立更爲複雜的環境觀。[38] 呂艾珂則從飲食文化的角度，分析了魏晉時期文學作品中飲食描述的物種，區分了不同階級不同型態的食物內涵及生態支持，建立了對魏晉文化和南北之爭的詮釋觀點，這樣從細微中觀照全局的研究取徑，也是環境史研究希望達成的目標。[39] 另一方面，朱正卿在〈帝國風景的形成與盛清政治綱領的規畫——承德避暑山莊研究〉一文中以承德避暑山莊的環境營造爲線索，分析了盛清要傳達的政治意圖與帝國構想，這樣解讀環境中文化故事的研究觀點，十分具有啓發意義。[40]

解析環境中的文化意涵，是文學、藝術領域擅長的研究方式，對史學家而言，借鑒這些研究或可使史家在解讀文獻中有關環境的描述，具備更敏銳的思維，能洞察幽微之處。林廣一從文學作品中整理出氣候變遷對漢末三國的影響，析論各種自然變遷衝擊了時人的自然觀、人生觀，從而延伸出魏晉的文化特徵。[41] 葉爾珈的碩士論文研究鮑照的自然詩學，指出南朝的自然環境對文學創作的啓發，正好與林廣一的觀點呼應。[42] 中晚唐時期又是另一重大變局，王志浩的博士論文，分析了中晚唐文人重新建構

---

38 楊貞祥，〈氣候學與先秦兩漢科技文化關係析論——以天文、農業、生物爲範圍〉（新竹：玄奘大學中國語文學系博士論文，2016）。

39 呂艾珂，〈魏晉南北朝飲食文化中的權力階層與南北之爭〉（臺中：靜宜大學中國語文學系碩士論文，2020）。

40 朱正卿，〈帝國風景的形成與盛清政治綱領的規畫——承德避暑山莊研究〉（臺北：國立臺灣師範大學美術學系博士論文，2017）。

41 林廣一，〈氣候變遷對漢末三國的影響——以文學爲探討核心〉（桃園：國立中央大學中國文學系碩士論文，2015）。

42 葉爾珈，〈鮑照的自然詩學〉（臺北：國立政治大學中國文學系碩士論文，2022）。

的世界觀與書寫秩序，其中最核心的部分，則是天人觀點的轉變，亦即環境變遷、南北自然景觀差異等元素，改變了初唐盛唐以來的帝國文化樣貌。[43] 從文學作品的分析，可以窺見環境元素的變化，更顯示環境無所不在的影響。

進而言之，環境元素更可能影響了地域文化差異。林敏勝的〈六朝「大地」之多元思想及其詮釋〉討論六朝時期對自然詮釋的觀點，形成了南朝的文化樣貌與地方認同。[44] 洪豫齊與詹宗祐分別以終南山和嶺南爲範疇，分析該地環境特徵結合文學作品、人際網絡形成獨特文化集團。[45] 白璧玲則討論了明清時代開封府附近的文化景觀，如何與環境特徵、人文樣貌交互作用，形成了黃泛區的特殊社會型態。[46] 地域文化的形成，理當與環境元素有密切關係，無論從史學、文學、地理學等不同學科的研究取徑，均能注意到環境對文化樣貌的影響。環境史研究的目的，也在於借助文獻資料，洞察這些文化表徵有哪些深層的環境因素發揮作用，以及在時間的變化中，這些環境因素是爲何、如何形成跟怎麼發生變化的。

上述這些環境史研究的對象，都是環境與人類的知識、技

43 王志浩，〈中晚唐的秩序建構書寫研究〉（臺北：國立政治大學中國文學系博士論文，2022）。

44 林敏勝，〈六朝「大地」之多元思想及其詮釋〉（新竹：國立清華大學歷史研究所博士論文，2007）。

45 洪豫齊，〈唐代士人與嶺南文化的認同研究〉（臺中：逢甲大學中國文學所碩士論文，2012）；詹宗祐，〈隋唐時期終南山區研究〉（臺北：中國文化大學史學系博士論文，2003）。

46 白璧玲，〈明清時期華北黃泛區文化景觀之形塑與變遷——以開封府地區爲主〉（臺北：國立臺灣師範大學地理學系博士論文，2011）。

術、聚落、文化等各層面的結合。但環境史關注的對象，不僅是人的故事，更關注人與跨物種的故事。蔣竹山的〈清代人參的歷史：一個商品的研究〉以人參這個物種作爲主角，探討了它的貿易、栽種、應用等各種課題，在環境史的觀點中，這樣的研究取徑展現人與不同物種之間如何認識和利用、改造、馴化。[47] 與人參類似的是陳宥任利用象牙這個商品，探討了中國環境的變遷、奢侈品消費文化的形成，同樣顯示了跨物種的歷史研究觀點。[48] 除了物質文化研究的範式外，陳懷宇從傳說與環境物種的角度，分析了華南地區虎人的說法，顯示人對自然的認識和想像，形成神話或文化樣貌。[49]

環境內涵極其複雜，人類的活動也極其複雜。環境史企圖探討人類在環境中的種種活動，二者相結合產生了無數可能，正是環境史趣味盎然之處。從不同學科的環境觀點來看，歷史當中的人們如何理解環境、如何感受環境，以及如何受到環境影響，無論在史學、哲學、文學或藝術等領域，都是研究者感興趣的課題。因此環境史研究如能借鑒這些學科對環境的處理手法，或許能提供史家解讀環境的多元視角與思路，豐富歷史研究的內涵。

---

47 蔣竹山，〈清代人參的歷史：一個商品的研究〉（新竹：國立清華大學歷史研究所博士論文，2006）。

48 陳宥任，〈中國歷史上的象與象牙〉（新竹：國立清華大學歷史研究所碩士論文，2016）。

49 陳懷宇，〈亞洲虎人傳說之文化史比較研究〉，《成大歷史學報》，第58期（2020），頁21-55。

六、各自表述的環境研究

1990年代臺灣史學界引進了環境史觀點，究竟對史學研究有沒有造成影響？是否形成風潮？臺灣環境史研究，自1990年代已形成規模，結合了社會議題、環境政策和地方關懷，臺灣環境史研究可說是當紅課題，吸引眾多研究者投入。那麼同樣在臺灣有龐大研究社群的中國環境史，是否也參與到了環境史研究中？從本文簡短回顧1990年代迄今三十餘年的中國環境史研究來看，雖然在數量上，臺灣學界的中國環境史研究，完全無法與臺灣史的盛況相比、更無法與大陸學界的環境史研究規模競爭，但仍然能發現許多傳統研究的題材，如開發史、水利史、災荒史等，都能加入環境的觀點，從而推陳出新，俾使研究能持續推展。

更值得注意的是，不僅是史學界接受了環境史觀點，文學、哲學等人文學科，在處理歷史案例時，有不少也注意到環境因素、整合環境觀點進行分析。本文所稱的一個環境各自表述，不僅是在臺灣的中國環境史研究，具備臺灣史學界深厚的環境史傳統，有別於大陸學界的研究範式；更是環境史的議題同時在不同學門發揮作用，使得環境史的討論得以繽紛多彩，令人目不暇給。

從本文回顧的研究來看，臺灣的中國環境史研究，在史學研究中規模並不顯著，時段分散在上古至現代，內容也涉及了開發經營、水利建設、災害應對及城市文化等不同方面。整體而言，明清史研究可能稍佔優勢，有不少研究者關注明清的環境問題。有趣的是，環境史學者一般認爲，十九世紀至二十世紀，是人類改造環境最爲劇烈的時代，特別是二十世紀之後，科學進步使社會一度充斥著人定勝天的想法。然而臺灣學界的中國環境史研究，並未顯示對近現代中國環境史的高度關注，近現代中國環境史有豐富檔案、大量新資料，或許可以成爲將來開拓的新領域。此外，本文回顧發現，環境史研究課題仍高度聚焦於陸地，對於海洋的討論甚爲罕見，仍有很大的發展潛力。

當然必須指出的是，環境史也並非沒有隱憂。相較於政治、經濟、社會、文化等歷史學科，環境史往往受限於材料，必須在龐大零碎的資料中整理線索。晚近資料庫的發展，給予環境史研究極大便利，資料檢索的靈活性、廣泛性遠超過以往，但是大量使用資料庫的結果，也是環境史研究落入零碎化的批評。怎麼在零碎的線索中整理出完整的故事脈絡，以及能回應更大的宏觀敘事，是環境史研究仍須努力克服的難題。

面對二三十年龐大研究成果，本文試圖篩選出與中國環境史有關的課題進行回顧，但受限於筆者的智識與能力，難免掛一漏萬，有許多未能述及之處。期待更多對環境史有興趣的研究者們共同努力，使臺灣學界的中國環境史研究能持續發展，提供史家、社會大眾更多深具啓發的觀點。

民國時期首位撰寫醫學史的史家：呂思勉的著作及其中西醫思想新探

皮國立

中央大學歷史研究所教授兼所長

一、前言

呂思勉是中國近代史上的著名史家。與顧頡剛（1893-1980）、傅斯年（1896-1950）等人相比，呂先生雖在民國初年較少受到學術界關注，但自從他過世後，愈來愈多有關他的著作被重新出版、解讀，甚至有很多過去未知的著作被刊行，人們逐漸理解到呂先生的卓越識見與深厚的史學功底。正如嚴耕望（1916-1996）於1983年撰文指出：顧頡剛和傅斯年治學雖各有特色，但是都忙於學術行政瑣事，「本人述作不免相應較弱。」反觀民國史學發展，嚴氏謂：「論方面廣闊，述作宏富，且能深入爲文者，我常推重呂思勉誠之先生、陳垣援庵先生、陳寅恪先生與錢穆賓四先生爲前輩史學四大家，風格各異，而造詣均深。」[1] 此語可謂高度評價呂的史學貢獻。特別是，近幾年經過幾位學者考證，皆已說明民國時期著名的醫學史著作《中國醫學

1 嚴耕望，《錢穆賓四先生與我》（臺北：臺灣商務印書館，2008），序言，頁1。

源流論》乃出自呂思勉之手。[2] 其中，王珂更經過考證，定下了該書乃「呂思勉撰，謝觀增訂」之創見。[3] 目前，有關呂思勉的史學方法與論著，學者論述已多，[4] 筆者也曾對其讀史的經歷略有分析，本文不再重複論述。[5] 反倒是，呂的讀書寫作方法仍歸屬於傳統史家，[6] 若站在傳統史家於民國時期完成第一本現代中醫史教科書初稿這個觀點來看，[7] 對於呂思勉撰寫中醫史的筆法與史識創見之分析，既有研究仍顯不足。故本文以呂思勉涉入醫學史的大處著眼，再以其生長與學習背景、社會觀察、編輯方法和他對中西醫學的看法等小處著手，解答為何當時一般史家都不願意觸碰醫學史這樣的專業，而唯獨會發生在呂思勉這樣一位傳

2 祖述憲，〈中國醫學源流論〉真正的著者是誰？——史學家呂思勉的《醫籍知津》顯露真相〉，《中華讀書報》，2013年3月20日，第13版。

3 王珂，〈必也正名乎——呂思勉《醫籍知津》與謝觀《中國醫學源流論》關係辨證〉，（上海）《華東師範大學學報（哲學社會科學版）》，第1期（2019），頁57-64。謝謝審查委員指正，認為應補充此為未可驟然稱為定論。筆者認為，對照兩人所撰寫之內容，至少《中國醫學源流論》內容的基礎是呂思勉所訂立，謝是在原基礎上將底本增補、章節重新擬定而成。

4 如徐國利，〈呂思勉的中國傳統史學觀及科學理性特徵述評〉，（上海）《思想與文化》，第2期（2019），頁357-375。

5 皮國立，《跟史家一起創作：近代史學的閱讀方法與寫作技藝》（新北：遠足文化，2020），頁228-278。

6 王爾敏，《演史開新別錄》（北京：中華書局，2015），頁60。

7 其實，呂寫作醫史的時間，和陳邦賢的《中國醫學史》幾乎同時落在1919年，但陳的《中國醫學史》正式出版於1920年，而呂著最後則未出版。引自陳騰，〈近代史家與醫家的交鋒——以呂思勉《醫籍知津》與謝觀《中國醫學大辭典》的校讀為例〉，（上海）《近代中國》，第34輯（2021），頁367-386。只可惜，呂著沒有立即出版，所以陳著較為人所知，直至呂著掛上謝觀之名出版，這本書才普遍成為中醫院校的教科書。關於民國時期的中醫史教科書刊行，可參考皮國立，〈民國時期的中國醫學史教科書與醫史教育〉，收入張仲民、章可主編，《近代中國的知識生產與文化政治》（上海：復旦大學出版社，2014），頁40-66。

統史家的著史經歷中？藉以分析這位史家對醫學史的書寫與中醫發展歷程之觀察。此外，呂思勉寫完這本著作後，對醫史方面之撰述未能推陳出新，其原因爲何？可否從其接觸的人、事、物等關鍵處著手，尋找合理的解釋，探究民初史家研究醫史的風格與特色。凡此，皆希望增進學界對史家撰寫醫史之方法與策略之認識，也促進史家與醫者的對話，增進探究醫學史研究的意義。

二、呂思勉作爲醫史學者的學術背景與能力之養成

（一）呂思勉的學術經歷

要將歷史學者當成一位人物來研究，則其家世與教育背景是首先要注意之處，本節不在全面探討呂氏的治史風格，而是要說明呂氏研究醫學史的可能趨向與態度。呂思勉從小生長在一個醫藥文化非常濃厚的地區，其家族的診療文化，其《先妣日記》有記載。呂氏幼居武進，其家乃常州旺族，[8] 故家人生病往往可以邀請四、五位不同的中醫來診脈。而武進醫者甚多，甚至該日記記載有「朱醫」，乃「孟河費醫祖傳神手」，[9] 可見呂家常有當

8 呂小薇，《先世紀聞》，收入氏著《竹擘韻語剩稿》，收入李永圻、張耕華，《呂思勉先生年譜長編》第一卷，《1884-1911年（生年～28歲）》（上海：上海古籍出版社，2012），上冊，頁18。文中索引之日記，並未成書，零散遺失，幸得《長編》載入，本文所引日記，皆援引該書，特此說明。

9 孟河乃江蘇省武進（今屬常州市）長江邊上的一個鄉村小鎮，可見此處爲醫學人文薈萃之處。一般大背景的介紹，參考李夏亭主編《孟河醫派三百年：孟河醫派研究薈萃》（北京：學苑出版社，2010）。關於孟河醫派的社會網路，可參考Volker Scheid, "Wujin Medicine Remembered: Memory, Identity and Social Networks in Chinese Medicine 1800-2000", *Taiwanese Journal of Studies for Science, Technology, and Medicine*（《科技、醫療與社會》）2（2002），pp. 121-184。以

地名醫出入。[10] 呂思勉的父親也熟悉醫、卜、星象之學，[11] 甚至呂妻虞菱的曾祖父也是著名醫者，後代也都當官，堪稱仕宦之家。[12] 呂思勉能專心教育與著述，其夫人居功厥偉，並且合理推斷，呂思勉雖未曾深習醫書，但因地域與人際網絡的關係，多少也沾染豐富的中醫藥文化。同爲武進人的民國著名中醫惲樹鈺（字鐵樵，1878-1935）就曾說：「吾鄉有特殊之風尚，凡子弟畢五經者，輒令讀醫書，故吾幼時曾讀《醫學三字經》，及《素問》與《溫病條辨》。」[13] 可見當地習醫風氣之盛。呂曾記下父親在其八歲時，罹患腫瘤而後康復的故事，其故事出自於《呂思勉讀史札記》。他寫到：

> 《南史．張融傳》云：有薛伯宗者，善徙癰疽，公孫泰患背，伯宗爲氣封之，徙置齋前柳樹上，明日癰消，樹邊便起一瘤如拳大，稍稍長，二十餘日，瘤大膿爛，出黃赤汁斗餘，樹爲之痿損。其說尤爲離奇。然自稱能徙癰者，吾小時尚見之，其事似在光緒辛卯歲，吾父腦後忽腫起如瘤，醫家不敢以刀割，亦不能以藥消。乃曰：有某者，自稱能徙癰，不妨姑試之。如其言其人用何術，予已不省記，但記其云已徙之庭前桂樹上。其後樹無它異，而吾父腫亦旋消。更詢諸

及其專書：蔣熙德（Volker Scheid），《孟河醫學源流論》（北京：中國中醫藥出版社，2016）。

10 呂思勉編，《先妣日記》，收入李永圻、張耕華，《呂思勉先生年譜長編》第一卷，上冊，頁12-14、26-28。

11 李永圻，《呂思勉先生編年事輯》（上海：上海書店，1992），頁34-35。

12 李永圻、張耕華，《呂思勉先生年譜長編》第一卷，上冊，頁21。

13 惲鐵樵，《傷寒論研究》卷四（臺北：華鼎出版社，1988），頁77。

醫家，則云此蓋無名腫毒，本非瘤也。故知亦神奇自炫者，今古多有，而侈陳奇跡，則無一不出語增耳。[14]

由此可見，呂對幼時醫事之經歷和後來讀史感想頗有融通之感，將現實相關醫療事務證之於古史，經過觀察後，又能對古史中不可盡信的記載加以記錄與分析，顯見其觀察之細膩；也可見他在讀古代醫史、疾病史時能保持一種實際觀察與驗證的態度。

1894年，呂11歲時，他開始閱讀《瀛寰志略》、《海國圖志》、《五洲列國圖》、《萬國史記》、《泰熙新史攬要》、《普法戰紀》，是他略知世界史之開始。[15] 13歲時開始看《時務報》，並言梁啓超（1873-1929）的著作皆已通讀，啓發其思想甚深，而且呂還非常了解當時所辦的報紙，皆能留心閱讀，以文字分析其出版概況，了解新的西方時勢。[16] 可推知有許多科技新知，常會刊登在當時新式報刊上，相信呂也有所了解，呂與一般抱殘守缺的舊式讀書人，有很大的差距。

從呂的學習經驗上來看，從幼時到青年時期，各種通史類的著作，包括閱讀四史、《綱鑑易知錄》、《通鑑》、《明通鑑》，甚至是《明紀》等書，都具有編年體通史的性質，可訓練學者明瞭歷史發展大勢與得失，這對呂的治史風格產生巨大影

14 呂思勉，《呂思勉讀史札記》，收入李永圻、張耕華，《呂思勉先生年譜長編》第一卷，上冊，頁32。

15 呂思勉，〈從我學習歷史的經過說到現在的學習方法〉，收入李永圻、張耕華，《呂思勉先生年譜長編》第一卷，上冊，頁37。

16 呂思勉，〈追隨五十年來之報章雜誌〉，《正言報》，1941年9月21日，收入李永圻、張耕華，《呂思勉先生年譜長編》第一卷，上冊，頁43。

響。[17] 此外，呂又曾言經過其父授予，他又閱讀《四庫全書總目提要》，使他更能夠掌握中國傳統書籍的大略出版狀況，「略知全體學科之概況及其分類也。」而且，呂不是只有讀過而已，僅《提要》一書，就已有六本手抄札記，可見眼到、手到之讀書功力具備，甚至言經、史、子三部提要，他都通讀一遍，只有集部讀了一半，已超過同時代人之見識。[18] 所以呂不只能言史，他必已通讀「四庫全書．子部．醫家類」全文，所以他更能言專門史（或稱「專史」）、醫學史，觸角廣泛，這些基礎，大概都在他18歲以前完成扎根，[19] 後來他撰寫《醫籍知津》，本質上就是「醫籍史綱要」，多少與他年輕時讀書之訓練有關。[20] 18歲時前後，時時翻閱《經世文編》，對經世濟民之學頗有興趣，於是再讀「三通」，以理解社會、政治之大略。[21] 23歲以後，更讀歷代正史，[22] 而且都讀至二到三遍以上，[23] 這樣的學習經歷，使他更具備通達的史觀與書寫的風格。

---

17 呂思勉，〈三反及思想改造學習總結〉，收入李永圻、張耕華，《呂思勉先生年譜長編》第一卷，上冊，頁51。

18 呂思勉，〈從我學習歷史的經過說到現在的學習方法〉，《為學十六法》（中華書局，2007），頁40。

19 呂思勉，〈從我學習歷史的經過說到現在的學習方法〉，收入李永圻、張耕華，《呂思勉先生年譜長編》第一卷，上冊，頁51-52。

20 胡道靜，〈呂誠之先生《醫籍知津》稿本題記〉，收入呂思勉，《中國文化思想史九種》（上海古籍出版社，2009），上冊，頁70。

21 呂思勉，〈三反及思想改造學習總結》〉，收入李永圻、張耕華，《呂思勉先生年譜長編》第一卷，上冊，頁71。

22 呂思勉，〈從我學習歷史的經過說到現在的學習方法〉，收入李永圻、張耕華，《呂思勉先生年譜長編》第一卷，上冊，頁105-106。

23 呂思勉，〈從我學習歷史的經過說到現在的學習方法〉，《為學十六法》，頁41。

1899年，時年16歲的呂思勉在日記上抨擊從科舉時代的作文到八股文寫作，是無話可說卻硬要找話，即使有些話可說，但也不肯依據道理如實陳述，硬要尋些更新奇的話語，於是便落入無中生有、有意歪曲之寫作，呂說：「無論如何學問好的人，要做無話可說的題目，也總不免於瞎扯，這不僅破壞文體，而且還壞人心術。」[24] 足見不講空話，考據講究紮實、重視書寫方法，皆爲呂治史之風格；由此還可看出一些呂氏耿直認眞的態度，這個在許多地方都可以觀察出來。呂在1942年時還指出：「凡作文先求暢達，求暢達須氣盛。故作文時宜縱筆寫去，不妥處可留待後改做，不成之句，可姑缺之，留待後補，總期一氣寫下，勿生停頓，如此習慣，則文氣充暢，且做得快。此前輩謝鐘英先生教人作文之法。」[25] 1905、1906年，呂還寫作小說《中國女偵探》，可見其寫作風格之廣泛與快速、不拖泥帶水。[26]

呂思勉的用功與對寫作方法之要求，從他的教學生涯中也可略窺一二。語言學家趙元任（1892-1982）自述其14歲時，進入溪山小學就讀，他最喜歡的老師就是呂思勉，1906年呂已在該校教授國文、歷史，而校中教師大多都是常州人。[27] 至1917年時，呂在江蘇省立第一師範教書，學生回憶他講授國文課，「講述文章時，他對內容、背景、章法、句法無一不作精密的闡

---

24 呂思勉，〈論基本國文〉，收入李永圻、張耕華，《呂思勉先生年譜長編》第一卷，上冊，頁55。

25 呂思勉述，黃永年記，《呂思勉文史四講》（中華書局，2008），頁20。

26 張耕華、李永圻，〈《中國女偵探》的作者呂俠就是呂思勉〉，收入李永圻、張耕華，《呂思勉先生年譜長編》第一卷，上冊，頁113。

27 趙爭，〈趙元任年譜簡編〉，收入李永圻、張耕華，《呂思勉先生年譜長編》第一卷，上冊，頁106。

述。」[28] 並且，呂思勉本身就有很好的經學、史學底子，個性專心教學、不問閒事，皆可見其講學、論學之嚴謹與專注。此外，劉脊生日記曾寫到，1919年9月，呂思勉曾送來讀書隨記兩冊給他看，他寫下：「誠之勤學真不可及，同輩中成就偉大者，端推此人。」又曾言：「誠之邁異精勤，嗜學如渴，同輩中此其選矣，可畏也。」可見呂思勉的用功與勤學是異乎常人的，[29] 這一年，可能也是他編著《醫籍知津》成書之年。[30] 由這些面向來看，都可以從大的背景中看到呂氏著史之風格，可見他身爲傳統史家去撰寫醫學史，絕非隨意爲之，必定是有外緣因素之疊加，才促使他有能力從事這樣的工作。

（二）呂思勉對現實生活中醫藥事件及有關新聞之觀察

呂思勉生長在一傳統醫療文化豐富的場域，從小耳濡目染，可以合理推測，他對生活中的醫藥與疾病事務的觀察應該非常透澈。呂思勉的父親罹患中風而死，那時尚未有高血壓一詞，呂用「內風」來形容肢體癱瘓偏枯之症狀。當時中西醫者群集其家治療，呂還將整個過程寫出，包括症狀與用藥，顯見其體察醫事之

28 陳祖源，〈陳祖源自述〉，收入李永圻、張耕華，《呂思勉先生年譜長編》第二卷，《1912-1925年（29-42歲）》，上冊，頁214。

29 劉脊生，〈劉子遺稿．日記〉，收入李永圻、張耕華，《呂思勉先生年譜長編》第二卷，上冊，頁215。

30 根據《呂思勉先生年譜長編》所載，呂思勉曾自言該書底稿於1919年暑假中寫完，而謝利恆的《中國醫學源流論》，遲至1935年才被收入中醫名家謝觀（字利恆）的全集內，正式出版。收入李永圻、張耕華，《呂思勉先生年譜長編》第二卷，上冊，頁203。

細緻。[31] 而且，呂年輕時可能即有閱讀或蒐集衛生類書籍的習慣，至少可以說他有注意到這些面向的知識，[32] 有時還會奉行靜坐等法。[33] 呂思勉的父親曾在《甲辰日乘》記載自己生病時服用中藥，甚至和朋友互寄中藥，以表達關心之意，至於平時則會去中藥房買一些新的藥物備用；[34] 更重要的是，呂的父親也會去買醫書來看，有足夠理由認爲，至少本草類、傷寒類醫書，其父親都略知一二，呂思勉在這樣的家學和日常生活體驗中成長，對中醫文化有更爲深刻的認識。[35]

呂思勉在1903年的殘存日記中，曾記下一則有關鼠疫之觀察，也寫下對鼠疫解讀之筆記，可見其對中醫疾病知識的注意，加上他對歷史眞實性的敏銳評判，故能清楚分辨迷信與謠言之由來。他記下的是他的姨丈管淩雲在福建做官之事。他說：

> 鼠疫福建久有之，皆腺鼠疫也。其俗云：患此者必見一死鼠，見則病，病則七日必死。焉有此一成不變之事，聞而知其爲妄言矣。予從母諱綺，字少霞，適管淩雲先生，諱元善，官福建。其第三女小字安保，方幼，一日見死鼠取而弄

31 呂思勉，〈譽千府君行述〉，收入李永圻、張耕華，《呂思勉先生年譜長編》第一卷，上冊，頁107-108。
32 呂思勉，〈癸卯日記〉，收入李永圻、張耕華，《呂思勉先生年譜長編》第一卷，上冊，頁83。
33 呂思勉，〈癸卯日記〉，收入李永圻、張耕華，《呂思勉先生年譜長編》第一卷，上冊，頁88。
34 呂德驥，〈甲辰日乘〉，收入李永圻、張耕華，《呂思勉先生年譜長編》第一卷，上冊，頁96-98。
35 呂德驥，〈甲辰日乘〉，收入李永圻、張耕華，《呂思勉先生年譜長編》第一卷，上冊，頁99。

之，即病，病七日而死，其署中人皆嘩然，以俗傳之說爲信矣。從母旋亦病，發熱極重，卒得愈，彼輩則曰此非鼠疫也。時無良醫診斷，無由知其爲鼠疫，亦無由知其非鼠疫也。[36]

呂認爲，在沒有辦法精確診斷之時，一般鄉民往往以訛傳訛，說是罹患「鼠疫」，但死鼠未必皆與鼠疫有關，因果關係必須釐清，否則就會落入迷信、盲從之境地，對於解決實際問題並沒有幫助。

從側面來觀察，光華大學的學生顧正武有〈懷念先師呂誠之先生〉一文，回憶到：「先師雖然工爲古文，但他反對言之無物的空洞文章，他對《古文觀止》的選輯，評價不高；而對章學誠的《文史通義》，非常讚賞。因該書能將古今學術的淵源，條分類別而能得其宗要，文字亦通暢流利。所以他常叫我們多看這本書。」他認爲，呂思勉對於事物的觀察與看法，總有不少新的觀點，[37] 而且頗有「務實」的思想，呂思勉認爲，研究歷史要能和現實結合，研究歷史必須要能指導現實生活，促使社會進步，不然就是死的學問。[38]

呂思勉的兩個兒子，在1911年都因打防疫針而死，[39] 或許

---

36 呂思勉，〈日記七・鼠疫〉，收入李永圻、張耕華，《呂思勉先生年譜長編》第一卷，上冊，頁89-91。

37 顧正武，〈懷念先師呂誠之先生〉，收入李永圻、張耕華，《呂思勉先生年譜長編》第四卷，《1937-1945年（54-62歲）》，上冊，頁608。

38 呂思勉，〈專家與通人〉，收入李永圻、張耕華，《呂思勉先生年譜長編》第四卷，上冊，頁609。

39 李永圻、張耕華，《呂思勉先生年譜長編》第一卷，上冊，頁131。

也是因爲1910年末的東三省鼠疫，但未有更進一步的資料證實。而可以推論的是，呂對新式或西方的防疫方法並不排斥，也未因此次事件，而埋下不信任西醫之種子。1912年11月，上海發現鼠疫，呂思勉和商業學校的教員汪企由一起寫了一則啓事刊登在《申報》上，指出：

> 近閱報紙上海有鼠疫發現，鄙人等於15日往訪丁仲佑（筆者按：即丁福保，1874-1952）醫士。據云確有一住居北福建路之人，曾至彼處醫治，當時斷定其爲鼠疫，即囑其往公立醫院，其人未往。至次日家中即有一人復患鼠疫，始赴公立醫院求治。公立區院坐派人至其家查察，始知已有一人先患鼠疫，而此先患鼠疫之人，旋即斃命云。據此則上海確已有鼠疫發現。查鼠疫傳染之烈，殺人之多，實爲諸種病毒中所罕見。前年東三省流行時，死亡之慘，迄今思之，猶不寒而慄。上海爲通商大埠，居民異常稠密，且與內地及各口岸交通極爲便利，若不設法防疫，爲患何堪設想。此事似宜由公立醫院會同工部局逐户調查，於未發現之處，則先事預防；於已發現之處，則及早撲滅。庶足以防疫病而重民命。除函告公立醫院外，合亟函請貴報登入來函一門，以便閱者注意，實紉公誼。中等商並學校教員汪企由、呂思勉謹啓。[40]

40 汪企由、呂思勉，〈鼠疫可畏〉，《申報》，1912年11月18日，第7張。

可見呂非常關注鼠疫疫情之擴散，甚至投書報紙、關注衛生工作。而且從這則投書可以看到，呂思勉非常著重及時預防的西方醫學防疫法，文字間充滿理性之論述，這或許與讀者認定他會鑽研傳統中醫史的形象有一些差距，但其實兩者都具有實事求是的部分，這是呂在從事寫作時的鮮明態度。不過，他對自己的身體倒不一定這麼「衛生」，呂思勉曾在殘存日記寫道，他自1915年開始就不吃早餐，一開始是爲了治胃病，也頗有成效，但後來終生不朝食，部分也是因爲珍惜時間，讀書寫作至廢寢忘食。他曾說：「吾嘗晝夜孜孜，以從事於鈔書矣。初寒盛暑，罔敢或綴，即有小病，亦曾不肯自休也。」他一生刻苦勤學，專心著述，在學校任教時，住在學校的宿舍裡，除了教學以外，從早到晚都在寫作，中午就餐，也是一邊就餐一邊閱讀書報。然而，飲食馬虎，長期又不進早餐，必然減少營養，中年後忽而多病，恐怕與此有一定的關係，這還是勤學過度所致。[41]

呂思勉還會在自己家鄉的報紙，例如《武進商報》或《武進月報》上發表小文章，裡面有不少他個人具有創見的社會觀察，[42] 呂會把發表的文章從報刊上剪下來，貼在本子上，歸於「風俗」一類。例如他會觀察自己家鄉的人年輕人懶惰，這輩人常認爲身上的精氣用盡，人就會死亡，所以儘量保持不動；但呂則用西方的身體觀來說明，人體不動反而容易生病，精力不足可以靠進食來補充，不可能會用盡的，這種未經驗證且不科學的想

41 呂思勉，〈專家與通人〉，收入李永圻、張耕華，《呂思勉先生年譜長編》第二卷，上冊，頁159。

42 呂思勉，〈國體問題學理上之研究〉，收入李永圻、張耕華，《呂思勉先生年譜長編》第二卷，上冊，頁186。

法，他認爲就是不好的陋俗。[43] 由此可見其於社會觀察的精微之處，展現其思考分析之能力。又舉廣告爲例，也可見呂的社會觀察，與閱讀醫藥相關之新式大衆媒體之感悟，在1917年前後，呂發表了許多對醫藥廣告的觀察，例如其中一則寫到：「廣告有創造需要之能，何謂創造需要？其物本非人所必須，甚且不知有此物，因廣告之鼓吹，遂覺其物必須購用是也。此可以東洋人之售仁丹、清快丸爲例，仁丹、清快丸試問果有何用？設無廣告，誰復購之。然則購用仁丹、清快丸之人，雖謂其悉爲廣告所鼓功可也。然則廣告之爲力亦偉矣。」[44] 呂更抨擊市面上這類滑頭的藥品廣告欺人之實況，並非誠信販賣、長久經營之計，[45] 可見呂頗爲關注藥品市場，會對市面上販售的藥品進行評論。[46]

1917年，呂思勉還撰寫〈傳染病〉一篇刊載於報紙上，他也剪下來保存，內文寫到：「若器囂然曰：我生不有命在天。或

43 呂思勉，〈子弟（一）～（四）〉，收入李永圻、張耕華，《呂思勉先生年譜長編》第二卷，上冊，頁218-219。

44 呂思勉，〈廣告（二）〉，收入李永圻、張耕華，《呂思勉先生年譜長編》第二卷，上冊，頁187。

45 呂思勉，〈廣告（三）〉，收入李永圻、張耕華，《呂思勉先生年譜長編》第二卷，上冊，頁187-188。

46 關於近代的醫藥廣告，張仲民有一系列的研究，破解不少其中的騙術，參考張仲民，〈晚清上海藥商的廣告造假現象探析〉，（臺北）《中央研究院近代史研究所集刊》，第85期（2014），頁189-248。以及張仲民，〈晚清中國身體的商業建構——以愛羅補腦汁爲中心〉，收入《新史學（第5卷）：清史研究的新境》（北京：中華書局，2011），頁233-263。對報刊醫療廣告內容的剖析，則可參考黃克武，〈從申報醫藥廣告看民初上海的醫療文化與社會生活〉，（臺北）《中央研究院近代史研究所集刊》，第17期（下）（1988），頁141-194；以及黃克武，〈廣告與跨國文化翻譯：20世紀初期《申報》醫藥廣告的再思考〉，（上海）《翻譯史研究》，第2輯（2012），頁130-154。

聞病之能傳染，大笑而不之信，是自蹈危機也。又有一等人，常存一希冀僥幸之心，以爲如吾之所爲，未必遂至於傳染。殊不知彼被傳染而病而死者，初亦皆以爲未必傳染而爲之也。即如霍亂慨自飲食傳入而不知防衛者，或明知飲食物之不潔而曰：我今日胃納甚佳，必能抵抗病毒。試思彼被傳染者，豈皆自知不能抵抗而故爲之者耶？其當初之自恃，蓋一如吾之現在也。人之能否抵抗病毒，豈有可以意度之、以意斷之之理，望尊生之君子三思之。」[47] 很顯然此語與前述他對西方公共衛生的態度一致，都是呼籲民衆要理性思考與學習預防傳染病的知識、技術，這一點頗能顯示呂理性思維與面向科學的一面。

呂思勉看待事理，往往以理性和科學視之。1920年，呂思勉還曾抨擊他認識的一位醫者去刊印佛經，找一堆人翻譯，然後自己加注，把它變成像是自己的東西來出版。呂思勉用語嚴厲，抨擊這簡直是千古奇聞，而究其本質，也是爲了印書賺錢而已。呂抨擊的人，應該就是同爲常州人的丁福保。又，呂還曾批評其故鄉有人藉著神醫葉天士降臨、扶乩來加以治病，迷信之空氣盛極，讓呂不得不寫文章加以批評，[48] 此論述之態度即頗似魯迅批評傳統社會在醫療上的各種迷信、偏方。[49] 只是，呂思勉對中醫史卻有另一種解讀與創見，不完全是不信任中醫的。

---

47 呂思勉，〈傳染病〉，收入李永圻、張耕華，《呂思勉先生年譜長編》第二卷，上冊，頁192。

48 以上二段，引自呂思勉，〈南歸雜記〉，收入李永圻、張耕華，《呂思勉先生年譜長編》第二卷，上冊，頁232。

49 皮國立，《國族、國醫與病人：近代中國的醫療和身體》（臺北：五南圖書，2016），頁152-195。

三、呂思勉撰寫醫學史著作之經歷及後來的思想轉變

（一）呂思勉撰述《醫籍知津》

1918年前，呂思勉曾擔任中華書局的編輯，在報刊上發了不少文字，皆代表其體察事變，融合時代之走向，此乃其歷史論述之要點。例如1917年，呂撰寫〈惟愚者活動〉刊載於報紙上，寫到：「時疫盛行，自宜加意防範，其已染疫者，自宜設法救治。然防範與救治，必有其正坐之方法可知也。乃以予所見，則惟有出會、打醮、宣卷、印發某眞人某大帝所傳醫方等事而已。此等事可謂正當防疫治疫之法邪？謂吾人之所知不過如此，又明明其不然也，然而惟此等愚人有所活動者，何也？」[50] 文字間頗有指責世人防疫不得要領之味道。至該年秋天，呂辭去中華書局編輯職務，原欲赴瀋陽高等師範學校教書，但因故未能成行。

1919年，呂經由謝觀（字利恆，1880-1950）介紹，進入上海商務印書館擔任編輯，協助謝編輯《中國醫學大辭典》。胡道靜在1986年寫的回憶文章曾最早指出呂思勉關懷醫籍的特質。他說道，呂的外家世業儒醫，因此對中醫的源流和主要醫籍和價值，皆能了然於胸。[51] 對於這段接觸中醫文化的機緣，呂回憶到：「予於醫學，本無所知，而先外王父程柚谷先生，先舅氏均甫先生，先從舅少農先生，皆治漢學而兼知醫，故予於中國醫書

---

50 呂思勉，〈惟愚者活動〉，收入李永圻、張耕華，《呂思勉先生年譜長編》第二卷，上冊，頁192。

51 胡道靜，〈讀呂誠之師《醫籍知津》〉，收入李永圻、張耕華，《呂思勉先生年譜長編》第二卷，上冊，頁205-206。

源流派別，略有所知。謝君本舊友，此時此書亟欲觀成，乃將此一部分屬予襄理，至暑假中事訖。」[52] 由此可見，呂的親戚皆為知醫之人，很早就熟稔中國古代醫學典籍，這時呂更得以運用商務印書館的涵芬樓（後來擴大成為東方圖書館善本藏書的部分）藏書加以參酌考證，所以寫這本書其實只花了半年左右即完成。[53] 即便一般史家僅閱讀涵芬樓內的醫書來梳理中醫史，恐怕也不那麼容易，但呂因為有很好的中醫典籍功底，所以涵芬樓的藏書才能很快地成為寫作資源，助其迅速完稿。當時，呂並沒有想要把它當成一本書來出版，這篇《中國醫籍源流論》其實原本要作為《中國醫學大辭典》內的附篇，但後來並沒有收入《中國醫學大辭典》內，[54] 乃由謝私人木刻印行少許分送給同行友人；前述《中國醫籍源流論》的底稿，就是《醫籍知津》，在1980年代由呂翼仁抄錄後正式出版，才廣為人知。[55]

1980年代初，楊寬在校訂舊稿時，曾幫忙擬定一個前言，對全書作出了整體的評價，寫到：「《中國醫學史概說》（筆者按：是當時命名，並非呂思勉認同的書名，呂書並未出版，早期只有抄本）是一部很有特色的醫學史著作。呂先生早年曾經鑽研古醫書，用功醫道，因而能夠對中國醫學史從古到今，作出概括

---

52 呂思勉，〈自述——三反及思想改造學習總結〉，（北京）《史學理論研究》，第4期（1966），頁51-60。

53 胡道靜，〈呂誠之先生《醫籍知津》稿本題記〉，《中國文化思想史九種》，上冊，頁69。

54 筆者按：前一書名是呂自述編輯時的書名，後來正式出版的書名為《中國醫學大辭典》。

55 李永圻、張耕華，《呂思勉先生年譜長編》第二卷，上冊，頁203-204。又見於呂思勉，《中國文化思想史九種》，上冊，前言，頁2-3。

而系統的論述。不僅對古代重要醫書作了重點分析，而且對於後世醫家研究古醫書的成就以及所作進一步發揮，也分別作了評述；對於宋代和明清兩代醫學的發展，醫家的成就，就敘述得更爲詳備。既對歷代的脈學、本草學、針灸學作了系統的闡釋，又對醫學中各種科目作了分門別類的說明，包括女科、幼科、瘍科、咽喉科、眼科、傷科、腳氣、霍亂、痧脹、鼠疫、虛勞等，還兼及推拿、導引和調攝的治療方法，更旁及江湖方技。雖然篇幅不大，卻能條理分明，十分周到。」[56] 而根據《呂思勉先生年譜長編》註釋所載，所謂《中國醫學史概說》即《醫籍知津》，但楊寬卻稱其爲《中國醫學史概說》，則不知其原因。

呂思勉如何迅速寫就如此有條理的醫史著作？1921年，他就曾指出：「欲閱舊籍之前，先取目錄之書，加以流覽是也。如此，則於舊學之分類若何，派別若何，變遷若何，以及現在書籍共有若干，心中已知其梗概，他日參考既不敢掛一漏萬，即目前從事研究，亦易得其要領。」[57] 他梳理中國醫學源流之發展，也是以書寫著作和學術發展大要爲主，同時也指出：「所謂由博返約，實爲研究學問之要訣。未博而先言約，則陋而已矣。指示研究學問之方法，愈具體愈善，最能具體地指出研究之門徑者，殆莫目錄之書若。」[58] 就是要後學掌握學術發展之大要，才能有一

56 楊寬，前言，收入李永圻、張耕華，《呂思勉先生年譜長編》第七卷，下冊，頁1072-1073。

57 呂思勉，〈整理舊籍的方法〉，收入李永圻、張耕華，《呂思勉先生年譜長編》第二卷，上冊，頁259。

58 呂思勉，〈整理舊籍的方法〉，收入李永圻、張耕華，《呂思勉先生年譜長編》第二卷，上冊，頁259。

整體的觀點。胡道靜更進一步評價：「全稿卷帙不多，但論述精要，至爲全面。從時間上說，起自遠古醫籍、藥書，下逮漢、唐、宋、元、近世，原原本本，如數家珍。本書是以古典醫籍爲綱來論述祖國醫藥學發生、發展和演變，因而本書也是一部中國醫學史的縮影。盡醫學史之能事來寫醫籍史，就使它跳出醫書目錄學的範疇而具有醫書歷史學的性質。」[59] 胡道靜還點出呂著的重要性，胡回顧九〇年代以前中醫文獻目錄學的專書，包括《四部書錄．醫藥篇》（1955）、《全國中醫圖書聯合目錄》（1961）、《三百種醫籍錄》（1982）、《中國醫籍提要》（1984）、《中國分省醫籍考》（1984）等等，但這些書都是按照目錄學的規範來編輯的；呂思勉則另闢蹊徑，按照歷史學的規模撰寫，加以綜合評述，整個體例與作用都別開新猷，與單純的目錄文獻、羅列書目的形式有很大的不同。[60]

當時呂思勉已查閱並閱讀《黃帝蝦蟆經》、《神農本草經》、《政和經史證類備用本草》等書，遇不同版本，呂思勉也會加以比較，所以胡道靜才會說讀呂思勉的醫史著作，「於治史技能，誠多啓益」。[61] 從後人幫呂思勉輯錄的筆記來看，呂閱讀相當多的醫書，發表的議論，常常不是就單一文獻而發，而是綜合各種典籍和線索，並提出自己獨特的看法。例如他舉《冷廬醫

59 胡道靜，〈讀呂誠之師《醫籍知津》〉，收入李永圻、張耕華，《呂思勉先生年譜長編》第二卷，上冊，頁205-206。
60 胡道靜，〈讀呂誠之師《醫籍知津》〉，收入李永圻、張耕華，《呂思勉先生年譜長編》第二卷，上冊，頁206。
61 胡道靜，〈讀呂誠之師《醫籍知津》〉，引自李永圻、張耕華，《呂思勉先生年譜長編》第二卷，上冊，頁207。

話・愼疾門》記載，海鹽寺有一僧能療一切勞傷，包括虛損、吐血、乾勞等症，該僧不知《神農本草》、《黃帝內經》等醫書，惟善於調養起居、飲食，讓患者在該寺中調養，往往十愈八九。其實，這就是當時所謂的無藥療法，背後蘊含調養之道理，但中國醫籍往往神話某些名醫的醫術，敘述過於離奇，引發患者迷信名醫有過人之技，而產生不去探究背後醫理的習慣，這導致所有的疾病只能尋求「神效」，卻不知其所以然，故「醫學」就不用去研究了。呂如此抨擊，揆諸醫籍，包括葉天士的神蹟，《千金》、《肘後》這些醫書的故事，多充斥這類溢美過言之詞，所以「過實之言足以招人之不信也，則出語必衷諸理矣。」[62] 可見他閱讀古代醫籍時，同樣是抱著合理性與科學的觀點來審視，不完全相信書上所記載的醫療史事，可以佐證呂寫醫史之風格。

（二）不再進行醫學史寫作之原因

還可以觀察的，是呂思勉撰述醫籍之大要，其實仍是放在理解中國傳統文化這一脈絡下來進行。胡道靜認爲，呂思勉運用中國文化之特性與趨向來觀察醫籍與醫學的發展歷程，納入儒學產生和發展的軌道來論述，[63] 是基於對中國文化的整體探索，深究社會、政治、經濟的興衰利弊、文化學術的隆替衍變，以形成洞察執要之論。胡補充道，也許這不易爲專業學者所能接受，但若加以沉思，便能悟出其中一定的道理。用廣角鏡來觀測技術史，

62 呂思勉，《醫學筆記》，收入李永圻、張耕華，《呂思勉先生年譜長編》第二卷，上冊，頁212-213。

63 呂思勉，《醫籍知津》，收入《中國文化思想史九種》，上冊，頁3-5。

應當是治專業史、特別是治科學技術專業史的研究者所應該採取的方法。[64] 換句話說，呂背後所秉持的仍爲中國歷史文化的大背景，他並沒有要將中醫學抽離出傳統歷史的本體來看待。

與此有所連結的，是呂對傳統史家與史學的嚴謹定義，這可能也是他沒有將該書持續深化、出版的一個因素。緣於呂思勉認爲歷史的專業性，特別是國史，不能無限制的擴張。其實，現代中國醫學史之研究，雖起自民初，然多爲醫者爲之。[65] 即使梁啓超（1873-1929）曾呼籲：「研究中國之藥劑證治，醫家所有事也；述各時代醫學之發明及進步，史家所有事也。」梁氏認爲，對於專門史而言，史家只能明瞭其大勢，但切記「勿侵其權限」。[66] 故當時歷史學者僅視醫學史爲專門史之一支，不願意花功夫去探索。但史家還是可以做一點前置作業的，1922年前後，呂撰寫〈國立沈陽高師師範學校文史地部中國歷史講義〉時即提出他的見解，他認爲因世上各科學總是愈分愈細，歷史終究無法全部囊括這些新科學。所以「國史」所及，應該列爲普通史，而非專門史。所以，歷史學者當重視「治亂興衰之由，而爲道國者所鑒者」，才是「國史」，也因爲有嚴謹的範圍，所以歷史才能夠成爲一門專業的學問，和醫學、統計、刑法等，同列專門。而對於其他專業的歷史，包括醫學在內，呂認爲，過去人研

64 胡道靜，〈讀呂誠之師《醫籍知津》〉，收入李永圻、張耕華，《呂思勉先生年譜長編》第二卷，上冊，頁207。

65 皮國立，〈民國時期的醫學革命與醫史研究——余巖（1879-1954「現代醫學史」的概念及其實踐〉，（臺北）《中醫藥雜誌》，第24卷第3期（2013），頁159-185。

66 梁啓超，《中國歷史研究法》（北京：中華書局，1936），頁30。

究歷史，無所不包，所以不能成爲一門專門的科學，未來史家面對專門史時，可將獨立專門的歷史事實析出，以待專門學者來加以研究，例如醫學、天文、曆法、法律、經濟等等，都應該要留給專門領域的學者來研究。[67] 如此即可理解，爲什麼民國初年，在這樣的史學觀念下，眞正撰寫醫學史的，都不是歷史學者，也可能是因爲這個原因，《中國醫學源流論》在出版時，呂不會認爲他要來掛名，而是讓醫家謝利恆略爲增補後，並且總結成書，頗符合呂氏史家僅析出史事，要讓醫者來研究的味道。[68] 在寫完《中國醫學源流論》的基本底稿《醫籍知津》兩年後，呂思勉在1921年〈整理舊籍的方法〉的演講中，彷彿將他編纂該書的想法傾囊相授。他認爲現代人很喜歡談通史，但何謂「通」呢？世界事務愈來愈複雜，現在已經不太可能像過去寫史，想要把所有的事都囊括進來，想要網羅群書成一史，必定失敗。而應該是要用新方法來析出各種專業，然後讓各專家來研究，才會成功，史學也才能成爲一有嚴格範圍的科學。例如《通鑑》與《通考》，就是從正史中析出一部分來分析，既與正史不重複，又在研究價值上有其極大的意義，這才是通史的意義。[69] 也就是說，像是《醫籍知津》這樣的書，就是「用新方法來析出各種專業，然後讓各專家來研究」這樣的理念，歷史學者要做的，就是「須求得

67 呂思勉，〈國立瀋陽高等師範學校文史地部中國歷史講義〉，收入李永圻、張耕華，《呂思勉先生年譜長編》第二卷，上冊，頁241-242。

68 謝謝審查委員指出，呂、謝著書名實之辨，其中怕仍有曲折，所以保守爲上。僅將其意見附記於此。

69 呂思勉，〈整理舊籍的方法〉，收入李永圻、張耕華，《呂思勉先生年譜長編》第二卷，上冊，頁258。

正確之事實，然後歸納之而得其公理」。所以利用各種考據學，釐清虛實、補足史事，乃歷史學者最重要的工作。[70] 同一年，瀋陽高師校內孟晉追群社也曾邀請呂擔任特別演講會的講者，演講「中國醫學的變遷」約兩小時，訊息刊載於《瀋陽高師周刊》43期上，可見呂對醫史的研究一度受到重視，只是呂沒有一直談這個部分而已。[71]

非常可惜的是，若統觀呂之年譜，在1923年後，呂的興趣似不在醫學，發表的論文和筆記也相對少了，僅有1935年4月撰寫的〈謝利恆先生傳〉[72]。他有歷史研究的專長，但似乎醫者也不找他去演講，民國時期上海新成立不少中醫學校，也未有呂被邀請授課、演講之證據；而呂也不再積極探究醫史了，除了他的興趣轉向更廣義的中國通史外，可能還有其他的因素。

根據陳騰的研究，呂在編輯《中國醫學大辭典》時，其撰文風格與對史事之認知已和謝利恆爲首的上海中醫有所差異。該研究提醒了我們，史家與醫者對於中醫史的見解與解讀，可能大不相同，這種歧見有時將導致意見上的衝突，甚至分道揚鑣。[73] 而正因爲呂非常用功，對於中醫典籍頗有鑽研，當他看到當時所接觸的醫者皆不讀書、不研究，又沒有理性的判斷和科學觀，這引

70 呂思勉，〈整理舊籍的方法〉，收入李永圻、張耕華，《呂思勉先生年譜長編》第二卷，上冊，頁259。

71 《瀋陽高師周刊》43期，引自李永圻、張耕華，《呂思勉先生年譜長編》第二卷，上冊，頁265。

72 李永圻、張耕華，《呂思勉先生年譜長編》第三卷，《1926-1936年（43-53歲）》，上冊，頁481。

73 陳騰，〈近代史家與醫家的交鋒——以呂思勉《醫籍知津》與謝觀《中國醫學大辭典》的校讀爲例〉，頁370-384的對照。

起他很大的反感。就在呂撰寫《醫籍知津》初稿的同一年，他還寫了《論醫》十四篇，大力抨擊當時醫者不認眞讀書，尤爲犀利，更顯其觀察入微。當時用筆名「駑牛」刊發在常州《武進商報》上，文中頗有批評當時醫者不學無術的味道，他說：

> 中國之醫書，以鄙人之淺陋所見者，尚有千餘種，然而今日之醫家若能背誦書名五十種，吾已服其博雅矣。彼輩所認眞閱讀者，吾敢決其不及十種，即曾經泛濫之書，吾亦敢決其不及十種，即曾經泛濫（筆者按：應爲「泛覽」，可能爲傳寫之誤）之書，吾亦敢決其不滿三十種也。彼輩必曰讀書如將兵然，貴精不貴多也。夫所爲精者，從多之中簡練選汰而出之之謂也，故曰：「博學而詳說之，將以反說約也。」若束書不讀，而曰吾能得其所謂精者焉，是欺人之談也。是陋也，非精也。[74]

此處申言習醫卻不讀書有何影響，呂思勉還認爲，許多中醫都憑藉著「經驗」來說自己的醫術可靠，但顯而易見的，很多重症或罕見疾病根本很少見，醫者既不讀書識病，又無法觀察罕見疾病的臨床案例，那所謂的「經驗」根本是不足憑藉的，故言：「今之醫家所讀之書極少，以讀書太少故，一遇病症，其茫無所知，亦與普通人等。」不讀書根本無法參透各種病症，實際經驗

74　呂思勉，〈論醫（一）〉，收入李永圻、張耕華，《呂思勉先生年譜長編》第二卷，上冊，頁208。

不可能憑空悟得。[75]

呂思勉也是看到常州有不少庸醫，不求進步，痛陳「吾非好攻擊今日之醫生也。」他認爲當時中醫最愛空談玄理，但一問到爲何古說有如是多分歧？那些排斥西醫或科學的中醫們，沒有一人能夠回答，甚至連知道中醫之學說有「分歧」的醫者，都非常少。[76] 他從醫學源流的歷史來看學說的演變，他說：

> 以陰陽五行言醫，古人亦初不如是。張仲景之《傷寒雜病論集》自言撰用《素問》，然全書中未嘗引及《素問》一句，可見察脈、辨證、處方、用藥，古人自有眞傳。專談空理之書如《素問》者，不過偶備參考而已，非可據以治病也。此後名醫如華元化、王叔和等，亦均不牽引陰陽五行，繆仲淳論之甚詳。陰陽五行之說，其起於宋以後乎？劉溫舒撰《素問入式運氣論奥》，始盛以陰陽五行言病理，而蘇軾、沈括之徒附和之。溫舒者即僞撰《素問亡篇》之人，軾則以聖散之方殺人者也，其醫學程度可知。以五行言藥性，則始於寇宗奭《本草衍義》，《珍珠囊》等書承之；金、元以降，其說大盛。其實中國本草之傳授，自陶隱居製唐愼微一線相承，千有餘載，無此落空謬妄之談也。寇書今單行本甚少，然久爲妄人竄入。唐氏之《證類本草》中非東洋尚有原刻本，可以證明，讀者幾疑此爲唐氏之舊，因以爲中醫古說相

---

75 呂思勉，〈論醫（二）〉、《論醫（三）》，收入李永圻、張耕華，《呂思勉先生年譜長編》第二卷，上冊，頁208-209。

76 呂思勉，〈論醫（四）〉、〈論醫（五）〉，收入李永圻、張耕華，《呂思勉先生年譜長編》第二卷，上冊，頁209。

傳如是，則貽害大已。[77]

這樣的批評有兩端，第一就是中醫的發展，愈到近世則愈趨向五行玄虛之論，而失去實際論述醫理的理性。[78] 在學理上，陳陳因襲，抄襲改動，缺乏創新與合理性。[79] 呂進一步分析，更直指中醫非科學，他說：

> 中國醫學本未能發達成一科學，而古代相傳之方術，又多失傳。自五代以前，習醫者多守其專門之業以相傳授，其人多今草澤鈴醫之流，士大夫之好斯事者甚少，則亦安於知其然不知其所以然而已。自宋以後，士大夫之研究醫術者始多，始欲求得其原理。然古代相傳之說，本止有其術而無其理，加以人體生理日已湮晦，藥物化學又無門徑，術之不明，理於何有？於此而欲強立一說焉以會諸說之道，則愈籠統汗漫不著邊際之說，愈適於用，此中國醫家之所以好譚（談）陰陽五行也。[80]

77 呂思勉，〈論醫（六）〉，收入李永圻、張耕華，《呂思勉先生年譜長編》第二卷，上冊，頁209-210。

78 呂許多批評皆與余巖的說法一致，但顯然呂氏更早有這樣的觀察。參考余巖，《醫學革命論初集》（余氏研究室，1950），頁118-119。

79 關於醫書的改動與抄襲，可參考祝平一，〈作者、編者、剽竊者：從《晰微補化全書》看醫書的抄輯與作者身分〉，（臺北）《中央研究院歷史語言研究所集刊》，第92本第3分（2021），頁561-602。

80 呂思勉，〈論醫（七）〉，收入李永圻、張耕華，《呂思勉先生年譜長編》第二卷，上冊，頁210。

此說同樣與余巖抨擊中醫發展史中陰陽五行說的筆法一致，若再加上上述說理，相信呂很難見容於當時上海醫界。[81] 呂思勉認為，如此是否中國醫學就沒有價值呢？他解釋說，中國疆域之大、各處地形、氣候不同，造就許多不同的疾病種類。這在醫學上積累數千年之經驗與診察技術和有效的藥方，多有可採之處，「特其所言之理，則全不足信耳。」[82] 呂認為中醫仍有可採之處，但並不是說醫者就肯定有能力可以運用它。因為中醫不足以言「學」，更搆不上科學，僅能稱為「術」，用之於人體有效，其實就是要靠多讀書、多識病證、多記良方，才可能談用之有效這件事。可惜的是，他認為當時醫者多不讀書，[83] 不願再與中醫群體繼續為伍，也可能是呂的專注已轉移至其他領域的歷史研究，蓋當時醫學史的研究本非職業史家所留意，這些因素可能都是導致他後來不再持續撰寫中醫史的原因。

四、呂思勉醫學史論內所見之醫學觀點與思想

（一）對中西醫學發展之評論與態度

若將中醫與西醫放在一起比較，從呂發表的文章，大略可以窺知呂的態度。呂曾言：「中醫與西醫究孰勝？曰：自然西醫勝

---

81 皮國立，〈民國時期的醫學革命與醫史研究——余巖（1879-1954）「現代醫學史」的概念及其實踐〉，頁159-185。

82 呂思勉，〈論醫（八）〉，收入李永圻、張耕華，《呂思勉先生年譜長編》第二卷，上冊，頁210。

83 呂思勉，〈論醫（八）〉，收入李永圻、張耕華，《呂思勉先生年譜長編》第二卷，上冊，頁210。

於中醫，無待問也。何則？斷無明於人體生理者，術反不精；講臟腑經脈，尚且錯誤者。」[84] 已經很清楚的表明他對西醫的認同。即使呂認爲，西醫中也有技術劣等者，例如他陳述清末有一西醫開設醫局於他的家鄉常州，有一天，這位西醫來到自己家，準備派遣僕人回家取自己的馬褂，寫了一張便條，結果不會寫「褂」字，反而是僕人教他寫，這位西醫才會。呂認爲，這種人中文劣等、西文又不通，眞是誤人不淺。不過，醫生庸劣是一回事，但醫學之精粗卻又是另一回事，呂認爲不能因爲有少數劣質西醫，而否定西醫的學術。[85] 醫學與學術應與個別醫者分開來談，這一點見解頗爲客觀；此就學術論學術，頗符合呂氏從合理與科學性來看待醫學的態度。

從實際的疾病治療過程中，也可以看出呂氏對中西醫的評論。1920年，呂思勉從瀋陽回故鄉常州度假，回校後著〈南歸雜記〉，刊於《瀋陽高師周刊》上，他寫到這則故事：

> 予鄉自（1920）七月二十九日起，至八月初七日止，日間溫度恒在九十五度以上，夜間亦在九十度以上。初七日傍晚大雨，乃稍涼，而虎列拉作，染者不多，然甚劇。地方醫院所收受之人，自第一人至第十四人皆死。不入醫院者，死者尤多。推原其故，半由今年之虎列拉，較往年爲重，半由挑痧誤之。挑痧者，南方剃髮匠業之。無識之徒，夏日不論何

84 呂思勉，〈論醫（九）〉，收入李永圻、張耕華，《呂思勉先生年譜長編》第二卷，上冊，頁210。

85 呂思勉，〈論醫（九）〉，收入李永圻、張耕華，《呂思勉先生年譜長編》第二卷，上冊，頁211。

病，皆先雇剃髮匠挑痧，然後延醫，謂可救急也。於四肢亂加針刺後，靜脈注射，即無所施其技，雖更延西醫，亦往往束手。甚有於胃腹亂加針刺，致病已轉機，胃腸發炎而死者。然諄諄告人曰：毋招剃髮匠挑痧。莫聽也，甚且招人譏訕，剃髮匠更目予爲怪物矣。剃髮匠之以挑痧名者，或一夏而儲銀三百元，以買良田，或出入皆乘包車。故鄉朋友聚首者較多。然談學問者極少，非閒言送日，則作詩鍾著圍棋。[86]

呂看到有關社會上醫療不合理之時事，都會加以評述，1919年到1920年，中國正面臨一次嚴重的霍亂襲擊，[87] 僅是1919年，霍亂即導致全中國約34萬人死亡。[88] 呂在如此嚴重的疫情中，充分體驗到傳統醫學體系的衰弱與迷信。當時中國人普遍認爲霍亂是一種「痧」，[89] 甚至相信由剃髮匠等技術人員通過用針「挑痧」，亂刺四肢、腹部，可以緩解症狀，這樣無知的舉措反倒加重了疫情的死亡人數；[90] 更讓呂看不慣的是，這輩施術者竟

86 呂思勉，〈南歸雜記〉，收入李永圻、張耕華，《呂思勉先生年譜長編》第二卷，上冊，頁230-231。

87 姬淩輝討論了1918-1919年上海的流感與霍亂疫情，參考氏著，《流感與霍亂：民初上海傳染病防治初探（1918-1919）》，（商丘）《商丘師範學院學報》，第30卷第7期（2014），頁51-59。

88 當時人對霍亂的恐懼與當年的死亡情況，可參考皮國立，《全球大流感在近代中國的眞相：一段抗疫歷史與中西醫學的奮鬥》（臺北：時報文化出版公司，2022），特別是第3章。

89 呂思勉，《醫籍知津》，收入《中國文化思想史九種》，上冊，頁59。

90 有關這個疾病文化的解讀，可參考祝平一，〈清代的痧：一個疾病範疇的誕生〉，（臺北）《漢學研究》，第31卷第3期（2013），頁193-228。以及皮國

然都過著很優渥、不學無術的自在生活，令呂感到氣憤。另外，他還闡述1919年嚴重霍亂疫情中的傳統中醫表現，說到：「以救霍亂等急症，究尙非中醫所及，於此看見現在中國醫生之無能爲矣。」他認爲中醫不如西醫，眼前這場疫情就是一大證據，接著他說：「此次霍亂盛行，究竟服中國藥者較諸服十滴水、神功濟衆水等藥者效驗如何？請各人平心調查之，事實具在，非可以口舌爭也。霍亂一證，至十滴藥水、神功濟衆水等不能治時，在西醫尙有他法，可以救治，若中醫則並此等能奏效之藥而無之也，其短常見矣。」[91] 呂認爲當時中醫只有運用一些成藥，雖然也有效果，但西醫還有急救、輸液等應急辦法，顯然比中醫擁有更多保衛生命的技術，這些都是從大疫中的觀察。

另外一個例子，就是自1920年代開始，日本漢醫的影響力漸漸及於中土，許多中醫在面對西醫的強大壓力下，開始援引日本漢醫家的技術和學說，[92] 以作爲和西醫論爭的思想資源。[93] 呂思勉在一開始就注意到這個現象，[94] 但是他認爲中醫都不讀書，識見遠遜於日本漢醫，他說到：

立，〈中西醫學話語與近代商業論述——以《申報》上的「痧藥水」爲例〉，（上海）《上海學術月刊》，第45卷第1期（2013），頁149-164。

91 呂思勉，〈論醫（九）〉、〈論醫（十）〉，收入李永圻、張耕華，《呂思勉先生年譜長編》第二卷，上冊，頁211。

92 皮國立，《近代中西醫的博弈：中醫抗菌史》（北京：中華書局，2019），頁84-95。

93 中西文化交流中的援引和挪用現象，可參考潘光哲，〈追索晚清閱讀史的一些想法：「知識倉庫」、「思想資源」與「概念變遷」〉，（臺北）《新史學》，第16卷第3期（2005），頁137-170。

94 呂思勉，《醫籍知津》，收入《中國文化思想史九種》，上冊，頁67-68。

> 中醫非特不如西醫也，且遠不如日本之漢醫。彼日本之漢醫，非治西學者也。其學固全出於中國者也，然其盡不遠非中國醫家所及，謂予不信，請一讀聿修堂《醫學叢書》。此書爲湖北楊惕吾先生所輯，乃日本漢醫丹波氏一家之著述也。楊氏序中備舉其優長之處，謂元、明以來之醫家，殆無其匹。文繁不能備證，一言以蔽之，則彼切實而我落空，彼處處皆有證據，我處均係胡說而已。中國進世醫家，予最服膺徐靈胎，以其讀書最多，於各科多所通曉，且持論最謹嚴，在近世醫家中較有軌範故也。然特與丹波較，則遠出其下，此非予偏激之談，試將徐氏醫書與丹波氏書各讀一過自知。[95]

文中一句「彼切實而我落空，彼處處皆有證據，我處均係胡說而已」，對中醫的批判，可謂直言不諱，這與他始終認爲中醫不肯多讀古書、多學習是有關的。呂多次引徐靈胎之言，也佩服徐氏，可見他對學術的「源流」是頗重視的，認爲那是要瞭解中醫的基礎。呂氏總結民初的中醫，其學不如西醫之精，而古說又多失傳，後人不能闡發。而且他還表達了一己之悲觀，認爲西醫之書，中醫無法理解，而日本漢醫之書，優於中醫的技術，是可以閱讀的，應該加以重視；只是，中醫連自己本國的醫書都不讀了，怎麼會去讀日本漢醫的東西呢？批判相當直白與犀利。[96]

95 呂思勉，〈論醫（十三）〉，收入李永圻、張耕華，《呂思勉先生年譜長編》第二卷，上冊，頁211-212。

96 呂思勉，〈論醫（十四）〉，收入李永圻、張耕華，《呂思勉先生年譜長編》第二卷，上冊，頁212。

（二）史家的日常的疾病與身體觀

呂氏既生長於醫藥空氣非常濃厚的地域，自己又因寫史的需要而看了不少醫書，故對於自身疾病的書寫、記錄與評論，同樣令人印象深刻。從這些文字當中，多少也可以看出呂對於中西醫藥的態度。1921年，時年38歲的呂，似乎是罹患外感熱病，頗似前年大流感之續餘。呂在日記中常會詳細記錄其身體狀況，並加以評論中醫學理，可惜只剩殘本，我們大概只能拾掇相關的隻字片語來加以解讀。在當年的一場疾病中，呂記載到：

> 前月廿四至廿七，陰曆十六至十九，昏睡不醒。廿八至三十一日，舊曆二十至二十三，則通夜不甚能睡，且覺甚躁。本月一日得大解，熱退。是夜及初二夜，即廿四、廿五日睡較多，蓋疲甚使然。初三至初七（廿六至三十），每夜睡五小時左右而已，蓋神經受傷使然，是時吃米粥覺有足以解渴之意，而吃他物則多覺其味苦，蓋熱尚未清而連日飲食少多。八日即辛酉元且又少勞，晡時發微熱，夜仍略吃粥，半夜遂盡哯（哯，《說文》不嘔而吐也。）出是夜發微熱，蓋即所謂復也。此病宜多得滋養之品，而中醫於飲食多所禁忌，往往致病者衰弱而死，否亦久難復原，然因食而復者，亦往往有之。蓋非必食肉等之爲害，而食過多之爲害。然食味美之物，往往易於過量，故中醫必盡禁一切食物，乃至僅與以糜粥鹹菜也，然因噎廢食矣。又此病勞亦易復，所謂勞復也。予此次之復，蓋由多食者十七，過勞過勞者十三，疾之不可

不愼如是夫。[97]

呂思勉擷取中醫古籍中的知識，認爲自己的症狀就是中醫所謂的「復症」，但他也評論中醫過於嚴守禁食，這對康復沒有益處。[98] 可以看出呂氏還是認爲中醫知識有一定的價値，只是不少建議謹守一偏，仍可以再加以評估、修正。

呂思勉在回覆友人的信中，也曾提到他對治療瘧疾的看法，舉出不少治方與治法，顯見他讀醫史，頗留意醫學的實際運用。[99] 1936年，在與管文如的通信中，顯示討論醫理與藥方之信件往來，呂還會建議友人當服之藥方與論述醫理之大要。[100] 在殘存日記內記載，引文頗長，但値得閱讀，可以理解呂從理解藥方到產生疑問，最後無法在傳統中醫處得到適當說明的過程：

> 民國三十一年十一月，予七歲患瘧，大姑是時亦患瘧，兩人疾幾同時作，亦幾同時愈，皆自秋初至冬季，歷時約五月。診治者鄒德師、鄭湘溪、朱紫衡諸先生，皆名醫也。弱冠前，予以爲中國無治瘧之藥矣。婚後聞外舅言，常山、草果截瘧如神，惟性甚刻伐，不可輕服耳，識之而已。榮女二三歲時患瘧，金雞那霜丸不能咽，粉末則苦不肯服。文如云：

97 呂思勉，〈殘存日記〉，收入李永圻、張耕華，《呂思勉先生年譜長編》第二卷，上冊，頁257-258。

98 近代補充營養與禁食的爭議，可參考皮國立，《近代中西醫的博弈：中醫抗菌史》，頁345-397。

99 李永圻、張耕華，《呂思勉先生年譜長編》第二卷，上冊，頁268。

100 李永圻、張耕華，《呂思勉先生年譜長編》第三卷，上冊，頁498-499。

常山、草果，江浙醫罕用，閩醫則無不用者，從未見瘧之久延，亦從未聞其有何流弊也。書方服之，一劑良已。後族叔仲藻患瘧，中西醫皆不愈，求治於陸老全，老全以常山、草果治之，亦一服而寒熱遂已。予當是時以爲常山、草果之治瘧，勝於雞那霜矣。近歲客滬上，雞那霜貴，趙君女茗爲新亞藥廠藥劑師，以飲食之會遇之，予以所睹聞者語之曰：盍治常山草果爲丸散，俾貧而患瘧者獲治乎？女茗言，日人曾經考驗，能治瘧者常山，草果實無用也。然常山治瘧愈者，百中六十餘，雞那霜則八十餘，知其藥不如雞那霜，故日人不之用云。然《本草》言，常山不徒治瘧，亦凡治寒熱疾。而仲藻族叔固嘗先服雞那霜而不愈，予頗疑常山治正瘧不如雞那霜，治惡瘧時或勝之也。本月六日在扳上與金勤昌夜話，勤昌近患瘧，錢醫生治之而愈，第一、二方皆用草果，寒熱不止；第三方以常山爲引，寒熱遂止。是則女茗之言驗矣。其明日予訪莊育民（筆者按：中醫，1902-1982），育民留予小飲，何錫疇同席，錫疇業藥肆，能誦常山治寒熱之方，云今鄉人多服之，逮愈所費至多十餘元，而金雞納霜丸，在鄉間，廉者丸二元四角，貴者至三元，猶非佳者。假一患者服三十丸，則自七十二元至九十元矣。其相去爲何如也。是晚予寒熱大作，初八日還湖塘橋少輕，初九日益重，至是雖未經醫師診視，亦殆可斷其爲瘧。初十日入城，即走訪錢醫生，予之訪錢君，意在訪以常山究可治何等寒熱，《本草》言其有毒，何所見而云然。云中虛者忌服，何等證候謂之「中虛」；醫家言瘧不可輕截，寒熱之疾，遇何等證候，可服常山？何等則不可？云瘧不可輕截者，蓋謂寒熱雖止，諸證不能悉除，將遺後患，然何故不可先止其寒熱，治其餘證也？予懷是意而往，知醫家尋常不肯多談，以勤昌先生與錢同住一宅，乃請勤昌夫人介紹，既見具以書於上者語之，此在口語亦不過數分鐘耳。乃錢君意殊不屬予語，未幾即索手診脈，雖且診，予且語之，亦不傾聽，至予語竟，則彼已書方矣。所書脈案，亦與予告彼者不盡合，書方既竟，問以予何不可服常山，則曰當先理之使成症，不則將變爲溫病而已。予知其無可與語，唯唯退，遂未服其藥。自服雞那霜，是日猶有寒熱，翼日遂無矣。予至是然後知一種學術之將替，非其學之果無足取，而由治是學者之無材，治是學者之無材，則由材者之不趨於是，材者之不趨於是，則運會風氣實爲之。如居今之世而爲醫，而於西醫之書，一語不讀，科學之理，一無所知，其人之材不材爲何如？然非如是人又安肯自列於中醫之林，而以是自足，以是自畫哉！江河所趨，百川赴之，蛟龍生焉，及其去之，則魚鱉無所還其體，而泥鰍爲之制。信乎風會之爲力之大也。[101]

在這則不算短的醫案記載中，可知呂確實略懂醫術；再從常山、草果的治瘧效果來看，中藥是具有療效的。[102] 只是，到底在什麼樣的情況有效，什麼症狀不能用或可先用，時機怎麼抓？

---

101 呂思勉，〈殘存日記〉，收入李永圻、張耕華，《呂思勉先生年譜長編》第四卷，上冊，頁648-649。

102 有關民國時期常山治瘧的討論，可參考雷祥麟，〈常山：一個新抗瘧藥的誕生〉，收入李建民主編，《從醫療看中國史》（臺北：聯經出版事業公司，2008），頁331-372。

醫案中的「錢醫生」顯然不願意或根本不知怎麼回答，呂在最後批評了當時的中醫「無材」，自己的古籍不好好讀，西醫書又看不懂，風氣一轉移，就能把中醫滅亡，這是他對中醫的基本態度，雖然在1940年代前後，他仍關注中醫，但對其評價之低落，顯然與1920年代初時相去不遠。

（三）作爲興趣的醫學文獻與知識

在1940年代期間，呂還是有不少中醫的朋友，可以看出呂在很多時候是就事論事，而不是一味的反中醫。例如1942年時，呂思勉幫他的中醫好朋友莊育民的《喉科眞髓》寫序，莊知道呂是歷史學家，且懂得不少醫學史文獻與典故的。[103] 呂思勉寫下：

> 理可以禦萬事，然事必先理而彰。解剖二字，見於《靈樞經，水篇》，新莽時猶有其事，莽最泥古，知其事必有由來。而古人未知穀食之先，特蔬食以爲養。《管子》言萬家以下，則就山澤，可見其養人之多。古之人所食蓋極雜，故本草之學於是發明焉，此皆事之先理而彰者也。徐靈胎先生嘗言，一地方之病，惟其相傳之方藥可以瘳之，以意處治者皆無驗。夫一地方之方藥，不過農夫野老，十口相傳，其人初不知書，更不知所謂醫理，顧所試輒驗，而醫家之自謂極深研幾者乃不能，然則捨事而言理者之不足恃，又可見矣。

103 莊育民是著名的針灸學者，也出版過相關的歷史著作，例如莊育民，《中國針灸發展史》（撰者自刊，1978）。

然徒執其事而不能推求其理，則其爲用不弘，故吾嘗謂國醫與鈴醫之技，合之則兩美，離之則兩傷，何者？必就鈴醫相傳之技，以國醫極深研幾之法，推求其所以然，然後其所得之理爲不虛，而亦非如相傳之技，只施之一事也，此殆醫學演進所必由之大道乎？吾邑莊君育民，少患喉痺，醫家治之年餘不效，後其族子世琛授以專家所傳《喉科精選》一書，如法施治，未幾即愈，由是發憤於醫，專理喉科，積之二十餘年，乃原本經文，旁搜驗案，益以方技家之所傳，著成一書，名之曰《喉科眞髓》。其體例之精，擇言之雅，不愧述作之林，而其翔實，則遠非空談理氣者之所能逮也。合國醫鈴醫之技而爲一，其庶幾乎！[104]

呂認爲，若眞的要發揚中醫的學術，必須探究理論和整合地方與民間之醫術，使兩者合一，方能發揚傳統醫理，像是鈴醫的著作《串雅》，不但保存了許多古代流落於各地的民間技術，還能提供給當時中醫不少修正既有學說的資源，應該加以重視。這是他閱讀醫書和觀察中醫施術之實際狀況後，所得出的結論。[105]但很顯然的，如上則所論，呂有不少中醫好友，但直到1940年代前後，他都沒有改變中醫較爲落後之觀感。

雖然對中醫有這樣的觀感，但呂在1940年代時仍會閱讀中醫的著作，但多爲文獻典籍的單純興趣而閱讀。1944年，他引

104 引自莊育民，《喉科眞髓》序言，收入李永圻、張耕華，《呂思勉先生年譜長編》第四卷，上冊，頁674-675。

105 呂思勉，《醫籍知津》，收入《中國文化思想史九種》，上冊，頁63。

《救荒本草》作爲論述食品、蔬食與健康的關係，也談及古人之「辟穀」，多少與認識多食肉類的危險和多食蔬菜的好處有關。[106] 同年，呂思勉還在日記中寫下他觀看《東洋和漢醫學實驗集》的心得。他手邊的書是由張仲任翻譯，徐放（字嘯波，一般以小圃爲字）印行，後者是一位上海知名中醫。[107] 該書於1927年出版，中文翻譯本於1931年問世。呂是從友人處借到此譯本，當時據說會有下一冊，但他友人並沒有購得。他在日記中記下該書作者渡邊熙初學德醫，而後闡揚東方醫學，其經歷頗似湯本求眞，呂思勉也熟知從民初以來的《醫界之鐵椎》到1929年丁福保譯印的《皇漢醫學》等書，他都有掌握。呂氏舉其說論及，西醫以外科解剖和化學爲主，實驗以動物爲依據，與人體不盡相合，分科愈來愈細，遂對人體沒有一個全面的掌握，人體與機器不同，機器可以分開修理，但人體顯然不行。呂認爲東洋醫學雖然不是以「科學」爲本，誤謬之處甚爲可笑，但從察證候到施於病症之過程記載來看，可謂詳實有效。呂氏也舉日本漢醫的認知，認爲西醫專事殺菌，而東方醫學則善於去除血液中的毒素，使病源自然消失，這樣的方法似乎比較妥當，渡邊熙甚至主張漢醫「症候學」就是一門科學。不過，呂的話鋒一轉，認爲中醫和漢醫有很大的差距，不能以此拿來自誇，似乎又轉向從一位歷史學者來探索。他認爲，日本漢醫的歷史有所謂古方派和後世派之分，《栗園醫訓》指出後世派起於東垣與丹溪之世，自明代

---

106 呂思勉，《上海人的飲食——辟穀》，收入李永圻、張耕華，《呂思勉先生年譜長編》第四卷，上冊，頁720。

107 陸鴻元、徐蓉娟主編，《徐小圃醫案醫論集》（北京：中國中醫藥出版社，2010），頁254。

起大盛於東洋；不過，渡邊和湯本兩氏，卻都是古方派，他們抨擊後世派，認爲古方之議論比較確實，不參雜玄虛之語言，這是日本漢醫界當時的狀況。呂思勉評論，民國時多數中醫「善者不過後世派，不善者則並此而不通。」所以根本沒有資格借日本漢醫來自壯聲勢，此批評不可不謂尖銳。[108] 不過，呂也從歷史學者的謹慎與懷疑出發，評述渡邊熙談到之梅毒，呂氏舉中醫陳司成所言，《唐書・南蠻傳下・訶陵》記載：「有毒女，與接，輒苦瘡。」用來推測此病在唐代以前是沒有的。但渡邊熙卻在書中認爲梅毒一病，上古即有，《靈樞》述其病、《素問》則有方，下至《傷寒》、《金匱》、《諸病源候論》、《千金》等書都有論及。這些書，呂應該都有看過，他沒有在日記中寫下直接的批評，只說：「此說予非醫家，不能判其信不也。」[109] 可見呂雖熟讀各種醫籍，但若事涉專業醫理，呂也有所保留，不會強烈批判，只用帶著懷疑的語句，點到爲止而已。由此也可推知，呂氏對於醫學典籍之發展，往往基於大的歷史脈絡來評述，而非針對技術之細部實作來加以批判；他無法評論藥方與不同類型的治法，顯示他對中醫的觀點與看法，仍是一種歷史評論，而無法就中國醫學發展之本體，提出更好的建議。

至於呂思勉對於自己身體疾病之解讀與治療，也牽涉到中西醫學體系之抉擇，顯示呂氏自身主觀的擇醫態度。[110] 他有肺結

108 呂思勉筆記二則，收入李永圻、張耕華，《呂思勉先生年譜長編》第四卷，上冊，頁721-722。

109 呂思勉筆記二則，收入李永圻、張耕華，《呂思勉先生年譜長編》第四卷，上冊，頁722。

110 有關擇醫的主觀態度，可參考雷祥麟，〈負責任的醫生與有信仰的病人：中西

核、腸胃病、氣管炎和最爲麻煩的心臟病，而且還受高血壓所苦。1955年，呂的血壓一度高至180至240（mmHg），他自己都嚇了一跳。[111] 但幾乎1933年後，即少有記載他會請中醫看診或服用中藥。[112] 只有在1955年殘存的日記中有記載，民國初年即患有心臟病，但中西醫均治療無效，所以可知一開始呂仍有請中醫看診，只是後來的記載皆偏重服用西藥，特別是他聽一位西醫范補程的建議，說其心臟病無藥可醫，只能靜養而已。呂後來也沒有去積極試用中藥調養，[113] 倒是他的朋友有懂中醫者，建議呂可以服用黃耆來調治心臟病。[114] 而晚年的呂氏服用中藥或相關建議，主要多是由一位中醫，也是呂的好友唐玉虬所建議，他寫信給呂，建議他服用枇杷膏和太子蔘煎湯服用，呂也確實有服用枇杷膏的記載，但是因爲呂有多種疾病纏身，正規治療常於醫院中進行，看起來中醫能夠一起協同治療的時機並不多。[115]

1949年以後，呂已不看中醫典籍與文獻，他在壯年以前，可能看了不少中醫書，但晚年或許是自己身體常常出問題，故轉

醫論爭與醫病關係在民國時期的轉變〉，（臺北）《新史學》，第14卷第1期（2003），頁45-96。筆者也有一本專書探討在國族主義下個人擇醫的多樣選擇，參考皮國立，《國族、國醫與病人：近代中國的醫療和身體》。

111 呂思勉，〈餘生記〉，收入李永圻、張耕華，《呂思勉先生年譜長編》第六卷，《1950-1957年（67-74歲）》，下冊，頁975。

112 呂思勉，〈莊敬記〉，收入李永圻、張耕華，《呂思勉先生年譜長編》第六卷，下冊，頁956。

113 呂思勉，〈餘生記〉，收入李永圻、張耕華，《呂思勉先生年譜長編》第六卷，下冊，頁971。

114 呂思勉，〈餘生記〉，收入李永圻、張耕華，《呂思勉先生年譜長編》第六卷，下冊，頁972。

115 呂思勉，〈醫事備檢〉，收入李永圻、張耕華，《呂思勉先生年譜長編》第六卷，下冊，頁1016。

而關切一些新的醫學健康知識，非爲學術研究，大概還是以興趣和實際需求爲主。例如1955年，時年72歲的呂仍繼續閱讀《大衆醫學》。[116] 對於自己結核病的狀況，他也會持續閱覽《中華結核病科雜誌》，吸收不少西醫的知識，還是保持一個持續吸收新知的心態。呂還閱讀丁梅軒的《病理學一夕談》，[117] 同時關心起《衰老原因與豫防》，看起來讀書更是爲了自己的身體而讀。[118] 1955年3月26、27日時，他還閱讀《維他命與健康》、《高血壓與腦溢血防治法》等書，[119] 之後連續幾天，甚至「翻閱醫書中論高血壓者」。[120] 從大方向看起來，呂晚年時突然對醫療與健康的新知感到興趣，反而感到讀歷史的書少了，當然，中醫藥的書就更不閱看了。

1956年時，一位周宗鑑寫信給呂思勉，稱讚呂乃史學大師，詢問他現在正以西醫學習中醫課，那時西醫轉學習中醫的例子不少，[121] 周將來準備專攻醫史，有一些專業問題想請教呂思勉，可惜呂的身體已很差，似未見覆信。[122] 同年，他的身體已

116 呂思勉，〈餘生記〉，收入李永圻、張耕華，《呂思勉先生年譜長編》第六卷，下冊，頁972。

117 呂思勉，〈餘生記〉，收入李永圻、張耕華，《呂思勉先生年譜長編》第六卷，下冊，頁975。

118 呂思勉，〈餘生記〉，收入李永圻、張耕華，《呂思勉先生年譜長編》第六卷，下冊，頁976。

119 呂思勉，〈餘生記〉，收入李永圻、張耕華，《呂思勉先生年譜長編》第六卷，下冊，頁977。

120 呂思勉，〈餘生記〉，收入李永圻、張耕華，《呂思勉先生年譜長編》第六卷，下冊，頁977。

121 李經緯，〈中西醫結合與中醫國際化趨勢〉，（臺北）《中醫藥雜誌》，第15卷第3期（2004），頁137-150。

122 呂思勉，〈醫事備檢〉，收入李永圻、張耕華，《呂思勉先生年譜長編》第六

非常不好，前往常州十子街舊居整理雜誌資料，從粗略的書單可以看出呂讀書涉獵的資料非常多元，並不僅限於史學，與醫學有關者，就有遺傳學說、優生運動、醫學、生理衛生、治療、醫史、醫政、生命（返老還童）等類別，可以看出呂身爲史家，不只是專門偏重某一領域的歷史研究，而是求得廣博通達，希望能論事就理，貼近生活的方方面面，這與他一生的精神和理念是一致的。[123]

五、結語

本文以呂思勉的著作與思想爲主，從各個方面考察了近代史家撰寫專門史、醫學史的路徑。呂幼年的生活環境與教育，使他接觸到不少中醫藥文獻，奠定了他撰寫專史的基礎。他對於現實的關懷、閱讀報刊的興趣與擔任編輯的經歷，無形中訓練了他撰寫不同主題，並與現實結合的撰寫能力與風格，證實他寫出的《醫籍知津》，雖未正式出版，但卻是民國時期首位非醫者出身，但研究醫學史，並試圖寫成專著的近代中國史家。在那個史家普遍不重視專門史的年代，呂思勉這麼早就可以達到如此成就，實屬不易。不過，呂後來的撰述，顯然不再專注於醫史的研究，本文略爲分析了背後的原因，除了呂認爲當時中醫大多不學無術外，還可以在結論補充，以常理思之，一個時代的史學研究

卷，下冊，頁996。

123 李永圻、張耕華，《呂思勉先生年譜長編》第六卷，下冊，頁998-1000。

有其潮流與學風，[124] 可以觀察民初的史家，包括知名的傅斯年、陳寅恪或顧頡剛，乃至他的學生錢穆等人，其一代論述之所重，對醫史皆無深刻研究。即便呂有研究醫史的背景與能力，他的教學工作與當時的學風，也無法成爲正向動力，促使其繼續前行，深耕於醫學史的書寫，這是比較可惜的。

就在呂編寫醫史之時，其理念已與傳統醫者不同。傳統中醫希望藉由中醫史來建立自身知識之地位與價值的，此即「要用治史的方法，整理中國醫藥」，必先弄清楚「中醫」何以退化？又進步之可能在何處？才能談改革中醫。[125] 而呂則是想要實事求是、就史論史，從整個社會發展需求來看待醫學發展。再加上他幾篇批評中醫的文章和對中醫落後、不讀書的負面觀感，顯示史家與醫者對於醫學史功能不同的看法。加上後來呂轉向更爲通達、廣泛的通史研究，也使得他沒有能進一步在醫史上持續探究。當時研究專門史的鴻溝可這樣理解，部分醫者不留心醫史，是因爲不知怎麼詮釋自己過往的傳統體系；而多數史家不寫醫史，除了史潮與學風的影響外，則是因爲對中醫典籍未進行深刻研究，故無法往前跨進專門史領域內。而呂的成長背景與思想脈絡，恰恰營造了這兩個原本不相干群體在民國時的交會。在呂來看，「專史」必須讓專家來作，史家僅是析出資料而已，呂多少還是嚴守這個界限，可以說無法完全跨越史家與醫者之間的鴻溝。呂後來未更改他對中醫較爲落後之觀感，導致史家和中醫無

124 李帆，〈求眞與致用的兩全和兩難——以顧頡剛、傅斯年等民國史家的選擇爲例〉，《近代史研究》，第3期（2018），頁4-23。

125 趙錫庠，〈社論：要用治史方法整理中國醫藥〉，《自強醫刊》，第20期（1931），頁10-13。

法在那個時代於醫學史研究上產生更多的良性交流；[126] 若再加上呂氏研究醫學史的興趣已不再持續，皆導致呂研究醫史的才能，長期不為中醫所重視，這是比較可惜的發展。只是，實際上《中國醫學源流論》的出名，還是藉由謝利恆的名氣，呂氏把這個出版業績留給謝氏，一方面是他重視朋友的關係，其次則是保持了自己超然獨立的史家性格，不多談他所謂的「專史」；呂更未涉入中醫存廢之尖銳爭議，對中醫的批評也多見於私人文字，抒發於日常書信、日記的隻字片語內，而非公開於報刊上抨擊中醫。

至於有沒有可能另有隱曲或壓力，目前則無進一步的史料證實，但基本上可以看出呂氏是低調的，他並沒有抱怨或試圖爭取這本書的著作權；甚至，他可能清楚知道，要有一醫界具有影響力的長者掛名，方能見重於中醫界，而謝氏又為其好友，故欣然同意其稿為謝所用。所以當《中國醫學源流論》出版時，呂為該書寫了一篇〈謝利恆先生傳〉，呂思勉竟稱自己「於醫學擇一無所知」，甚至讀古書、喜考證之功力，皆遜於謝氏，這些話顯然過度謙虛且與實際不符了。[127] 假使我們今日重讀《中國醫學源流論》，已是很不一樣的分析脈絡與認知，它後面還有一段如此史家的故事和考量，以及「史家寫醫史」未能持續發展之遺憾。

---

126 筆者試想，當時像呂思勉這樣的史家，有沒有可能至民初中醫院校教授醫史？至少筆者在結論的論述，史家和中醫間的那層隔膜，是無法推展這種可能的。筆者目前所見，在民初中醫院校開設醫學史的講師，皆非傳統史家或民初所謂的職業史家。如此假設或思考或有所誤，故僅於註腳內附記此未經證實的提問，有待來日印證。

127 謝利恆、尤在涇，《中國醫學源流論．校正醫學讀書記（合刊本）》（臺北：新文豐出版股份有限公司，1997），頁5-11。

把呂思勉的史學路徑放在中西醫論爭的脈絡來看，也同樣有意思。中醫的歷史是學術問題，但國家與科學之發展，卻是現實問題，呂必須在兩者之間，保持一種合理的抉擇。其女呂翼仁（1914-1994）在1980年代回憶她的父親，指出：「他除了讀舊籍之外，又閱讀大量新書，尤其是社會科學方面的書」、「父親生於清季，清季民初正是我國內憂外患交迫的時候。父親懷著強烈的愛國、愛民族的心情，也懷著要求改革的迫切願望。他知道要談政治要談改革‧必須尊崇科學，尊崇由科學產生的新技術，單讀舊書是不中用的了，這是他廣讀新書的動機。他在一篇論治學的文章裡說對現狀不滿，是治學問，尤其是治社會科學的眞正動機，也是社會進步的根源。」[128] 呂翼仁認爲這是他能易於接受馬克思主義的原因，它論證社會發展的唯科學主義性質，吸引不少青年知識份子的注意，這已是後話。[129] 但從這段評論指出，可以呼應本文對呂氏思想的觀察，中醫史只是歷史學術課題，但眞正應該好好發展的現實，卻是科學醫學和西醫；因此，他對中西醫藥優劣之評價，多少阻礙了他進一步持續書寫中國醫學史的可能。不過，呂並未像傅斯年或魯迅那代新知識份子，抨擊中醫不夠格發展學術，他認爲當時中醫是較爲落後的，對防治傳染病的應對方法上，已漸漸不如西醫，但他仍希望中醫多閱讀古書和吸取科學知識，這是就合理性而發言，不落入「廢除中醫」的爭論中。並且，呂曾於醫史論述中指出：「若如近日中醫

128 呂翼仁，〈回憶我的父親——呂思勉先生〉，收入李永圻，張耕華，《呂思勉先生年譜長編》附錄一，下冊，頁1187。

129 郭穎頤，《中國現代思想中的唯科學主義（1900-1950）》（南京：江蘇人民出版社，1990），頁3-26。

奉爲枕中祕之《中西醫經匯通精義》等，一味牽強附會，及近今治西國醫學者，動以今日之學術繩古人，一味深閉固拒，均無當也。」[130] 除了可以看出呂不止閱讀古醫書，連當時（晚清）新出版的醫書都有掌握，也可讀出他認爲中醫的發展，可以走上「匯通」之路，只是需要時間和不偏不倚的態度，方能有新醫學的創生。此外，呂有不少朋友可能都是中醫，代表呂對中醫仍保持一定的認識，只是就實際發展層面來說，其興趣已逐漸轉淡，也未於撰寫醫史上持續耕耘了。話雖如此，呂的思想與著作，仍代表近代以來非醫者出身之專業史家，首次涉入專門醫史研究，並與醫者和醫學發展有各個方面的對話，這樣的學術經驗，在近代歷史學人中仍是相當可貴的。

130 呂思勉，《醫籍知津》，收入《中國文化思想史九種》，上冊，頁67。原書中的《中西醫經匯通精義》，應是清末唐宗海（1851-1897）所寫的《中西匯通醫經精義》，最早是以《中西醫判》爲名，刊於1884年，直至1892方有《醫經精義》之名。參考皮國立，《近代中醫的身體與思想轉型——唐宗海與中西醫匯通時代》（北京：三聯書店，2008），特別是第2章。

國家圖書館出版品預行編目（CIP）資料

另一個中央：中央大學歷史所與臺灣的史學研究 / 皮國立主編 . -- 初版 . -- 桃園市：國立中央大學出版中心；臺北市：遠流出版事業股份有限公司 , 2024.12
面；　公分
ISBN 978-986-5659-61-5（平裝）

1. CST: 國立中央大學歷史研究所 2. CST: 史學 3. CST: 臺灣史 4. CST: 文集

607　　113017753

另一個中央

中央大學歷史所與臺灣的史學研究

主編：皮國立
執行編輯：王怡靜
封面設計：陳春惠

出版單位：國立中央大學出版中心
桃園市中壢區中大路 300 號

遠流出版事業股份有限公司
台北市中山北路一段 11 號 13 樓

發行單位 / 展售處：遠流出版事業股份有限公司
地址：台北市中山北路一段 11 號 13 樓
電話：(02) 25710297　傳眞：(02) 25710197
劃撥帳號：0189456-1

著作權顧問：蕭雄淋律師
2024 年 12 月 初版一刷
售價：新台幣 550 元

ISBN 978-986-5659-61-5（平裝）
GPN 1011301793
遠流博識網 http://www.ylib.com E-mail: ylib@ylib.com